U0711634

杭州师范大学经亨颐教育学院　主办

新儿童研究 第三辑

THE JOURNAL OF NEW CHILD STUDIES

张斌贤　于伟　主编

广西师范大学出版社
·桂林·

图书在版编目（CIP）数据

新儿童研究. 第三辑／张斌贤，于伟主编. —桂林：广西师范大学出版社，2022.9
ISBN 978 - 7 - 5598 - 5254 - 0

Ⅰ. ①新… Ⅱ. ①张… ②于… Ⅲ. ①儿童教育 -研究 Ⅳ. ①G61

中国版本图书馆 CIP 数据核字（2022）第 150125 号

新儿童研究 第三辑
XINERTONG YANJIU DISANJI

出 品 人：刘广汉
责任编辑：刘美文　伍忠莲
装帧设计：李婷婷

广西师范大学出版社出版发行

（广西桂林市五里店路 9 号　　　邮政编码：541004
网址：http://www.bbtpress.com ）

出版人：黄轩庄
全国新华书店经销
销售热线：021 - 65200318　021 - 31260822 - 898
山东韵杰文化科技有限公司印刷
（山东省淄博市桓台县桓台大道西首　邮政编码：256401）
开本：787 mm × 1 092 mm　　1/16
印张：17　　　　　　　　　字数：372 千字
2022 年 9 月第 1 版　　　2022 年 9 月第 1 次印刷
定价：48.00 元

如发现印装质量问题，影响阅读，请与出版社发行部门联系调换。

编委会

本刊为杭州师范大学浙江省优势特色学科教育学科建设项目（4045C51919001）的阶段性成果

目 录

■ 笔谈一　儿童学的学科建设

■ 笔谈二　儿童友好研究

■ 儿童哲学研究

Contents

■儿童文学与艺术研究

Contents

■ 儿童学研究的理论与方法

■ 书评

编者按：

　　自 19 世纪末 "儿童学" 概念由奥斯卡·克利斯曼（Oscar Chrisman）率先提出来，国内外一大批来自不同学科的研究者，纷纷加入建设儿童学学科体系的队伍之中，为建立系统科学的儿童学知识体系，更好地服务于儿童相关的社会服务与实践，推动儿童福利事业的整体发展，发挥了关键作用。时至今日，儿童学作为一个学术领域，已经在欧美日数百所高等院校中，通过建立儿童学系/所/研究院、儿童学系列课程联盟、儿童学专业期刊以及举办儿童学专题会议等多种方式得以确立，并积累了极为丰富的建设经验。在中国，虽然自近代以来，儿童学已经获得了初步发展，但一方面各分支领域的建设仍参差不齐，缺乏内在的协调与配合，某些分支领域相比欧美日仍有较大的发展空间，另一方面儿童学学科的整体建设，尚未获得更大范围的关注与讨论，儿童学相关的实践工作者以及政策制定者，也未对此充分重视，导致与儿童相关的决策缺乏足够的科学根据，无法对建设儿童友好的社会产生更多积极、实际的影响。因此，本期特邀国内儿童学研究领域的六位专家学者围绕国内外儿童学学科建设的整体经验和主要分支领域的前沿发展情况、儿童学的理论与方法论构建等关键议题展开论述，以便为推进中国的儿童学学科体系建设献计献策，为造就中国儿童更美好的明天贡献力量。

关键词： 儿童学　儿童友好　学科建设　社会实验

童年哲学潜在的思想空间 *

◎ 刘晓东①，华东师范大学教育学部

　　汉代司马迁的《报任安书》中有 "亦欲以究天人之际，通古今之变，成一家之言" 的说法。我以为，"儿童" 与 "天人之际" 这两个概念的关系，使童年哲学潜在的思想空间的扩展成为可能。

　　"天人之际" 讲的是天人关系。"天人之际" 的 "际"，含义是交际、交接、边界。后世文人常以 "天人之际" 指称 "天"（天、天道、自然）与 "人"（人道、人文、人事）的交接边界和相互关系。

　　试问：可用某一实词来指代 "天人之际" 吗？或问："天人之际" 所实指者为何？汉语里的 "赤子" "婴儿" "童心" 或许就是答案。

　　或问：《中庸》所谓 "天命之谓性"，此处的 "性" 可用来描述 "天人之际" 吗？告子说："生之谓性。" 孟子反问道："然则犬之性犹牛之性，牛之性犹人之

----

* 本文系国家社会科学基金教育学一般课题 "儿童哲学研究及其教育学意义"（项目编号：BAA190234）研究成果。

① 刘晓东，教育学博士，华东师范大学教育学部紫江特聘教授、博士生导师。

性与?"孟子是想申明："犬之性""牛之性"与"人之性"不是一回事。可见，仅用"性"不足以指代"天人之际"。但是，"赤子""婴儿""童心"可以恰切地指代"天人之际"。何以谓之？

老子曾以"赤子""婴儿""孩"作为哲学范畴。例如：

"专气致柔，能婴儿乎?"（《道德经·第十章》）

"沌沌兮，如婴儿之未孩。"（《道德经·第二十章》）

"复归于婴儿。"（《道德经·第二十八章》）

"圣人皆孩之。"（《道德经·第四十九章》）

"含德之厚，比于赤子。"（《道德经·第五十五章》）

"赤子""婴儿""孩"被老子视为人之自然状态。老子是主张"道法自然""复归于朴"的。所谓"朴"，是指未加工的保持纯天然面貌的木材。老子的上述引文表明，在他看来，"赤子""婴儿""孩"尚未受到社会与文化之斧钺的毁伤；"赤子""婴儿""孩"既有人的属性，又有自然的属性，是天与人的交集。

说"赤子""婴儿"是人，这不会有人反对；而说"赤子""婴儿"是天，是因为"赤子""婴儿"体现了天命、天性。"赤子""婴儿"具有潜在的社会性和文化性，这种潜在的社会性和文化性是以天命、天性的形式存在的。总之，"赤子""婴儿"是天人、自然人，充分地体现了"天人之际"。

老子的"道法自然""复归于朴"，是指人的社会、文化应复归于自然。而所谓的"复归于婴儿"，是指人的社会生活和文化创造应当扎根于自然，社会的、文化的应当师法自然，以至于回归自然而成为自然。社会、文化不是高于自然，而是自然的一种生长、延展，是自然呈现的新形态。（这为当前许多人不解、误解，这种不解、误解普遍存在于学术界，从而使哲学作为人文社会科学在开端、根基处陷入泥沼。认为社会、文化高于自然、天性，便是这种不解、误解的体现。这种不解、误解与儒、道、释的基本观念是相悖的。正本清源，任重道远，此处存而不论。）

就像人虽然已经高出其他灵长类动物，但不能否认的是，人依然是动物。可是，如果现在有人说"人是动物"，许多人会认为这是对人的贬低，甚至说"人是生物"也被认为是所谓"生物学化倾向"，是对人的贬低。而事实上，人尽管是文化的创造者、尽管立于进化层级的最顶端，但人依然是动物，依然是生物，是动物与生物的新的形态、新的形式及新的水平的展现。

人们往往将社会、文化凌驾于自然之上。当然这不仅是当前的问题，而且可能是人类有史以来就存在的问题。但人类中确实又有智者（例如儒、道、释各家，尤其道、释两家更为有力）在试图解决这个问题。

儒家也有人提出过类似于老子上述主张的观点。《中庸》开篇："天命之谓性，率性之谓道，修道之谓教。"这里的"性"不是"犬之性""牛之性"，而是"人之性"。孟子也使用"性"这一概念，例如："君子所性，虽大行不加焉，虽穷居不损焉。"（《孟子·尽心上》）又说："君子所性，仁、义、礼、智根于心，其生色也睟然，见于面，盎于背，施于四体，四体不言而喻。"(《孟子·尽心上》)这是孟子"四端说"中的观点。孟子还说过:"大人者,不失其赤子之心者也。"(《孟子·离娄下》)孟子所谓的"君子所性",其实就是他所说的"赤子之心"。"凡有四端于我者,知皆扩而充之矣,若火之始然,泉之始达。苟能充之,足以保四海;苟不充之,不足以事父母。"(《孟子·公孙丑上》)在孟子看来,社会、文化、伦理等人文范畴均"根于心",发源于"赤子之心"。

"君子所性,仁、义、礼、智根于心"耐人寻味——存在于心理世界、文化世界的"仁、义、礼、智""根于心",这里的"心"乃"赤子之心"。"仁、义、礼、智"其实就是"郁郁乎文哉"中的"文",也即文化、教育、伦理、道德、政治、学术等,用现代汉语"人文"或"文化"可统括之。

《大学》有云:"物有本末,事有终始,知所先后,则近道矣。"试问:"赤子之心"与文化世界孰为本末、终始、先后?按照孟子所说,整个人文世界或文化世界是"根于心"的,也就是说,"赤子之心"是人文世界或文化世界的根、本、源、基,或者说,人文世界或文化世界是发端于"赤子之心"的,是以"赤子之心"为开端的。这就是"赤子之心"与人文世界或文化世界的关系。

"赤子之心"说对后世的中国思想界影响极大,受其影响最大的应当是明代的罗汝芳。有位弟子曾当面评论罗汝芳的思想:"先生虽随言对答,然多归之赤子之心。"(《近溪子集·卷乐》)罗汝芳默认这一评论,并继续用"赤子之心"这一概念启发这位弟子,足见罗汝芳整个思想体系的开端与归宿的确是"赤子之心"。而稍比其年轻且交往密切的李贽写有著名的《童心说》,可谓要言不烦,字字珠玑。李贽曾说,他的"童心"概念就是罗汝芳的"赤子之心"概念,罗汝芳的"赤子之心"概念就是他的"童心"概念。且看李贽怎么看"童心"或"赤子之心":"天下之至文,未有不出于童心焉者也。"这是说,最出彩的"文"出自于"童心"。而"童心"既障,假人、假事、假文、假政便层出不穷。这其实是在发扬孟子的人文世界或文化世界"根于心"的思想。

李贽是怎么界定"童心"的呢?"夫童心者,真心也。""夫童心者,绝假纯真,最初一念之本心也。""童心者,心之初也。"也就是说,"童心"是初心,是本心,是真心。尤其值得注意的是:"童心"是"最初一念之本心也"。何谓"最初一念"?在其之前无,在其之后非。一旦个体的人诞生,从理论上讲,应当有个时间点来呈现"最初一念",也就是心的原始体,它是人的心,但又没有受到外部环境的一丝影响或一毫沾染,因而它是自然之心、天然之心、纯净之心。这个自然之心是最为纯粹的人的心,体现了"天人之际"。这自然之心便是心的起点,也便是"童心"或"赤子之心"。

从李贽对"童心"的界定中,我们可以发现"童心"或"赤子之心"确乎是与西方哲学有所不同的中国哲学概念。让-雅克·卢梭(Jean-Jacques Rousseau)曾用"自然人"概念来区别于社会人、文化人、政治人等。"自然人"是将人之"性"人格化的称谓,是一个非常好的西方哲学概念。可以说,中国哲学中的"赤子""婴儿"就是让-雅克·卢梭的"自然人"。不过我以为,"赤子"概念是优于"自然人"

概念的。何以知之？"赤子"除了可以体现为"自然人"之外，它还内含时间维度，从而对"赤子"与人、儿童与成人的关系做了区分——"赤子"是人的源始，儿童是成人的源始。"自然人"概念则缺少时间维度，它需要以命题的方式才能达到"赤子"概念的丰富意蕴。

所以我要说，"赤子""儿童"以及"童心"或"赤子之心"，是形象鲜明而又高度抽象的哲学概念，这样的概念在哲学中是极为罕见的。

在"赤子""婴儿""儿童""童心"或"赤子之心"这几个概念里，我们可以将"婴儿"与"儿童"归为"赤子"，将"童心"和"赤子之心"归为"童心"，而"赤子""童心"又都与"儿童"有着不言而喻的关系。所以我选择"赤子""童心"（"赤子之心"）和"儿童"作为童年哲学乃至哲学研究中的核心概念。

童年哲学乃至哲学研究中的"儿童"概念，既实指作为自然概念的"儿童"，也指作为文化开端而又具有巨大隐喻系统的"赤子""童心"。"赤子""童心"（"赤子之心"）和"儿童"作为开端与根据而生成社会—文化系统。同一律和根据律使得"赤子""童心"（"赤子之心"）和"儿童"，与社会—文化系统之间，保持一以贯之的关系，其是辩证的统一和同一关系。

儿童作为自然概念，支持童年哲学学科的建设。而"天人之际"和作为社会—文化开端且具有巨大隐喻系统的"赤子""童心""儿童"概念，则使童年哲学走向包容一切人文学科的哲学原理，走向庞大的彻底的自然主义和彻底的人本主义的哲学体系；扩而言之，这一哲学原理或哲学体系就是所谓的儿童主义。套用修辞学的概念，前一层的研究是"本体"，后一层的研究是"喻体"。

拙著《发现伟大儿童：从童年哲学到儿童主义》（北京：生活·读书·新知三联书店，2021年）便体现了这两个层面的童年哲学是如何从自发到自觉地浮现于我个人的学术进程的。拙著是想从儿童说起，借"儿童"概念，来谈天、天道、天命、天性、自然、赤子、婴儿，来谈中国的儒、道、释共同的哲学纲领，来谈西方的造物主、自然人、自然目的、自然意志，来谈伊曼努尔·康德（Immanuel Kant）的先验哲学，来谈弗里德里希·威廉·尼采（Friedrich Wilhelm Nietzsche）的超人和狄奥尼索斯，来谈马丁·海德格尔（Martin Heidegger）的同一律和根据律（存在与根据等哲学概念的关系网络），用儿童主义重释和贯通中西古今的哲学史和哲学原理。当然这还只是一个有待考验的初步尝试。

少子化背景下日本儿童保育与儿童学研究的状况

◎ 方明生[①]，上海杉达学院教育学院

一、日本幼保二元体制的变化

我觉得当今儿童学的研究不应再走百年前的纯学术道路，拘泥于构建一个学术蓝本，而应该更多地关注现实问题。少子化、老龄化是当今世界各国面临的问题，针对现实，思考如何应对这样的问题是推动儿童学成为热门学科的最基本的因素。日本面临少子化问题已经多年，但日本社会的各项制度设计与措施还算完备，有不少值得关注的地方，其中一点就是幼保二元体制[②]的变化。

实行幼保二元体制一直是日本幼儿养育制度的一个特点。因为日本有妇女结婚生娃后做家庭主妇的习俗，一般家庭中如果母亲在家做家庭主妇，孩子的保育就主要由家庭来承担，孩子到了3岁以后就近上幼儿园。幼儿园一般只有半天，孩子下午就回家了，有的孩子甚至都不在幼儿园吃午餐就回家了。而双职工的家庭，妈妈出去工作，孩子可以放在保育所，保育所可以接受0—6岁的孩子，看护的时间可以从早上7点到妈妈下班，甚至可以为上晚班的妈妈提供看护孩子的延长服务。

在日本，幼儿园是教育机构，归文部科学省管，保育所是社会福利机构，归厚生劳动省管，从中央到地方，这两个机构的管理部门都不一样，所以称作"幼保二元体制"。2006年日本政府制定法律，规定可以设立叫作"认定儿童园"的机构，这种机构可以兼具幼儿园、保育所两种功能，其管理机构也合并。

日本"认定儿童园"政策的推出是减缓少子化进程的一项措施，希望能够给民众提供更加多样的保育服务，而对"认定儿童园"的教师的配置也有更多的要求。

二、日本社会儿童状况值得关注的方面

应对少子化问题，日本社会儿童状况有几个方面值得关注和深入研究。（1）整个社会应设想妇女成为母亲以后的生活状态，有没有可能让一部分妇女回到家庭，以抚养、教育孩子为主？这个问题似乎没有讨论的空间，但我们是否充分研究过日本保持较长时间的妇女做家庭主妇的习俗和社会机制的细节呢？当然有人会提出：为何一定要妇女承担育儿的工作，男性不可以吗？这个问题也可以讨论，这是另一个问题了。（2）由于经济发达，日本的保育所发展得比较完善，很多职业妇女、双

① 方明生，上海杉达学院教育学院副院长、教授，毕业于华东师范大学比较教育研究所，主持教育部人文社会科学重点研究基地重大项目"社会·文化视野下的儿童研究与课程创新"等。

② 中村勝美「子ども学」研究の現在——1990年から2009年までを中心に、『西九州大学子ども学部紀要』、第1号、49—61页。

职工家庭受益不少。我在日本留学期间，也看到不少留学生或在日本生活的家庭得到了保育所的帮助。我国在保育所（托儿所）的设计上还不够充分，现在主要依靠幼儿园的扩展来为社会提供保育服务。应对少子化问题的对策需要全面地审视、调整幼儿保育的社会福利制度。（3）日本保育所接受0—6岁的孩子，这些孩子在保育所度过较长的时间，日本已在保育所的发展过程中充实了其教育功能，制定"保育所指导要领"，而这样的教育功能也需要关注，需要设计好能涵盖整个幼儿时期的教育课程。

三、日本大学的儿童学专业及其特性

根据2010年的统计，日本约有97所大学设置了儿童学专业，其中大多是私立大学，包括不少以大专教育为主的大学。这些大学的儿童学专业，其前身多为学前保育、特殊教育、社会福利、心理及教育等专业。这些大学想在原有的学术基础上，以儿童学的名义推进综合性学习，以使学生取得幼儿园教师、小学教师等资格或保育员的资格。有些大学原来的教学基础是初等教育学、学前教育学等分阶段的教育学知识体系，现在需要进一步拓展学生就职的可能性。考虑到社会对儿童的关注，以及儿童相关领域的各种需求，大学在设置专业时选用"儿童"这样的柔性词汇，突出办学的特色和弹性，这些也是大学建设上的一种策略。

日本研究儿童学的学者认为儿童学有

三个特性：多学科性、学际性、科学性。多学科性或者称集学科性，意为儿童学是多学科集合在一起的学科，也有以儿童学的名义突出某一专科的性质，比如发展心理学"借"儿童学可以成为一个独立的专业。学际性一般指两个或多个学科相互关联的性质，与跨学科、交叉学科等概念相近。其实有些大学设立儿童学专业，从研究指向来说是想要开拓新领域、探索新的研究方法，但是，虽然这方面构想是有的，真正落地的不是很多。科学性往往指儿童学的生物学性质，很多学者都清楚儿童研究不能是纯生物学的，儿童学实际上是人学的一部分。

四、儿童研究所提出的儿童学研究的课题

日本儿童学的中心机构：儿童研究所（Child Research Net，简称CRN）是儿科医生出身的小林登教授在倍乐生（Benesse）公司援助下于1996年建立的[①]，至今已有二十六年历史。

2013年，上海师范大学教育学院组团访问日本的儿童研究机构，也访问了儿童研究所，参访人员与小林登教授、榊原洋一所长进行了交流。后者介绍了儿童研究所提出的关于儿童学建设的四个课题。

（1）积极吸纳最新的研究成果和最新的科学知识（比如怎样应对脑科学带来的知识更新）。

（2）基于数据的实践和验证很不充分，导致对知识的理解不充分，无法应对社会的各种议论。这方面尤其要积极加

---

① 方明生、万丽红：《儿童学的提出与日本大学设置的儿童学专业课程》，见《外国中小学教育》，2008年第2期，第41—46页。

强，及时弥补。

（3）儿童学的学术体系没有确立，尤其是研究方法没有确立。

（4）大学生的学习被资格考试牵着鼻子走，他们只修考试需要的科目。大学的儿童学专业要考虑如何突破这样的现状。

近十年过去了，这些问题似乎没有得到很好解决。我离开上海师范大学后，工作重心也有转变，但还是与儿童学相关的研究者保持联系，最近我又收到了日本知名儿童史研究者、日本青山学院大学教授北本正章的专著《儿童观与教育的历史图像学》。北本正章教授已退休多年，但仍笔耕不辍。我想：儿童学的建立还得靠各项基础研究的积累！有了这些研究的添砖加瓦，大厦自然会建起来的。

儿童文学视野下的儿童学建设

◎ 杜传坤[①]，山东师范大学教育学部

儿童学无论作为一门严格意义上的学科，还是作为更宽泛意义上的儿童研究领域，其根本皆在"儿童"。对儿童及其童年的理解，也是一切与儿童有关的学科研究的基础和原点，而儿童的成长与幸福是其普遍性旨归。儿童观即对儿童的理解，是特定时代和社会中人们对于儿童的普遍看法：认为儿童是怎样的，应该怎样以及可能怎样。正如鲜活的"儿童"一直拒绝有关自身的固化与普遍化概念，我们对儿童的理解也始终"在路上"。

（一）

在通向童年秘密的纵横交错的小径中，儿童文学的独特视野或许能提供一定的启示和借鉴。"一个社会、一个时代为它的儿童所生产的那种类型的文学，最好地标示出那个社会所理解的儿童究竟是什么样子。"[埃里克·A.基梅尔（Eric A. Kimmel）]儿童文学因其目标读者的明确指向性，不可避免暗含着成人的童年假设。暂且不论这"最好地标示"是否是儿童文学所独具的属性，这句话可能还隐含着另一层意思：对儿童的理解，有时候未必是我们最真实内在的理解，而只是我们意识中应然层面的。例如，我们都言之凿凿宣称应该鼓励儿童的好奇心和探索欲，但在具体故事文本中，我们又对这些好奇心和探索欲设置种种关卡，以其"不幸遭遇"暗示儿童应该享受安全舒适的生活。不少儿童文学作品从语言、结构、主题呈现、形象刻画等艺术层面看都堪称佳作，但从更深层的童年文化角度看，其隐含的童年观却是保守的、狭隘的，这必然导致其思想深度与艺术感染力的削减，影响儿童文学的品质。由此可见，儿童文学反映儿童观，也受制于儿童观。更严重的问题在于，儿童观具有一种"实践力"，儿童文学经由儿童的阅读，会将这种隐含

---

① 杜传坤，山东师范大学教育学部学前教育学院教授、院长、博士生导师。

的负面观念传递给孩子，从而影响孩子的自我认知和自我建构——"我们所听的故事和所讲的故事，决定我们会成为什么样的人"［杰罗姆·布鲁纳（Jerome Seymour Bruner）：《故事的形成：法律、文学、生活》］。在这个意义上，儿童文学中的儿童观，不但影响儿童文学自身的艺术品质和思想内涵，也为我们反思童年观提供了一面镜子；它不但能帮助我们更好地认识儿童，也能帮助我们更好地自识与反省，如此我们才能以优秀的文学哺育儿童的成长，守护他们童年的幸福。反思我们既有的真实儿童观，也是儿童研究的前提性命题。

（二）

作为一门学科的儿童学建设，肇始于19世纪末，却在20世纪二三十年代之交以儿童学总会的解散为标志宣告失败。现在，儿童学学科的重建面临历史的与现实的多重问题。学者已经意识到，儿童学学科重建不但要有自觉的学科意识，追溯学科历史，构建学科理论与方法论体系，进行跨学科的对话（陈钢，2015年），甚至还要回答在当今语境下学科重建的必要性与可能性（钟宇，2015年），思考如何才能避免重蹈早期儿童学的覆辙。其核心挑战一如百年之前：儿童学需要多学科、多角度的融合，仅仅综合和整合各分支的研究，众声喧哗各说各话，大而全的"拼盘"毫无存在价值。这一困境在儿童文学的跨学科研究中也得到了关注。儿童文学无论作为一门学科，还是作为一种文类，其所固有的"儿童性"与"文学性"双支点，很大程度上决定了儿童文学研究的跨学科性。在学科内在逻辑关系和实践层面，儿童文学与儿童哲学、心理学、社会学、教育学、伦理学、人类学、艺术学、

传播学等，都存在密切的关联。也有学者提出，儿童文学跨学科研究"效益"与"风险"并存，表面化的学科交叉互涉遮蔽了学科内在的知识整合，并且存在"强制阐释"的潜在风险（郑伟，2021年），儿童文学的跨学科拓展应在强化"学科主体性"的基石上有效推进（吴翔宇，2020年），等等。这些颇具洞察力的观点也表明，儿童文学的跨学科研究还有漫长的荆棘路要走。儿童文学不是儿童学的分支学科，将其作为儿童研究的一种视角、儿童学建设的一种学术资源，或许更适合。这也需要儿童学思考如何定位与相关学科的关系，如何在辐射的"学科群"里借取多方资源筑牢学科根基。

（三）

跨学科研究通常有很强的问题解决导向，我们可以将此作为切入点，以点带面推进儿童学建设，笔者想结合个人的儿童文学研究谈点体会。目前笔者在研究的一项课题为"中国儿童文学中的童年观念史"，这一项课题也是跨学科视野的产物。在二十年的儿童文学研究过程中，越来越被其根性问题"童年研究"所吸引，通过梳理该领域的学术史，笔者发现，有三个点可以架构起一个填补空白的问题域。第一，关于童年观的研究。儿童文学研究不乏对童年观的考察，但缺乏史学观照下的童年观与儿童文学之关系的系统研究。当代西方学术界，随着对儿童发展理论与社会化理论的批判性反思，尤其是20世纪八九十年代新童年社会学、童年人类学等的兴起，儿童文学中的童年观研究逐渐从意识形态理论、女性主义、修辞学、精神分析学、主体性理论等多角度展开，比如《儿童文学的乐趣》《童话·儿童·文化产

业》《百变小红帽：一则童话三百年的演变》等。中国儿童文学理论界于 20 世纪 80 年代末开始聚焦童年观问题，提出儿童观是"儿童文学的原点"（朱自强，1988 年），童年是"儿童文学理论的逻辑起点"（方卫平，1990 年），儿童观是"儿童文学的美学原点"（王泉根，1991 年），等等。研究者对童年的思考逐渐超越心理学意义上的"年龄特点"。《儿童文学的童年想象》（张嘉骅，2016 年）一书则将童年视为文化想象，以"变动性、重构性和复数化"来定义儿童文学蕴含的童年概念，体现出鲜明的后现代特点。以上研究均涉及童年观的论述，而非童年观念史。

第二，关于童年史的研究。当代的童年观念史研究成果颇丰，但缺乏从儿童文学角度展开的研究成果。1960 年法国菲利普·阿里埃斯（Philippe Ariès）的《儿童的世纪：旧制度下的儿童和家庭生活》，引发了 20 世纪七八十年代的童年史研究热潮，其中的代表作有《童年的消逝》[尼尔·波兹曼（Neil Postman）]、《童年之死——在电子媒体时代成长的儿童》[大卫·帕金翰（David Buckingham）]、《还孩子幸福童年：揠苗助长的危机》[大卫·艾尔金德（David Elkind）] 等。俞金尧的《西方儿童史研究四十年》（2001 年）对此有较全面的概括。童年逐渐从生物学上的本质论概念转变为社会文化学意义上的建构论概念。熊秉真的《童年忆往——中国孩子的历史》（2008 年）在国内影响深远，作为一部社会学角度的儿童史力作，对中国孩子的历史做了较为全面的呈现与反思，也揭示了中西有别的童年观念。其《序》中指出，就系统而完整的中国儿童与童年史书写来讲，"儿童文学、

宗教生活、嬉戏工作，是最明显的一些阙失"。其英文专著《慈航：近世中国的儿童和童年》（A Tender Voyage：Children and Childhood in Late Imperial China，2005 年），则是依据儿科医学和家谱等材料写就的近世中国儿童史。上述国内外既有的研究主要从肖像画、服装、玩具、游戏、哺乳方式、医学、传记家谱、蒙学教材等角度展开，对儿童文学则少有关注。

第三，关于儿童文学中的童年观以及对现代性的反思等的理论建构，较多关注西方儿童文学话语范畴，其分析与结论并不完全适用于中国儿童文学，需要加强儿童文学的本土化研究。因此，从历史维度揭示儿童文学中隐含的童年观，揭示童年观与儿童文学之间复杂而深刻的关系，在中西比较的框架下探索中国儿童文学童年观念的变迁与延续，就成为一项具有填补空白意味的文学史写作命题。

笔者前期的相关研究发现，建立在儿童／成人具有本质差异的二分式假设基础上的现代儿童文学，其二元对立的话语框架恰是现代性修辞的一部分。现代以来，儿童文学对童年的定义建立在对儿童"异质性"身份的认定上，然而过度强调儿童／成人、儿童文学／成人文学的差异而忽略其共性，将导致儿童文学成为儿童唯一能够阅读的文学以及只有儿童才阅读的贫乏文学，还可能导致童年越来越标准化或同质化。因此，应突破二元对立的现代性话语框架，尊重差异也认同共性。中国儿童文学中的童年观并不合乎"传统"与"现代"的简单二分法以及线性演进思路，现代中有传统性，传统中亦有现代性。打破这种二分法，突破线性演进思路，超越现代童年观的局限，在文本细读中揭示其对

儿童文学表现方式及其美学价值的影响；同时打通儿童文学、童年社会学、教育学等学科壁垒，将多学科的理论作为一种思考方式，在"一种永不停歇的质疑，是对清晰答案的永不知足"［沃伦·布雷克曼（Warren Breckman），2010 年］这一层面理解和使用跨学科理论，从现代性反思的高度审视中国儿童文学中的童年观。唯有如此，中国儿童文学中童年观念史的书写才值得期待。

中国儿童学的建设：视野、基点与理论自觉

◎ 郑素华①，浙江师范大学杭州幼儿师范学院

回顾我国 21 世纪二十多年的儿童学研究，我们不无惊异地发现"儿童学"正在重新成为一个越来越受到关注的学术领域。一些学者宣称，"现在该是聚焦儿童学、教师学、教材学三大研究，为我国教育课程创新奠定基石的时候了"②，呼吁"使儿童学成为一门独立学科很有必要"③，进而呼唤迈向"儿童学"④。

然而，儿童学究竟如何建设？当代儿童学建设的一个根本性任务应当是，在既学习、借鉴西方儿童学已有经验又系统梳理中国儿童、童年的历史与研究成果的基础上，思考新兴乃至新式中国儿童学建设的可能性，但需要警惕一些隐忧。

一、向西方儿童学"取经"的两面性

像其他诸多学科（例如教育学、美学）一样，儿童学自觉的学科意识始于欧美。虽然我国自古便有关于儿童、童年的丰富思想与认识，例如老子的"复归于婴儿"、李贽的"童心说"等，这些思想是我国当下儿童学理论建设的宝贵资源。然而，学科意义上的儿童学探索却是晚近的事情。

我国对儿童学有意识的探索始于 20 世纪初期，这一时期诞生了相当可观的儿童学著述，其中代表性的有 1916 年朱元善编的《儿童研究》、1921 年凌冰编著的《儿童学概论》、1925 年陈鹤琴著的《儿童心理之研究》、1926 年曾作忠编著的《儿童学》等，这些著述涉及什么是儿童学、儿童学的范围、儿童学的研究方法、儿童学的历史等基本问题，不限于教育学界与心理学界。与此同时，一批文学界、艺

---

① 郑素华，浙江师范大学杭州幼儿师范学院副研究员。

② 钟启泉：《为了未来教育家的成长——论我国教师教育课程创新的课题》，见《教育发展研究》，2011 年第 18 期，第 20—26 页。

③ 毛莉：《使儿童学成为一门独立学科很有必要》，见《中国社会科学报》，2013 年 5 月 31 日（A02 版）。

④ 张华：《迈向"儿童学"》，见《教育发展研究》，2016 年第 22 期，第 3 页。

术界人士也积极参与思考儿童学的问题，例如周作人提出"儿童本位"、鲁迅主张"幼者本位"、丰子恺对"儿童的大人化"现象的批判等，由于这些学者的参与，我国儿童学建设初期产生了一个黄金时代。

这一时期的儿童学为何如此繁荣？其中留给我们的一个重要经验就是保持开放的学术心态，积极向西方儿童学"取经"，以他山之石夯实中国儿童学之基础。

然而，在我看来，向西方儿童学借鉴，具有两面性。从近期或短期看，成效或许是明显的，它可以迅速促进儿童学概念与术语的习得、搭建儿童学的框架、推动儿童学学科平台建设。在学科的拓荒期，这诚然非常必要。不过从远期或长期看，却极易导致学科建设上的路径依赖、后劲不足、话语权自我矮化等问题，因为我们往往很容易沉浸于西方的或西方化的理论框架、表达话语，落入它们的概念模式中，从而减弱学科进取的意识与勇气，长此以往可能会带来中国儿童学的"失语症""软骨病"。学"形"易，学"神"难。在目前儿童学学科重新出发的背景下，如何在向西方儿童学学习的同时构建具有本土性的新式中国儿童学，是我们当下儿童学建设需要思考的方向性问题。

二、中国儿童学的问题基点

建设具有本土性的新式中国儿童学绝不是简单重走西方儿童学的发展之路，或直接挪用其模式，而是要首先追问中国儿童学的问题基点在哪里。历史优先于逻辑，事实优先于理论。在我看来，这一基点是中国儿童的生存现实（包括历史与当下）。因此，就价值取向看，中国儿童学不应当是书斋之学，而应当是致用之学，是增进儿童福祉之学。

不同于百年前儿童学建设初期的情况，随着全球化进程的深入及新媒体技术的广泛应用，当下中国儿童学重构的现实背景日趋复杂。校园欺凌、儿童食品安全、网络成瘾、儿童被忽视与虐待、儿童消费、儿童健康、青少年犯罪、童工、贫困儿童、流动与留守儿童、儿童文化与教育资源不均衡等家庭、社会、教育问题相互交织、多频共振，对儿童产生多重、多向度、不同程度的影响。这不仅是当下儿童学无法回避的时代背景，而且是儿童学应当关注或思考的直接问题。我赞同这一观点：虽然儿童学在本质上是一门以儿童为唯一研究对象的纯科学，但它并不满足于构建关于儿童的形而上的理论体系，而是回到身处实践的儿童本身以寻求进一步的答案，因为它的最终目的是更好地维护整个儿童群体（即人类社会及其未来）的根本利益。[①]

不管中国儿童学的议题如何构拟，这些议题的基点必然落在当下儿童的生活世界中。儿童学的落脚点是儿童，儿童学的现实价值指向儿童，儿童的生存现实是儿童学的问题基点。儿童学的问题与儿童的问题是迂回应答的，一方面，儿童学所提炼的问题需要契合当下中国儿童的生存现实，是对中国儿童生存现实的理论观照与回应；另一方面，其又要回到现实，以恰当的方式影响、介入儿童的生活，从而

---

① 高振宇：《寻找失落的梦：建立儿童学体系的早期构想与实践》，见《全球教育展望》，2012年第10期，第43—49页。

对儿童的生活发挥积极的作用。比如发挥儿童学在政策层面上应有的作用，推动相关政策的制定或完善；在教育系统中基于儿童学的立场，塑造高素质的师资；在社会工作中培养尊重儿童权益的工作者；等等。这是中国儿童学建设的现实指向，也是其使命之一。

三、中国儿童学的理论自觉

社会学家费孝通先生曾提出"文化自觉"。所谓"文化自觉"是指生活在一定文化中的人对其文化有"自知之明"，明白它的来历、形成过程、所具有的特色和它的发展趋向，不带任何"文化回归"的意思，不是"复旧"，同时也不主张"全盘西化"或"全盘他化"。基于此，郑杭生提出了"理论自觉"[1]，他主张中国社会学要根据中国社会发展和社会转型的实际，结合中国社会悠久和丰富的传统学术资源，进行原创性的或有原创意义的理论创新，而不是在西方社会学理论或社会理论的笼子里跳舞，使自己的理论研究或经验研究成为西方社会学理论或社会理论的一个案例或一个验证。

中国儿童学的建设同样需要"理论自觉"。我们必须清醒地意识到中国儿童学建设的近期、远期目标是什么，是西方儿童学理论的中国版本，还是具有本土性和全球视野的新式中国儿童学？

20世纪初期以来，我们经历了从"儿童学在中国"到中华人民共和国建立后"儿童学的沉寂期"，再到当前"儿童学的中国化"的发展，然而，还远未到达"中国儿童学"的发展阶段。可喜的是，目前国内已有诸多学者（比如刘晓东、朱自强、黄进等）对儿童学的本土资源挖掘和理论建设做了深入探索，凝练出"童心主义""童年是人生之井""作为思想方法的童年"等丰富的命题。此外，史学界在中国古代儿童资源的梳理、深掘和研究上，也取得了一定的进展，中国儿童学有了自己的学术历史。我们也有了《儿童学概论》《教师的儿童研究引论》《儿童学新论》这样的教材或理论新作。这些都是构建具有中国风格、中国气派的儿童学的基础。

当前中国社会处于近代以来最好的发展时期，世界处于百年未有之大变局，学术界亦然。两者同步交织，给中国儿童学的新发展、大发展带来诸多可能性。这种可能性既是挑战，也是机遇，蕴含着新的学科与理论生长点。纵观全球，目前新儿童与童年研究正在不断发展，跨学科儿童研究平台频现，新的学科或领域开始出现，例如儿童地理学、儿童考古学、后人文主义童年理论等，它们既为儿童学不断拓展新的问题空间，也激发出更宏富的学科想象力。只要我们丢掉文化自卑、理论自卑的因袭负担，奋力进取、自觉求索，相信必将能诞生出自成一派，既具有本土性意味又具有普遍价值的、新兴乃至新式的中国儿童学。

童年哲学须成为儿童学建设的基础性学科

◎ 罗　瑶[①]，湖南师范大学教育科学学院

伴随着当代儿童史学、童年社会学、儿童地理学、儿童考古学等诸多儿童研究领域的兴起，儿童学研究突破了原有的以发展心理学为核心领域的模式，成为多学科共同关注的重要问题。在儿童学蓬勃发展的这一背景下，有一个学科也随之默默地兴起并发展起来，那就是童年哲学。这些年来，童年哲学领域将其核心目标定位为，整合与审视多学科背景下童年研究的关键概念与理论，对童年的本质与价值进行创造性的阐释，等等。这意味着童年哲学研究在儿童学建设的过程中将是一项根本性的工作，儿童学的未来发展有赖于童年哲学为其奠定坚实的基础。

一、童年哲学是什么

虽然对童年的哲学探究有着非常漫长的历史，但是童年在哲学研究中其实一直属于边缘话题，未受到较多的关注。鉴于这一背景，有研究者于 20 世纪 80 年代公开提出需要建立"童年哲学"（Philosophy of Childhood）这一学术领域，以引起人们对于童年研究的哲学兴趣。童年哲学在诞生时期与儿童哲学（Philosophy for/with

Children）有着密不可分的关系，最初的代表性人物是马修·李普曼（Matthew Lipman）和加雷斯·B. 马修斯（Gareth B. Matthews）等人。然而，这两个领域在发展之初的定位以及目标都是很不相同的，儿童哲学侧重哲学与儿童教育的关联，童年哲学则力图将童年视为哲学研究的一个领域。如马修·李普曼在《发展童年哲学》（Developing Philosophies of Childhood，1981 年）一文中呼吁童年哲学建立的原因在于"童年是人类行为与人类经验的一个正当领域，它应当与哲学所关注的其他领域一样受到哲学的关注"[②]。比如加雷斯·B. 马修斯在《童年哲学》（1994 年）中提到："童年，包括人们对童年的观念和提出的关于童年的理论，的的确确值得在哲学层面上接受检查和批评。"[③] 他们对童年哲学的这种定位为后来童年哲学的发展奠定了方向。

进入 21 世纪，不少童年哲学研究者致力于对童年哲学的内涵做出更为详尽的解析。比如大卫·肯尼迪（David Kennedy）提出，哲学应当是儿童研究的根基，童年哲学的主要任务在于澄清与反

---

① 罗瑶，湖南省湘潭市人，教育学博士，湖南师范大学教育科学学院讲师，主要从事学前教育基本理论研究和儿童哲学研究。

② Lipman, M. "Developing Philosophies of Childhood." *Thinking：The Journal of Philosophy for Children*，1981，2（3-4）：4-7.

③ ［美］加雷斯·B. 马修斯：《童年哲学》，刘晓东译，北京：生活·读书·新知三联书店，2015 年，第12 页。

思现今儿童研究背后的理论假设。[1]安卡·盖厄斯（Anca Gheaus）也认为童年哲学有其深远的意义，"如果我们给予儿童和童年以系统性的哲学审视，是否会帮助我们重新审视价值、道德、政治机构，甚至知识呢？"[2]沃尔特·奥马尔·科恩（Walter Omar Kohan）则明确提出童年哲学的发展应当朝着两个方面努力：一是批判性的维度，即反思现有的童年理论背后的价值与观点，包括反思童年的形成条件、历史地位、理论根基与社会作用等；二是创造性的维度，即寻找另外的维度来形成对童年概念的新的理解，重塑儿童与成人的关系等。[3]

综合来看，现今的童年哲学是一个研究边界较为模糊、具有较大开放性的领域。但是这些童年哲学研究都有着一些共同的意旨，即将童年作为哲学研究的对象，以哲学作为前提与背景来反思已有的童年理论，从哲学的视域来审视童年期的意义与价值，重新阐释童年，等等。

二、童年哲学在做什么

当前的童年哲学研究有两个核心议题，一是对历史与当代童年理论进行批判性反思，二是对童年本质、童年价值、童年与成年的关系等问题进行创造性阐释。在对童年理论进行批判性反思的过程中，童年哲学研究者关注最多的有童年缺陷论、儿童发展阶段论、浪漫主义儿童观和社会—文化取向的童年观等。鉴于童年缺陷论对现代童年观念形成的影响非常大，研究者对该理论有很多的反思，比如追溯童年缺陷论的历史根源、现代影响及其存在的问题等，并提出了走出童年缺陷论的一些可能路径。与此同时，研究者也关注到童年缺陷论对儿童发展阶段论、复演论、儿童社会化理论等流行的儿童理论的影响，并在此背景下对这些现代儿童理论展开了批判性反思。有研究者对浪漫主义儿童观和社会—文化取向的童年观等进行了哲学反思，指出这些理论对童年的理解存在的问题。

在对童年本质和童年价值等问题进行创造性阐释的过程中，童年哲学研究者较多借鉴后现代主义、价值哲学、伦理学、认识论等领域的新兴哲学思想来阐释童年，并对主体、时间、童年等概念进行哲学上的重新阐释，此外，他们也借鉴一些相关学科的最新研究，比如研究儿童大脑和儿童认知过程的相关科学以及儿童艺术和儿童哲学等领域的研究成果。在这些哲学思想以及其他领域成果的支持下，童年哲学研究者力图对儿童身上所拥有的能力、童年的内在价值和外在价值、童年与成年的关系等问题进行深入解读。

除了这两个核心议题之外，童年哲学研究者也涉及了一些延伸性议题。比如对儿童权利的哲学反思，对父母与社会在儿

① Kennedy, D. *Changing Conceptions of the Child from the Renaissance to Post-modernity: A Philosophy of Childhood*. Lewiston, New York: The Edwin Mellen Press, 2006: 15-16.

② Gheaus, A. & Calder, G. & Wispelaere, J. (eds). *The Routledge Handbook of the Philosophy of Childhood and Children*. New York: Routledge, 2019: 2.

③ Kohan, W. O. "What Can Philosophy and Children Offer Each Other?" *Thinking: The Journal of Philosophy for Children*, 1999, 14 (4): 2-8.

童照料中角色的哲学反思，对童年哲学与艺术的关系、童年哲学在教育中的实践、政治与社会视域下的童年的反思，等等。这些延伸性议题的出现意味着童年哲学对于新兴的童年理论或童年问题保持了巨大的开放性，从而为童年哲学领域的未来发展赋予了无限活力。

三、童年哲学可以为儿童学发展做怎样的贡献

"哲学应当成为儿童研究的根基"，这是童年哲学研究者反复提到的一种理念。这句话其实也表明了童年哲学在儿童学发展中的基础性地位。为什么说童年哲学在儿童学发展中将是基础性的学科呢？我们可以看到，现在的童年研究早已突破了学科的界限，成为不同领域探讨的话题。面对多学科中产生的如此纷繁复杂的儿童理论，我们如何去实现彼此之间的对话与反思呢？童年哲学始终对各种历史与当代的新的童年理论保持开放且审慎的态度，它试图综合性地考量来自不同学科背景下的新的童年理论对其带来的冲击，并以哲学视域为根基，不断回到"儿童到底是谁""童年的价值究竟是什么"等根本性问题上去进行反思。此外，现有的儿童学研究多从社会事实或历史层面去实现对童年的事实性建构，而童年哲学则力图更进一步，它并非仅仅将童年视为各种因素影响下的综合产物，而是专注于在此基础上实现对童年本质的价值判断与观念建构。

也就是说，童年哲学是有关儿童研究的一门基础性与综合性的学科。除此之外，童年哲学还将为儿童学的发展做一个巨大的贡献，即帮助儿童学与其他人文学科实现更好的对话。在童年哲学研究的背景下，童年研究的人文意义将进一步地凸显出来。对童年的哲学审视不仅能够为我们提供关于童年／儿童的新理解，而且能够为不同人文学科的发展提供丰富的资源，甚至帮助人们产生对于认识论、伦理学、道德、政治等领域的新的理解。童年哲学研究在提醒我们，童年是人类应当珍视的一种极其宝贵的资源，对童年资源进行挖掘，将帮助我们重新审视人类世界的一切现有的智慧。鉴于此，在童年哲学研究的影响下，童年的人文价值将会更多地受到人们关注，这有助于儿童学研究走出小圈子，汇入整个人文学科体系当中，成为一个为更多领域所共同关注的议题，实现儿童学研究的真正影响力。

欧美儿童学建设的早期经验及对当代中国的启示 *

◎ 高振宇①，杭州师范大学经亨颐教育学院

一、儿童学在欧美的诞生

儿童学在欧美经历了漫长的发展阶段，最早可以追溯到古希腊、古罗马时期。但是儿童学作为一个正式研究领域，却发生在 19 世纪末。1893 年，美国学者奥斯卡·克利斯曼在格兰维尔·斯坦利·霍尔（Granville Stanley Hall）创办的《教育学论坛》(*The Pedagogical Seminary*) 上发表的《儿童的听觉》一文中，率先提出了"儿童学"(paidology) 这个概念。1894 年，在《论坛》(*The Forum*) 的《儿童学：一个新的教育部门》一文中，奥斯卡·克利斯曼又一次阐述了他关于创建"儿童学系"的初步想法，并在他的德国耶拿大学博士论文《儿童学的构想》中，再次对其进行了全面系统的阐述。在这篇具有重要影响力的博士论文中，奥斯卡·克利斯曼不仅首次对儿童学的目的、内涵、范围和多元价值等提出了许多富有创造性的想法，对欧美儿童学从 19 世纪中期以来的研究现状做了简要梳理，而且对儿童学的研究方法（观察法和实验法）以及儿童学的一般性题材（涉及文学、社会学、法学等）做了重点讨论，对于推动

儿童学的元研究起了至关重要的作用。

在上述开创性的文章中，奥斯卡·克利斯曼旗帜鲜明地指出，儿童学是一门关于儿童的纯科学，其职能在于研究关于儿童的所有问题。"儿童学学科的建立，其唯一的目的就在于从各个视角、各个方向对儿童进行学术研究，并试图达到对儿童本质或是天性的完整理解。……儿童学专注于儿童，将儿童置于中心位置，所有人员、仪器及相关活动都是为了这个中心而安排的，目的是使全面的儿童研究成为可能。"② 在奥斯卡·克利斯曼看来，虽然当时已经有不同学科领域的学者开始关注并研究儿童，但由于学科之间壁垒的存在以及相互交流与合作的匮乏，导致关于儿童的知识体系无法形成，更遑论更新和发展了，因此只有建立儿童学系，将儿童置于唯一的中心位置，对儿童的全方位系统的研究才有可能实现。此外，当时社会各界对儿童的重视程度还远远不够，违背儿童天性的教育与社会事件屡有发生，国家制定的儿童政策对儿童也不够友好，因此也只有通过建立儿童学系，整合所有关于儿童研究的最新理论与实践成果，指导并

* 本文为 2022 年度浙江省哲学社会科学规划 "之江青年理论与调研专项课题"（项目编号：22ZJQN33YB）研究成果。

① 高振宇，教育学博士，杭州师范大学经亨颐教育学院副教授，浙江省哲学学会儿童哲学专业委员会副理事长。

② Oscar Chrisman. Paidologie: Entwurf zu einer Wissenschaft des Kindes. Inaugural-Dissertation der Philosophischen Fakultät der Universität Jena, 1896: 5.

培训所有面向儿童的社会工作人员和家长，才可能使儿童的整体福利得到最合理的保障，社会才能真正走向文明和进步。无疑，奥斯卡·克利斯曼所提出的这些创见，对其后欧美儿童学学科的建立与初步发展，起了关键作用，对当今社会的儿童学建设，也仍有指导意义。

二、儿童学在欧美的初步发展及其经验

19 世纪末 20 世纪初，欧洲大陆地区的许多学者在奥斯卡·克利斯曼提出的"儿童学"旗帜下，开展多种类型的儿童研究，包括法国学者尤金·布鲁姆（Eugene Bloom）、比利时学者司徒亚特（Stuart）和爱奥提克（Aotic）、保加利亚学者杰奥格夫（Georgoff）等，这些学者不仅大力宣传和推动儿童学，将之融入大学的课程网络和教师培训体系之中，创立儿童学实验室、地区和国家儿童学研究机构、儿童学协会，而且还注重彼此之间的深度合作，共同促成了第一届国际儿童学研究大会（1906 年）和世界儿童学大会（1911 年）的召开，甚至成立了"儿童学国际学院"，面向全球培育儿童学研究的专业人员。但不幸的是，大部分欧洲大陆地区的儿童学研究在第一次世界大战爆发之后便终止了。

英国则成立了三个有一定规模和影响力的儿童学协会，分别是"不列颠儿童研究协会""童年学会"和"儿童研究学会"。其中，"不列颠儿童研究协会"是当时欧洲第一个儿童学国家组织，也是欧洲最富声誉的两大儿童学组织之一。它在结构上包含三大类群体：第一类是来自不同专业分支领域的儿童学专家，比如儿科医生、儿童心理学家、儿童生物学家等；第二类是教师；第三类是家长。这三大类群体之间相互合作、各司其职，儿童学专家负责以科学的方式分析和研究数据，得出重要结论，而教师和家长一方面帮助儿童学专家收集原始数据，另一方面则从研究中汲取经验。"童年学会"则主要集中于对儿童身体与精神状态的科学研究，尤其关注那些有身心缺陷的特殊儿童，在推动进步主义教育方面也发挥了重要作用。"儿童研究学会"也保有整合学科专家与有兴趣的非专业人士这两股力量，以促成理论与实践相结合的传统，他们不仅发行机关刊物和出版论文集，向公众开设大量儿童学讲座，介绍儿童学研究的最新进展，而且积极投身于与儿童相关的政府决策和教育改革事务中。与欧洲大陆地区所不同的是，英国儿童学研究的活动轨迹，并没有因为第一次世界大战而彻底终止，反而一直延续到 20 世纪 20 年代。

美国的儿童学研究则发端于格兰维尔·斯坦利·霍尔在 1883 年发表的《儿童精神的内容》。格兰维尔·斯坦利·霍尔在 1891 年倡议建立全国性的儿童学组织，但没有成功，而在 1894 年，美国第一个地方性的儿童学协会在伊利诺伊州率先成立，并发行了《儿童学手册》。随后，美国其他州也相继成立了儿童学协会，儿童学研究开始成为一场席卷美国全境的学术与社会运动。儿童学协会的主要工作是推动建立儿童本位的学校教育，因此与教育学相关机构的联系最为紧密，到了后期则开始转向作为整体的儿童福利，心理学和医学等学科也开始介入进来。克拉克大学无疑是当时美国儿童学研究的重镇，率先开设了儿童学暑期学校并持续多年，其

课程包括理论讲座和实证研究报告；创办了儿童学的专门刊物，即《教育学论坛》，刊登不同国家、地区的儿童学最新研究成果；成立了"儿童研究院"，制订了雄心勃勃的跨学科儿童学研究计划（包括建立教育博物馆）。美国早期的儿童学研究大概持续到1911年便渐渐淡出了学术界。

苏联的儿童学研究，在早期由于得到教育部和克鲁普斯卡娅（Krupskaya）等人的支持，在20世纪20年代便达到高潮，与西方其他国家和地区形成鲜明对比。苏联的儿童学研究不局限于教育学，而发展成为包括心理学、教育学、卫生学、生理学等学科在内的跨学科研究综合体系。在研究中，苏联的儿童学形成了四个主要流派，即临床心理（或精神分析）学派、反射学派、复演论学派和社会发生论学派。其中维果茨基（Lev Vygotsky）、布隆斯基（P. P. Blonsky）、亚历山大·罗曼诺维奇·鲁利亚（Alexander Romanovich Luria）等是最有影响力的学者。当时苏联的许多高等院校纷纷将儿童学纳入到课程体系之中，儿童学的研究机构纷纷建立，儿童学系也得以建立（有的甚至将心理学系合并在内）；许多小学和幼儿园还设立了儿童学专家岗位，邀请专家在校园内进行基于实践场域的儿童学研究；创办了全国性的《儿童学》杂志，开辟《教育困难儿童》《障碍儿童教育》等专栏，开展针对联盟内不同共和国儿童问题的实地考察，并召开全联盟性质的儿童学大会；等等。但由于某些复杂的学术与政治因素，儿童学在1936年时被苏联人民委员会全面取缔，不得不退出了历史舞台。

三、对当代中国建设儿童学学科的启示

欧美早期在儿童学学科建设上所取得的经验与教训，对于我们当下建设有本土特色的儿童学学科体系，具有极为重要的意义。这种意义可以概括为以下四个方面：

其一，建立儿童学的初衷是要整合不同学科领域的研究素材及其成果，创建以儿童为唯一研究对象的知识体系，这就需要加强各个儿童学分支研究机构之间的友好沟通与建设性合作，但是不同学科之间的壁垒与隔阂并不容易在根本上被打破，且不同领域的研究者之间的分歧意见常被刻意放大，这就导致跨学科乃至超学科的研究困难重重，因此若要在当代中国建立一个独立的儿童学学科体系，使其成为与教育学、心理学等一样的一级学科，就必须更紧密地团结各分支领域的研究者，做到求同存异，围绕一个大家共同关心的议题，经常开展正式与非正式的交流与合作，使其凝聚为一个有强大"向心（此心便是儿童）力"和社会责任感的学术共同体。

其二，欧美早期的儿童学研究存在过度迷信科学的研究倾向，他们认为通过儿童学研究，就必定能建立起关于儿童的牢固可靠的科学体系，从而为儿童创造出一个有序和理智的美好社会。但是在研究过程中，一方面由于对儿童学研究的作用存在过分夸大以及求全责备的心理，另一方面则是因为没有划清专业研究者和业余研究者之间的界限，导致部分研究仅凭经验和兴趣进行而缺乏必要的严谨性，从而得出了许多并不真正有利于儿童学整体发展的结论。这就启发我们在联合各个领域人士加入儿童学研究队伍中来的时候，应当

意识到不同群体自身的优势与局限性，更加科学合理地设置和分配研究任务，且对研究结论（即便是某个权威专家得出的结论）始终保持批判性的态度，这样才能持续推动儿童学学术领域的创造性发展。

其三，欧美早期的儿童学研究存在研究主题和视野上的局限性，儿童生理、心理和教育的研究是当时儿童学研究的主流，主要采用的方法包括实验法、问卷调查法、观察法、统计法、测验法等，有的学者甚至将儿童学直接等同于儿童心理学。这些研究所得出的结论往往指向具有普世性的童年演变规律及其特点，均属于抽象儿童的范畴，但儿童发展背后的社会、文化与历史等因素却较少受到关注。维果茨基提出的文化历史学说已经为儿童学研究的未来转型指明了方向，但在当时并未引起足够的重视。因此我们在建设当代中国的儿童学研究体系时，尽管一方面不能忽视传统的儿童学议题，甚至要结合脑科学的最新发展进程来推动这方面的研究，但另一方面，也应同时从社会文化及其他视角出发，来扩展儿童学研究的议题和领域，推动儿童社会学、儿童文化学、儿童人类学、儿童历史学、儿童哲学、儿童文学、儿童地理学等分支领域的建设，如此才能构建出一个更加开放的、兼容并包的儿童学学科体系。

其四，欧美早期的儿童学研究一方面注重在本国建立儿童学的科系、课程和专业组织，发行相关的刊物，推广和传播儿童学的知识；另一方面非常注重开展国际对话，推动儿童学国际学术团体的形成与发展，并通过创建暑期学校和国际学院，来培养不同梯队的研究者。但是也存在由于不加批判地照搬其他国家的研究结论，导致在现实中出现不符合本国儿童实际情况的结果。因此，要建设新时代有中国特色的儿童学学科体系，固然需要进一步加强与国际儿童学研究团体的交流与对话，熟悉并积极融入国际话语体系之中，同时也要结合本国的文化特色、社会情境和儿童实情，检视西方已有的儿童学理论，并构建具有中国风格与气象的话语脉络，这样才能为推动国际儿童学的发展做出中国独有的贡献。

编者按：

　　2021 年国家发展和改革委员会等部门联合印发《关于推进儿童友好城市建设的指导意见》(以下简称《意见》)，该《意见》指出，坚持儿童优先发展，从儿童视角出发，以儿童需求为导向，以儿童更好成长为目标，让儿童友好成为全社会的共同理念、行动、责任和事业。在对幼儿进行保育和教育的场所——幼儿园，怎样践行儿童友好的理念呢？幼儿园教师在环境创设上，在幼儿园的一日活动设计中，在课程设置上，在游戏环节，怎样体现儿童友好呢？我们邀请了相关专家一起探讨，怎样在幼儿园环境下践行儿童友好的理念，怎样做到在尊重儿童、从儿童视角出发的前提下，更好地促进儿童成长。*

关键词： 儿童友好　理解儿童　儿童视角　教师转型

儿童眼中的儿童友好

◎ 鄢超云[①]，四川师范大学教育科学学院

　　从中文来看，幼儿园的"园"，有花园、公园、乐园之意；从西文来看，kindergarten 一词来自德语，德语 Kinder 是 children（儿童），德语 Garten 是 garden（花园），德语 Kindergarten 相当于英语的 children's garden（儿童的花园）。既然是儿童的花园，就应该是对儿童友好的。我把自己假装成一个小朋友，以他的眼光打量一下幼儿园，讲讲我的烦心事。

　　我家楼下有一所幼儿园，里边有很多我没有玩过的玩具。我想上这所幼儿园，但是我进不去。我的爸爸妈妈说："你不能上这所幼儿园。"于是我去了一所很远的、我也不喜欢的幼儿园。我不想上幼儿园，和爸爸妈妈说过，还哭过，但都不管用。我只能跟妈妈说："放学时你第一个来接我。"妈妈说："好的。"可是她常常不是第一个，有时还是最后一个来接孩子的。进到教室之后，老师就把门关起来了，我也看不到窗户外边。我有时心里好害怕，也好想爸爸妈妈，我想逃出去，但是不行啊。即使逃出了教室，幼儿园大门也出不去啊，那里还有拿着"武器"的人，可"凶"啦！

　　我想跟小朋友一起玩。可是我没有好朋友。我告诉过妈妈，她说："没有好朋友，你就要去结交一个好朋友。你自己主动一点吧。"可是我

---

* 本笔谈原载于中国人民大学复印报刊资料《幼儿教育导读》杂志官方微信公众号"人大幼儿教育导读"，由刘亚力编辑，熊志刚审核，文章部分内容有所调整。

① 鄢超云，教育学博士，四川师范大学教育科学学院教授、博士生导师，教育部高等学校幼儿园教师培养教学指导委员会委员，中国学前教育研究会游戏与玩具专业委员会主任。

就是没有好朋友。有的人还欺负我，说我是骑自行车来上学的，没吃过哈根达斯。我就自己一个人玩。我想去我最想玩的地方，但我突然想起，那个地方不能去，因为老师说过早上来幼儿园的时候，有些地方是不能去的。我想拿我最想玩的玩具，但是它在很高的地方，我拿不到。我其实是可以爬上去拿的，但我瞟了一眼老师，她也看到了我，从她的眼神我知道我不能去拿那个玩具。

本来上厕所是一件很开心的事情，在老师不在厕所里的时候，可以玩一下水，说一些教室里不能说的话，但最近不行了。老师连厕所也要管了，让我们量使用厕纸的长度，看小便的颜色，还要做记录，上个厕所都这么麻烦。

上课了，老师讲话的声音好好听，跟平时讲话很不一样。老师讲了一个故事，提了问题，我拼命举手，但都没有被点到。后来就听老师点了一些人的名字，他们跟老师一起出去了，没有我。我好想跟他们一起去。他们上次出去回来的时候，好高兴的样子，而且选游戏也是他们先选。

接下来要到外边去玩了。我看到了好多我不认识的人，他们都拿着手机在拍照。老师说："你们想玩什么就玩什么，想跟谁玩就跟谁玩，想到哪里去就到哪里去。"我知道我的任务是爬树，这棵树我已经爬了好久了。我其实很想去玩沙池，但如果我不爬树，爬树这里就不会围很多人，因为其他小朋友爬不了我这么快、这

么高；如果我不爬树，等拍照的人走了我就会被批评。老师让我们谈一谈游戏。这次老师终于请我讲了，可是我刚开始讲，老师就说："你是这个意思吗？"然后就展现出不要再讲、请坐下的表情。老师都没有听我讲爬树，她怎么知道我是什么意思？老师经常让我们认真听讲，不要插嘴。我好像从来没有把我想讲的话讲完过。

我有几个很不喜欢吃的菜，但奇怪的是，这些我不喜欢吃的菜却经常吃。老师常常说，"快吃""这个吃了对你好"。吃饭是不能讲话的，对了，是小孩不能讲话，成人可以讲话。老师说睡觉了我们就要去睡觉，睡不着也必须躺在床上，不能讲话，也没有玩具可以玩。老师来的时候我就闭着眼，老师走了我就看天花板。天花板一点都不好看。老师工作了一上午，他们太累了，需要休息，所以我们也休息。不过有时老师也不休息，他们会大声地讲话。有一天，汪大鹏和蔡小花尿床了，老师就让他们站好，把脏衣服给他们脱掉，再穿上干净衣服。汪大鹏自己都知道，他是我们班最"笨"的人。我们都叫他"矮哥"，因为他最矮。终于到了放学的时间，出了幼儿园的大门，我跟妈妈说"我要撒尿"，于是我对着路边的树林撒了一大泡尿。（以上文字系个人创作，如有雷同，纯属巧合）

一所幼儿园对儿童是否友好，从儿童活动的状态、儿童与他人的关系，能非常容易看出来。儿童对一所幼儿园、一个班

级、一位老师的态度，反映出的，就是幼儿园、班级、老师对儿童是否友好。美国幼儿教育专家丽莲·凯茨（Lilian Katz）在《早期教育方案质量的多维视角》中讲到一种自下而上的视角，也就是从儿童眼中来看"友好""不友好"这个问题。

（1）我是不是总是感受到欢迎，而不是感受到约束？

（2）我是不是总是感到我和同伴而不只是某个人群里一部分的人在一起，是这里的一员？

（3）在这里，我是不是总是感到被成人接纳、理解和保护，而不是被他们指责或者忽视？

（4）我是不是总是被同龄的小朋友接纳，而不是被他们孤立、忽视或者拒绝？

（5）我是不是常常被郑重地和尊重地提起，而不是某个只是被说成"宝贝"或者"可爱"的人？

（6）我是不是觉得大多数活动能够打动人、吸引人并且富有挑战性，而不只是觉得可笑、逗乐、令人愉快或者令人兴奋？

（7）我是不是觉得提供的大部分经验是有趣的，而不是浮躁的或者无聊的？

（8）我是不是觉得大多数的活动是有意义的，而不是琐碎的或欠考虑的？

（9）我是不是觉得这里的大部分活动都是令人满意的，而不是令人沮丧的或者令人迷惑的？

（10）我是不是很高兴我在这里，而不是不愿意来或者渴望离开这里？

在儿童友好视角下理解儿童

◎ 孙爱琴[①]，西北师范大学教育科学学院

何谓儿童友好？《关于推进儿童友好城市建设的指导意见》中明确指出，儿童友好是指为儿童成长发展提供适宜的条件、环境和服务，切实保障儿童的生存权、发展权、受保护权和参与权。所以，儿童友好的核心是儿童权利保障。创建儿童友好城市，就是为儿童各项权利保障提供"适宜的"支持，从各种条件到各类环境、各类服务，涵盖儿童生活的方方面面。

其实，早在 1989 年，中国就已成为《儿童权利公约》缔约国，儿童权利及儿童权利保障已经成为我国儿童研究的重要课题。但是，由于实现儿童权利保障的核心，即，对儿童及儿童相关观念的认识仍在不断变化，儿童意识融入公众意识（虞永平）尚需要一个过程[②]，因此，对儿童权利的认识有待进一步提高，儿童权利保障的实践进度缓慢。

---

① 孙爱琴，教育学博士，西北师范大学教育科学学院副院长、副教授、硕士生导师，中国学前教育研究会学前教育基础理论委员会委员，甘肃省学前教育名师。

② 张斌、虞永平：《让"儿童意识"融入公众意识》，见《幼儿教育》，2011 年第 9 期，第 16—18 页。

既然掣肘儿童权利保障实践的是认识和观念，那么，笔者且从认识出发，围绕《关于推进儿童友好城市建设的指导意见》中的四个儿童友好理念，即儿童优先发展、儿童视角、儿童参与、儿童发展，就儿童友好视角下的儿童，以及"儿童"概念的建构做一些梳理。

一、关于儿童优先发展

儿童，何以被摆在优先发展的位置？这是现代社会发展和现代教育推进的显著成果。在现代以前，在儿童尚未被"发现"之前，众人认为儿童是"小大人"，有关儿童的一切都摆不上台面，就连历史也没有留出儿童的位置。英国史学教授哈里·亨得利克（Harry Hendrik）就曾经说过："如果女人是被隐藏在历史里，那么儿童则被排除在历史之外。"儿童意识，即儿童特殊性意识的诞生，才在本质上将儿童和成人甚至少年区分开来。在教育史上，人们普遍认为，"发现"儿童的，是让-雅克·卢梭。让-雅克·卢梭在《爱弥儿》中讲道："大自然希望儿童在成人以前就要像儿童的样子。"[1] 那么，什么是儿童的样子？恐怕只有让-雅克·卢梭是站在人生阶段的全部过程中，提出"儿童的样子"就是区别于成人的样子。他提出："在人生的秩序中，童年有它的地位；应当把成人看作成人，把孩子看作孩子。"[2]

从儿童被"发现"到儿童优先发展，绝对不能忽略 19 世纪末格兰维尔·斯坦利·霍尔发起的儿童研究运动，儿童学的建立，以及由此而引发的整个 20 世纪人们对儿童认识的深化。爱伦·凯（Ellen Key）宣称的"儿童的世纪"，确立了"儿童""童年""儿童意识"等一系列概念的位置，提出了"儿童本位"和"儿童优先发展"的概念，也明确了发现儿童的人文意蕴和追求。在我国，成为《儿童权利公约》缔约国，就意味着儿童优先原则的确立与贯彻。儿童优先，从提出概念，到落实行动，我们的支撑理念就是对儿童的认识的变化。所以，在构建儿童友好理想的任一层次的行动中，革新对儿童的认识始终是起点，也是最终目标。与其说是在构建儿童友好的理想之地，倒不如说，是在革新人人头脑中有关儿童的理想之地。

二、关于儿童视角

有儿童，才有儿童视角。儿童视角的诞生与人们对儿童的认识变化有关。让-雅克·卢梭提醒我们，因为"我们对儿童是一点也不理解的：对他们的观念错了，所以愈走就愈入歧途"[3]。所以，儿童视角的诞生显然是因为我们对儿童的认识发生了变化。《儿童权利公约》颁布后，儿童权利保障日益受到重视，确保儿童参与，倾听儿童的声音，一时间成为社会风尚。在丹麦，法律明确规定：学前教育机构需收集儿童关于幼儿园一日生活的看法，每年至少一次，让儿童成为幼儿园物质环境及教育质量的评价者。在英国，《儿童保育法》明确规定：要有倾听儿童

---

[1]　［法］让-雅克·卢梭：《爱弥儿》，李平沤译，北京：商务印书馆，2019 年，第 101 页。

[2]　同上，第 82 页。

[3]　同上，第 2 页。

的声音的意识，收集儿童作为学习者的意见。所谓"一米高度看世界"，就是以儿童的视角认识和建构世界的典型案例。

但怎么体现儿童视角？这是有差异的。牛津大学的凯西·西尔瓦（Kathy Sylva）教授认为，儿童视角可以区分为"儿童视角"和"儿童的视角"。前者的主体是作为成人的教育者，在教育实践中主动自觉地关注儿童、理解儿童、移情儿童，站在儿童的立场上，设身处地感儿童之所感，那么这样的教育者就是具备儿童视角的，即我们通常所说的教育者眼里有孩子。后者的主体则是儿童，是儿童自己感受、体验、观察周围世界的角度和立场。相比较而言，前者所表征的是教育者"自外而内"（outside in）地探寻和理解儿童内在体验的自觉意识。后者所表征的则是儿童自己"自内而外"（inside out）地认识和体验外部世界的主观能动性。但不论是哪一种视角，至少都体现出了明显的儿童意识。鄢超云提出，"在幼儿园里，应该时时、处处、人人有儿童视角"①，其本质意义，也是在强调，人们要在头脑中牢固树立儿童意识。在此前提下，无论是开展理论分析，还是实践探究，至少儿童被"看见"了，这也是儿童友好的前提。

三、关于儿童参与

参与，作为概念，是确认儿童的主体性；作为实践，是确保儿童主体性实现的一系列行动。就其背后的内在认识来说，参与就意味着从"研究儿童"转向"与儿童一道研究"。1989 年的《儿童权利公约》就强调，与儿童自身利益相关的事情

应该体现出儿童参与。《幼儿园教育指导纲要（试行）》和《3—6 岁儿童学习与发展指南》都对确保儿童的参与提出了具体意见。

对"儿童参与"实践影响最大的，是1992 年罗杰·A.哈特（Roger A. Hart）在《公民参与阶梯》中对儿童参与程度的层级划分。从低到高，罗杰·A.哈特将儿童参与分为八个层级，从完全由成人操控，逐渐发展到儿童作为装饰物、象征性参与，再到成人为儿童安排、成人与儿童一起商议、共同决定，及至儿童提出任务，成人帮助，最后实现儿童完全的主体性，即由儿童提出任务，儿童来和成人商议。这一系列的层级区分后，是儿童逐渐成为一个独立、自主的实践主体的过程，也是儿童在教育过程中，与成人逐渐博弈，最终实现个体自由的过程。就像威廉·A.科萨罗（William A. Corsaro）所揭示的那样，儿童是主动的、积极的建构者。作为"真"的主体的儿童，逐渐有了自己的话语方式，不断建构出自己的认识体系。因此，确保儿童参与，是实现儿童友好的实际路径。实现了儿童参与，那么，与儿童一样，处于弱势的妇女、边缘人群、特殊需要人群、处境不利人群也都能一样参与到社会生活改造中，这样来看，儿童参与，不仅是判断儿童解放程度的标尺，而且是引领社会健全、文明发展的风向标。

四、关于儿童发展

与"儿童友好是什么"密切相关的另一个问题，就是"儿童是如何成长和发展"的。这两个问题一起决定了我们怎样

---

① 鄢超云、贺小琼：《教师应常问儿童在哪里》，见《幼儿教育》，2020 年第 6 期，第 8—12 页。

看待和对待儿童。早在 19 世纪末，格兰维尔·斯坦利·霍尔就曾说过，我们可以"通过儿童生长的过程去评判一种文明，通过适应个人自然生长的方法去评判一种学校制度"。这股儿童研究的风潮和儿童学的建立，使得人们开始从各个学科、视角对儿童进行学术研究。而研究的核心，就是儿童如何成长和发展。通过对儿童发展规律的揭示，实现对儿童本质或者天性的完整理解。祛魅儿童，这是整个 20 世纪的主线。

新时代，对儿童发展的理解，已然超脱了"发展主义模式"的桎梏，研究者不再将儿童发展与生理发展阶段捆绑在一起，而是在更为广阔的文化背景中，在真实的语境中"凝视"儿童。摆脱"发展主义模式"的桎梏之后，"未成熟性"，或

者"延长的儿童期"的意义和价值才得到体认，正如约翰·杜威（John Dewey）所讲，"动物幼期的行为独立和完美阻隔了动物群体成为'社会'。延长儿童期的重要性在于使人成为'人'，使人类成为'社会'"①。童年的延长、发展迟缓和内容丰富，就是在向人们昭示，人是"永恒的儿童"②。这是我们对儿童发展的认识革新和理想赞歌。汉娜·阿伦特（Hannah Arendt）说，"人类世界因为儿童的诞生而具有了诞生性"，这种"诞生性"蕴含着人类的希望和未知的能量。所以，对儿童友好，就是对人类自己的拥抱，是对未来的畅想。在这个意义上，作为世界人口大国的中国，不断实现好、维护好、发展好儿童权利，做好儿童权利保障，既是大国责任之担当，也是世界儿童发展之福祉。

如何做一位儿童友好型教师：基于儿童友好幼儿园（学校）的标准*

◎ 高振宇③，杭州师范大学经亨颐教育学院

国家和地方各个层面都在大力推动儿童友好城市的建设，这对于我们儿童学研究者来说，正是可以将所学知识、所创

理论积极应用于实践，从而为儿童福利的提升做出应有贡献的重要契机。儿童友好城市的建设无疑是一个既要科学规划与设

---

① Fiske J. *The Meaning of Infancy*//Dewey J. *The Middle Works*，*1899-1929*. Carbondale：Southern Illinois University Press，Vol. 7，1979，pp. 246-247. 转引自张华：《走向儿童存在论》，见《中国教育学刊》，2020 年第 10 期，第 68 页。

② 刘晓东：《发现"伟大儿童"：提升教育与文明》，见《西北师大学报》，2021 年第 5 期，第 119—125 页。

* 本文为 2022 年度浙江省哲学社会科学规划"之江青年理论与调研专项课题"（项目编号：22ZJQN33YB）研究成果。

③ 高振宇，教育学博士，杭州师范大学经亨颐教育学院副教授，浙江省哲学学会儿童哲学专业委员会副理事长。

计，又要付出果断行动的系统工程。对于教育工作者而言，首要的任务乃是思考如何在教育这个领域，为创建真正对儿童友好的幼儿园（学校）而奉献自己的智慧与力量。而在建设儿童友好幼儿园（学校）的过程中，作为儿童工作者和行动主体的教师，其应树立何种儿童友好的理念，发展何种相关的专业素养，采取哪些适宜的伦理行动，则是最为关键的议题。据此，我们不妨从儿童友好学校的四个核心维度出发，即"全纳与平等""安全、健康与保护""有效教与学""参与及和谐"，来确立一位儿童友好型教师的理想模型或框架，或许可以为全国范围内的教育同人指明方向。

一、营造全纳与平等的文化氛围

这是儿童友好幼儿园（学校）的第一个重要指标，其中的"全纳"主要指幼儿园（学校）的教师能积极动员并帮助每一个儿童，特别是那些处境不利的儿童，确保他们都能从学校教育中受益；"平等"则是指教师要特别关注男女儿童平等的入学机会和发展规律，营造一个无任何歧视、充分尊重儿童多样性和差异的文化氛围。对此，可以从三个方面做进一步阐述。

其一是保障儿童平等的入学机会。这就要求每位教师都认真学习并了解我国与学前教育、基础教育、儿童相关的法律法规和政策规定，包括但不限于《3—6岁儿童学习与发展指南》《中华人民共和国未成年人保护法》《幼儿园工作规程》《中华人民共和国义务教育法》；推动幼儿园（学校）将全纳教育融入开办幼儿园（学校）的理念之中；推动幼儿园（学校）建立保障儿童平等入学权利的措施并积极执行；

有针对性地面向家长宣传儿童入学的权利与意义；积极动员并吸纳每个符合条件的儿童入幼儿园（学校）就读。此外，教师要针对所有儿童（特别是那些有特殊需要的儿童）建立个人档案，及时记录其入学与变动情况，严格执行儿童考勤制度，儿童一旦出现缺勤情况，教师应主动咨询原因并积极协助找到解决办法，与所在社区开展合作，努力帮助失学儿童重返幼儿园（学校）。

其二是尊重儿童的差异性和多样性。教师要主动接受和参与有关全纳与特殊教育方面的培训并开展相应的行动，在教育过程中充分考虑儿童不同的身体条件与学习背景，与社区合作为父母在外打工或家长工作繁忙的儿童提供更多的情感关怀和其他必要的支持；教师要对社会和所在社区的经济文化有基本的了解，为儿童提供学习和了解中国不同民族的文化及习俗的机会，比如在幼儿园（学校）环境创设过程中布置相应的展区，有传承民族文化和乡土文化的意识及具体做法；教师要努力丰富儿童的在幼儿园（学校）的生活，熟悉每个儿童的特长，支持每个儿童都有机会展现并发展自己的优势。

其三是营造性别平等的教育环境。教师要主动接受和参与有关性别平等的教育培训，能敏感地意识到并指出某些教学材料或活动过程中存在的性别偏见，以尽可能减少儿童受到不良影响；在儿童各类爱好和习惯的引导方面，教师能突破传统性别观念的束缚，保持更加开放和现代的姿态；在相关宣传活动中，教师能展示积极的男孩和女孩的角色榜样，帮助儿童树立正面的性别观念；在课堂提问和反馈问题的过程中，教师不因儿童的性别而刻意降低或提升问题的难度，在其他教学活动过程中，教师也不因儿童性别而刻意做出非必要的改变；教师要鼓励男孩和女孩在班级和幼儿园（学校）事务上承担同等的责任，使其享有同等的机会。

二、提供安全、健康与保护的环境

提供安全、健康与保护的环境是创建儿童友好幼儿园（学校）的基础。总的来说，教师应努力从儿童的视角出发，在尊重儿童的前提下采取积极的预防措施，保障儿童的安全，促进儿童的身体发展与心理健康，使儿童感受到无论是在身体方面，还是在心理和情感方面，幼儿园（学校）和教师都是可以获得友善帮助和支持的存在。具体来说，作为幼儿园（学校）教师，其一是须创建安全、卫生的物理环境和友善的心理环境，合理使用基础设施与设备以保障儿童安全、健康地学习和生活。与医务室及相关医务人员加强合作，确保儿童在突发意外和伤害时能够得到及时有效的救助；确保儿童可以喝到数量足够、符合卫生标准的饮用水；确保儿童（尤其是女孩和行动不便的儿童）在使用厕所时感到方便和安全；注意保护儿童身体的健康，联合家长做好近视、新型冠状病毒肺炎等的防治工作。同时，在幼儿园（学校）大环境和教室小环境的布置过程中，教师要设置符合儿童身体、心理健康发展的温馨提示，并体现出儿童参与，以儿童为主体的精神和理念；教师自己也须在儿童面前起心理健康的表率作用，避免出现体罚和心理侵犯行为（比如曝光儿童隐私、歧视或忽视儿童等），有保护儿童免遭伤害的种种措施与途径。

其二是要提供以技能为基础的安全教育，比如主动关注儿童在幼儿园（学校）内所有场所开展活动的情况，定期组织儿童及其家长参与相关的安全评估活动，并根据其意见落实改进措施；教师要主动接受和参与安全教育方面的知识与技能培训，定期有针对性地对家长开展应急预案、安全专题讲座和宣传活动，具有应对突发事件的基本知识和技能；教师要为儿童开展有针对性的应对突发事件的基本技能训练和实践演练（比如消防演习等），并在课程与教学过程中主动渗透有关安全教育的内容，提高儿童的安全意识与应对危险的能力。

其三是要采取措施积极促进儿童的身体、心理健康发展，比如严格执行各种有关幼儿园（学校）安全和健康方面的基本要求，主动接受和参与健康教育有关的知识与技能培训，协助幼儿园（学校）建立儿童健康体检制度，开展定期体检和建立儿童健康档案，并对儿童健康状况进行评价，及时将评价结果反馈给家长；教师要落实传染病防控和食品卫生安全等基本制度；教师要有计划地开展以技能为基础的健康教育（比如疾病预防、科学营养、卫生安全、心理健康等），有针对性地开展国家重点防治疾病（比如新型冠状病毒肺炎）的专题教育活动；教师在健康生活行为习惯方面发挥表率作用（比如不在儿童面前抽烟、不随地吐痰等）；教师要关注儿童的用眼情况，及时纠正儿童不正确的阅读与活动的姿势，控制近距离用眼的时间。

其四是要组织有质量的健康活动，合理使用常见的健康活动器材，配合幼儿园（学校）定期对体育活动设施进行检查确保儿童活动时的安全，按照《3—6岁儿童学习与发展指南》和各地课程标准的要求因地制宜地开展健康活动，进行符合所有儿童特点的教学（特别是对特殊儿童要有适当的要求）；教师要及时组织班级儿童开展运动会，弘扬体育精神和进行体育道德教育；教师要定期听取儿童对健康活动的建议和评价。

三、开展课堂内外的有效教学

此点是构建儿童友好幼儿园（学校）的中心，主要指教师作为学习的引导者，积极运用自己的专业知识与技能，激发儿童的学习动机，帮助儿童取得最佳的学习效果，并促进儿童获得主动、全面、有差异的发展。具体而言，教师首先应成为爱岗敬业、关爱儿童以及具备专业素质的教育工作者，比如具备倾听儿童意见的意识与技能，了解每个儿童并能为那些有特殊需要或学习困难的儿童提供更多的关注；勤奋工作，积极参与幼儿园（学校）的教研与进修活动，具备先进的教育理念，并持续致力于自我反思和终身学习；掌握五大领域的基础知识以及对儿童发展有价值的内容，掌握了解、诊断和解决儿童在学习过程中问题与困难的方法，掌握实践案例，特别是帮助学习困难儿童的有效策略，能够了解儿童的背景、学习风格及学习需求；主动接受应用多种教学方法和管理方法的培训，具有使儿童主动参与教学的技能，根据儿童的情况制订教学设计、利用资源、组织合作学习等，具有调动儿童积极参与班级管理和幼儿园（学校）内外其他活动的能力，具有根据儿童兴趣和需要组织课外活动与社会实践的能力，养成因材施教和参与式课堂管理的能力；能根据儿童的表现及相关情境，运用兼顾过程与结果的多种评价方法，能根据各方面

特别是儿童的行为表现与反馈意见改进教学工作，建立儿童成长档案，为儿童个性化发展提供依据，在评价和反馈过程中能尊重儿童的隐私，善于利用评价结果促进儿童成长。其次，教师要在班级内实施以儿童为中心的有效教学过程，比如在教学安排方面充分考虑儿童需求，教室布置能符合儿童年龄特征，备课过程中能充分联系儿童的生活实际和经验；师生双方形成沟通的有效机制与默契，鼓励并指导儿童关注和关照班级内的学习伙伴，指导和安排适当活动促进儿童之间的相互质疑和启发，能充分利用教室空间资源以及人力资源创设学习与活动的机会等。

四、促进幼儿参与，构建和谐关系

这一点主要是从班级管理的方面来说的。它指的是教师在管理的各个方面都竭力从儿童视角出发，通过开展幼儿园（学校）与家庭、社区等的全面合作，促进儿童在幼儿园（学校）内外学习、生活中的不同层级的参与，推动在幼儿园（学校）内外形成相互尊重、理解和支持的人际关系及积极的氛围，保障儿童权利的实现，共同为儿童营造一个快乐、轻松、和谐的学习与生活环境。对于幼儿园（学校）的教师而言，其可以从两个方面来促进这个目标的达成。其一是创造儿童参与的多种途径与方法，并努力提升儿童参与的层级，比如从将儿童视角作为一种宣传口号或"装点门面"的形式，到咨询儿童并告知具体情况，再到儿童与成人一起做决定，至最高层级则由儿童来主导整个活动并反过来赋责成人；同时确保儿童有机会在幼儿园（学校）学习与生活的多个层面发出自己的声音，无论是正式的还是非正

式的，鼓励儿童以团体的方式开展合作，进行反思和自主决策，为幼儿园（学校）的发展做出可能的贡献。其二是发展和谐的家庭、幼儿园（学校）与社区的伙伴关系，比如创建班级里的家长委员会并定期开展相关活动，组织面向家长和社区的开放日活动，保持与家长和社区代表委员会的长期联系，及时关注家长和社区代表委员会的决议并进行必要的反馈；充分挖掘和利用社区资源组织儿童开展社会实践活动，组织家长参与社区教育活动，积极开展家庭教育指导工作；等等。

视角的转换：儿童友好型教师的内在要求

◎ 邓超，重庆第二师范学院学前教育学院

张家琼，重庆第二师范学院学前教育学院[①]

弗里德里希·威廉·尼采赋予"视角"以哲学意义，他认为每个生命都有其认识与体验世界的方式，意义世界是多重视角的存在。自弗里德里希·威廉·尼采以来，现象学家、解释学家、后现代主义哲学家进一步丰富了"视角"的哲学内涵。在教育场域中，"视角"蕴含着丰富的教育意义，它内在规定了对教育现象探究的出发点与落脚点。教师作为儿童学习和成长过程中非常重要的人，深刻地影响着儿童的发展。因此，对于教师而言，从成人的视角到儿童的视角的转变是其成长为儿童友好型教师的内在要求。

一方面，视角的转换意味着教师从认识普遍抽象的儿童到理解具体生动的儿童。在成人的视角下，教师对儿童的认识是抽象化和概念化的，凭借着近代理性主义和科学技术的发展，教师通过掌握生理学、心理学、社会学等学科的知识建构起对儿童的认识。细化的知识肢解了儿童完整的生命样态，割裂了儿童与周围世界的联系，遮蔽了儿童真实的生存境遇。儿童友好型教师应该从儿童的视角出发，返回到儿童的生活中去，关注每个儿童鲜活的行为和情感，在每一场游戏中，在每一个开心或不开心的时刻，都要尽可能感知和理解儿童行为或情感背后的意义生成和生命涌动。例如，教师在教育活动中，不能先入为主地为儿童贴上各种标签，比如学习能力弱、不爱吃饭、行为习惯不好等，而应该深入了解儿童出现这些行为的原因，从而运用正确的教育策略。在儿童做

① 邓超，教育学硕士，重庆第二师范学院学前教育学院助教。

张家琼，教育学博士，重庆第二师范学院学前教育学院院长、教授，西南大学教育学部兼职硕士生导师，教育部幼儿园教育教学指导委员会委员，教育部师范专业认证首届专家，中国教育学会学前教育专业委员会常务理事，重庆学前教育学会副理事长。

出或说出某些不符合常人思维的行为或语言时，教师应保持开放的心态，通过与儿童对话，理解儿童言行背后的意义，从而正确全面地认识和理解儿童。

另一方面，视角的转换意味着由遵守成人主导的发展到支持儿童自由全面的发展。在成人的视角下，成人以理性人为假设为儿童构筑起发展道路，用标准化的方式测量儿童的发展水平，提供有针对性的教育举措，使得每一个儿童都能"达标"。这种行为所体现的是成人中心，儿童应该以成人为标准。儿童友好型教师应该坚持儿童的视角，支持儿童自由全面的发展。儿童的视角意味着肯定儿童的价值，正如汉娜·阿伦特所言："儿童，有着双重特性：在一个他陌生的世界里面，他是崭新的，同时又处于变化过程中；他是一个新人又是一个成长着的人。"① 儿童初到这个世界时可能是弱小的，但是他又蕴含着改变世界的能力，因而也是强大勇猛的。

儿童蕴含着改变世界的力量，儿童值得成人的肯定和尊重。儿童友好型教师应该肯定儿童的个体差异，相信每个儿童蕴含着不同的发展潜力，关注儿童的个人兴趣，尽可能地为儿童提供有准备的教育环境，促进儿童自由全面的发展。

对于儿童友好型教师而言，从成人的视角到儿童的视角，不只是视角的转换，更是对自我存在的一种反思。在成人的视角下，教师与儿童是教育者与被教育者、管理者与被管理者的关系，双方是蕴含着张力的存在，教师以物化的思维对待儿童，这是一种"我与他"的关系。但是在儿童的视角下，教师与儿童是一种相互促进、彼此成全的关系，这是一种"我与你"的关系。诚如马丁·布伯（Martin Buber）所言："我的'你'作用我，正如我影响他。我的学生铸造我，我的业绩抟塑我。……孩童、动物授予我们何等高深的教育！不可思议的，我们栖居于万有相互玉成的浩渺人生中。"②

儿童友好幼儿园的建设经验及启示[*]

◎ 朱继文③，北京市丰台区第一幼儿园教育集团

看到"儿童友好"四个字，我想每个成人都会回忆起自己的童年，在无忧无虑

的时光里追逐着新奇，相信都是有趣、美好、自由等温暖的词汇作为底色。其实这

① ［美］汉娜·阿伦特：《过去与未来之间》，王寅丽、张立立译，南京：译林出版社，2011 年，第 173 页。

② ［德］马丁·布伯：《我与你》，陈维纲译，北京：生活·读书·新知三联书店，2002 年，第 13—14 页。

* 本文为北京市教育科学"十三五"规划 2019 年度校本研究专项课题（项目编号：CIBA19119）研究成果。

③ 朱继文，北京市丰台区第一幼儿园教育集团总园长，正高级教师，北京市特级教师，北京市特级校长，首都十大教育新闻人物，北京市劳动模范，北京市三八红旗奖章、全国优秀教师及奖章、明远教育奖获得者，首都师范大学学前教育学院研究生兼职导师，北京师范大学校长培训学院兼职教授，北京市名园长工程导师，北京市学校德育研究会副会长，北京市学前儿童保教工作者协会张雪门研究会会长，成立了北京市名园长工作室，出版图书《故事教你做园长》《发现最好的自己：一位幼儿园园长的教育随想》《牵手与牵心——园长指导家长工作能力的提升》《绽放幕后精彩——园长指导后勤工作能力的提升》等。

就是对儿童友好幼儿园的核心解读，简而言之，儿童友好就是要把儿童的需求放在重要的位置上，以儿童的视角开展生活、游戏、教育等各种活动，以"一米高度看幼儿园"去设置环境，让幼儿园成为儿童存续感情、留守童真、孕育梦想、放飞个性的地方。

儿童友好是一个多元的话题，值得深入思考与探索。国家发展和改革委员会等部门研究制定的《关于推进儿童友好城市建设的指导意见》围绕儿童的生存与发展、受保护和参与权利的实现进行规划设计，聚焦"环境安全、平等对待、服务可及、乐享陪伴、充分参与"五个方面。其实，这五个方面是公平、优质的学前教育的基本要求，也是幼儿园在实践过程中需要推动落地生根的关键要点。

"环境安全、平等对待、服务可及、乐享陪伴、充分参与"是每所幼儿园都要坚持的理念，也是每所幼儿园需要用不同的路径去精益求精达成的目标。我园在践行儿童友好理念的过程中，坚持儿童视角和儿童本位，充分体现儿童是幼儿园的主人、儿童是时间的掌控者、儿童是游戏的创造者，更是生活的引领者。

一、给儿童想要的玩具材料

幼儿园的玩具要不要更换，怎样更换，谁说了算呢？我们曾经与老师做过这样的讨论，既然幼儿园的主体是儿童，儿童是幼儿园的主人，那就应该让儿童成为幼儿园玩具材料建议的深度参与者。我园有个老式玩具滑梯，使用将近二十多年了，且有些地方已经出现破损，孩子对它似乎也不感兴趣。要更换吗？要重新改造吗？怎么换？换成什么样子？幼儿园请大

班的孩子与老师共同参与讨论，倾听孩子的意见。孩子到操场后围着滑梯体验着，说出自己的想法："滑梯下面需要有个沙坑，滑下来才不会疼，坐在沙子里还可以打个滚，太好玩了""上去的时候只能走楼梯吗？要是能放一根绳子，这样攀爬上去就太有意思了""弯弯曲曲地滑下来才好玩""都是塑料的，不环保，可以增加木头荡荡桥"……孩子对着滑梯需要增加或者删减的地方各抒己见，边说边画出图给我们看，生怕我们听不明白他们的想法。我们倾听着孩子的心声，分析着孩子的愿望，归纳着孩子的想法，被孩子深深地吸引着。我们决定帮助孩子进行旧物改造，把这个老式玩具滑梯改造成他们想象中的样子，从造型、选材、玩法等方面重新思考，把孩子的想法变成现实。可以说，邀请儿童议事、听取儿童意见这种方式，是幼儿园决策时对儿童友好的最好诠释。

二、让儿童成为生活的主人

尊重儿童，就要善于倾听儿童的声音。儿童是天马行空的代言人，也是天生的梦想家。我们要"放手""放权""放开"，让他们在幼儿园内自由徜徉。我园经常有来参观的老师，当遇到困难的时候会求助孩子：音乐教室怎么走啊？你们能带我去大一班看看吗？……孩子便询问老师："我们能带领客人参观幼儿园吗？"于是，老师就把接待权移交给孩子，并生成"小导游"课程，从如何接待客人、怎样绘制参观路线、怎样整合幼儿园内的资源等多个方面"放手"，让孩子感受当小主人迎接客人的快乐。在这个过程中，教师观察到了儿童的兴趣点，以游戏为儿童的基本活动，把友好的种子埋在儿童的心

田，融入儿童的生活、游戏中。教师给予儿童充分参与幼儿园内大小事项的机会，才会让儿童友好幼儿园成为其童年的梦工厂。

三、帮助儿童理解"友好"的含义

在实际的保育教育过程中，教师会遇到很多突发状况，例如遇到"不友好"的儿童。儿童与小动物是天生的"好朋友"，我园养殖区养殖了毛茸茸的小鸡、小鸭，孩子喜欢扎堆看它们，并且从家里带菜叶给小鸡、小鸭吃。小一班的豆豆常常抓起小鸡使劲地往脸上蹭，时不时还往地上摔。老师懂得这个孩子不是不想与小鸡、小鸭友好相处，而是因为他家中有类似的玩偶，他把与玩偶相处的模式迁移了过来。老师看到后，以身示范：蹲下来和小鸡"聊天"、轻轻地喂食物、用手慢慢地轻轻地抚摸等，他也就自然懂得与小动物友好相处的模式了。

虽然教师在建设儿童友好幼儿园的过程中身兼数职，但是在和儿童相处的时候，要精准定位，不可偏移。

第一，教师要做儿童的同伴、好朋友，耐心地倾听儿童的意见，积极地和儿童平等对话，尊重儿童多元的想法。

第二，教师要做儿童的崇拜者，向儿童学习，以欣赏的眼光和支持性的行动推动儿童想法的实施。

第三，教师要做儿童的合作者，协助儿童一起参与建设，和儿童共同感受和经历新鲜的每一天，共同解决困难，构建儿童发展课程，让梦想成真。

儿童友好幼儿园建设，需要每个人在情感上产生共鸣，以共同的向往、共同的价值为追求，以儿童友好为本，参照《中华人民共和国家庭教育促进法》的要求，发挥儿童的主观能动性，在教育者潜移默化的引领、生活的渗透浸润、家庭的共建共育、社区社会的支持配合下，实现全员、全过程、全方位、全视角、全覆盖。在这个过程中，看到儿童、看懂儿童、尊重儿童、理解儿童、欣赏儿童，家庭、幼儿园、社会共同绘画同心圆，同心同向同行，为儿童的友好保驾护航。

总之，"人生百年，立于幼学"，儿童是每个家庭的希望，也是国家的未来。从开启儿童友好城市社区建设中可以窥见人们对美好生活的向往，尤其是"一米高度看城市"的儿童视角，用平等的权利观关注儿童的想法本身就是一种对美好的追求。我想，无论我们从事什么工作，是教师还是家长，都应该抱着对社会的责任感和使命感学会"蹲下来"，看看儿童眼中的世界是什么样子，转变我们的视角能让一切变得有趣、好玩，尊重儿童，让幼儿园、社区、城市成为儿童成长的美好乐园。

通往智慧教育之路

——以有过程的归纳教学深描为例

◎ 于　伟[①]

摘　要：随着不受时空限制的学习化社会的来临，愿意学习、学会学习对儿童来说意味着健康成长，消极被动的学习或许意味着灾难。有过程的归纳教学试图从实践层面探索如何激发、保护儿童学习的主动性和积极性，如何让儿童的主动、积极学习真实发生，让儿童的学习突破认知、知识的局限，为当今大家聚焦的主动、积极的全面学习提供范例。有过程的归纳教学从儿童已有的先天本能基础，从作为整全人、活体人的成长发展，从儿童已有的认知经验和情感状况出发，让儿童经历从个别到一般、从具体到抽象、从宏观到微观的学习理解过程。从学习内容视角来看，有过程的归纳教学以大单元学习为载体，强调课程的综合性与融合性，关注学习的操作性与体验性，聚焦儿童学习的亲历性与过程性；从学习空间场域来看，有过程的归纳教学为学生构建有趣、自由、安全的学习场域，让小组、社区、世界也成为儿童的教室；从学习方式来看，有过程的归纳教学强调构建个人自学、小组合作、班级交流等层面，关注儿童在学习共同体中如何学会学习、学会思考和学会成长。

关键词：有过程的归纳教学　一般　个别　具体　抽象　智慧教育　智慧学习

有过程的归纳教学，即指在教师的指导下，通过更多的个别、具体、具象、特殊、经验等抽象出一般、规律、本质、学科知识，进而发展智慧的一种使儿童主动学习的教学过程。强调从个别（个人或他者）经验或个别事物出发，归纳概括出一般结论。在这个过程中，"暴露"学习过程、理解学习过程、锻炼学习智慧、掌握学科核心知识，最终重点发展儿童的抽象能力、想象能力等"一般"能力。

一、为什么提倡有过程的归纳教学

我们生活在地球上，我们是"这个"世界的产物，因此，正确的思维就是指那些能够合于"这个"世界的思维，能够合于"这个"世界已经存在了的规律的思维。或者可以反过来说，自然界只能依照自然界自身的规律进行自然选择，这就是达尔文所创立的进化论的真谛。[②] 一个时代的课堂中合适的教学该如何展开并形成

---

① 于伟，东北师范大学教育学部教授，东北师范大学附属小学校长，教育部"长江学者奖励计划"特聘教授。

② 史宁中：《试论人的基于本能的认知》，见《东北师大学报》（哲学社会科学版），2020 年第 5 期，第 1—8 页。

何种教学思想，同样如此。

唯知识和认知的教育在过去一段时间里在解决社会与时代的需求上是合理的、正确的，但现在或未来，它正在过时。当前的教学普遍重视从一般到个别的演绎推理教学，缺少从个别到一般的归纳推理教学。演绎推理教学长于模仿、短于创造。演绎推理的方法只能验证真理，而不能发现真理。（史宁中，2011年）

有过程的归纳教学是合于"这个"世界和时代的进化的产物，是与生产力的发展相适应的。现在及未来的发展需要智慧教育，用以培养儿童的智慧，涵养儿童的创新能力，更好地适应创新型社会的建设，去解决国家可持续发展所面临的创造力不足的问题。小学阶段的教育则要思考小学课堂里可以有何种作为，有过程的归纳教学就是这种思考的结果。

有过程的归纳教学是合于小学生学习规律的产物。小学阶段儿童的学习与认知特点决定了要采取一种从具体到抽象逐步过渡的教学思想。

二、有过程的归纳教学的性质

智慧的不断提升是目的。正如陈元晖先生所说：教育的目的是让人变得更聪明。教师是培养学生智慧、能力的教练，而不是内容和活动的供应商。

智慧体现在过程中。这里所说的智慧不是实体。在本质上，智慧不表现在经验的结果上，也不表现在思考的结果上，而表现在经验的过程中，表现在思考的过程中。再究其本原，在生存过程中，智慧表现为对问题的处理、对危难的应对、对实质的思考以及实验的技巧等。

智慧的学习是对知识学习、认知学习的一种超越。智慧的学习与知识学习、认知学习有本质不同。知识学习依赖于结果，更多依赖于学习的耐力和对知识的理解力。以知识为本的教育在本质上是结果性的教育。智慧的学习依赖于过程，更多依赖于活力和创造力。智慧的学习不排斥知识学习，很大程度上依赖于知识。本质上不依赖于知识累积的多少，而依赖于对知识的理解、对各种知识之间相互关系的掌握、利用知识指导实践的经验和动手实验的能力。小学阶段的知识学习本质上是载体，重要的是通过小学的学习，不断促进智慧的发展。

在智慧教育中，经验被提到了与知识同等重要的地位。也就是说，通过感官直觉接收与通过书本讲解接收同等重要。智慧教育，需要通过搭梯子、搭支架，通过经验通向知识的掌握、智慧的发展。

在学生课堂的学习过程中，教师主要关注五种智慧的训练，其中第一种是宏观性的，第二种到第五种是在第一种的过程中派生的。

一是归纳过程的智慧，引导儿童经历知识从个别到一般的过程，重视归纳，从个别出发、从经验出发，归纳一般。

二是知识产生过程的智慧，对知识产生的环境、原初状态进行还原，引导儿童经历人类知识再发现的过程。

三是探究推理的智慧，引导儿童经历探究、发现及合情合理推测建构知识的过程，而不只是获取知识的结果。

四是沉思自省的智慧，让儿童对知识的习得、问题的解决、价值与意义等进行沉思、沉淀，深入自省。

五是真正学习产生的智慧，强调儿童学习发展的"真"过程，促进由"教"

向"学"的转变。"过程"必须是儿童的"学"，而非教师主观预设的过程，不是教师代替儿童思考，直接把结果告诉儿童。这就要求教师既要关注儿童是如何"学"的，也要想办法展现儿童"学"的过程。

总之，有过程的归纳教学是一个持续不断的生长过程，在生长的每个阶段，都以增加生长的智慧、能力为目的。

在有过程的归纳教学中，智慧的增长蕴含着抽象的思、符号的思、想象的思、推理的思、论证的思、逻辑的思、哲学的思，而不是一闪念的思、偶发的思、突发奇想的思。教师要让这些"思"成为沉思、深思，将其延展成推理链、逻辑链、论证链，以此培养儿童好的思维品质。

三、有过程的归纳教学的立足点

有过程的归纳教学从儿童已有的先天本能基础，从作为整全人、活体人的成长发展，从儿童已有的认知经验和情感状况出发，让儿童经历从个别到一般、从具体到抽象、从宏观到微观的学习理解过程。

（一）生物基础：顺应愿意学习、创造等儿童的先天本能

先天本能是指人和动物在进化过程中逐渐形成的，由遗传而获得的、与生俱来和不学而会的行为模式，是人和动物重要的行为原动力。教育的起点是人的先天本能。先天本能是教育天然生物性的基础，有过程的归纳教学首先根源于它。

人的先天本能涉及的范畴较为宽泛，包括积极的与消极的。与教育相关的积极的儿童的先天本能有：

学习、求知欲，包括模仿；

好奇心；

好动；

怀疑。

甚至心理学家威廉·麦独孤（William McDougall）指出，求新、创造也是儿童天生具有的本能。

再具体一些，比如儿童有学习数学的先天本能。东北师范大学史宁中教授认为，对于数学的认知，儿童的先天本能是对数量多少的感知和对距离远近的感知，基于这两个先天本能，以及儿童所具有的抽象能力和想象能力这两个特殊的能力，儿童对数学的认知成为可能。[1]

在有过程的归纳教学中，教师必须考虑受教育者的主动性，必须考虑受教育者的学习欲望和能力。协调的教育，只能是引导这种学习欲望并且激发其能力。[2] 从先天本能的角度来讲，儿童天生是愿意学习、爱好学习的，其后天的厌弃只是遭受了外在因素的不断干扰，比如超限度学习、过度的知识累积学习等所导致的学习本能的异化。单纯地从先验到先验的知识信息传递的教育，更容易伤害儿童学习的先天本能。

有过程的归纳教学必然让儿童愿意学习。有过程的归纳教学，是基于保护而不是伤害这种朴素的学习本能。有过程的归纳教学，以先天本能为主，从旁边去激励他、指点他、引导他，使儿童往一个方向走，使他向他能够做到的地方发展。因此，有过程的归纳教学，是符合儿童的发展规律的教学思想。在有过程的归纳教学

① 史宁中：《试论人的基于本能的认知》，见《东北师大学报》（哲学社会科学版），2020 年第 5 期，第 1—8 页。
② 史宁中：《关于教育的哲学》，见《教育研究》，1998 年第 10 期，第 10—14 页。

中，儿童会表现出更积极主动的学习热情，而不是由单纯地对知识进行理解、记忆、重复、检测等所带来的被动、厌倦、疲劳、掉队、无意义感。从这个角度来说，有过程的归纳教学非常好地解决了儿童愿意学习的问题。愿意学习对儿童来说意味着健康成长，消极被动的学习则意味着灾难。有过程的归纳教学试图从实践层面探索如何激发、保护儿童学习的主动性和积极性，让儿童的主动、积极学习真实发生而不是被迫学习。

（二）人的发展：学会学习重于学会多少

儿童不是一个知识仓库。他是一个活体，一个完整的人，有发展需求的人。学会多少很重要，但学会学习更重要。

有过程的归纳教学，就是在从个别、特殊、具体等归纳出一般、规律等的过程中 ①，让儿童会归纳、会探究推理、会沉思、会表达、会反思、会在共同体中对话……这些应对问题、处理问题的智慧是儿童作为一个整全人、活体人在生活的方方面面都需要的。单纯地理解知识、复现知识、应用知识主要是为了应对考试；但是会归纳、会推理、会反思、会对话等智慧的形成可以让儿童会学习、会生活。

（三）学习规律：小学生的学习更多的是从特殊到一般

已有的认知经验和情感在小学生的学习中很重要。小学生的学习，与初、高中及以后阶段的学习是有根本区别的。初中后的学习可以是"从符号到符号、从推理到推理、从论证到论证、从先验到先验……"，但小学生的生理发展特点决定其学习是从具体到一般、从特殊到一般、从个别探寻一般的过程，是发现规律、总结经验的过程，只有"经历"才能打下"烙印"，只有"参与"才能经历"深刻"，只有"思考"才能解决"问题"。因此，我们将小学阶段的学习看作在教学中进行的动态的、发展的、多元的、互动的参与过程。

（四）真正的学习：包括儿童个体的建构和创造

对课堂中"学习"一词的理解，是存在分歧的。比如对于传统的课堂来说，学习意味着对知识的理解与掌握，是儿童对知识的一种把握多少、程度等的结果。而有过程的归纳教学则认为，学习不仅是知识结果的掌握，而且包括儿童个体的建构和创造。学习不仅是对内容的掌握，而且是儿童思维参与的结果。这种定义让内容目标与思维目标相互依存。智慧，正是蕴藏在这样的学习过程之中，蕴藏在内容目标与思维目标交互理解与掌握的过程之中。

当前，创造的激情在小学阶段是缺少的。不是小学阶段的儿童不能创造，而是其缺少对创造的激情的追求。既然好奇心、怀疑、创造都是儿童的先天本能，有过程的归纳教学则应该顺应这种先天本能，尽量不去伤害它，而是搭建各种大单元的平台、操作的平台、体验的平台等去促进儿童个体的建构和创造。这种对人的生物性的顺应包括对儿童个体的建构和创造的顺应，它必然造就创造的激情。

---

① 演绎的学习是从一般到特殊、从大前提推论结论性的，结论早已给出，因此提供给儿童的学会学习、发展智慧的空间较为狭小。

四、有过程的归纳教学的实施深描

从学习内容视角来看，有过程的归纳教学以大单元学习为载体，强调课程的综合性与融合性，关注学习的操作性与体验性，聚焦儿童学习的亲历性与过程性；从学习空间场域来看，有过程的归纳教学为儿童构建有趣、自由、安全的学习场域，让小组、社区、世界也成为儿童的教室；从学习方式来看，有过程的归纳教学强调构建个人自学、小组合作、班级交流等层面，关注儿童在学习共同体中如何学会学习、学会思考和学会成长。

（一）学习内容：开发具有一类特征的大单元

从学习内容视角来看，有过程的归纳教学以注重知识之间同类关系的大单元学习为载体，强调课程的综合性与融合性，关注学习的操作性与体验性，聚焦儿童学习的亲历性与过程性。

1. 增加知识同类关系的个别、特殊的数量

案例：统编版《语文》五年级上册中国民间故事单元，从个别到一般。

统编版《语文》五年级上册中国民间故事单元课程大纲

板块	课时	教学内容	教学目标	分课时及目标	
单一文本阅读	4课时	《牛郎织女》	学习生字，扫清文字障碍。通过引导学生绘制人物事件图，梳理文本、理清关系。	第1课时	学习字词，熟读课文。
				第2课时	读懂《牛郎织女》，捕捉关键情节，绘制人物事件图。
				第3、4课时	借助《牛郎织女》人物事件图，体会人物之间的关系。
群文比较阅读	3课时	《天女散花》《水母娘娘》	学生通过比较阅读找出三个文本的相同点，从而引导学生归纳出中国民间故事的特点。	第5课时	阅读民间故事《天女散花》，绘制人物事件图。
				第6课时	阅读民间故事《水母娘娘》，绘制人物事件图。
				第7课时	对比阅读《牛郎织女》《天女散花》《水母娘娘》，发现中国民间故事的创作规律。
创作与表达	5课时	创编民间故事	学生根据中国民间故事的特点，分别以小组合作及独立创编的形式创编故事。	第8课时	习作指导，指导学生创编带有中国民间故事特点的故事。
				第9课时	学生独立创编故事。
				第10、11课时	小组交流、全班交流创编的故事，在交流中修改提升。
				第12课时	年级组交流展示。

强调单元课程的综合性与融合性，主要是增强同一类学习材料的整合、综合和融合。大单元的范例都具备一个核心特征，就是在原有单元的少量的几个同类文本基础上，增加、整合、融合小学阶段的同类型文本，使个别、特殊的数量增加，从而形成一个类别，为儿童从这些足够的个别、特殊中抽象出共性创造了可能的充分条件。比如统编版《语文》四年级上册边塞诗单元原来的教材只有《出塞》《凉州词》两首诗歌，后来大单元的建构增加了同类的八首诗歌，使得边塞诗的个别、特殊个体达到了一定数量，儿童可以轻松地从这一类诗歌中抽象出共性。

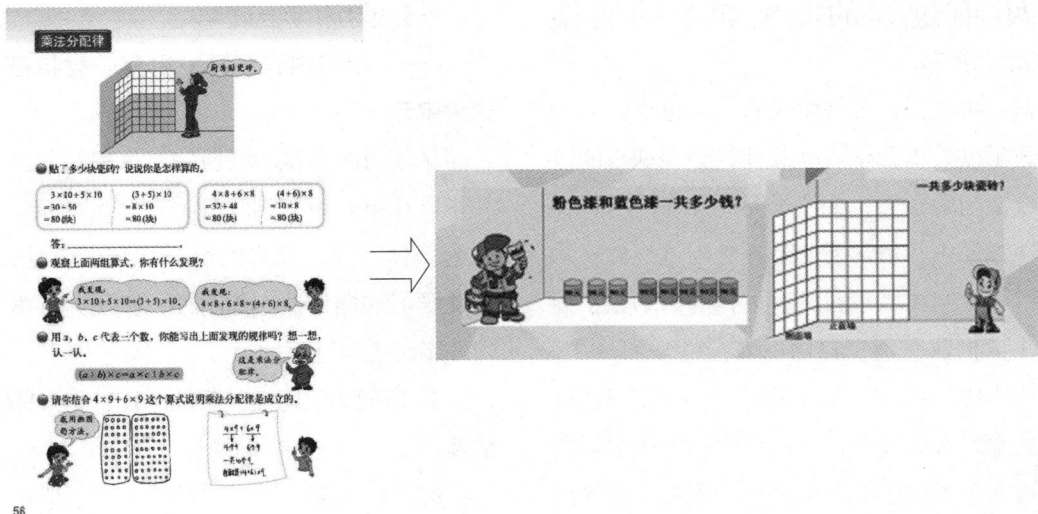

图1 "乘法分配律"学习材料设计

2. 增加学习材料的情境性、具象性、操作性和体验性

案例：北京师范大学出版社版《数学》四年级上册"乘法分配律"。

其关注学习的操作性与体验性，聚焦儿童学习的亲历性与过程性。符合有过程的归纳教学的大单元内容，提供的材料需尽量增加儿童操作、体验、亲身经历的机会。比如，图1中所示《数学》内容学习材料的建构中，原教材只有左图的工人贴瓷砖一个情境，这个情境是单一的，离儿童的生活有一定差距。因此，后开发的学习材料增加了粉刷不同颜色油漆的情境，使得情境的数量增加，拓展了儿童理解抽象原理、推理原理的空间。

另外，从教材的纵向思路来看，将枯燥的计算、推理建立在根据具体情境进行计算的基础之上，儿童更容易理解。把抽象的东西具象化地呈现出来，让儿童的学习变得更容易。操作、体验，为儿童学习提供了摸一摸、试一试、探一探的机会，这样儿童才更有可能理解。基于个人经验的亲身参与的过程，是发现、探究、建构的过程。情境还原和具象是教学的起点，

最终的目的是使儿童的思维发展达到形式化、符号化和抽象化。

（二）学习空间场域：友好安全的自由试错场产生智慧与主动学习

智慧和深刻的思想、思考、沉思产生于自由的空间。

从学习空间场域来看，有过程的归纳教学为儿童构建有趣、自由、安全的学习场域，让小组、社区、世界也成为儿童的教室。

有过程的归纳教学让儿童处于任务状态，他们可以自由地冒险、自由地提出想法。教师提供开放、民主、探究、对话的环境，创造条件让儿童想质疑、敢质疑、爱质疑、会质疑。教师要从儿童视角了解儿童的困惑，善待儿童的"傻问题"；大力倡导、表扬儿童提问题，保护儿童好奇、好问、好探究的先天本能。

师生在课堂上的状态是：松弛、和缓与自然的。

教师要致力于培养"若无其事的温存关系"，因为这种关系不是刻意的，不是讨好的，不是做给谁看的，不是"教师提出一个问题后想要儿童的某一个精确、准

确的答案"，不是"儿童努力地揣测老师想要什么、正确答案是什么"。这种相互之间的温存关系容易让儿童说话。我愿意说"我不会"，我愿意说"我在哪里卡住了"，我愿意说"你可以怎么去做"。只有非常温存，没有防御的身体语言才会让儿童愿意参与。

儿童说话经常是充满创意的。一年级的儿童会创造性地用一些词语、句子来表达自己的想法。所以如果班级文化是宽松、友好、安全的，就容易培育出富有创造力的儿童。我们在儿童的个人自学、小组合作和班级交流中，特别强调教师用师生的姿态、师生的身姿、师生彼此的关系来营造良好的班级文化，这对儿童思维的发展特别有利。

1. 归纳过程的智慧，引导儿童经历知识从个别到一般的过程

案例：统编版《语文》四年级上册边塞诗单元。

儿童对两首边塞诗（个别），在自由、安全的讨论氛围中进行基于个体主动的知识建构的抽象（抽象边塞诗的特点）：

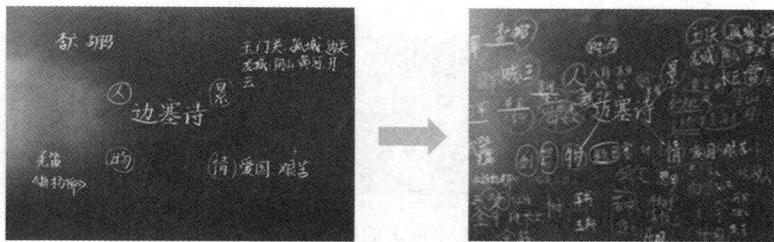

图 2　进行基于个体主动的知识建构的抽象

这种抽象所得到的儿童讨论的结果，是原教材两首边塞诗（个别）所不能达到的水平，而且儿童建构出来的知识结果，对原有知识进行了非常大的扩展完全超出了教师教案中所做的预设。这是儿童在自由、安全的环境中产生的知识建构，是在从个别到一般的学习中才有的智慧生成。

案例：统编版《语文》五年级上册中国民间故事单元。

儿童对几篇中国民间故事（个别），在自由、安全的讨论氛围中进行基于个体主动的知识建构的抽象、归纳（抽象、归纳中国民间故事的特点）。

我列举了所观察课程中的一个小组的抽象结论。这些结论也是教师在进行备课时完全没有意料到的创造性结果。

2. 在归纳过程中进行的各种智慧锻炼

（1）知识产生过程的智慧，指对知识产生的环境、原初状态进行还原，引导儿童经历人类知识再发现的过程。

案例：北京师范大学出版社版《数学》一年级下册"进位加法"。

在这个过程中，设置儿童可以理解的情境，让儿童经历从情境到具象的过程，再到半具象的过程，最后实现符号抽象的过程，让儿童经历进位加法的进位知识还原的过程，经历知识再发现的过程。让一年级的儿童能通过这种方式对进位加法有

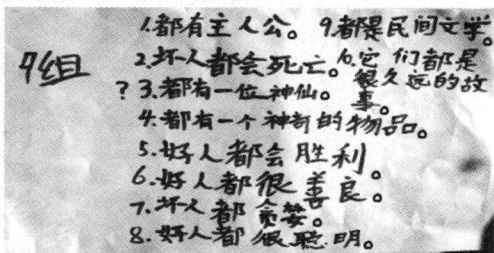

**图 3　进行基于个体主动的知识建构的
抽象、归纳**

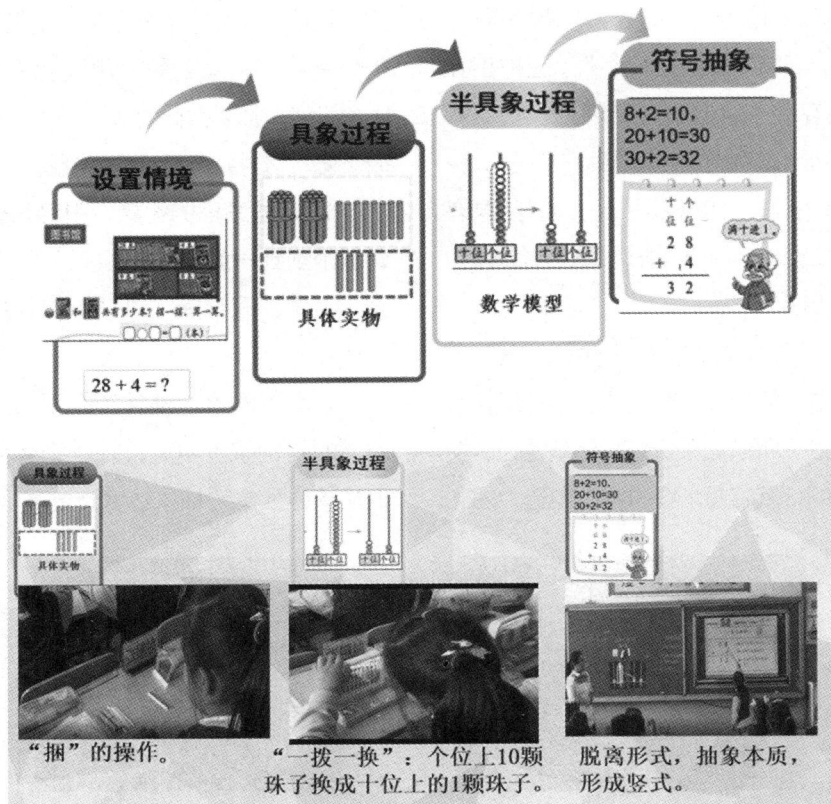

图4 引导学生经历人类知识再发现的过程（以进位加法为例）

更透彻的理解。这种理解，打破了仅仅教计算规则的先验性。这就是重过程的教育，不是仅仅重视计算结果的教育。

（2）探究推理的智慧，指引导儿童经历探究、发现及合情合理推测和建构的过程。

案例：北京师范大学出版社版《数学》四年级上册"乘法分配律"。

第一阶段的推理：从情境出发，获得特例，引导儿童进行观察、分析，探究算式计算的特点。研讨特例——抽象、概括，总结规律。

第二阶段的推理：通过仿写算式，班级的儿童一起贡献了多个特例，积累了多个个别，教师开始引领儿童归纳一般。教师提出"这样的等式太多了，写也写不

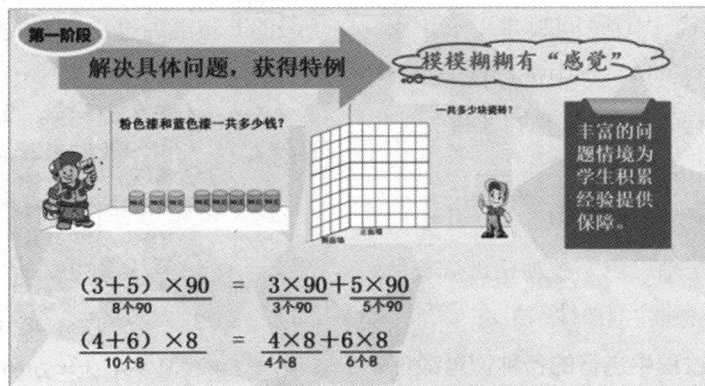

图5 第一阶段的推理

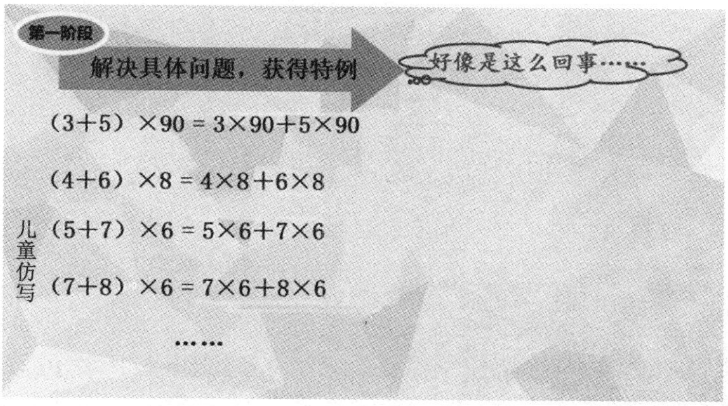

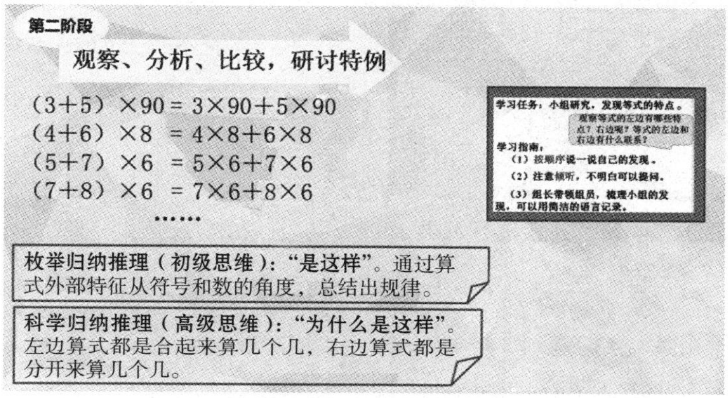

图6　第二阶段的推理

完，我们研究这些等式的特点，发现里面藏着的奥秘"的学习任务。教师组织儿童小组学习和集体学习，儿童在对话中进行思维碰撞。

有的儿童通过观察算式的外部特征，从符号和数的角度，总结出规律，这就是枚举归纳推理。

还有一些儿童用乘法的道理，解释两边算式相等的原因，其实左边算式都是合起来算几个几，右边算式都是分开来算几个几。这是根据算式内部的关联引出规律，是在解释"为什么是这样"的问题，可以说是"知其然还知其所以然"，运用的是科学归纳推理，这种思维过程更加高级。

（3）沉思自省的智慧，指让儿童对知识的习得、问题的解决、价值与意义等进行沉思、沉淀，深入自省。

案例：北京师范大学出版社版《数学》一年级下册"进位加法"。

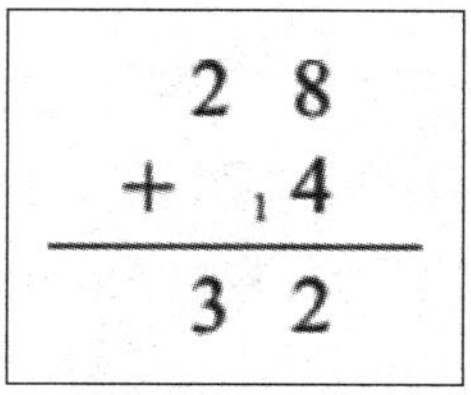

图7　进位加法举例

在学习过程中，儿童提出了许多问题，例如：

这个1表示多少？

2为什么要和1加在一起呢？

为什么1写在这里，写得这么小呢？

有过程的归纳教学，不是直接把算理或者原理教给儿童，而是要让儿童尝试对这些根本问题进行思考。思考、沉思比结果算得正确、记诵下了算理更具有深度学习的意味。

案例：北京师范大学出版社版《数学》六年级上册"圆的面积"。

图8 "圆的面积"学习，儿童进行沉思

儿童×××：我认为无论分割成多少份，每个小扇形都会有弧度，圆都无法变成真正的平行四边形，那就不能用平行四边形的公式来计算圆的面积，算出来的也是一个大约的结果，不是准确的。

（4）真正学习产生的智慧。它强调儿童学习发展的"真"过程，促进由"教"向"学"的转变。"过程"必须是儿童的"学"，而非教师主观预设的过程，不是教师代替儿童思考，直接把结果告诉儿童。

这就要求教师既要关注儿童是如何"学"的，也要想办法展现儿童"学"的过程。

案例：北京师范大学出版社版《数学》一年级下册"进位加法"。

计算个位上的 8＋4，有的儿童在拨珠的过程中遇到了问题：

个位上只有10颗珠子，少2颗珠子怎么办？

把个位上的10颗珠子拨回去，换成十位上的1颗珠子，这是为什么？

儿童在动手操作的过程中，可视化地展现了学习过程中遇到的困境及尝试解决困境的过程。这里不是教师直接讲授进位加法的算理，而是儿童在个体参与建构中感受困境、尝试自己解决问题，儿童重复地参与了学习、理解的过程。

（三）学习方式：在学习共同体中学习、聚焦一般

从学习方式来看，有过程的归纳教学强调构建个人自学、小组合作、班级交流等层面，关注儿童在学习共同体中如何学会学习、学会思考和学会成长。我们以统编版

图9 儿童学习发展的"真"过程

《语文》三年级上册童话探秘单元为例。

1. 扎实的个人自学

从学习组织形式来看，有过程的归纳教学，首先强调要进行非常扎实的儿童个人自学，每个儿童都要独立进行思考。

就童话探秘单元而言，我们让儿童先自己练习朗读，并填写《一片美丽的红枫叶》朗读发表卡"。填写朗读发表卡的目的，是让儿童进一步确认自己最感兴趣的段落，并将自己要表达的感受尽可能地表达出来，让儿童和自己的感受见面，随后在与同学互动的过程中，把未能通过"声读"表达出来的感受讲述出来。

> 儿童1：我想朗读的是第二场景的第5到第7自然段。选择这部分进行朗读的原因是：我觉得这一部分好玩又有趣。因为要表达青蛙先生兴奋的心情，朗读的时候，我得把"红红的枫叶"读得稍微重一点；因为红枫叶好看，朗读的时候，我得把"它有五个细小的'手指'，就像一个红润润的小巴掌"读得慢一些，好让同学感觉仿佛看到这个红枫叶。
>
> 儿童2：我想朗读的是第四场景的第9到第14自然段。选择这部分进行朗读的原因是：小蜥蜴和青蛙先生的对话真有趣。因为要表达小蜥蜴的心情和青蛙先生可惜的心情，朗读的时候，我得把"盖在你身上的那张红枫叶呢"读得快一点，而且眉头也要皱起来；因为青蛙先生那么想得到红枫叶，可是它被吹到小溪里去了，朗读的时候，我得把"我太喜欢它了"读得声音很轻，青蛙先生太伤心了。
>
> ……

朗读发表卡对于阅读童话又有什么帮助呢？一是帮助儿童归纳出了童话的要素。二是帮助儿童归纳出了表达感受的技巧。三是帮助儿童归纳出了如何联想和想象。

2. 充分的小组合作

进入到小组合作之后，儿童开始进入学习共同体中进行学习。

在小组合作中，在单个小组内要将组内成员的个人自学成果进行汇总，进行组内的深度交流。小组合作要围绕童话的特点等小组学习任务，初步归纳、抽象，形成小组的结论。通过对"童话故事探究卡片"的整理，儿童归纳出发现的40多个有创意的观点，完全超出最初的预设。

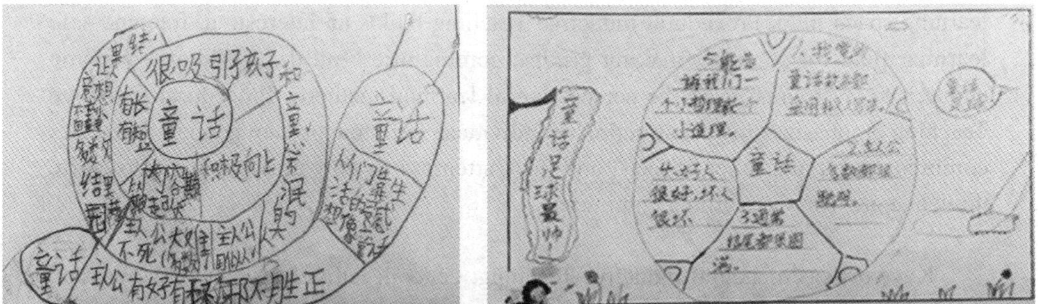

图10 童话故事探究卡片

3. 深度的班级交流

小组合作学习结束后，学习共同体中的学习要进一步扩大到全班的学习，进行组与组之间的交流，以及师生、生生之间的深度交流。

进入班级交流阶段，交流的内容主要是以小组为单位进行集体汇报，交流核心观点。而对话的核心则是重点、难点，以及关键的、有深度的问题（简单的、基础性问题在个人自学、小组合作阶段基本得到解决）。

我们看到，在交流和对话的过程中，儿童用自己的语言，归纳出童话以友情、恐惧、变化、梦想等作为创作的主题，童话以有趣的方式、不同种类的叙写形式与表现手法来呈现；儿童捕捉到角色、情节、场景等童话要素。不仅如此，儿童主动到每一个具体的童话情境中寻求"合理"的依据，为自己的创见性思考进行背景解释，努力探寻结论的合理性，提高归纳结论的可信度。

A Road to Wisdom Education
—Take In-depth Depiction of Procedural Inductive Teaching as an Example

Yu Wei

Abstract: With the advent of study-based society, which is not limited by time and space, willing to learn means healthy growth for children, while passive learning may mean disaster. Procedural Inductive Teaching tries to explore from the practical level to figure out how to stimulate and protect the initiative and enthusiasm of children in learning, and how to make children actively learn, so as to get rid of the limitations of cognition and knowledge in children's learning, and finally it provides a model for the spontaneous and active comprehensive learning that we all focus on today. Procedural Inductive Teaching starts from the innate instinct of children, from the growth and development of a complete person and a living person, from the cognitive experience and affective conditions of children, so that children experience from individual to general, from concrete to abstract, from general to micro learning and understanding process. From the perspective of learning content, Procedural Inductive Teaching takes large unit learning as the carrier, emphasizes the comprehensiveness and integration of courses, focuses on the operability and experience of learning, and on the experience and process of children's learning; from the perspective of learning space field, Procedural Inductive Teaching builds an interesting, free and safe learning field for students, making groups, communities and the world also become children's classrooms; from the perspective of learning methods, Procedural Inductive Teaching emphasizes the construction of individual self-study, group cooperation, class communication and other aspects, and pays attention to how children learn to learn, think and grow in the learning community.

Keywords: Procedural Inductive Teaching; general; individual; concrete; abstract; Wisdom Education; Intelligent Learning

走进儿童精彩的哲学世界

◎ 林德宏[①]

摘　要：儿童天生具有一定的哲学思维能力。儿童哲学思维指儿童在日常生活中发生的涉及哲学问题的有趣思考。许多儿童都有这种潜能，有的通过言语得以展现，有的则从未显露，但只要我们稍加注意，就会发现某些迹象。儿童的原始哲学思维主要是通过两个途径产生的：追问与想象。对于儿童来说，周围世界是个陌生而有趣的世界，儿童由此产生了与生俱来的强烈的好奇心和认识世界的浓厚兴趣。想象也是儿童天生的一种思维能力，想象的最大优点，是超越观察的限制。儿童的一些想象，往往出乎成人的意料，这些想象使胡思乱想与奇思妙想并存，其中就可能包含哲学想象。儿童语言中的哲理有两种形式：语言中的直接表述和蕴含在语言中的应有之义。

关键词：儿童　哲学　追问　想象　原始思维

我思考儿童哲学问题的基本观点，就是认为儿童具有一定的哲学思维能力。儿童哲学思维指儿童在日常生活中发生的涉及哲学问题的有趣思考，比如不自觉地提出具有一定哲学意义的问题和涉及哲学内容的想法。许多儿童都有这种潜能，有的通过言语得以展现，有的则从未显露，但只要我们稍加注意，就会发现某些迹象。个别儿童有比较突出的哲学智慧。陆九渊早慧，三四岁问父亲"天地何所穷际？"他13岁（或14岁）通过读古书对"宇宙"二字的解释，悟出"宇宙内事乃己分内事"的道理，写下"宇宙便是吾心，吾心即是宇宙"的名句。

儿童有天生的原始哲学思维能力。哲学理论思考是对自然科学、社会科学知识的追问和概括，是对人生的系统总结，可是儿童既无系统知识，又无人生阅历，怎么会有原始的哲学思维呢？它是如何产生的呢？以下是我记录的关于孙子（顶顶）和儿子（苗苗）幼时成长的日记片段，希望同大家一起走进儿童精彩的哲学世界。

一、追问使一些问题深化为哲学问题

儿童的原始哲学思维主要是通过两个途径产生的：追问与想象。追问源于好奇心和兴趣。亚里士多德认为哲学起源于好奇心。对于儿童来说，周围世界是个陌生而有趣的世界，儿童由此产生了与生俱来的强烈的好奇心和认识世界的浓厚兴趣。孩子的好奇心往往超过成人。

"爷爷问：'顶顶，你对什么最感兴趣？'顶顶说：'我对世界最感兴趣。'"

---

① 林德宏，南京大学哲学系教授。

（2017 年 6 月 28 日）

顶顶出生才几天，就表现出对周围事物的好奇心。"小宝宝第三次'游泳'，做了精彩表演。护士给他按摩，他俯卧着，突然，把头昂得高高的，连两个护士都笑了。"（2008 年 3 月 4 日）昂头是为了举目观看。

"宝宝的眼神是最专注的眼神。他看一个东西总是瞪着圆眼，目不转睛，除了目光的高度集中，没有其他表情，身体还略向前倾，仿佛要把世界看个透，直达事物的深层。"（2008 年 6 月 6 日）

他 6 个月时，奶奶抱他外出，有一根近一米长的铁管插在地上，他对着管口看，身体大幅度倾斜，鼻子快要碰到管口，看了还要看。他很快就对各种管子感兴趣。"对各种管子的强烈兴趣，是顶顶今天的一大亮点。""发展到站在客厅的书桌上看对面楼墙上的各种管子，提出各种问题。看不够，也问不够。无论谁照看他，他都要看管子，已经涉及排水管、雨水管、脏水管、自来水管、太阳能水管、空调滴水管等。看过了还要看，问过了还要问。下午妈妈带他去南京大学，走到楼下，他又看对面楼的管子，看了约二十分钟。一位奶奶和一位阿姨路过，见他好玩，也同他谈论管子。对话中顶顶说'肯定是什么水管'，引得她们都笑了。"（2010 年 3 月 4 日）后来他叫爸爸给他画房内的水管图，还要画通到楼下的水管。"他今天看水管，断断续续至少有一个小时。晚上奶奶抱他去看厨房里的水管，他指着几根水管说分别像顶顶、像爸爸、像妈妈、像奶奶和像爷爷。妈妈说：'我们全家都成了水管。'"（2010 年 3 月 25 日）

"爸爸把手机递给他，他立刻丢掉手中的积木，双手拿着手机翻来覆去地看，充满了好奇心。"（2008 年 11 月 24 日）"他看圆珠笔时最有意思，两只手使圆珠笔不停地转动，轮流观察笔尖和笔套。他看各种物品都是这样，他要多视角全方位地观察每一种物品。"（2008 年 12 月 13 日）"他有窥视事物深层的强烈欲望，喜欢看小洞、阴沟，越深越要看。"（2009 年 2 月 10 日）

"五岁半时，顶顶说：'我这样好奇下去，将来一定会当科学家。'"（2013 年 8 月 23 日）

兴趣、好奇心促进了儿童的求知欲。他会经常提问，而且还不以一次回答为满足。他获得了第一个问题的答案，又会提出第二个问题。这对儿童来说并非难事，只要在前一个问题的答案基础上再问一个为什么或什么是，就成为一个新问题。"顶顶说：'我就是十万个为什么。'"（2012 年 8 月 16 日）于是他不断追问，越问越多，越问越宽，越问越深，也可能越问越抽象。追问到一定程度，就会逐渐涉及哲学。譬如，关于事物的来源，问到最后就会成为终极问题。卡尔·西奥多·雅斯贝尔斯（Karl Theodor Jaspers）说："我们可以从孩子提出的各类问题中，意外地发现人类在哲学方面所具有的内在禀赋。"

有的问题本身就有一定的哲学意味。例如："天有多高？"（2011 年 11 月 29 日）"一天天，什么时候截止？"（2011 年 12 月 3 日）"是水怕火，还是火怕水？"（2012 年 8 月 16 日）"为什么生命只有一次？"（2014 年 5 月 12 日）"一个人照镜子，镜子里的人和照镜子的人，哪个是真实的人？"（2016 年 9 月 17 日）

更多的问题原本是关于生活与知识的

普通问题，但由于刨根问底式的追问，就成了哲学问题。

"爷爷，你的爷爷是谁？"（2011年2月4日）这是顶顶3岁时的提问，再长大一些，他就会问："你爷爷的爷爷是谁？"以此类推。

"顶顶问：'爷爷，通过污水管，我们能到什么地方？'爷爷说：'不知道，因为污水管是埋在地底下的。'顶顶问：'地底下的下面是什么？'爷爷说：'还是地底下。'顶顶问：'那地底下的下面的下面是什么？'"（2012年1月10日）是呀，底下还有底下，那最后的底下又在哪里？又是什么？

"爷爷说：'谈条件。'顶顶问：'什么叫条件？'爷爷说：'条件就是要求。'顶顶问：'什么叫要求？'爷爷说：'要求就是要别人做什么。'顶顶问：'什么是做？'爷爷说：'这一下子讲不清楚。'顶顶问：'你是科学家，你是无法解释，还是不愿解释？'"（2012年11月1日）三个问题，条件→要求→做。再问下去，就要讨论哲学了。

"顶顶问：'爷爷，为什么地球绕太阳转？'爷爷说：'是地球引力吸的。'顶顶问：'地球引力是从哪里来的？'爷爷说：'地球引力是物体本来就有的。'顶顶问：'物体的引力又是从哪里来的？'"（2013年11月25日）三个问题，越问越深，问到了当年牛顿的自然哲学都未回答的问题。

"爷爷说：'顶顶，你把前两天在学校里画的一张画给我看看，好不好？'顶顶说：'凭什么要给你看？'爷爷说：'因为我是你的爷爷。'顶顶说：'你凭什么是我的爷爷？'爷爷说：'因为我是你爸爸的爸爸。'顶顶说：'你凭什么是我爸爸的爸爸？'爷爷说：'凭……凭什么呢？'爷爷未回答。"（2016年3月22日）凭这凭那，我们做事，最后凭的是什么？

"顶顶问：'爷爷，为什么要有世界读书日？'爷爷说：'是为了提倡大家读书。'顶顶问：'为什么要提倡大家读书？'爷爷说：'因为读书能提高我们的知识水平。'顶顶问：'为什么读书能提高我们的知识水平？'爷爷说：'因为读书可以使我们知道很多。'顶顶问：'为什么读书可以使我们知道很多？'爷爷说：'因为我们只能到很少的地方。'顶顶问：'为什么我们只能到很少的地方？'爷爷说：'因为地球很大，而我们人很小。'顶顶问：'为什么地球很大，而我们人很小？'爷爷说：'这是自然界演化的结果。'顶顶问：'为什么自然界演化出这样的结果？'爷爷没法继续回答。的确，为什么同地球相比，我们人这样小？这是一个不容易回答的问题。"（2016年4月24日）8岁的顶顶一口气问了七个为什么，从世界读书日问到自然界的演化。

顶顶的爸爸苗苗，小时候也喜欢追问，而且是一问到底。请看他同我的问答。"苗苗问：'他们到哪里去啦？'我说：'走了。'苗苗问：'走到哪里去啦？'我说：'上班去了。'苗苗问：'上班做什么呀？'我说：'开会。'苗苗问：'开会做什么呀？'我说：'学习。'苗苗问：'学习做什么呀？'我说：'工作。'苗苗问：'工作做什么呀？'我说：'干革命。'苗苗问：'干革命做什么呀？'……问得实在让人不耐烦。苗苗问问题时，还不准我讲'不知道''不晓得''不清楚'之类的话。"（1977年3月11日）

"苗苗问：'地球是什么变的？''地下是什么？'当我说地下是石头后，他问：'石头底下是什么？'他又问：'天是从哪里来的？'我说：'本来就有的。'苗苗问：'那在很早很早很早很早很早很早很早很早很早很早很早以前是什么变的？'"（1979年7月9日）他一口气讲了十个很早，不厌其烦，他追求的就是最早。

哲学本身就是对世界、人生、知识的不断追问。只要问题一直追问下去，就会出现哲学思维。

二、随意想象产生哲学想象

儿童的原始哲学思维产生的第二个途径是想象，特别是哲学想象。哲学想象是用想象提出和回答哲学问题。想象也是儿童天生的一种思维能力。想象的最大优点，是超越观察的限制。看不到，可以想到；看到的是这样，可以想象成那样。"顶顶说：'我没看到，我是这样想的。'"（2012年2月28日）想象具有很高的自由度，可以不受时间、空间和主客观条件的制约。自由度最高的想象是随意想象，随心所想，爱怎么想就怎么想。儿童想象的随意性最高，因为儿童不介意别人的看法，也不怕别人笑话。儿童无拘无束、无忌无惧地想象，是真正的"乱想""瞎想"。"顶顶说：'是我自己瞎编的。'"（2012年8月30日）"顶顶说：'自由就是自己。'"（2013年5月26日）

由于儿童无系统知识，无生活经验，无人生阅历，因而无框框、无陈见、无城府，不盲从、不迷信，所以说出皇帝没穿衣服的只能是儿童。因此，儿童的一些想象，往往出乎成人意料，让人感到惊奇，又觉得有意思，耐人寻味。儿童的想象使胡思乱想

与奇思妙想并存。其中就可能有哲学想象。哲学是高度抽象的学问，思辨性是它的一个特点。那么，哲学思考中也会有想象吗？有，古代哲学就充满了各种想象。

中国古代元气学说中的"气"，并非指某种具体的气，乃是一种想象。清者上升为天，浊者下沉为地。这气之清浊、升沉，并非哲人亲眼所见。关于万物的形成，阴阳五行学说认为"先王以土与金、木、水、火杂，以成百物"。"先王"如何用土同金、木、水、火相杂，谁也未见过。一幅太极图，引起人们多少的想象！

在古代中国，天、地的形状及其相互关系，既是科学问题，也是哲学问题。天、地的全貌皆不可见，只能靠想象。盖天说认为"天圆如张盖，地方如棋局"，"天似盖笠，地法覆盘"。浑天说认为"浑天如鸡子，天体如弹丸，地如鸡中黄……天之包地，犹壳之裹黄"。这些都是想象。

古希腊哲学也是如此。泰勒斯（Thales）认为水是世界的本原。"地被假定为静止的，因为它浮在那里，就像木头和其他类似的东西一样。"

阿那克西曼德（Anaximander）认为"无限"是世界的始基，这已经很抽象了，但仍有不少想象。"星辰是一些火圈，是从那包围世界的火分离出来的，火又为空气整个包裹着。不过有一些通气的洞，一些管状的开口，通过这些开口便显现出星辰。当这些洞关闭的时候，就发生蚀的现象；月亮的盈亏就是由这些洞的开闭而表现出来的。"这些洞如此重要，可是又有谁见过？

赫拉克利特（Heraclitus）认为火是世界的本原。"最初，火的最浓厚的部分浓缩起来形成土；然后，当土为火所熔解时，便产生水。而当水蒸发时，空气就产

生了。整个宇宙和一切物体后来又在一场总的焚烧中重新为火烧毁。"这种火的燃烧过程也完全是想象。

哲学想象是在基础知识缺乏、抽象思维能力又不高的情况下产生的，所以在哲学史上，哲学想象基本出现在古代。个人思维方式是人类思维发展的简单再现，就基础知识、抽象思维能力而言，现在的儿童同古人（包括古代哲学家）有相似、相近之处，所以现在的儿童也会有一些哲学想象，他们成年后就很少有了。

有的儿童有类似古代原子论的想象。"晚上，苗苗说：'我知道原子，原子就是古时候的一种石头，圆圆的，有各种颜色。'"（1979年6月13日）苗苗是幼儿园的自然哲学家，你不信吗？请听听他的原子论吧。"'世界上什么东西都是由原子组成的。火有火的原子，水有水的原子，墙有墙的原子，原子都是看不见的。'这儿'火的原子''水的原子''墙的原子'完全是他自己想象出来的。""他的思维水平即将进入古希腊阶段。"（1979年11月18日）那时的苗苗才5岁4个月。

苗苗也有类似浑天说中的想象。"苗苗说：'爸爸，鸡蛋是地球模型，蛋黄是地球，蛋白是天。'我问：'那蛋壳呢？苗苗说：'是全世界。'"（1981年3月16日）

有趣的是，7岁的顶顶在回答地球为什么是球形时，用了朱熹说过的"磨"。"顶顶说：'因为地球在旋转，把太空中的东西磨成了圆的。'"（2015年2月2日）后来，"顶顶说：因为地球在旋转，空气有摩擦，地球上不是所有的石头都是一样硬的，慢慢地就磨圆了。"（2016年7月29日）朱熹说："天地初间只是阴阳之气。这一个气运行，磨来磨去，磨得急了，便拶出许多渣滓；里面无处出，便结成个地在中央。"

这不是巧合，而是表明了现在的儿童同古代哲学家的想象类似。

三、儿童的话语蕴含着哲理

通过追问和想象，儿童便具有了初步的哲学思维。在他们的言语中，有时就会蕴含一定的哲理。哲理即哲学的道理。儿童语言中的哲理有两种形式：语言中的直接表述和蕴含在语言中的应有之义。对前者，我们要认真倾听；对后者，我们则要细心寻味，进行提炼，再用成人的语言间接转述。儿童言者无意，成人听者有心。儿童是脱口而出，成人则要用心揣摩。不要把儿童当作成人，而要把自己想象成儿童。儿童语言中的哲理，有待有心人去发现。

我们留心儿童的只言片语，揣摩一番，有时会发现有的话很有意思、颇有哲理、发人深省。

"如果我的哥哥没去，那我的心也没去。"（2013年1月30日）哥哥没去，即使我去了，心也没去。心在哥哥的身上了，心可以离开自己了，那什么是心？

"踢足球，一半进去，一半没进去，算不算进球？"（2014年5月30日）球是否进球门，一般都容易确定，但在特殊情况下很难确定，又进又没进，究竟进没进？

"我跳绳，好像没有绳子和脚了。"（2014年9月25日）明明是用脚跳绳，可是由于专心跳绳，好像绳子和脚都不存在了。绳子和脚真的不存在了吗？为何有这种感觉？这种感觉真实吗？

"汽车发动的声音，只是声音，但不是语言。"（2014年9月28日）语言是一种声音，但又不是所有的声音都是语言，那什么样的声音才是语言？

"天就是地，地就是天。"（2015年1月10日）我们脚踩大地，头顶蓝天，那凭什么这样说？天和地是一个东西吗？那我们头顶大地、脚踩蓝天了吗？

"宇宙会老吗？宇宙会死吗？"（2016年2月5日）人和动植物都会老、会死，那宇宙会老、会死吗？宇宙会不会变成什么别的东西？什么是宇宙？

"爱因斯坦提出了相对论，我发现了'相对人'。你就是我，我就是你。你中有我，我中有你。"（2016年9月17日）我和你的区分是相对的，那你中有我的什么？你和我可以是同一个人吗？那究竟什么是人？

顶顶还有不少话也有些意思。"有光明的地方，就有黑暗。"（2012年2月14日）"你别以为甜的都是糖。"（2012年4月4日）"你的手被我打伤，我的手就好了。"（2012年8月30日）"有人能制服我呀，那就是我自己。"（2012年9月6日）"我心里有图纸。"（2014年2月11日）"我是爸爸生命的继续。"（2014年10月6日）"不是不出来，是出不来。"（2015年1月30日）"不可能可以变成可能。"（2015年3月25日）"它是机器人，它有生无命。"（2015年9月12日）"宇宙没有角落。"（2016年2月25日）"为什么人只有两只手？"（2016年7月7日）"这是立体的爱心。"（2016年8月26日）"要珍惜时间，用最少的时间取得最大的快乐。"（2017年10月15日）

四、哲学主题案例分享

儿童的哲学思维是原始的哲学思维。儿童不自觉说出的话，具有偶发性、随意性、稚嫩性，往往用词不当，不合逻辑，

缺乏根据，令人发笑。这些只言片语，脱口而出，如流星一闪而过、转瞬即逝，因而特别珍贵。

儿童哲学思维的存在，使儿童哲学研究有了基本的研究对象，使儿童哲学研究成为可能。儿童哲学研究主要是关于儿童哲学思维及其语言中哲理的研究。以下我将介绍几个更具体的哲学主题案例，走进儿童精彩的哲学世界。

（一）案例："昨天的顶顶到哪里去了？"

"昨天的顶顶到哪里去了？"这是顶顶2岁3个月时提出的问题，这是他的第一个人生之问。此事我当天做了记述。"今天顶顶向妈妈提出了一个问题：'昨天的顶顶到哪里去了？'妈妈想了一下说：'昨天的顶顶长成了今天的顶顶了。'爸爸说：'这是个哲学问题。'"（2010年5月29日）这个问题耐人寻味。也许他一觉醒来，想起了昨天的事。昨天的顶顶不见了，今天的顶顶却在这里。可见今天的顶顶不是昨天的顶顶。那昨天的顶顶到哪里去了？今天的顶顶又是谁？这实际上是人生三问中的首问，也是最基本的一问："我是谁"。

幼儿是何时意识到自己的存在的？这是一个有趣的问题：4个月时，"大镜子面前，他看到镜子中的他，不仅手舞足蹈，而且笑个不停。他看到镜子中也有个娃娃，他能认出这是他自己吗？"（2008年6月22日）"宝宝今天有个发现，他用右手摸自己的头了。"（2008年7月17日）当时他5个月了，开始通过触摸产生自我认识。儿童是在与亲人的交流中，逐渐意识到自己的存在。

他们听到有人叫喊，看到叫喊的亲人望着自己，就认为是在叫自己，从而把叫喊声同自己联系起来。其他一些高等动物

也是这样。同样的叫喊重复多次，儿童就会把亲人对他的称谓，用来自称。"爸爸问：'你是谁？'他回答：'顶顶。'"（2009年5月15日）这时他还没有比较抽象的"我"的概念。但儿童能记住多种对他的称呼。"爸爸问：'宝宝，你的大名叫什么？'顶顶说：'林奕芃。'爸爸问：'小名呢？'顶顶说：'顶顶。'爷爷很惊奇，爸爸只教他两遍，他就记住了。爷爷接着问：'你有个外号，叫小肉……'他立即说：'球。'爸爸又问：'还有个外号叫奥运……'他说：'宝宝。'"（2009年9月17日）

"顶顶吃完中饭，我同他玩打电话的游戏。爷爷说：'喂，顶顶，我是爷爷。'他说：'爷爷。'爷爷问：'你是哪一个？'顶顶说：'顶顶。'爷爷问：'你到哪里去了？'顶顶说：'大大。'"（2009年5月27日）他把南京大学说成"大大"。"奶奶问：'顶顶，奶奶的梳子在哪里？'他的眼睛四处看。他看到了梳子，就用手指着，叫喊：'奥，奥。'奶奶问：'梳子是哪个找到的？'他说：'顶顶。'"（2009年5月27日）从回答"谁"到回答"谁做的"，儿童出现了最初的主体意识。

顶顶在2周岁至2岁4个月时，自我意识迅速增强。他说出了具有标志性的话语："不要问我，要问你。""我自己的。"（2010年2月13日）"爷爷在德基广场买了个大翻斗车，顶顶一拉控制棍，立即一声震耳响。爷爷说：'吓了爷爷一大跳。'他连忙拍自己的胸脯说：'顶顶拍拍自己。'"（2010年6月13日）儿童是在交流中认识自我的，当意识到"我"时也就同时意识到"你"。同"你"相区别，我是"我"，就是"自己"。"我"与"自己"也基本同时出现。从"我"到"自己"又是一

个大进步。"自己"是相对于别人而言的。

"他抱着塑料球说：'这是我的。'"（2010年2月24日）当时他2岁整，已经意识到某些东西是属于自己的。相对于这些东西，他明确了自己的主体地位。儿童回答"我是谁"，是从辨清自己与亲人的关系开始的。"奶奶对顶顶说：'爷爷是你爸爸的爸爸。'顶顶听了，说：'这太复杂了。'"（2010年6月10日）可是几天后，他同奶奶有如下对话："奶奶问：'顶顶是谁？'他回答：'顶顶是奶奶的孙子。'"（2010年6月14日）至此，他已明确自己在家庭中的身份。

"顶顶已经能准确地使用'我'与'自己'这两个词。他说：'我妈妈。''我爸爸。'我们问：'那顶顶是谁呢？'他回答：'我的自己。'"（2010年6月27日）"我的自己"就是"我的我""我自己"。意识到"我""我自己""你"，他又问："什么是他？"（2010年7月15日）就在这个时期，他意识到自己是人，这是自我意识的伟大飞跃。"顶顶用脚踩了塑料娃娃。奶奶说：'不能踩娃娃，娃娃会疼。那娃娃要踩你呢？'他说：'不能踩，顶顶是人。'"（2010年6月21日）当时他2岁4个月。

2010年10月6日，"他站在校园的雕塑面前，该雕塑雕刻的是两个工人正在弯腰搬麻袋，他弯下腰也要搬。他又站在麻袋上说：'工人叔叔搬不动，他们是假人。'爷爷问：'那顶顶呢？'他说：'顶顶是真人。'"他已经能把人与人的图像、雕塑区分开来，认为那些都不是真的人。就在这一天，他还说："我是顶顶，顶顶就是我。"这时，他的自我意识已经完全建立，时间是2岁6个月至2岁8个月。"妈妈对他说，爸爸是蜂王，妈妈是蜂后。

他同妈妈下楼梯，突然问："那我是什么小虫呢？"（2010年12月26日）已经有明确自我意识的他，对妈妈的玩笑话，自然困惑不解了。

又过了一年，"顶顶说：'你是好人，我也是好人，我是更好的人。'"（2011年4月7日）这是他对自己的认识。可是在走进小学大门的第一天，他竟说："我是我自己也不知道的那个人。"（2014年9月1日）可见认识自己是一个复杂的过程。

我是谁？顶顶的回答依次是：我是自己；我是爸妈的儿子，爷爷的孙子；我是人，是真的人；我是好人；后来他又说"我是我自己也不知道的那个人"。"我是谁？"每个人在一生中都要反复自问，不断明确自己的身份和责任。人贵有自知之明，自知也非易事。

（二）案例：宇宙不正常

"宇宙不正常"，这是顶顶5岁多时说的一句话。宇宙怎么会不正常？令人费解。但想起他关于宇宙的一些想象，倒觉得这句话有点意思。"太阳会过来把地球吞掉。"（2014年11月17日）他又说，"传说中爷爷吃掉一个宇宙，外加一个太阳做甜点"（2017年8月26日）。在顶顶的心目中，宇宙就是一种想象。谁都没见过宇宙，宇宙是什么样子，可以随便去想象。既然太阳可以吞掉地球，爷爷可以吃掉宇宙，那么还有什么不可以想象呢？其实科学家研究宇宙也要靠想象。

顶顶喜欢坦克、枪、炮，所以对"宇宙大爆炸"有浓厚兴趣。他说："什么是宇宙大爆炸？为什么宇宙会大爆炸？宇宙是不是膨胀、膨胀，膨胀到后来膨胀不下去了，就爆炸了？"（2014年3月9日）他把宇宙想象成一个不断膨胀的大气球。他

若知道宇宙膨胀假说，自然不会反对。儿童喜欢问事物是从哪里来，那宇宙是从哪里来的呢？有一次他说："宇宙是从宇宙妈妈那儿来的。"爷爷问："那宇宙的妈妈又是从哪里来的呢？"顶顶说："宇宙的妈妈是从宇宙妈妈的妈妈那儿来的。"（2016年7月28日）

爷爷问他："为什么会有宇宙？"这是一个不容易回答的问题，顶顶的回答却很巧妙。"宇宙就是宇宙，没有为什么。"（2016年7月28日）顶顶又说："宇宙还没形成以前，是一片虚无的黑暗。"（2016年10月2日）

宇宙是无限的吗？顶顶的话颇有点哲学味道。"爷爷问：'宇宙有没有边？'他说：'宇宙有边，但我们走不出去。'爷爷问：'为什么走不出去？'顶顶说：'因为有什么东西让我们感觉一直在往前走，其实我们一直在兜圈子。'爷爷问：'人能发现这点吗？'顶顶说：'应该没有。'爷爷问：'是什么东西使我们产生这种感觉？'顶顶说：'我哪里知道。'"（2015年9月12日）"如果宇宙是有限的，我们炸开一个缺口，它就是无限的了；如果宇宙是无限的，那我们就什么事也别干了。"（2016年7月23日）

顶顶关于多重宇宙的想象也十分精彩。他手举一个飞机模型说："我要飞出宇宙，飞到外面的宇宙，飞到外面宇宙的外面宇宙的外面的宇宙。"爷爷竖起大拇指，"这是顶顶的多重宇宙观。"（2013年9月19日）在他的想象中，不同的宇宙套在一起，像俄罗斯套娃。

"这是另外一个宇宙，我的脚进去了，然后整个身子都进去了。"（2013年12月10日）在顶顶看来，进入另一个宇宙，如同从

一个房间进入另一个房间。著名宇宙学家迈克斯·泰格马克（Max Tegmark）认为宇宙的数量无限，每一个电子游戏都是一个宇宙。"我过去去过另一个宇宙，是搞时光转换器的时候，时光转换器就是另一个宇宙。"（2013年12月10日）那顶顶的这一句戏言，就不足为奇了。谈到顶顶关于爷爷吃掉宇宙的"传说"，"爷爷说：'我吃掉了宇宙，那把你也吃掉了，因为你在宇宙里。'他说：'我不在宇宙里。'爷爷问：'那你在哪里？'顶顶说：'我在第二个宇宙里。'爷爷问：'第二个宇宙在哪里？'顶顶说：'哪里都有第二个宇宙。'爷爷问：'你什么时候去过第二个宇宙？'顶顶说：'5017年去过。'"（2017年8月26日）顶顶说他三千年后去过第二个宇宙。

顶顶生动地描述了他关于另外一个宇宙的想象。"雄鹰牌直升机在我的肚子里，在爷爷的脑子里，在加拿大、美国、蒙古、法国、英国、俄罗斯，在另一个宇宙里。这个宇宙不是黑的，而是五彩的。林德宏教授说地球是一个已经废弃的铅星，是用铅做成的星星。我要在另外一个宇宙的另外一个铅星上才能找到雄鹰牌直升机。那儿没有树木，只有一片沙漠、仙人掌和愤怒的小鸟。""另外一个宇宙的太阳是五彩的。沙漠也是五彩的，接近河流的土就跟我们正常地球上的土的颜色一样。""那儿没有黑夜，因为它是五彩的宇宙。什么东西到了那里都成了五彩的，连我们都变成五彩的了。"（2013年12月10日）

"爷爷问：'除了另外一个宇宙，还有别的宇宙吗？'顶顶说：'还有第三个、第四个宇宙。在第三个宇宙里，只有黑夜，没有白天，只有僵尸，没有人类。'"（2013年12月11日）"第四个宇宙里有石

头，都是怪石。它们有头发、眼睛、鼻子、嘴巴，会说话（他叽里咕噜说一通）。石头有红的、蓝的、白的、黑的。它们不打架，但是，大石头会趁小石头不注意，'啊呜'一口吃掉小石头。"（2013年12月12日）"第四个宇宙的怪石到我们地球上来就腐烂了，因为它们不适应地球的环境。我们地球上的人类到第四个宇宙还是正常的。"（2013年12月13日）

顶顶还说："我的这个机器人一喷火就能飞到第二个宇宙。"（2014年12月9日）"爷爷问：'会不会有第二个宇宙？'顶顶说：'有百分之零点零零零零一的可能。'"（2015年5月23日）对顶顶来说，极小概率的事件，也是一种可能，这有一点像斯蒂芬·威廉·霍金（Stephen William Hawking）。后来，"爷爷再问他：'你相信存在别的宇宙吗？'他说：'可能有别的宇宙。'爷爷问：'为什么我们至今还没有发现别的宇宙？'顶顶说：'因为我们被限制在这个宇宙里。'"（2016年7月13日）

"五岁半的顶顶在拼装乐高积木时说：'只要妈妈喜欢，我可以拼装出地球，拼装出宇宙。'"（2013年8月2日）用乐高积木能拼装出宇宙，这是典型的儿童的随意想象。三年后顶顶知道宇宙不是人造的。"他问：'为什么地球不掉下来？'爷爷说：'地球周围有许多天体，对地球都有吸引力，这些吸引力达到平衡状态，地球就不会掉下来了。'他说：'宇宙怎么可能分配得这么均匀？因为宇宙不是人造的。'"（2016年7月29日）

顶顶关于宇宙的想象是生动有趣的，显示了儿童丰富的想象力。可是，在他幼小的心灵里，他觉得这些想象是真的吗？2013年6月，他5岁多，讲出了一句不同

凡响的话："宇宙不正常。"（2013年6月27日）当时他同爷爷一起编故事，汽车人基地同霸天虎王国举办太空跳伞比赛，赛前检查身体，然后报告飞行状况。他讲了一大串"正常""不正常"，突然冒出上面这句话，自己大笑。儿童说话，并无深意，成人却可品味出一些意趣。

在前面引述的记录中，顶顶两次说到"正常"。在另一个宇宙，"接近河流的土就跟我们正常地球上的土的颜色一样。"（2013年12月10日）"我们地球的人类到第四个宇宙还是正常的"。（2013年12月13日）在顶顶看来，我们经常见到的状况，就是"正常"。"宇宙不正常"，指他所想象的宇宙与日常不同，也违反常理，比如石头长眼睛会说话，人能吃掉太阳、吃掉宇宙。顶顶还两次说到"传说"，并认为传说未必真实。"传说中爷爷吃掉了一个宇宙。""宇宙是两大星球碰撞爆炸形成的，但这是一个传说，不是真的。"（2015年5月23日）

他说过宇宙会失踪。"全都失踪了，这是爷爷讲的故事。桌子失踪了，楼房也不见了，什么都失踪了。整个宇宙都失踪了，连太空也失踪了，只有讲故事的人还存在，听故事的我还在。""楼房找到了，全宇宙都找到了，只有几个小孩还没找到。"（2013年3月27日）宇宙失踪了，祖孙二人还在；宇宙找到了，几个小孩却没找到。当然，这是在讲"故事"，"故事"就是"传说"。他稍大一点后，认为科幻作品也是如此。他说："只有在游戏里才有虚空，在现实里不存在。"（2016年7月22日）他甚至说："电影都是假的。"（2016年7月12日）"爷爷问：'时空看不见，摸不着，怎么能撕裂？'顶顶说：'所

以才是科幻呀。'"（2016年9月9日）

传说、故事、科幻、电子游戏、电影，在顶顶看来，都有真假问题，实际上就是现实与想象的问题。有时顶顶也会不经意地用常识对想象提出疑问。"他问：'宇宙是从哪里来的？'爷爷说：'科学家认为宇宙是宇宙大爆炸的结果'。"顶顶问："为什么没有损害地球？"爷爷说："没有宇宙哪里有地球呀，房子呀，人呀，什么都没有，能损害什么呢？"顶顶问："会不会损害外星人？"爷爷说："没有宇宙也就没有外星人"。（2013年10月18日）顶顶想，地球在宇宙之中，那宇宙爆炸当然会损害地球。没有地球，也会损害外星人。他说过"宇宙是从宇宙妈妈那儿来的"，这是想象；他又说过"宇宙不是动物"（2016年2月5日），这是常识。

这就是说，符合常态、常识和常理，就是正常，就是真实；不符合就是不正常、不真实。顶顶说"宇宙不正常"，实际上是说关于宇宙的那些想象不正常、不真实。这表明儿童虽然常常无拘无束地想象，但他们也会有关于真假的潜意识。顶顶已经认识到，关于多重宇宙、人造宇宙都可以尽情想象，却未必真实。现在有的宇宙学家不正是以科学的形式提出这些想象吗？他们的宇宙正常吗？

（三）案例：大脑就是一座迷宫

"顶顶说：'爷爷，你把手拿开。'爷爷说：'我用什么拿手？用手拿手吗？'顶顶说：'用脑子把你的手拿开。'"（2015年5月31日）大脑可以把手拿开，这话有趣。顶顶已经意识到思想、心情会产生现实的作用。"爷爷问：'画饼可以充饥吗？'顶顶却说：'画饼可以在思想上充饥。'"（2016年11月23日）在思想上充

饥，实际上是心理作用。

"你嗯，嗯，嗯，就是在心情上打我。"（2015 年 6 月 26 日）伤害别人的情绪，他理解为在心情上打人。心情可以起到手的作用。他不小心跌倒了，硬说是爷爷绊倒的。"爷爷说：'我离你那么远，怎么会绊倒你？'他的回答很妙：'就是你绊的，是你的心情把我绊倒了。'"（2015 年 12 月 13 日）心情居然能把别人绊倒，心情也可以起到脚的作用。也就是说，思想、心情的作用可以是实实在在的，而思想和心情同大脑密切相关。

顶顶觉得大脑对人来说是十分重要的，他在电子游戏中接触到人机合体的问题。"他说：'如果大脑是人脑，躯体是机器制造的，那就是人机合体。'"（2016 年 4 月 25 日）他认为人与机器人的区别，就在于人有人脑。"你把你的脑袋培养得没有思想，就是一部机器。"（2016 年 7 月 27 日）而大脑似乎什么都可以想象。"顶顶 10 岁时说：'斯蒂芬·威廉·霍金的身体被禁锢在轮椅里面四十多年了，可是他的大脑和灵魂是自由的。'"（2018 年 3 月 28 日）

那大脑是什么？为什么它有如此神奇的作用？他曾同爷爷开玩笑，说人可以走进别人的大脑。"有一次爷爷问：'顶顶你到哪里去了？'他说：'我到你的大脑里去了。'"（2015 年 11 月 8 日）也许他想过，如果能进入别人的大脑，会十分有趣，也会看到大脑究竟是什么。这当然是做不到的——没有进入别人大脑的道路。他后来说："人的大脑就是一座迷宫。"（2018 年 1 月 9 日）顶顶玩过迷宫游戏，知道不容易找到走出迷宫的路，大概是比喻不容易想通一个问题。迷宫的本意是神话中结构复杂的建筑，这倒成了大脑结构复杂的隐喻。

顶顶在游戏中已经意识到，既要动手，也要动脑；想要有自己的创意，应当先用大脑想好。他很喜欢画画，全凭自己的想象去画。爷爷收藏了八大本资料册，并在 2012 年印制了《奕芃小画》，后来他迷上了乐高积木拼装，爷爷为其作品拍的照片，插满六本厚厚的影集。他先是按图纸拼装，很快就自由创作。他是怎样画，怎样拼装的呢？他动手前总是要想一想，实际上是先在大脑里有个想法，然后才动手，并边干边想。他说："我画车是有限制的，我必须按我脑子里的图画来画。"（2014 年 1 月 3 日）他在大脑里先想出一幅画，然后再把它画在纸上。

关于第二次世界大战时期坦克的历史，他说过这样的话："那时虎式坦克还在思想中，还没设计。"（2016 年 6 月 23 日）"当时虎式坦克的设计图也没有，连思想也没有。"（2016 年 7 月 4 日）他认为制造新式坦克的过程，是先在大脑中设计，并画出设计图，然后才去制造，他的乐高积木拼装坦克也是如此。"他说他看到电脑游戏中的坦克，就能把它拼装出来。爷爷问：'你没有拍照，怎么能记得？'他说：'我在脑子里拍了一张照片。'"（2015 年 2 月 9 日）先在大脑里对一辆坦克"拍照"，然后按这张照片拼装出这辆坦克。他说的这张照片，也是一种隐喻。

"爷爷说：'你拼装的时候，大脑里装的全是零件，知道要找什么样的？'他说：'不，我大脑里全是《环太平洋》电影的片段。《环太平洋》电影里的机器人雷诺，它的手很短，可以伸出来也可以缩回去。爷爷你看，我拼装的这个机器人的手，也可以一伸一缩。'"（2015 年 8 月 18 日）他拼装出了一把弩，完全是他自己的设计，最出彩的是两个齿轮的应用。"我是先想到用齿轮，然后才去找齿轮。"（2015年11月12日）"我是拼一步，想一步。"（2013年8月7日）他说"脑子里的图画""脑子里拍照片"，实际上都是事先的设计。

马克思（Karl Marx）说："蜜蜂建筑蜂房的本领使人间的许多建筑师感到惭愧，但是，最蹩脚的建筑师从一开始就比最灵巧的蜜蜂高明的地方，是他在用蜂蜡建筑蜂房之前，已经在自己的头脑中把它建成了。"7岁的顶顶，连最蹩脚的建筑师都谈不上，但他在画画和拼装积木的游戏中也有类似设计的感受。

梦却使顶顶感到困惑。他向爷爷讲述了一些他做过的梦，比如把麦当劳的糖倒在头上、挖恐龙化石、拆坦克履带、参观医院、在火车下面坐火车等。他说："人做梦，脑细胞才会活跃。"（2016年7月27日）他也感觉到梦是模糊的，梦的内容不容易记住。"我大部分的梦都不记得了；梦中好像看见，又好像没看见。"（2016年7月27日）他有时觉得回想往事也如同做梦。爷爷送顶顶上学，走到孺子牛雕像附近，看到昨晚的那两辆大卡车已经开走，顶顶说："就像做梦一样。"（2013年4月12日）

他又觉得做梦像真的一样。他说："我做了一个梦，梦里我乘地铁到奥林匹克体育中心。我坐在第一节车厢里，车厢从第二节那里断了，前面的车厢没有停。我下车时，发现我的小玩具不见了，于是我就坐旁边的地铁，到了那一站，我找到了那件小玩具，然后再坐旁边的地铁，到下一站，我就下来了。第二天还是同样的情境。我的梦像真的一样。"（2013年8月5日）他说："像，但不是。"（2012年2月27日）梦像真的，梦中的事是真实发生的事吗？

有一次，爷爷同顶顶讨论空间的三维与二维的问题，却引出了梦与现实的问题，这次讨论的记录虽然比较长，但很有意思。"爷爷说：'现实世界是三维世界，我们生活在三维世界之中。二维世界不可能有人，因为不可能有管状结构组织，就不可能有人体。照片、电视屏幕展示的是三维物体的二维图像。'顶顶不同意：'照片是在三维世界中拍的，所以照片也是三维的。'爷爷画一间小房子问顶顶：'这是三维房子的画，你能住进去吗？'顶顶说：'在小房子中画一个我，不就住进去了吗？'爷爷说：'照片上的你跟现实中的你不是一回事。'顶顶说：'照片上的我同现实中的我是同样的。我画了一个人，难道画出来的不是一个人吗？难道照片上的我不是我吗？'"讨论又引出梦与现实的问题。"爷爷说：'三维世界是现实的世界。'顶顶说：'怕梦里的事情，难道不是现实吗？我做梦，梦不是现实，但在梦中我可以摸东西，不也是现实吗？''难道我做了一个梦，这不是现实吗？''梦是真的，如果梦里有梦，梦里还有梦，最后就会说人生是一场梦吗？'爷爷说：'人生不是一场梦。'顶顶说：'梦是现实的。我做了一个梦，这就是现实，难道你没做过梦吗？'爷爷说：'做梦这件事是真的，但梦里到月亮上去则不是真的。'"（2015年9月11日）

顶顶还谈论过梦游。"回家的路上，快过北京西路，爷爷说：'爷爷搀着你。'顶顶说：'那我闭上眼睛。'爷爷说：'没关系，因为爷爷搀着你。'顶顶说：'我要是睡着了呢？'爷爷说：'一个人走在路上能睡着吗？'顶顶说：'能。'爷爷说：'怎么可能呢？'顶顶说：'是梦游。'爷爷问：

'什么是梦游？'顶顶说：'一个人睡着了，做起了梦，自己却到处跑，这就是梦游，他自己并不知道。'爷爷问：'一个人梦游能对自己的行为负责吗？'顶顶说：'不能。'爷爷问：'为什么？'顶顶说：'因为他是无意梦游的。'（'无意'二字用得很有意思）爷爷问：'如果有人喊他，他会知道吗？'顶顶说：'如果他知道，他就会被吓成呆子。'爷爷问：'他什么时候醒呢？'顶顶说：'回家，又睡在床上，睡着了，然后才醒。醒来他什么也不记得，连妈妈都不认识。'爷爷问：'他后来能认得妈妈吗？'顶顶说：'不知道。'爷爷问：'他跌倒了，能自己爬起来吗？'顶顶说：'应该能。'爷爷问：'如果他的手机响了，他会接电话吗？'顶顶先说'不会'，然后又说'应该会'。他又说：'我是在动画片里看到的，梦游时叫他，他会吓成呆子。'爷爷问：'两个同学都梦游，梦游中碰到一起了就会出现什么场景？他们会在一起玩吗？'顶顶说：'他们能认得，会在一起玩，而且还会说梦话。'爷爷问：'为什么不认得妈妈，却能认得同学？'顶顶说：'梦游时能认得，醒来后就不认得了。醒来后什么都不知道，这个信息是可靠的，是我在书上看到的。'爷爷问：'什么书？'顶顶说：《亲爱的科学》。'"（2015年5月6日）

梦游使梦更难理解。爷爷问顶顶做过什么梦。他说："做梦也没有那么清楚，除非你进入我的梦里。"（2014年4月17日）顶顶讲过，进入别人的大脑，现在又让别人进入自己的梦境。他知道，没有这样的道路。梦是大脑的活动，难怪他说人的大脑是一座迷宫。梦是思想、心情的作用。梦与现实的关系是十分复杂的，实际上这已涉及哲学的基本问题，儿童不可能想清楚，但这些问题已在儿童的心中出现。

The Wonderfully Philosophical World of Young Children

Lin Dehong

Abstract: Children are born with certain philosophical thinking ability, their philosophical thinking refers to children's interesting thinking involving philosophical problems in their daily life. Many children have this potential, some through their own words, some having never been revealed, but as long as we pay a little attention, we will also find some philosophical signs. Children's primitive philosophical thinking is mainly produced in two ways: questioning and imagination. For children, the world around them is strange and interesting, resulting in an innately strong curiosity and deep interest in understanding the world. Imagination is also a natural thinking ability of children. The greatest advantage of imagination is to surpass the limitations of observation. Some children's imagination is often beyond the expectation of adults. These imaginations make the coexistence of wishful thinking and fantastic ideas, which may include philosophical imagination. Besides, there are two forms of philosophical thinking in children's language: direct expression in language and the due meaning contained in language.

Keywords: children; philosophy; questioning; imagination; Primitive Thinking

重思童年与哲学

——在世的存在与生成

◎ 克莱尔·卡茜迪 著 冷 璐 译[①]

张 琳 整理 高振宇 校对

郑敏希 郑素华 点评

摘 要：本文集中讨论了儿童在社会中的整体形象与处境，建议研究者采用诸如与儿童一起做哲学的方式，来支持儿童在世界中的存在。文章指出为了支持儿童的存在和生成，我们需要重新思考儿童在社会中的地位。以国际研究项目"儿童眼中的童年"为例，说明通过参与到哲学对话之中，儿童将如何审视童年本身。

关键词：童年 哲学 存在 生成 声音 参与

一、克莱尔·卡茜迪讲座内容

（一）缺陷视角

在一般大众的眼中，儿童总是被认为其认知和大脑思考处于不成熟的状态，而成人因其年纪大就认为自己有特权，对于儿童有明显优势，这里存在一种对冲的、矛盾的状态，使儿童处于相对较弱的位置。这让成人以一种局限视角、缺陷视角（deficit view）审视儿童。在这种视角下，儿童常常被视为不理智的、没有批判鉴别力的、能力不足的、缺乏自主性的。这种视角无疑表现出一种"家长式"的作风，会导致成人认为自己知道得更多。而英语单词"childhood"，本身意味着一种天真。基于这些情况，我开始思考：一个人到底具备怎样的水平与能力才会被视为一个成人呢？

这种局限视角或缺陷视角很大程度上是由于成人与儿童的二元对立造成的。这种二元对立视角的产生源于将童年

---

① 克莱尔·卡茜迪（Claire Cassidy）教授来自英国思克莱德大学教育学院。克莱尔·卡茜迪教授曾经担任小学教师，并在过去二十五年多的时间里持续致力于对儿童及成人开展哲学实践活动。自 2001 年加入思克莱德大学以来，克莱尔·卡茜迪教授一直承担着培训儿童哲学教师及其他对儿童哲学感兴趣者的工作。克莱尔·卡茜迪教授的研究兴趣包括基于实践哲学的路径推进儿童参与哲学对话、提升儿童福祉、探索儿童与童年的概念等；其实证研究调查了儿童参与哲学对话对其言说与倾听及其他不同行为的影响。克莱尔·卡茜迪教授承担了"儿童眼中的童年"国际研究项目，运用权利本位的研究取向来发展实践哲学；其与国内外的哲学实践者有广泛的合作，2018 年时曾受邀参访天津市和平区的幼儿园，并提供专业的指导与培训。

冷璐，暨南大学外国语学院副教授，主要研究方向为英语思辨教育、儿童哲学、教师共同体和教育心理学。

（childhood）作为通往成人期（adulthood）的一种方法或方式，成人是儿童发展的终点和目标，而童年仅仅被视为一个准备阶段。从这种二元对立的视角出发，儿童被认为是"有问题的"、无知的，因此成人就应对儿童给予特别的对待，比如决定儿童的生活，告诉他们应当如何过一个"正确的"童年，从而限制儿童自身的主动性和能动性。我这里要跟大家介绍一个10岁的当代中国儿童所写的诗。诗的内容大概是：成长就像翻阅一本书，你应该一页接一页地去阅读。如果你直接阅读书的结尾，这本书就失去了它的意义。所以，如果儿童知道自己在为长大而努力，那么他们的未来便会受到一定的限制，他们会被指向成人所希望指向的结果。但是，在事实上，童年（childhood）对于孩子而言是一个生成（becoming）的过程。儿童的成长要顺应天性、顺其自然，儿童本身是在不断发展变化的。但二元对立的视角在儿童被禁锢的思维中被延续。儿童耳濡目染了这种二分法，并在这种模式中成长，最终难以让他们想象另外的生活方式的可能性，也造成他们无法挑战这种二元对立的不平等结构，不得不重复着对他们而言被解读为"长大"（growing up）的过程。这个过程在童年社会学的意义上，就是一种社会的再生产。

在此我向大家分享一个"儿童眼中的童年"的国际研究项目。该项目涉及几个大洲多个不同国家的儿童，包括巴西、加拿大、澳大利亚、葡萄牙、瑞士、中国的4—10岁的儿童。我们基于实践哲学的方式向儿童提出如下问题：你眼中的童年是什么样子？儿童应该是什么样子？等等。我们还围绕这些问题与儿童展开了有意义

的对话。我们在这几大洲和不同的国家，发现了一个同样的结果，即儿童总会发现自己是处于一种关系之中的，这种关系通常与家庭和教师有关，他们很难把这些关系拓展到二元对立的范围之外。这种分裂的二分法使得童年带有工具性的色彩，其只是作为"成为大人"的一种介质或媒介，是"成为大人"的一个过程。在儿童看来，成人被赋予了更多的社会责任，又有更多的义务需要承担，成人经常会为儿童决定他们要做什么，比如做作业、去哪里上学等，成人在其中发挥着决策者的作用；儿童所需要的东西也须由成人去购买，所以儿童必然会受制于成人。儿童对自己的认知则是缺乏的、是难以自己做决定的，认为成人才有这样的特权，他们有足够的知识，因此他们才能为自己做出决定。儿童认为自己的地位相对于成人而言明显是偏低的，他们童年生活的主题包括玩耍、友情等。儿童没有发现自己会对成人社会产生影响。儿童认为以上这种与成人关系的界定就是一种常规或常识，是无法改变的，他们不认为这层关系还有其他的可能性，它应该是原来那样的，而认为个人赋权的唯一办法或许就是"成为大人"本身。

（二）重思童年

由此出发，我们应当特别注意"重思童年"（rethinking childhood）的必要性，在一定程度上弱化童年与成年之间的边界。艾伦·普劳特（Alan Prout）等童年社会学家已经提出过类似的想法，我也建议我们应该更加关注儿童与世界、儿童与社会的千丝万缕的联系，我们不应该只是思考"什么是儿童，什么是童年"，我们不应该只是思考"童年怎么过，怎么培

养"，我们更应该思考"童年与世界联系的多样性"，关注儿童是如何与世界互动、如何获得童年经验。我们需要意识到儿童与成人的关系不是线性的，不是从一端走向另一端的，反而可能是双向多维的，是一个极为复杂的网络。我们要编织儿童成长的网络，这个网络包括他们与自己、与他人、与世界的各种关系。这些关系不仅对儿童的生活有实际影响，还会对成人及其社会、政治、经济产生真实的影响。从联合国《儿童权利公约》来看，我们需要思考：有什么事情不会影响儿童呢？有什么事情不需要咨询儿童、倾听儿童的想法呢？实际上，儿童的想法总会作用到成人的社会之中，对成人社会及其建构产生影响。儿童栖居于人类社会，对成人有影响的事件对儿童也会产生影响，因此儿童也应当有话可说。

在此种关系的视角下，我们需要开展与儿童之间的真实对话，需要与儿童共享我们的经验，共享我们的价值观，发挥双方各自的积极的力量，在这种对话之中，成人应感恩并接纳儿童的想法。我相信大卫·肯尼迪也会赞同这种共同体探究，因为这种探究可以让我们更好地倾听儿童的声音。我们应在哲学层面上与儿童共存共在，摒弃之前对儿童的一些传统假设或思维定式，重新评估童年自身的价值，重新审视儿童。这可以帮助我们倾听儿童真实的声音，从而营造一种真正互惠互利的和谐关系，一种正向的关系。而这种关系不仅存在于成人与儿童之间，还会延伸到成人与世界、儿童与世界的种种交往之中，从而促进所有关系的正向发展。不管是多大年龄的个体，成人抑或儿童，都需要进一步培养我们的性情，思考我们与世界到

底处于什么样的关系之中，因此应当提出这样一个问题：我们如何在这个世界上生存？我认为养成审辨思维力非常重要，它是建设民主健康社会的重要前提，能够让我们对于不同的思想和价值观保持开放的心态，并能够不断更新自己的价值观与想法。我建议培养儿童从小提出不同意见的能力，使其主动积极地思考自己的问题以及他人提出来的问题。我们需要通过哲学对话发展出类似这样的哲学敏感性，这将有利于我们形成自己的身份认同，使我们更清楚地知道我们自己是谁。这种对于哲学性存在的思考，让我们的视角可以突破要么只是思考成人、要么只是思考儿童的局限，将我们置于一种关系的思考之中。这种哲学意义的存在以及思考，是很有意义的，因为我们就生存在关系网之中，这不仅有助于自我反思，还有助于我们思考自己与世界的关系。

那么，未来如何前行呢？大卫·肯尼迪曾经提出，如果儿童将栖居在一个他们家长只能靠想象才能产生的世界，那么成人应该如何培养他们的孩子在这样一个现实世界中生活的能力呢？我认为这个提问可能有些问题，这个提问指向儿童的未来成长以及未来的世界，但事实上儿童就栖居在这个世界之中，与我们在一起。我建议教育工作者都应创造条件开展与儿童的哲学对话，通过这些对话，可以将过去、现在以及将来相互连接，让儿童成为这个世界的真正参与者和建构者。同时，这有利于我们思考在成人与儿童的关系中（in-relations）进行研究的另类途径。我们需要基于现代儿童观和哲学对话，与儿童建立新型的纽带关系，以促使我们都能相互连接，从而形成一个稳固的、安全的、可持

续的人类命运共同体。在这种共同体中，存在与生成能够完全并存。

二、评述与回应环节

郑敏希：非常有趣的是，我在阅读克莱尔·卡茜迪教授的论文时，看到了另一位作者的名字加纳·莫尔·洛内（Jana Mohr Lone），我曾经仔细阅读过她的一篇论文。在她的论文中，她介绍了如何通过儿童哲学的活动引发学生对道德问题的思考，尤其针对道德哲学与种族歧视的问题如何进行哲学探究活动。我曾将这篇文章介绍给很多中小学的教师，因为文章中提到了一些具体的做法，探索了儿童哲学与不同学科相互融合、共同探究的可能性。在中国，现在有很多的教师和家长关注到了儿童哲学，并且希望在学校与家庭教育中开展儿童哲学活动。我既是一位家长，又是一位教师。我对儿童哲学产生了兴趣，在学习儿童哲学的过程中，一些方法也会自然地应用到我的家庭教育中，我时常会和自己的孩子讨论哲学问题。在大学课堂上，我也借鉴了儿童哲学的方式来与学生进行讨论。虽然通常情况下，儿童哲学是在研究如何与年龄在3—18岁的儿童进行对话，我的学生都已经超过了18岁，但我们的对话也能激发他们的热情，他们也学会了如何用苏格拉底式的诘问来进行深入的思考。所以儿童哲学对我来说，不仅是一种教学方法，它还改变了我看待儿童、看待教学的视角。它使我认识到，尽管从时间上来看，我比我的儿子、我的学生先来到这个世界上，但是从逻辑上来说，他们是优先于我的。只有当我的儿子来到这个世界上的时候，我才成为他的母亲。只有当我的学生走到教室里的时候，我才成为他们的老师。

在儿童哲学方面，我也做了一些跨界的尝试。在2008年的时候，我写了一个故事，名字叫《妈妈山》，这个故事来自我对孩子和我之间关系的思考。我在这本书的《后记》中写了这么一句话："通常我们说妈妈给孩子带来了生命，但是在生活中，妈妈和孩子是共同成长的。"所以在故事最后，我描绘了一幅妈妈与孩子倚靠在一起的景象。这些都来自我对"妈妈"这一概念的认识与体会。毕竟，如果不是面对孩子，我们谁也不是天生的妈妈，不是吗？绘本上表现的是孩子不断寻找妈妈山的过程，其实也是我自己对"妈妈"这一身份不断进行新的定位。有一位著名的汉学家，他的中文名字叫安乐哲（Roger T. Ames）。我在他的书中读到一个观点，关于人的问题，他区分了两个概念，第一个是"现成的人"（human being）；另一个是"生成的人"（human becoming）。他认为，传统哲学更加关注"现成的人"，这个问题是在探讨人的永恒不变的本质是什么。这种提问的思路便容易造成人和其他事物的对立。而在中国传统哲学中，我们面对人的本质这一问题时，更关注"生成的人"的概念，要回答这个概念，仅仅回答人的本质是什么还解决不了。安乐哲关注的是，每个个别的人，他们是怎么来到这个世界上的，与其他人是什么关系？他认为，只有解决了这些问题，我们才可以更好地理解"人是什么"这一问题。

在克莱尔·卡茜迪教授的文章中，有这样一句话："儿童将栖居在一个对于他们的家长来说是依靠想象才能产生的世界中，那么成人应该如何培养他们的孩子应对在这一世界中生活的能力呢？"在思考教授的这个问题时，我们还可以回到"我们是从哪里来的"这个问题中去。毫无疑问，我们都是从童年来的，因此童年对于你我都十分重要。如果我们能把人看作"生成的人"，那么人便是由我们的过去与我们的将来以及与我们相关的所有事物所共同组成的当下的我们。因此，我并不认为成人比儿童在哪些方面看着更像一个人。成人只是比儿童更为熟练地掌握了一些旧的活动，例如吃饭、穿衣等。但是如果我们遇到的是一些新的问题，那么我们与儿童之间就没有太大的差别。我们也需要不断思考，才能勉强做出一些回答。

最后，我想分享一段我与我儿子的哲学对话，以此来说明，儿童实际上是非常善于解决一些我们并不熟悉的问题的。

儿子：妈妈，这个世界上有一百边形吗？

我：有啊。

儿子：那你给我画一个吧。

我：……

儿子：这个世界有一边形吗？

我：没有吧，至少也是三边形啊。

儿子：圆形是一边形吧。

在我与儿子的关系中，我发现正因为有了他，我才会变得更加谦卑，我会让自己永远处在一种变化的关系当中。因为他每天处于变化中，向我提出各种各样的问题。正如汉学家安乐哲指出的，"生成的人"不应被看作一个名词，它本身就是一个动词，因为我们每个人无法从种种变化之中脱离。

克莱尔·卡茜迪：西方人普遍存在一个观点，即认为自己是更文明的。正是在这样的"傲慢"中，西方人开启了与东方哲学的对话，与儿童哲学的对话。但是今天，我看到中国的哲学家和教育工作者都非常谦逊，郑敏希教授就是一个典型。她喜欢跟儿童进行有趣的哲学对话，她也非常生动地阐述了儿童与成人之间的关系，即互相成长与生成的关系。今天早上我与孩子做了一次哲学实践，它并不是马修·李普曼的那种方式的哲学实践。我做的这个哲学实践非常像今天郑敏希教授所说的，由此我们应想到的是，儿童是有能力的，我们要学会倾听他们，向儿童学习。我特别同意郑敏希教授的观点，生成不是单独的，而是共同的、相互的。

郑素华：中国现在有很多儿童哲学的研究机构（例如中国台湾地区的毛毛虫儿童哲学基金会）、儿童哲学的杂志与专业化的研究队伍。其实我想回到最初的问题，我们认为，在某种意义上，儿童是一个哲学家。但是儿童的哲学地位可能是成人赋予的。在加雷斯·B.马修斯的《童年哲学》这本书中，引用了大量的哲学对话故事，认为儿童具有哲学思维，断言儿童是天生的哲学家。这个断言虽然具有一定的理想意味，但是它的观念具有核心力量。我从三个方面简单说一下：第一，如同郑敏希教授所说，儿童在成人的观念世界中往往被认为是不成熟的，在认知、情感等方面有所不足，童年是儿童等待成为成人的过渡时期。这种认识长期主导着教育学与心理学的研究与实践，形成了所谓的儿童研究的主导范式。在这种范式当中，儿童被视为不如成人，它导致童年本体论的缺失。在我们的话语体系中，并没有童年的位置。我们现在所说的童年、儿童哲学，纠正了我们传统的儿童缺陷说，转而将儿童视为一个独立的思考者、一个小小的哲学家，他们人虽然小，但是思想一点也不小。在儿童哲学的推动下，人们开始认识到童年是一段充满哲思妙语的宝贵时期，也是人类的精神家园，值得我们去追寻。童年不是贫乏的，而是丰富的。在此，童年或儿童哲学是一场新的儿童解放运动。

第二，儿童哲学倡导一种与儿童做哲学的方法，强调与儿童展开有意义的交流，从根本上确立了儿童的主体地位。这并不是一个容易发生的转变，早期的儿童哲学，受科学主义思潮的影响，儿童被作为一个独立的研究个体，就像生物学家研究动物一样。我们的研究往往是关于儿童的或者对于儿童的研究。但是随着《儿童权利公约》对儿童主体的关注，儿童在研究中所扮演的角色被重新审视，儿童是具有权利主体性的人，他们的观点与态度值得我们去关注和研究，儿童哲学就特别注重倾听儿童的声音以及与儿童进行对话。与儿童一起做哲学从某种意义上来说，超越了成人与儿童之间的对立，超越了狭义的儿童哲学是儿童的哲学或者关于儿童的哲学的认识，显示出儿童对人类整体的意义。

第三，儿童在传统上并不是知识生产的主体，我们提出的儿童社会化往往包含着这种说法，即认为儿童是一个需要学习的人，学生是儿童的另一个名字。虽然有些学者提出儿童是成人之父，但是实际上，这种观念并没有转化到我们社会的知识生产体系当中去。我们关于儿童的知识，仍然深深地打上了成人的烙印。反观

儿童哲学，它强调儿童有自己的知识体系，有自己的知识生产的方式；儿童是自己生活的专家，是自己童年世界的建造者。儿童表述能力的不足并不代表儿童知识的贫乏，知识的不足也不代表儿童思想的浅薄。儿童哲学对于儿童作为童年知识生产者这一角色的捍卫，表明儿童是人类知识生产最珍贵的源头之一。儿童的思想蕴含着一种深刻的哲理，值得我们去深入分析。儿童哲学所探讨的问题不仅关乎儿童自己的世界，而且也关乎人类社会及其未来。

三、集体互动环节

问题1：儿童哲学研究的对象是3—18岁的儿童。传统的儿童观有一种认知的偏见，即认为儿童在知识与能力等方面不如成人，那么，会说话的儿童与不会说话的儿童之间，是不是也存在一种偏见？言语是儿童思维的一个体现，如果儿童不会言语，那么他们的思维是否有其他的表现方式呢？

克莱尔·卡茜迪：我认为不会说话的儿童也会思考，即使不会口头语言，他们也在体验自己的生活，也是有经验的。从我多年的工作来讲，我会经常邀请那些沉默的、不会说话的儿童，来讨论一些哲学概念，这是完全可能的。我有一个女学生，帮助交流有困难的儿童进行哲学对话，她是用图片和绘本作为刺激物来邀请这些儿童进行思考，在这方面她比我更擅长。所以，问题的关键在于我们怎样去理解儿童的声音、儿童的语言，他们有自己的表达方式，例如唱歌、跳舞等。

问题2：我们在与儿童谈论哲学，但到底是在谈论什么呢？

克莱尔·卡茜迪：首先我们应该区分这样一个概念，这里的哲学到底是学术的哲学，还是应用的哲学。我想将儿童哲学定义为来自儿童自身的哲学。我们会利用刺激物来引发儿童提出一些他们自己的问题，而后整个讨论也是围绕儿童的问题来进行，我一般不会向儿童强加我自己的问题。通常我的刺激物包括绘本、新闻媒体上的报道或其他哲学性的文本等。《妈妈山》这个绘本讨论了儿童与妈妈之间的关系，这个问题同样是非常哲学性的，也是儿童非常关心的问题。儿童以自己的方式在进行哲学探究和哲学对话，但不需要我们直接以成人的方式告诉他们什么样的对话才是具有哲学性的，因为儿童哲学是儿童原生态的哲学，是他们的一种生活方式。

珍妮特·普尔顿（Janette Poulton）[1]：我们经常在思考，儿童提出的什么问题才是具有哲学性的呢？资深的儿童哲学家能够大概判断出哲学性的问题并进行讨论，但一般的教师如何发现呢？这是一个非常有意思的问题。

克莱尔·卡茜迪：有一个比较危险的状况是，看到儿童的观点好，认为那就是哲学性的。但哲学团体中儿童应该是基于彼此的想法探讨问题，对问题应该有一个持久的关注和参与探讨，而且是在共同体内的一种参与探讨。我们问儿童是不是哲学家，就有点像问儿童是不是数学家、科学家、文学家一样，不是非得是哲学家、

作家，他们才能做哲学、才能写作。我有一位博士，是做数学的，他认为在学习了哲学之后，有助于更好地学习数学。我问他把自己看作一个数学家还是一个教数学的教师，他回答不出来。所以现在的问题也是一样的，儿童可能不一定是职业意义上的哲学家，但是他们也是在做哲学。

问题3：国外儿童哲学课程的目的是什么？有没有评价的机制与方法？

克莱尔·卡茜迪：作为教师，我不认为要对儿童哲学进行评价，我们的国家总是不断强调要对学生的学习进行评价，然而儿童哲学的探究是在团体中开展的，无法评价每个个体的表现。在苏格兰，很少有教师拥有学术哲学的素养，因而无法对儿童哲学的对话内容进行评价。对于教师来说，如何评估自己的教，可能更为重要。在苏格兰的学校里，教师不断做科研、不断做评价，但是儿童哲学的评价即便要做也应有不同的方式，比如可以简单地问问儿童的感受。关于儿童哲学的目的或目标，实际上有很多维度或方面，比如发展学生的推理能力，以及与别人合作、协作的能力。许多研究都显示出儿童哲学的独特价值，比如提升自我的调控能力、使其成为参与性的社会成员、提升倾听能力等。我认为，一个最大的目的或意义是儿童哲学本身就很好玩，也是儿童天然在玩的。

问题4：我有三个不同年龄段的孩子，我如何在孩子阅读和思考的时候进行适当的干预？有必要干预吗？什么时候或什么

---

[1] 珍妮特·普尔顿，亚太儿童与青少年哲学协会副主席，澳大利亚墨尔本理工大学教授，维多利亚哲学在学校协会（Victoria Association of Philosophy in School，简称VAPS）教育与创新办公室主任，儿童哲学国际委员会（International Council of Philosophical Inquiry with Children，简称ICPIC）联合秘书，澳大利亚学校哲学协会联盟（Federation of Australian Philosophy in Schools Associations，简称FAPSA）前主席。

时机干预是最合适的？应当进行怎样的干预？

克莱尔·卡茜迪：对教育工作者来说，最难的一个挑战，是控制自己不说话。家长可以为三个孩子创造情境，家长说得少一些，让他们之间互相回应，表达同意或不同意的意见。家长要认真对待孩子提出的问题，鼓励他们对话，在适当的时候参与对话，但一定要保留他们对话的空间。

Rethinking Childhood and Philosophy
—Being and Becoming in the World

Claire Cassidy

Abstract: This paper discusses the ways in which children are often portrayed and treated in society generally. It proposes that adopting an approach such as practical philosophy with children supports children's being in and with the world. Suggestion is given that children's status in society requires some consideration in order to support their being and becoming. It draws on the study "Children's Voices on Childhood" to provide some insights into how some children, through their participation in philosophical dialogue, view childhood.

Keywords: childhood; philosophy; being; becoming; voice; participation

哲学家教学法

◎ 安贝尔·斯特朗·马凯亚　查德·米勒　著　冷　璐　译①

摘　要： 本文基于马修·李普曼的儿童哲学以及托马斯·杰克逊（Thomas Jackson）的夏威夷儿童哲学理念提出哲学家教学法。该教学法通过分析哲学、教育、理论和实践之间的复杂关系来阐释如何将哲学融入不同学科的课堂教学之中。文章指出"小 p"哲学活动、夏威夷儿童哲学实践办法的重要性，总结出六条适用于教师进行哲学探究的教育原则。作者提倡将儿童的经验、思考、问题与反思融入教学设计与实践之中，以重新把学校变成一个思维和心灵得到教育的场所。

关键词： 哲学家教学法　夏威夷儿童哲学　教育原则　儿童哲学

"您的学生为何如此投入？""为什么您的学生在夏威夷州评估和高级分班考试中表现得如此出色？""是什么使您课堂中的学生体验如此不同？""您如何使用哲学来教授语言艺术和社会学？""学生总是在谈论您的课程。""您在课堂上都有哪些活动？""什么是儿童哲学？"本文试图通过描述哲学、教育、理论和实践之间的复杂关系来解答这些问题。我们将这种关系叫作哲学家教学法②，它基于马修·李普曼于 19 世纪 60 年代所提出的儿童哲学运动而诞生。

儿童哲学是我们教学实践的核心。之所以会这样，可能是由于我们在夏威夷大学马诺阿分校（University of Hawaii at Manoa）的教育硕士课程中共享的培训经验——高度重视探究的作用而体会到的。我们也是从这门课程开始接触儿童哲学的。因安贝尔·斯特朗·马凯亚丰富的童年哲学经历，她对儿童哲学中提出的理论、思想和观念十分感兴趣。她的父亲具有一定的哲学背景，经常会在晚饭时间和她一起进行有意义的探究；培养过她的杜威小学则向她传递了这样一种价值观：培养自己解决问题的能力和创造性思维。查德·米勒最初之所以被儿童哲学所吸引，也是受他教育生涯中本科哲学学位的很大

---

① 安贝尔·斯特朗·马凯亚（Amber Strong Makaiau），博士，夏威夷大学马诺阿分校教育学院教师教育所专家，夏威夷大学乌希罗教育哲学和伦理学院（夏威夷儿童哲学研究中心）的课程与研究主任。其践行夏威夷儿童哲学近二十年，研究方向包括思辨教育、多元文化和民主教育。

查德·米勒（Chad Miller），博士，夏威夷大学教育学院教师教育所专家，夏威夷大学乌希罗教育哲学和伦理学院（夏威夷儿童哲学研究中心）的教师发展部主任。其践行夏威夷儿童哲学近二十年，研究方向包括儿童哲学和教师教育。

冷璐，暨南大学外国语学院副教授，主要研究方向为英语思辨教育、儿童哲学、教师共同体和教育心理学。
② 哲学家教学法思想可以追溯到苏格拉底（Socrates）的著作。

影响。

这样的过往经历，加上我和查德·米勒想要为学生创造一种互动式的、有意义的学习经历的强烈愿望，促使我们将对哲学与教学的兴趣结合到一起。然而，我们在领略到托马斯·杰克逊提出的夏威夷儿童哲学（Philosophy for Children Hawaii）理念后，都意识到哲学不仅是简单地出现在我们的生活中，它还能有更大的作用。我们都看到，也亲身经历了夏威夷儿童哲学教学是如何将传统课堂转变成一个智力安全的共同体（intellectual safe communities）的。很快，我们就开始致力于创建教学方法，将夏威夷儿童哲学与我们的公立高中职前教师的教学实践结合起来。如今，十年过去了①，安贝尔·斯特朗·马凯亚仍然在她的社会学（social studies）课堂上使用夏威夷儿童哲学教学法来设计和完善课程教学，查德·米勒也同样在他的语言艺术（language art）课程上实践这种教学法。与许多教育改革运动不同，夏威夷儿童哲学教学法不是一种可以直接在课程中实施的现成项目；它是一种变革性的教学方法，会影响到一个人的教学方式。

我们承诺要不断致力于改善哲学家教学法，我和查德·米勒建立起专业的联系，不断进行对话和哲学探究，检验新的活动形式，并批判性地反思夏威夷儿童哲

学教学法在我们每堂课中的角色。有一些探究已经回答了别人提出的某些问题，但是大多数正在进行的对话和讨论都是基于我们的兴趣开展的，即寻找方法以重新思考并更有效地利用夏威夷儿童哲学教学法来满足学生的需要，达成教师的教学目的。本文提出的哲学家教学法，虽然仍在不断发展，但也展示了我们对思维和教学的最新理解。这也是我们对正在进行的有关儿童哲学对话及其与哲学、教育、理论和实践之间关系对话所做的贡献。

一、发展中的儿童哲学对话

我们的专业对话与儿童哲学项目的创始人马修·李普曼［1980 年与安妮·夏普（Ann M.Sharp），1988 年、1992 年、1993 年、2008 年与弗雷德里克·奥斯坎扬（Frederick S.Oscanyan）合作］的工作吻合。1969 年，一本名为《哈利·史图特迈尔的发现》（Harry Stottlemeier's Discovery）的哲学小说和一本随附的教师指导手册开启了这一领域的探究，它们都是"为了帮助儿童学会独立思考"②，后来演变成一门由七本小说和教师指导手册组成的学前教育至高中教育的课程。1970 年马修·李普曼创建了儿童哲学促进协会（Institute for the Advancement of Philosophy for Children，简称 IAPC）③，以推进学校的整体革新和教

---

① 译者注：实际已有二十年了，本篇文章于 2012 年发表。

② Lipman，M.，Sharp，A.，& Oscanyan，F. *Philosophy in the Classroom*. Philadelphia，PA：Temple University Press，1980，p. 53. "独立思考"指的是独立自主的思考（相对于受控或依赖）。一个独立思考的人，在一定意义上，是自由的人；他能够反思自己的经历和自己在这个世界上的处境；他随时准备重新评估他最深层次的价值和承诺以及他的自我身份⋯⋯一个独立思考的人知道，他所探究的问题永远不可能与作为询问者的他完全分离。

③ Lipman，M. *A life of Teaching Thinking*. Montclair，NJ：The Institute for the Advancement of Philosophy for Children，2008. 马修·李普曼在获得美国国家人文科学基金会的财政支持后，于 1970 年在蒙特克莱尔州立大学创建了儿童哲学促进协会。该协会的任务是让教师向全世界的学生系统地教授儿童哲学课程。马修·李普曼希望这种对教师的培训能够通过哲学系而不是教育学院来进行，以便保持哲学学科在课堂上的完整性。

育的进步。通过创新哲学和教育方法，马修·李普曼成为著名的儿童哲学运动先驱，他帮助教师在课堂中让学生更好地参与哲学探究活动。在这条路上，马修·李普曼并不孤独。比如，加雷斯·B.马修斯 ① 的儿童哲学方法旨在创造一种独特的教学法，而托马斯·E.沃特伯格（Thomas E.Wartenberg）② 则创建了课程和五步计划来帮助教师通过使用儿童书籍将哲学带入课堂。夏威夷大学哲学系教授托马斯·杰克逊是儿童哲学教育的另一位主要贡献者。为了与马修·李普曼的儿童哲学法相区别，托马斯·杰克逊将他自己的方法命名为夏威夷儿童哲学教学法，他致力于给夏威夷公立学校的学生和教师教授哲学的新方法。③

从一开始引入马修·李普曼的儿童哲学教学，托马斯·杰克逊便发现了马修·李普曼方法的几点局限性 ④，对这些问题的认识已经促使托马斯·杰克逊与他的合作教师创新了一套教学策略以便可以有效地将哲学引入学校课堂。经过三十年的努力 ⑤，夏威夷儿童哲学教学法已经是一套精练的课堂准则，它体现了团体、智力安全、思考、反思和探究的价值。这些

价值维度在课堂实践中得以实现，从而建立起一种智力安全感（intellectual safety），也促进了反思和观点的互尊、互享。

托马斯·杰克逊的夏威夷儿童哲学教学法中详细讲述的那些准则和实践，比马修·李普曼的初始儿童哲学课程更灵活。托马斯·杰克逊将课堂活动的中心，由哲学内容（就像在马修·李普曼的小说里的那样）和教师指导手册转换到了学生的想法、观点和问题上。这种从课本到学生的转变使得教师可以在各个年级、各个领域都使用夏威夷儿童哲学教学法教学。它也提供了自主适应性框架，以便教师可以根据学生不同的文化、情感和智力发展需求来相应调整夏威夷儿童哲学教学法。这种摆脱了马修·李普曼更为传统和僵化的儿童课程理念的自由，对我们都有吸引力，因为我们都在一所具有多元文化背景的高中 ⑥ 任教。而且，我们所教的课程里都包含了特定的内容和随附的标准以评判学生的表现。我们需要一种教学法，既能够使学生达到知识和学术层面上的夏威夷州标准，又可以鼓励他们对自己所学习的东西进行哲学思考。因此，过去十年，我们一直在修改托马斯·杰克逊的夏威夷儿童哲

---

① Matthews，G. *Philosophy and the Young Child*. Cambridge，MA：Harvard University Press，1980.

　　Matthews，G. *Dialogues with Children*. Cambridge，MA：Harvard University Press，1984.

　　Matthews，G. *The Philosophy of Childhood*. Cambridge，MA：Harvard University Press，1994.

② Wartenberg，T. E. *Big Ideas for Little Kids：Teaching Philosophy Through Children's Literature*. Lanham，MD：Roman & Littlefield Education，2009.

　　Wartenberg，T. E.（n.d.）. "Teaching Children Philosophy." Retrieved from www.teachingkidsphilosophy.org.

③ Jackson，T. "The Art and Craft of 'Gently Socratic' Inquiry." In Costa，A.（ed.），*Developing Minds：A Resource Book for Teaching Thinking*（3rd Ed）. Alexandria，VA：Association for Supervision and Curriculum Development，2001.

④ 这些局限性包括：（1）课程依赖于有人在课堂上接受哲学训练；（2）学前教育至高中教育课堂的教师认为哲学应该为大学水平的教育做准备；（3）马修·李普曼小说的文化背景和许多夏威夷儿童的经历不协调。

⑤ 译者注：实际已有四十年了，本篇文章于 2012 年发表。

⑥ 译者注：凯鲁阿高中（Kailua High School）。

学教学法，以便构建出一套属于我们自己的新方法，这就是哲学家教学法的由来。这也是我们对回答如何使学生参与到哲学反思这一问题所做出的一点贡献。

二、对哲学概念的重新理解

哲学家教学法是建立在哲学的重新概念化基础之上的，这更适合跟儿童做哲学。我们从托马斯·杰克逊对"大P"哲学和"小p"哲学的区分开始。① 每一种哲学都代表了对哲学内容和与该内容相关的活动的一种特定取向。

（一）"大P"哲学

"大P"哲学是指传统意义上的学术哲学。按照这种观点，哲学体现在伟大哲学家的著作和思想中，包括柏拉图（Plato）、勒内·笛卡尔（Rene Descartes）、大卫·休谟（David Hume）、伊曼努尔·康德和弗里德里希·威廉·尼采的著作和思想。"大P"哲学还涉及"大"问题，即存在、真理和正义的问题，这些问题在形而上学、本体论、认识论、伦理学和美学的哲学子领域中表现得最为明显。因此，"大P"哲学的教学是为了掌握一个既定的经典，并开始学习一个专门领域的知识。与这种哲学概念相关的活动涉及对经典中的思想进行辩护、检验、批判和表达。"大P"哲学家通过研究这些经典文本来从事哲学研究。专业哲学家必须对这些思想有一定

的掌控能力，并且能够通过对思想进行批判性的讨论和对公认的文本进行解释，从而用"大P"哲学的语言进行交流，同时他们在学术会议上开展工作并在学术期刊上发表论文②，这种活动通常被视为个人与竞争学派之间的辩证竞争。③ 凡是上过大学哲学课的人都对"大P"哲学很熟悉。

哲学是一门精英学科，只有获得该学科博士学位并致力于为哲学文献添砖加瓦的人才能进入该领域。然而，哲学文本的数量和难度以及学术哲学的"封闭术语"④对非专业人士造成了障碍。就像柏拉图的哲学王一样，"大P"哲学家是一个专属俱乐部的成员，只有那些经历了长期学术准备的稀有灵魂才能进入其中。

（二）"小p"哲学

在柏拉图的《泰阿泰德篇》(*Theaetetus*)一书中，苏格拉底告诉我们，"好奇心是哲学家的标志。哲学确实没有其他的起源"(Sense of wonder that is the mark of the philosopher. Philosophy indeed has no other origin)。⑤ 基于苏格拉底式的理解，我们每个人进入这个世界所具备的基本能力就是参与哲学探究。⑥ 由于我们天生具有好奇心和求知欲，我们天生就是"小p"哲学家。这种天生的好奇心是我们理解这个世界的第一步。约翰·杜威写道："好奇的心灵是一直保持警觉和不断探索的，在为思想寻找材料，像是一个活力四射的身

---

① 关于托马斯·杰克逊的方法的更详细的描述见 Jackson，T.（2001）。

② Lipman，M. *Philosophy Goes to School*. Philadelphia，PA：Temple University Press，1988，p.11.

③ Jackson，T. "P4C Hawaiian Style：We are not in a Rush." Paper presented at the American Philosophical Association's Annual Meeting，San Diego，California，2011.

④ Lipman，M. *Philosophy Goes to School*. Philadelphia，PA：Temple University Press，1988，p. 5.

⑤ 类似地，约翰·杜威还认为，任何一个"对新观念持开放态度和敏感态度并能集中精力和负责任地把它们联系起来的人，到目前为止都是哲学家"（约翰·杜威，1916 年，第 325 页）。

⑥ Jackson，T.（2011）。

体正在寻找营养。对体验的渴望，对新奇的、多样事物的接触，是在发现奇迹的地方获得的。"① 新的经历和思考帮助我们形成对高度复杂的抽象思想的理解——比如爱、同情和平等；即使是像午餐时间、天气和时尚这样的日常琐事，也常常引发我们对世界的好奇心，从而使我们产生更深层次的疑问。困惑的想法和混乱的感觉往往是反思并得到解决方法的第一步。不管这种想法的广度和深度如何，这种想法和经历都为参与"小 p"哲学活动提供动力。约翰·杜威认为，当我们被迫对自己的习惯和信念提出疑问时，我们就会产生一些困惑或混乱。在我们的生活中，一些新的、意想不到的东西要求我们坐起来思考，正是这种思考成了哲学的开端。② "小 P"哲学的目的就是滋养这种萌芽的思维并指导其发展。

在许多情况下，社会、文化，还有"大 P"哲学塑造了这些信念，但我们的思考能力、提出问题的能力以及寻求改变我们所信仰的事物的能力，则是哲学思考的核心。"小 p"哲学是指当我们的自身经历带来问题时，我们由此参与探究并意识到我们需要重新思考我们的定位。正是这种试图积极主动理解世界的过程形成了哲学的开端。我们人类从一开始就具有哲学性。③ 拥有信念、具有思考的能力以及我们反思这些信念的意愿是参与"小 p"哲学的先决条件。

"小 p"哲学主要是一种接触和处理事物的方法，以便我们更深入地了解这个事物。这种观点的转变使哲学从研究经典文本和哲学问题转向了探究活动。因此，正如托马斯·杰克逊所解释的，哲学的"重心"从已发表的和（或）他人已确立的思想，转移到我们自身的思想、问题、经验和反思。④ 活动的焦点在于我们自己，在于我们如何与世界打交道以及如何处理生活中遇到的各种问题。"小 p"哲学鼓励人们审视自己的生活和经历，以便对世界和自己在世界中的地位有更加深刻的理解，而不是只关注别人的既定思想和问题。因此，"小 p"哲学的主要实践模式是参与实际探究。这种将哲学视为一种活动的概念与特定的预定内容无关。这意味着它可以涵盖各个学科，与不同的学科进行整合。教师的主要任务是"保持神圣的好奇之火不灭，并使已经燃烧的火焰烧得更旺，保护探究精神，使它不因过度兴奋而变得厌烦，不因遵守常规而变得木讷，不因教条的教导而僵化，不因对琐碎事物的随机运用而消散"。⑤ 我们的哲学家教学法是建立在将哲学理解成为具体活动的基础上的，这使得我们有可能在学前教育至高中教育的课堂上把哲学和不同的学科联系起来。因此，哲学家教学法是一种帮助教师以具体的方式思考如何将这种反思带入学校课程的教学法。

---

① Dewey，J. *How We Think*. Mineola，NY：Dover Publications，Inc.，1910/1997，p. 31.

② Ibid.，p. 12.

③ Jackson，T. "P4C Hawaiian Style：We are not in a Rush." Paper presented at the American Philosophical Association's Annual Meeting，San Diego，California，2011.

④ Jackson，T.（2011）.

⑤ Dewey，J. *How We Think*. Mineola，NY：Dover Publications，Inc.，1910/1997，p. 34.

三、哲学家教学法的教育原则

在实行哲学家教学法的过程中，我们发现它具有六条相互联系的教育原则。第一，教师必须践行不断自省的生活方式。第二，教师必须将教育视为师生之间的一种互动共享的活动。第三，教师和学生必须重新概念化学科的内容，以便将内容视为课堂参与者的信念和经历与所教授学科内容之间的交互作用。这与第四条教育原则相互联系，即：教师必须和约翰·杜威一样持有这种观点，即将哲学定位为"教育的普遍原理"[①]。第五，教师和学生必须使哲学成为生动的课堂实践活动。第六，教师必须愿意挑战现行的课堂评估方式和标准。接下来的部分将更详细地介绍这些教育原则。

（一）教师的自省生活

哲学家教学法的第一个特点就是教师保证在生活中常常自省。柏拉图的《苏格拉底的申辩》记录了其师苏格拉底的言行，其中有一句名言："如果没有调查和探究，生命就没有意义。一个人所能做的最好的事情，就是每天都要讨论美德和其他关于你听到的我谈论和考究自己和他人的话题，未经审视的生活是不值得过的。"[②]

根据苏格拉底的观点，生活的目的就是对一个人的信念和世界观进行审视。致力于哲学家教学法的教师都认同这一基本价值观。对于这些教师来说，经过自省的生活贯穿于他们的课堂、工作之中，反过

来又赋予教学和学习一种哲学目的。

为了将这种目的带入教学中，哲学家教学法要求教师将他们的好奇、疑惑以及对生活意义的理性分析融入课程设计中，融入与学生的联系中。除了教学方法之外，课堂的内容是教师在课堂之外审视精神的延伸。哲学家教学法既不是在我们踏入教室那一刻开始，也不是在下课铃声响起、我们走出教室那一刻结束。相反，这种哲学教学艺术是教师（和学生）在工作内外成长和发展的延伸。

我们也发现了当教师在课内课外都保持着并塑造一种经过审视的生活时，他们的学生会更认真学习。当学生观察到教师对生活的经历、情况、结果和人进行真正的探究时，他们会更愿意和教师一起参与这个探究过程。因此，学生开始内化探究的技能和性情，以便更好地参与探究生活；他们的课程作业不仅可以让他们进行有意义的探究，而且还是一个可以磨砺探究的哲学工具。约翰·杜威在谈到教学时说："教师宣称自己是艺术家，是因为他们可以培养与他们一起学习的人的艺术家态度，不管他们是年轻人还是小孩子。"[③] 我们则认为教师既是艺术家，也是哲学家。过一种自我审视的生活是富有感染力的，一旦一个人经历过"小 p"哲学的活动，它就逐渐地在学生的实践中根深蒂固。

（二）教育是师生互动共享的一种活动

除了具有自省精神，践行哲学家教学

① Dewey, J. *Democracy and Education*: *An Introduction to the Philosophy of Education*. New York, NY: The Free Press, 1916, p. 328.

② Plato. Hamilton, E. and Cairns, H. (eds.). *The Collected Dialogues of Plato*: *Including the Letters*. Princeton, NJ: Princeton University Press, 1961, p. 38a.

③ Dewey, J. *How We Think*. Mineola, NY: Dover Publications, Inc., 1910/1997, p. 220.

法的教师也应该将教育视为师生之间互动共享的一种活动。这有别于传统概念里教师无所不知的"讲台圣人"（sage on the stage）的角色。基于社会建构主义的理论，这种教育观"否定知识是客观的概念，认为知识是在与他人的对话中发展起来的"①。对话的特征是师生之间的相互思考和交流。他们共同努力创建马修·李普曼所说的课堂团体探究模式，即学生和教师"倾听和尊重彼此，以彼此的想法为基础，互相挑战对方的思考，为不支持的意见提供理由，协助彼此对已讨论的东西举一反三并尝试论证彼此的假设"②。

将课堂当作一个探究团体是哲学家教学法的一个主要部分，也是一切在校学习的先决条件。③ 这不仅是在学期开始时的一个破冰活动，而且是教师与学生建立关系，实行公平教学，设计课程以便让学生和教师一起学习的一个好机会。我们认识到，在这种社会构建的学习环境中，"人们认为学知识的地方就是思考发生的地方"④。

约翰·杜威认为，教师需要"让学生参与活动，因为学生是通过参与活动的过程来学习的"⑤。我们认为，教师必须平等地参与这些学习活动，因为维果茨基提出，"学习发生在情境性的共同活动中"（learning occurs during situated joint activity）⑥。在这种情况下，教师和学生都成为"自我激活的意义创造者"⑦，因为他们为了构建知识而一起工作。哲学家教学法要求教师离开课堂活动的中心，坐在学生旁边，作为共同探究者一起学习。在这种"'反思范式'中，学生和教师相互探询"⑧。保罗·弗莱雷（Paulo Freire）写道："通过对话，学生的教师和教师的学生这种关系不复存在，一种新关系诞生了，那就是成为学生的教师与成为教师的学生。教师不再仅仅是教书的人，而是参与到学生对话中被教的人，而学生在被教的同时也在教。他们共同负责学习成长的过程，教学相长。"⑨

教师和学生认识到他们正在一起接受教育。在这样的课堂中，教师和学生不断尝试交流他们复杂的思想、想法和问题，因为这对"掌控自己的生活和学习"⑩很有必要。由于哲学家教学法不是一个简单

① Palincsar，A.S. "Social Constructivist Perspectives on Teaching and Learning." *Annual Review of Psychology*，49，1998，p. 347.

② Lipman，M. *Thinking in Education*. Victoria，Australia：Cambridge University Press，1991，p. 15.

③ Vygotsky，L. *Mind in Society. The Development of Higher Psychological Processes*. Cambridge，MA：Harvard University Press，1978.

④ Oakes，J.，& Lipton，M.，*Teaching to Change the World*. Boston，MA：McGraw-Hill，1999，p. 77.

⑤ Dewey，J. *Democracy and Education*：*An Introduction to the Philosophy of Education*. New York，NY：The Free Press，1916，p. 168.

⑥ Samaras，A. P. "Self-study for Teacher Educators：Crafting a Pedagogy for Educational Change." New York：Peter Lang，2002，p. xxii.

⑦ Schiro，M. S. "Curriculum Theory：Conflicting Visions and Enduring Concerns." Thousand Oaks，CA：Sage，2008，p. 103.

⑧ Lipman，M. *Thinking in Education*. Victoria，Australia：Cambridge University Press，1991，p. 14.

⑨ Freire，P. *Pedagogy of the Oppressed*. New York：Continuum，1970/1989，p. 80.

⑩ Schiro，M. S.（2008），p. 105.

的可以照做的样式或者模型，教师和学生必须一起找到他们自己的方式去建立关系，并将好的想法运用到他们所学内容相关的新知识构建之中。

（三）内容是师生的信念、经历和学科内容之间的交流互动

哲学家教学法与别的典型教学法不同之处在于专注于让学生参与课堂探究，而传统意义上的教学就是将知识传授给学生。在这种方法下，教师制订或采用"有效的"策略来帮助他们的学生理解和保留特定于其内容领域的特定技能和知识。为了使他们成为一个"成功"的人，教师和课本成了学生必须掌握的知识的来源。

例如，在传统的教学中，教师采用以教师为中心的方法教《了不起的盖茨比》，在阅读每一篇文章之前，教师会给学生提供一个对应的词汇表，在学生认识所有的词汇后，她会检查学生是否"正确"认识了这些词汇。然后，在学生阅读每一篇文章的时候，教师会指出重要的段落，这些段落描述了关键人物的特征、情节主线和文学手法的运用。学生在笔记中记下具体的细节和自己的理解，比如盖茨比的汽车、灰烬谷和威尔逊对下层阶级的表现手法以及黛西码头尽头的绿灯所象征的希望。学生几乎没有机会去质疑教师的"专家"解释，或提出学生（或教师）个人可能感兴趣的想法。相反，学生要"存储"（bank）所有教师的知识，才能很好地品读小说，理解其意义。① 那些在考试和小测验上拿高分的学生只是正确地运用了教师所教授的知识。这刚好与哲学家教学法对文学和其他内容（科研发现、历史的原始文献、数学概念、伟大的艺术作品等）教学的看法背道而驰。

那么，用哲学家教学法来教授一门课程是什么意思呢？不论学校的科目或年级，它的基本内容都是一样的，是由"小p"哲学的信念和世界观组成的。这种内容上的转变，就像是从"大P"哲学转变为"小p"哲学一样，将重心从具体学科领域（比如英语、社会学、科学、数学）的教材转移到教室里学生的思考、想法和信念上。然而，值得注意的是，这种转变不是只关注学生的感受和想法而不考虑学科内容。教材依然非常关键，它是一项有意义的哲学探究的催化剂，而教师对学生信念的敏感度是学生学习教材并开始讨论其意义的动力。

处理学科内容的另一种关系是教师在选择特定学科的内容和材料（比如书名、主要文档、实验主题、美术作业、视频、数学问题等）时必须深思熟虑。事实上，课程的内容和材料的选择应该是为了让学生参与到有意义的探究中，为了让学生省察他们的信念、经验、假设和想法。"本课程应揭示主题中尚未解决和有问题的方面，以吸引学生滞后的注意力，并激励他们形成探究的共同体。"② 每一门学科，无论是表演艺术还是数学，都有复杂的内容，都有多种视角，并且与我们学生的不同背景和经历息息相关。因此，运用哲学家教学法的教师有必要了解学生，智慧地选择课堂材料，以唤起学生已知的知识并激发起学生新的求知欲。

① Freire，P. *Pedagogy of the Oppressed.* New York：Continuum，1970/1989.

② Lipman，M. *Thinking in Education.* Victoria，Australia：Cambridge University Press，1991，p.16.

哲学家教学法的核心是让学生和教师参与哲学活动，这些活动来源于他们参与每一门课程内容时所产生的问题和好奇心。学生的想法将通过持续的对话讨论让课堂共同体的所有成员去思考、倾听和检验。

哲学的核心是……对话，因此，这门学科的核心也是教育的本质。哲学这门艺术本身就包含着一种教育学，它们都需要对话、需要提问、需要探究的方法，这些都是教育的基本特征。这就是为什么教育离不开哲学，哲学也离不开教育。①

这种要积极地（有时是费力地）去理解产生于我们的教养和经验的看法的努力，要积极保持好奇的精神，是一种持续的探索，我们要不断去修正、纠正和深化对世界的看法。这是一个自我纠错的过程，因为我们要从中重新定义我们的信念，并调整和发展新的理解世界的方法，这就是"小 p"哲学。

教育应该是一种定位的艺术。教育工作者应该想出最简单、最有效的方法来改变人们的思想。教育不应该是在大脑中植入知识，而应该是在大脑已经有能力去思考问题，但没有很好地组织，也没有找到正确的方向的情况下进行。②

就像苏格拉底说的那样，我们的活动一开始就具有哲学性。首先，我们好奇、惊异，然后我们开始提问，我们的质疑可能可以得出答案，这将引发更多的问题，等等。③ 约翰·杜威也认为哲学是"思维的一种形式，像所有的思维一样，起源于事物中的不确定因素，然后旨在找出困惑的本质并在实践中理清建构的假设"④。正是这种求知欲帮助学生记住所学的内容，其目标是建构对个人有意义的学习模式，使学生参与更深层次的思考。

（四）哲学是教育的普遍原理

为了确保哲学探究是课堂活动的中心，实践哲学家教学法的教师必须把哲学看作教育的普遍原理。好的教师应该发展一种教育理论或者教育哲学，它即为课堂教学的中心，用以解释他们教学的行动和教学中做出的决断。教师的教育理论为他们的实践提供了基础，并且对各种教学决定具有指导作用。因此，一个人的教育哲学理念直接影响着他对课程的设计和实施，影响着课程的外在结构以及如何巧妙地应对学生提出的意想不到的评论。运用哲学家教学法的教师，建构的是以"小 p"哲学为基础的教育哲学理念。简而言之，这些教师从根本上认为哲学探究活动是学习的一个内在的和必要的方面。

这将使教学置于一个独特的环境中。从这个意义上来说，教育不是考试分数，不是绩效指标，不是机械化、标准化、集中化和科学化的政策依据。我们批评这种把儿童看成市场上一种商品的教学理念。

---

① Lipman, M., & Sharp, A., In Lipman, M. & Sharp, A. (eds.). *Growing up with Philosophy*, 1978, pp. 259-273. Philadelphia, PA: Temple University Press, p. 259.

② Plato, Hamilton, E. and Cairns, H. (eds.). *The Collected Dialogues of Plato*; *Including the Letters.* Princeton, NJ: Princeton University Press, 1961, p. 518d.

③ Jackson, T., & Makaiau, A. "Philosophy for Children Hawaii." Invited presentation to the Rotary Club, Honolulu, Hawaii, 2011.

④ Dewey, J. *Democracy and Education*: *An Introduction to the Philosophy of Education*. New York, NY: The Free Press, 1916, p. 331.

相反，哲学家教学法关注的是儿童人格的塑造与发展，从而改善社会整体的福祉。

约翰·杜威提到，这种教学责任在教育和哲学之间建立了一种基本的联系。"如果我们愿意把教育看作一个形成对自然和人类的基本性情、智力和情感的过程，那么哲学就可以被定义为教育的普遍原理。"① 作为教育的一般理论，哲学认为学校是人类进行个人有意义学习的地方，这些人是有思想、有感情、有文化和有经验的人。哲学家教学法的核心是人，而不是内容。

根据哲学家教学法，教育的目的是完成苏格拉底提出的一种哲学任务——过一种审视的生活。对他来说，"小 p"哲学回答了这一恒久挑战性问题的一部分。对于采用哲学家教学法的教师来说，"小 p"哲学的活动必须是他们实践的基础。这样看来，我们的教育理论与我们的生活理论是相通的，或者至少是有共鸣的。如果我们不通过质疑生活来改善生活，那我们为什么还要寻求教育呢？

（五）哲学是生动的教学活动

哲学家教学法并不仅仅要求教师把哲学视为教学的重要组成部分，教师还必须使哲学成为生动的课堂实践，这是一项具有挑战性的任务。"由于来自内部和外部的各种压力，传统典型的教师在课堂上似乎没有时间让学生进行真正的思考和提问，从而形成结构化的探究活动。"② 我们知道许多教师都认为学生的好奇心和质疑的能力是很重要的。

然而，在组织课堂活动和评估时，他们的实践往往与上述观点不相符。在这个高度重视考试的时代，很多教师由于要帮学生通过考试，在这样的压力下，就只教通过考试需要的那些材料。结果，学生真正的疑惑、提问和思考的时间被忽视了，教师也因此放弃了他们关于什么是好的教育的理念。由于许多原因，理论往往没有转化成课堂实践。

哲学家教学法致力于将理论与课堂实践相结合。教师不仅要相信教育和哲学是密不可分的，他们还必须为学生创造机会，让他们通过课堂活动或作业参与到哲学活动中。我们意识到这不是一项简单的任务，正如我们在本文前面就约翰·杜威的思想所提出的一样，教学是一门艺术，在当代公立学校的学前教育至高中教育的课程中，做哲学也是一门艺术。

在我们许多组织松散的研究生"大 P"水平的研讨会课程中，教师通常会在没有任何指导、没有任何有组织的活动和评估下，要求学生去"讨论"一篇文章。为了把哲学活动带入课堂，教师必须精心设计和实施有组织的、富有哲学意义的课堂活动和评价。这不是简单地把学生安排在桌子周围或者围成一个圆圈。它需要学生具有创造力、对主题有一定了解、能理解人类发展以及愿意进行实验、反思和再尝试。在过去的十年中，我们一直致力于实现这一过程，并努力将理论转化为实践，

---

① Dewey, J. *Democracy and Education: An Introduction to the Philosophy of Education*. New York, NY: The Free Press, 1916, p. 328.

② Jackson, T. "The Art and Craft of 'Gently Socratic' Inquiry." In Costa, A. (ed.), *Developing Minds: A Resource Book for Teaching Thinking* (3rd Ed). Alexandria, VA: Association for Supervision and Curriculum Development, 2001, p. 459.

夏威夷儿童哲学教学法对此帮助良多。

夏威夷儿童哲学教学法为教师提供了一套课堂组成架构，为学生提供了一套清晰的方法，以使哲学进入课堂。从夏威夷儿童哲学教学法的角度来看，这些结构、程序和方法都在不断发展。如何对这些方法进行修改和扩展，以更好地满足独特学生群体的需要，这取决于教师的判断。我们没有把哲学家教学法局限于夏威夷儿童哲学教学法所建议的那些活动中。取而代之的是我们不断发明的新的活动和评估形式，把哲学引入到我们的具体内容和各个年级中。但是我们发现在夏威夷大学的儿童哲学课程中，有大量经过验证的课堂实践和程序策略可以帮助我们（和许多同龄人）将教育的一般理论融入生活。其中最重要和经常使用的是"智力情感安全地"的概念和其他策略，例如团体球、优秀思想者的工具包和香草冰激凌探究。①

1. 智力情感安全地和团体球

为了使哲学成为学生学习经历的一部分，教室必须是"智力情感安全地"。虽然安全的概念并不是哲学家教学法中独有的，但是明确地强调创建安全的、有爱心的探究团体是首要的（也是我们实践中必不可少的）。

"教室里必须确保学生身体健康安全，要进行对话和探究，就必须在情感和智力上保证安全。在一个智力情感上安全的地方，没有贬低、破坏、否定或嘲笑。在这个地方，只要尊重群体的其他成员，他们几乎可以接受任何质疑或评论。[在这个安全的领地] 发展的是参与者不断提升的信赖，有了这份信赖，他们就有勇气对复杂困难的问题表达自己的想法，尽管这只是初步的想法。"②

教师对智力安全的重视，培养相互尊重的课堂环境，实施塑造智力情感安全地的策略鼓励学生从不同的角度看待自己，以获得更深的自我了解。③ 在智力情感安全的教室里，学生互相学习，欣赏多元视角，最终会了解自我的另一面。这种重要的共同体意识建构了良好的学习环境，在这里，知识是以有意义和负责任的社交方式构建的。

为了营造智力情感安全的环境，教师必须在学年开始时就给学生明确介绍智力情感安全这个术语和概念，并且鼓励学生在课堂中多对智力情感安全进行自我修正。各个年级的学生经常会在教室里反思和辨识安全和不安全的行为。这种积极纠错型的教学环境使得教室里所有人的关系正常发展，这增加了学生的课堂体验对他们学习的影响。④

在夏威夷儿童哲学教学法里，有一个标志性技巧——制作一个团体球。⑤ 团体球给每个学生一种归属感和目的感以进行下一步的课堂探究，使学生在课堂探究中学习和发现文本里所没有的知识。在第

① Jackson，T. *Philosophy for Children：Philosophy in the Schools Project*. A guide for teachers，1984.

② Jackson，T. "The Art and Craft of 'Gently Socratic' Inquiry." In Costa，A.（ed.），*Developing Minds：A Resource Book for Teaching Thinking*（3rd Ed）. Alexandria，VA：Association for Supervision and Curriculum Development，2001.

③ Banks，J. *An Introduction to Multicultural Education*. Boston：Allyn and Bacon，2002.

④ Jackson，T.（2001）额外提供了建立和维持一个智力情感安全且有爱心的团体的方法和策略（第460—461页）。

⑤ 有关如何构建和使用团体球的详细描述，请参见 Jackson，T.（2001）。

一天，我们一起制作了一个团体球来开始建立我们的智力情感安全的课堂团体。然而，随着时间的推移，团体球变成了一种促进哲学探究的教学工具。通过在课堂讨论中传递团体球，学生学会了如何在井然有序的小组讨论中轮流发言。团体球逐渐地让学生更加自然地互相呼叫并且行使他们探究的"所有权"，这一点是团体球通过建立和制定一些具体的规则和协议来实现的，这些规则和协议对开展富有成效的讨论十分必要：（1）只有拿着团体球的人才能发言；（2）学生和教师都有权利去把团体球传给下一个人；（3）拿着团体球的人选择下一个要发言的人。这些参与规则帮助教师和学生将哲学讨论始终放在教室活动的中心。

2. 优秀思想者的工具包

同样重要的还有特定的工具和评估标准的发展，这可以帮助学生在智力情感安全的团体中进行严谨的探究。为了学习、识别和评估思维类型（这些思维类型对于将探究提升到智力深层次或"拨开现象看本质"的层面是十分有必要的），教师必须明确教导和提供多种机会去让学生练习优秀思想者的工具包的七个认知元素。[1]优秀思想者的工具包包括了七个检验批判性思维的指标，那就是：

W（What）那是什么意思？

R（Reason）原因是什么？

A（Assume）这样说是在假设什么？

或者我可以假设什么？

I（If ... then ...）我可以从 X 推断出 Y 吗？

T（Ture）所说的都是正确的吗？如果是正确的，那又意味着什么？

E（Example）有例子可以支撑所说的观点吗？

C（Counterexample）有反例可以推翻所说的观点吗？

我们鼓励学生用相关证据或理由来支持任何主张、见解或推理，从而识别还未发现的假设等。简而言之，优秀思想者的工具包是一种启发式工具，旨在促进和评估学生作为负责任和批判性思考者的发展。

3. 香草冰激凌探究

为了鼓励在教室里参与哲学讨论，学生和教师需要建立一个实行"小 p"哲学的教室探究结构。托马斯·杰克逊提出了一个香草冰激凌探究模式，即学生提出问题，投票决定他们想要谈论的问题，并使用一套评估标准来判断他们团体的（智力情感安全、聆听和参与程度）以及探究（学习新的知识、抓住话题更深层次的东西、保持注意力集中等）的进步。"如果可能的话，学生和教师在探究的时候围坐成一个圈。学生互相点名，而不再依赖教师来履行这一职责。每个人都有机会发言、传球和保持沉默。在这种氛围下，探究精神就会悄然成长壮大。"[2]香草冰激

---

[1] Jackson，T. "The Art and Craft of 'Gently Socratic' Inquiry." In Costa，A.（ed.），*Developing Minds：A Resource Book for Teaching Thinking*（3rd Ed）. Alexandria，VA：Association for Supervision and Curriculum Development，2001，p. 463.

[2] Jackson，T. "The Art and Craft of 'Gently Socratic' Inquiry." In. Costa，A（ed.），*Developing Minds：A Resource Book for Teaching Thinking*（3rd Ed）. Alexandria，VA：Association for Supervision and Curriculum Development，2001，p. 460.

凌探究依赖于学生所提出的"问题和兴趣，并朝着学生指引的方向发展"①。我们发现，通过在课堂上实施这种教学结构以及本节中提到的其他活动和评估方法，学生的好奇心得到了重视，他们融入了教学探究中。

（六）挑战当代的课堂评估方法

最后，哲学家教学法要求教师重新思考当代的课堂评估方法。在过去的二十年里，美国教育系统营造了一种校园文化，那就是教学目标和指导都是依据州和国家的标准而来，并且他们高度重视测试成绩。这些标准明确说明了在每学年末课程结课时学生应该掌握的知识和能够做到的事情，并且用期末测试来衡量学生是否达到这些标准，目标实施到何种程度。因此，今天的学校强调的是期末评估，比如夏威夷州对学习结果的评估测试。

对标准和测试的过度关注对课堂教学产生了巨大的负面影响。由于承受着学生州考试通过率的压力，教师也已经改变并把他们的教学重点放在最终结果上，或者他们的学生应该在州考试中知道什么或做到什么。在这种考试文化中，学习已经成为通过考试的同义词，教学的职业也发生了变化。在教学方面，教育工作者已经从把批判性思维作为学习过程中不可或缺的一部分转变为有效地为学生提供通过一系列考试所需的知识。

比如在夏威夷州，美国八年级历史课程教学的标准之一是要求学生了解造成美国内战结果的多种因素。② 这一标准可能会包含在即将进行的全州范围的社会学评估中。因此，为了让学生通过考试，许多教师给学生提供了一份现成的因素清单，他们只需要记住就行了，而不是对内战的原因进行深思熟虑的讨论。

这种教学趋势令许多教育工作者感到困扰，他们认为应试教育是美国教育体系的低能化表现。其解决办法是修改评估标准，从过分强调对内容知识的掌握改为更注重学生的思考能力。例如，许多州（最新统计有44个）正朝着采用和实施理性标准的方向前进，比如共同核心国家标准，它"更强调更高的认知需求"③。共同核心国家标准的目标是建立新的批判性思维标准，创造一种新的学校文化，重点在于教授学生如何思考。虽然我们很赞赏这一做法，但仅仅改变标准是远远不够的。从哲学家教学法的角度来看，当代美国的学校体系也必须改变过分强调最终结果的做法。哲学家教学法认为当代的课堂评估方法也必须考虑学生在学习过程中所经历的智力增长或哲学进步。"小p"哲学是一种活动。这是一个学习的过程，它强调学生在面对新的问题时，能够在不同的情境中进行独立思考的重要性。获得问题的答案是"小p"哲学

---

① Jackson，T. "The Art and Craft of 'Gently Socratic' Inquiry." In Costa，A.（ed.），*Developing Minds：A Resource Book for Teaching Thinking*（3rd Ed）. Alexandria，VA：Association for Supervision and Curriculum Development，2001，p. 462.

② 在夏威夷州，社会研究的基准SS.8.13是"解释决定内战结果的主要因素（包括领导人、资源和关键战役）"。

③ Porter，A.，McMaken，J.，Hwang，J.，& Yang，R. "Common Core Standards：The New U.S. Intended Curriculum." *Educational Researcher*，Vol. 40，No. 3，2011，pp. 103-116.

活动的一部分，但不是全部。这就是为什么哲学家教学法要求教师将思考的过程置于评估的中心，挑战了当代的课堂评估方法。

那么我们如何评估思考的过程呢？我们首先让教师和学生对他们用来得出结论的演绎过程、步骤和方法进行阐述。我们认识到，学生深思熟虑地进行探究时，往往会揭示出一个问题或话题的复杂性。①困惑，新想法，挑战自己思想、认知、情感和智力的联系都是成长的暗示；分析复杂思想的过程也是进步的标志。我们在探究结束时会问我们的学生，我们是否在这个话题上看到了我们以前从没意识到的复杂性？我们是否联系了其他的想法、概念或经验？我们是否挑战了自己的思维？如果在讨论中确实出现了一个可能的答案，我们是否使用了"好的思考"来支持我们的结论？

例如，在许多高中语言艺术课程中，友谊这一主题普遍出现在课程小说里。当学生使用哲学家教学法来探讨这些问题时，他们会被鼓励去审视自己对友谊的理解并被质询自己所认为的友谊应该有什么重要的品质。这要求他们首先尝试弄清友谊的含义并确定这种关系需要什么。随着他们拿出证据、例子和反例，学生熟悉的概念变得更加复杂，甚至有些令人困惑。许多其他重要的概念也出现过类似的教学过程，比如美国历史上的民主。学生首先做出他们对于民主在美国历史上实现程度的假设，然后通过收集历史例子和反例来

检验这些假设。在探究的最后，学生不用查看历史文本，就开始认识到定义概念和术语的困难性。

在探索友谊和民主的过程中，我们给学生提供时间和机会来反思他们自己的理解。作为教师，我们给予学生反馈并给他们的思考过程打分，评估他们得出的结论（通常以论文、项目或测试的形式出现）。哲学家教学法的目的不是获得统一的理解或答案；课堂上的每个人在探究结束时可能都有不同的理解，因为他们用来构建他们的答案的特定证据（基于个人经验或先前建立的信息／数据）都是不同的。哲学家教学法鼓励多角度和多样化的结论，而且是有合理的推理作为支撑而得出来的结论，而不是像大多数课程那样，预先就设定好了答案。

现在，我们的学生已经认识到在探究的过程中，他们应该体验到一些困惑的感觉，而困惑和混乱是反思的重要刺激因素，也是"到达思想深处"的重要刺激因素。他们学会庆祝不确定性，甚至在不确定中找到安慰，特别是如果它能产生反思的话，就更是一种慰藉了。他们对自己得出的结论越来越有信心，因为他们能够清晰地表达出使他们深入到更深层次的思考过程。我们的学生已经准备好面对未知的挑战，因为他们在独立思考的实践中增强了自信。这样做的回报就是我们的学生经常达到或超过共同核心国家标准，在考试中表现优异，尽管我们的教学不是为了应试。

---

① Jackson，T. "The Art and Craft of 'Gently Socratic' Inquiry." In Costa，A.（ed.），*Developing Minds：A Resource Book for Teaching Thinking*（3rd Ed）. Alexandria，VA：Association for Supervision and Curriculum Development，2001，p. 463.

四、哲学家教学法的现状

前面的叙述阐述了我们所理解的哲学家教学法。我们认为这是一种非常实用的教学方法，它融合了哲学精神，旨在鼓励课堂实践，让学生对重要问题进行反思。它的诞生是为了解决我们作为课堂教师的不足之处，它的发展对学生的需求和能力以及教师的不同需求和能力保持敏感。随着时间的推移，哲学家教学法已经从一系列的活动发展成为一种信念体系，关系到哲学在学校课堂上的实践。

哲学家教学法是我们作为教师对自身发展的一种承诺。它敦促我们的学生（以及我们自己）认识到我们的信念有不同的来源，质疑这些信念是有益于我们自身发展的。此外，哲学家教学法致力于让学生和教师共同参与直接的、持续的、严谨的价值观探究。哲学家教学法通过仔细考虑哲学与教育之间的关系，旨在带回这样的观念：学校是我们可以提出关于我们人类问题的地方，是可以一起努力来理解生活目的和我们对世界的贡献的地方。

哲学常常被描述为一种思维活动。然而，由于它与我们的生活经历和情感有关，它也是一种内心活动。哲学家教学法为学生提供了空间和工具来磨炼他们的认知能力，促进个人成长，来纠正当代学习体系的一些缺点，这也是心灵的教育。

我们当前的教育体系非但没有培养我们的开放和参与感，反而加剧了我们的孤立与隔绝感。学校教育，尤其是灌输式教育，会建立起先入之见、期望和对秩序和行为的刻板印象。它把我们对整个鲜活世界的探究和经历分解成无穷无尽的分类、概念、标准和评判。以这种方式走进世界，以这样的精神指导教学，这个世界就不再会那么鲜活和丰富了。不应该这样发展下去。儿童和成人应该不断学习和成长，最终成为古话所说的长者或智者。①

旨在帮助当今的学校积极转型，哲学家教学法不是一种自上而下的教育改革模式。这是一场草根运动，教师和学生要共同努力，从根本上改变教学方式。这一运动直接针对并始终牢记在今天的教育政策讨论中经常被忽视或遗漏的中心问题：对学生最好的东西是什么？

当然，教师和学生不是唯一负责回答这个问题的人。重新把学校变成一个思维得到训练且心灵得到教育的地方，需要不同的声音来参与到关于哲学与教育、理论和实践之间关系的对话中。这种对话应该在教师、家长、学生、探究团体、教育学院、教师教育项目、国家教育部门等之间进行。哲学在学校里有着举足轻重的地位，只有通过思虑周全的和有意义的活动，我们才能发现或重新发现哲学反思的潜力，从而使我们成为个体和集体的智者。

---

① Glazer，S. *The Heart of Learning*：*Spirituality in Education*. USA：Penguin Group，1999，pp. 81-82.

The Philosopher's Pedagogy

Amber Strong Makaiau & Chad Miller

Abstract: The philosopher's pedagogy is an approach to teaching that builds on the Philosophy for Children (P4C) movement started by Matthew Lipman, and Philosophy for Children Hawaii (P4CHI) approach to education initiated by Thomas Jackson. By describing the complex relationship between philosophy, education, theory, and practice, the philosopher's pedagogy reconceptualizes philosophy to fit more appropriately into the task of doing philosophy with children. This study highlights the importance of "little p" philosophy (Jackson, 2010), and the philosophical content and activities associated with P4CHI. The Study summarizes six educational principles applicable to teachers' philosophical inquiry. The author advocates integrating children's experience, thinking, problems and reflection into teaching design and practice, so as to turn the school into a place where the mind and heart get educated again.

Keywords: Philosopher's Pedagogy; Philosophy for Children Hawaii; educational principles; P4C

绘本、哲学与儿童

◎ 托马斯·E.沃特伯格 著 冷 璐 译①
徐亚楠 整理 高振宇 校对
于 伟 刘晓东 点评

摘 要： 本文首先叙说了托马斯·E.沃特伯格本人从一位大学哲学教授转变为一名小学儿童哲学课程开发者的心路历程，随后介绍了如何基于绘本这种常见的儿童文学读物，在课堂中与儿童一起进行哲学探究活动。这种方法与传统的利用马修·李普曼小说来进行哲学探究的方法有共性也有差异。最后，本文以绘本《田鼠阿佛》为例，呈现了基于绘本的儿童哲学教学的基本原理、具体实施策略及其实际成效。

关键词： 儿童 哲学 绘本 马修·李普曼

一、哲学课程对儿童发展的重要意义

为什么哲学课程对儿童的发展具有重要意义？我这里首先要介绍的是澳大利亚的一所小学，在这所小学，有一位教师成功说服了她的同事与领导，每周可以开设儿童哲学课程，每课一小时。我们注意到儿童哲学课程的介入带来了整个学校课堂文化的变革。接下来我们再来看看儿童哲学的历史，儿童哲学的创始人是哥伦比亚大学教授马修·李普曼，他在任职哲学教授的过程中发现所教大学生的思维能力存在很大问题，最主要的是缺乏逻辑与批判意识，从而阻碍了他们整体学习能力的发展；同时他意识到，如果到大学阶段再去学习逻辑与批判性思维的话，可能为时已晚。因此他主动离开了哥伦比亚大学，来到新泽西州的蒙特克莱尔州立大学，并成立了全球最早的儿童哲学研究机构即儿童哲学促进协会，提供了一系列的师资培训，出版了一系列作品，其中最早的作品是面向五六年级学生的哲学小说即《聪聪的发现》(中国台湾地区有出版社翻译为《哲学教室》)。《聪聪的发现》这本书的标题中就蕴含着"亚里士多德"这一名词，它的主旨是表达怎样通过有效的教育形式培育学生的逻辑思维能力。后来，马修·李普曼又出版了一系列其他哲学小说

① 托马斯·E.沃特伯格教授是美国蒙特霍利约克学院（Mount Holyoke College）荣誉哲学教授，主要研究美学、电影哲学和儿童哲学，其出版作品包括《小孩童，大观念：基于儿童文学的哲学教学》《史努奇就是史努奇以及其他哲学发现：从儿童文学中寻找智慧》等。托马斯·E.沃特伯格教授于2013年荣获梅里特奖，2016—2018年担任哲学家教学协会（Philosophers Learning and Teaching Organization，简称PLTO）主席，现任《当代哲学》（*Philosophy Now*）的电影编辑。

冷璐，暨南大学外国语学院副教授，主要研究方向为英语思辨教育、儿童哲学、教师共同体和教育心理学。

以及教师指导手册，它们构成一条龙的教材体系。在这个过程中，他发现儿童学习哲学的能力非常强，尤其是通过对这些教材的系统学习可以达到很高的哲学发展水平，从而为大学教育奠定良好的基础。

前面我提到的那所小学以及我在实践中参与较多的学校，都不是一些特别优质的学校，原因在于儿童哲学所希望的是在不同的学校，尤其是让具有不同的民族、种族、国籍的儿童都能够参与交流，由此来证明儿童哲学可以适合于不同年龄、不同阶层、不同种族文化背景的儿童。我所采取的方式与马修·李普曼教授的方式有所不同，因为我借助的材料并非马修·李普曼系列的经典教材，我选用了儿童喜闻乐见的、日常生活中经常读到的绘本。但是我们在方式上具有相似之处，比如组成探究式学习圈。我们都鼓励哲学系的本科生、研究生进入小学，亲自带儿童上哲学课。

我在读研期间以及后来成为哲学教授后的很长一段时间并不知道儿童哲学的存在，但是在机缘巧合之下尤其是在加雷斯·B.马修斯的影响下，有幸了解到儿童哲学的部分内容。当时我感到非常吃惊，后来则深深沉迷于儿童哲学的教育过程，直到现在仍从事儿童哲学的研究和探索。威廉·巴特勒·叶芝（William Butler Yeats）的《学校儿童之间》（*Among School Children*）这本书是当时在美国获奖的作品。它介绍了当地的一所特殊学校，其学生主要是来自比较贫困的阶层以及少数族裔，但在这所学校中有一位非常优秀的教师，她帮助儿童实现了学业的成功。这也很容易使人联想到美国的另一本书，即《第56号教室的奇迹：让孩子变成爱学习

的天使》。在教育过程中，这位教师使用了大量绘本，但是这些绘本大多以奖励的方式存在，比如完成数学作业或其他作业就会奖励儿童看绘本，若未完成作业儿童就得不到这种机会。在我看来，这并不是一个好的方法，因为阅读绘本只能发挥绘本自身比较微弱的价值，更重要的是利用绘本达到一些更强的教育目的，比如在儿童哲学中利用绘本不仅是要阅读，而且是要带领儿童一起去思考，这样才能充分利用绘本来达到更高阶段的目的。

加雷斯·B.马修斯对我的影响可以说非常大，我曾数次听过加雷斯·B.马修斯关于儿童哲学的讲座，尤其是利用儿童文学作品来开展哲学教学，我深深地受到这方面的启发。"加雷斯·B.马修斯三部曲"中明确提到了儿童哲学、儿童文学以及儿童艺术之间的关系，这三部作品对我的影响尤其大，直接促使我开始以这种方式与儿童一起讨论哲学问题。当然我自己的一些儿童教育历程，比如我在儿童的教育过程中使用的方式、方法，也是促使我关注儿童哲学的重要原因。我自己做儿童哲学的第三个因素是自己的孩子。我的孩子杰克在4岁时就已经开始提出一些哲学性的问题，这些问题给哲学家的感受好像似曾相识，在传统哲学中很多哲学家也提出过这样的疑问。儿童不仅能够提出哲学问题，还能够以哲学的方式去探究这个世界，并且他们对这些问题表现出浓厚的兴趣。我在自己的孩子身上看到了进行哲学探索的可能性，由此意识到开展儿童哲学教育对于儿童来说是完全有可能的。

比如有的时候我的太太非常忙，就由我来做饭，这个时候杰克就会自己跑去看电视。有一次杰克看了一集电视节目之

后，我要求他把电视机关掉，但是杰克跑到我面前说："我看两集算多吗？"我回答："多。"这时杰克伸出两根手指，说道："那你看这两根手指多吗？如果两根手指不多的话，为什么两集电视节目就多呢？"整个论证过程是这样的：爸爸说看两集电视节目太多了；儿子说如果两集电视节目算多的话，那么所有两个的东西都是多的，但是两根手指并不多，所以两个东西并不多，两集电视节目也不多。这个论证过程虽然存在逻辑的漏洞，但是我们可以看到杰克的论证是很有意思的，至少他是比较严谨的，用到"因为、所以"，以大前提、小前提为条件，最后得出一个结论，这也是三段论雏形状态的一种推理。我想这便是促成我研究儿童哲学的重要因素，其实在现实生活中儿童就是会这样思考、推理，问题在于我们如何用更合理的方式去鼓励儿童思考、推理，从而促进他们的思维发展。

我长期关注一所特别提倡科学与数学教育但人文学科相对薄弱的小学，我向校长提出能否在这里开设一门哲学课程，最后校长同意了。之后我开始带领自己的学生与这所小学的儿童一起阅读绘本。通过这个过程，我们可以了解到，儿童哲学其实是与阅读理解紧密联系在一起的，儿童都喜爱阅读，尤其是图文并茂的绘本比儿童哲学促进协会推荐的传统文本更富有趣味性。儿童通过阅读可以学到许多，这也许是利用绘本开展儿童哲学教育的一个独特优势，因为它更能够激发儿童的阅读兴趣。

这所学校的校长后来点评了儿童哲学课程对他们儿童的影响与启示：一是倾听能力的发展，比如儿童始终处于一个圆圈内，在这个圆圈内人与人之间的关系是相对平等的，而在探究过程中，不仅是儿童倾听老师，而且也加强了儿童彼此之间的互相倾听以及教师对儿童的倾听。二是尊重，教师尊重所有参与讨论的儿童，相信他们可以为团体的发展做出贡献，这样教师才能真正向儿童学习，儿童之间也才能在尊重的基础上共同发展。三是参与讨论，不是教师告诉儿童答案，而是儿童在这个过程中进行归纳性的讨论，相互启发、相互碰撞，开启头脑风暴，以此来促成各自思想的发展。由此形成的能力是儿童学会学习的关键性要素，也可以称为儿童有效学习的基本要素。

儿童哲学的讨论需要一定的规则，这个规则不仅是秩序性的规则，而且是思考性的规则。这里要特别介绍一下我所用的思维工具，即SLA（D）W。S（Speak）代表说出自己的想法；L（Listen）代表倾听，尤其是教师在这个过程中要学会倾听儿童；A（D）（Agree/Disagree）代表同意或不同意别人的说法，也就是对别人的言论表达自己的意见或做出回应；W（Witness）是最具有哲学性的方式，即为自己的说法寻找到合适的理由、证据，来佐证自己的观点。

从家长的反馈中，我们可以看到儿童在参与的过程中喜欢一起讨论，喜欢被提问，喜欢有机会表达自己的观点。传统的课程主要是教师传授给儿童学科知识，而儿童哲学的课堂是不一样的，它是一个让儿童进行独立或集体性的思考、为自己而思考的过程。儿童很乐意分享自己的看法，同时意识到自己的分享对团队的问题解决和探究是重要的，是可以为团队做出贡献的。这就让儿童意识到自己是有价值的存在，这也是他们建立自信心的重要路径。

二、绘本在哲学教学中的重要作用

为什么用绘本来开展哲学教学呢？一是儿童可以通过阅读绘本沉浸于倾听的过程；二是绘本提供了许多可以讨论的问题，并且这些问题是具有哲学性的，因此对儿童具有生活的启发意义和作用；三是通过绘本可以更好地培养儿童热爱文学的意识；四是其可以帮助儿童在词汇、阅读以及其他方面的发展，这里的阅读不仅是文字的阅读，而且是视觉的阅读；五是它提供了一些共同的经验，比如相互讨论、思考、共同探究等，这些经验是儿童哲学课程的基础，可以通过绘本的教学方式更好地去达成。

我们刚才看到的是《田鼠阿佛》绘本的视频片段，讨论的主要是田鼠阿佛和它的一家人工作的方式不一样，其它田鼠在收集麦子、稻草、玉米等食物为过冬做准备，阿佛却在收集阳光、颜色、字和词，其它田鼠就会觉得阿佛在偷懒、不工作。这里就会引发儿童思考田鼠阿佛所做的事情到底算不算工作。有的人说"是"，有的人说"不是"，形成了两种不同的观点。那么说"是"的理由是什么，说"不是"的理由又是什么？当然，在这个过程中，我们也发现有的儿童会改变自己的想法和见解。其实这种哲学启蒙式的绘本是非常有意思的，最主要的是它可以引发儿童讨论"什么是工作、诗歌"之类的话题。

在这个视频片段里面，我们会看到儿童的发展是显而易见的。一是儿童能够清晰地陈述他们自己的观点，表达同意和不同意的意见；二是他们能够以一定的理由支撑自己的观点和想法，有推理的过程；三是他们能够倾听彼此的观点，尤其是对方如果表达出不同意的意见和观点的时候；四是他们可以改变自己的想法，这是建立在倾听别的儿童的意见基础上的。这些都是儿童所取得的一些真实的发展和成就。儿童哲学课程能够让儿童很好地反思他们自己的一些观点、想法和信念，从而基于他们听到的以及收获的其他人的感受，修正、改变和完善自己的想法。因此，儿童哲学课程可能是成人和儿童的思想以及教师的思想都在共同发展的过程，它是一个精神生发和思想创造的过程。

三、哲学教学的有用资源

我创立了一个绘本资源库（Teaching Children Philosophy），里面有大约 150 本书的介绍，总体上，针对每本绘本都有哲学的导引、一些课程的计划以及一些特定的哲学活动，全球的研究者都可以参考，在自己的课堂上进行创造性使用。《小孩童，大观念：基于儿童文学的哲学教学》是我早年撰写的一本书，这本书在中国已经翻译好但还未出版，我还专门为中译本写了一封"致中国读者的信"。在这本书中，我非常详细地介绍了利用绘本去教儿童哲学的具体步骤和实施策略，介绍了在不同的哲学领域选用不同的哲学绘本进行教学的具体过程，里面提供了诸多教学实例，所以这本书的使用价值还是比较高的。

我本人担任过柏拉图哲学教学组织（Plato Philosophy Learning and Teaching Organization）的主席，现在这个组织在北美是非常活跃的。他们会定期开展一些活动，他们提供了很多工具，主要是一些具体的课程的授课方案，涉及不同的领域。我本人还参与了一系列转向电影哲学和艺术哲学的实践，用这种方式去做儿童哲学的探究也是很有趣的。他们还提供了很多与此相关的授课计划、方案、活动等资源。

四、结语

最后，我想提出以下三点结论：第一，让儿童投入到哲学活动中是非常重要的；第二，其中一个让儿童投入到哲学讨论过程中或进行哲学探究的方式是利用绘本作为刺激物，因为绘本有独特的优势；第三，通过这种基于儿童文学的哲学活动，儿童获得的发展是显而易见的，不仅在一般能力和策略方面，而且在信念、情绪、情感方面，以及学会学习等元认知的素养方面，儿童哲学的提升效果都是显著的。我想这三点结论是有助于确立基于绘本的儿童哲学教学的理论和实践根据的。

五、评述环节

于伟：线上线下的各位朋友，大家好，我非常高兴参加我们在杭州师范大学举办的儿童研究系列讲座，这一讲的主题是"绘本、哲学与儿童"。主讲者是托马斯·E.沃特伯格教授。我非常高兴和刘晓东教授、高振宇博士跟大家在这里有这个互动。

谈到儿童哲学，我想今天有许多话要说。我们知道儿童哲学已经有几十年的历史了，代表人物有马修·李普曼、加雷斯·B.马修斯，今天谈的主要是加雷斯·B.马修斯。我最早接触加雷斯·B.马修斯的著作《哲学与幼童》大约是三十多年前，就是由钱锺书先生向生活·读书·新知三联书店推荐，由他的好朋友柯灵的夫人陈国容翻译的。这本书的中文版是 1989 年出版的。这样一本小册子在这三十多年来深刻地影响了中小学教师及家长，使我们从另一个角度重新来看儿童之问、儿童之思。我到东北师范大学附属小学之前就阅读了这本书，到东北师范大学附属小学之后，儿童哲学成为我关注的一个重点问题，因为我是学习和研究教育哲学的，六年前我到东北师范大学附属小学工作，一直在想教育哲学和东北师范大学附属小学有什么关系，经过反复的思考，我忽然觉得儿童是教育哲学和东北师范大学附属小学的最大交集，所以我就和国内研究儿童哲学起步比较早、影响比较大的专家联系，当时我还不认识刘晓东教授、高振宇博士，所以后来跟他们联系，在他们的大力支持下，这五年来每年我们都会召开以"儿童哲学与率性教育"为主题的国际、国内学术研讨会，一个重要目的，就是让我们东北师范大学附属小学的教师走进儿童哲学、走进加雷斯·B.马修斯、走进儿童之问和儿童之思。另一个重要目的就是进一步推动全国的中小学教师及家长走进儿童哲学、走进加雷斯·B.马修斯、走进儿童之问和儿童之思。

应该说，经过我们这些人的共同努力，能感受到这几年来"儿童哲学"这四个字越来越响亮，越来越受到学术界包括哲学界、教育理论界也包括中小学的校长、教师和家长的关注。我觉得这个过程是一个思想启蒙的过程，就是如何看待我们的教育对象，如何看待儿童。我始终认为这是教育的一个重要出发点，我们的教育要关注儿童的学、儿童如何学，其重要根基是儿童如何想、儿童如何做。所以从这个意义上来讲，我们进行儿童研究，包括儿童哲学的研究，都是基础性的工作。我们看到在马修·李普曼、加雷斯·B.马修斯儿童哲学思想的影响下，以及在国内学术界的大力推动下，一大批的绘本包括儿童哲学读物，开始广泛流传。我这里每个月都能收到国内出版界、学术界寄来的绘本。我觉得作为一种探索，绘本也是很值得关注的。

从东北师范大学附属小学来说，我们在儿童哲学思想的影响下提出了率性教育的理念，现在也构建了率性教育理论体系，比如在教学方面，我们就在积极探索有过程的归纳教学。为什么强调有过程？为什么强调归纳？这也是基于我们对儿童之问、儿童之思的长期研究的结果。我们现在中小学的教学比较多的是从一般到个别的演绎的教学，但实际上从人类的认识发展规律来说，从儿童对世界的理解来说，从个别到一般是比较容易的。所以我们在教学中就努力创设情境，降低儿童学习的难度。经常有人问小学的学习还不容易吗？小学老师还不好当吗？实际上，不完全是这样，即使在小学，我们成人看来最简单的知识对儿童来说都是有难度的。比如"1＋1＝2"，比如"牛""马""羊"三个字，成人可能看来很简单，但是让儿童来理解就有难度，因为这些知识都是人类智识几千年积累浓缩的结果，看起来是基于经验的，但是对于这些知识缺少体验、经验的儿童来说，它们就带有先验性、很抽象，所以我们在小学教育中就要考虑如何使看起来先验的知识，通过某种方式让儿童和自己的经验能结合起来，使看起来十分抽象的东西变得具象。这几年

来，我们一直通过情境/具象、操作/体验、对话/交流等方式降低学习的难度，在教师的引导下促进儿童从具体到抽象、分类、归纳，经历这样一个思维过程和推理过程，促进儿童认知的发展和全面的成长。还比如在德育方面，我们倡导有过程、有尊重、重道理，也在一定意义上体现了儿童哲学的精神。

这几年我们东北师范大学附属小学的教师做了一些研究，这些研究的特点就是结合每一门学科的教学，结合具体的教育工作来渗透并体现儿童哲学的精神，比如关于安全的共同体、批判质疑、有根据的质疑、有根据的推理等。儿童哲学对于中小学教师和家长来说是很有意义的，所以我的一个想法就是教师和家长可以适当读一点哲学，这样有助于我们理解、欣赏儿童之问和儿童之思。比如，有的4—5岁的孩子提出："刚才我肚子还疼，现在疼到哪里去了呢？""我的手指甲剪掉了一点，我的头发掉了几根，我还是不是原来的我呢？"像这样的问题就带有哲学的意味，这是同一性的问题。儿童之问和儿童之思是朴实的，尽管它不是成体系的，但是朴实的儿童之问和儿童之思闪烁着哲理的光辉，它可以打破我们成人长期存在的优越感。所以儿童哲学作为一种教育理念，其一方面使得儿童向成人学习，另一方面成人也要向儿童学习，有助于我们和儿童建立一种平等民主的关系，有助于促进儿童独立人格的发展、个性的发展，最终是创造性的发展。

刘晓东：我接触儿童哲学课程、加雷斯·B.马修斯的《哲学与幼童》这本书已经有三十余年了，这三十多年来我一直受益于这本书中的观念，而书中所探讨的种

种问题是极有意义且复杂的。Philosophy for Children（即P4C）中文翻译为"为了儿童的哲学"，如果将其再直译为英文的话就是Child Philosophy，但Child Philosophy与P4C是有区别的，因为英文中还有一个for。对于"for"该怎样翻译，我认为它表明的是儿童、成人围绕哲学所开展的工作，其实是成人为儿童提供的一门课程。所以我建议把P4C翻译为儿童哲学课程，当然也有其他的翻译，但是如果直译为儿童哲学，尤其是我们的研究越来越深入，以后会遇到很多的问题，因为儿童哲学要比儿童哲学课程的意蕴宽广许多。儿童哲学课程所追求的是培养儿童的批判性思维、使儿童能够与同伴讨论相关的问题、学会反思等，我认为都是对的，但是一味地以这些问题作为目的可能是有局限的，因为它只是儿童哲学的一个侧面，在这个意义上，是成人领着儿童走向哲学。其实它还有一个重要的意义，就是成人不只是一个对儿童的帮助者，是当我们面对儿童，儿童在那里思考、反思，甚至于幻想、游戏的时候，在哲学教室里，我们能够从儿童那里学到什么。儿童哲学课程可以外在地去追求培养儿童的逻辑思维，这是马修·李普曼建设P4C体系的初衷，但是儿童哲学课程的内在目的是通过儿童与成人的交往和对话，使儿童自身的哲学得到展开和成长。如果哲学游离于儿童世界之外，那么儿童哲学课程就不合自然法，就脱离了儿童的世界与天性，那么P4C便没有办法开展，哲学教育就没有办法进行。这便牵扯到一个问题即"哲学是什么"，因为儿童哲学课程这个话题，我们接触了高校里的职业的成人哲学家，像逻辑学的教授、哲学史的教授，他

们的哲学概念往往围绕伟大哲学家的著作与思想，他们认为那些才是哲学，但是现在他们已经有人在怀疑、改变这个哲学概念。比如德国哲学家马丁·海德格尔，他认为从古希腊发源的形而上学到弗里德里希·威廉·尼采完成的形而上学是有问题的，当然也有伟大贡献，我个人认为西方的形而上学是西方的财富，也是人类共同的财富。但是马丁·海德格尔对形而上学持批判态度，并且他是从另一个起点出发的哲学来对其进行否定的。马丁·海德格尔从另外一个起点出发的哲学到底是什么呢？其实他写了很多内容在谈这个问题，这也是他最核心的问题。我对"另一个起点出发的哲学"的理解是对存在的倾听。可这个"存在"在哪里呢？我想应该从他的著作里去寻找，他在"根据律"系列讲座的最后一讲中谈到儿童与存在的关系，并借用赫拉克利特的观点，把儿童称为世界的统治者，把儿童看作存在本身，是存在的根据，但是里面也有一些悖论，比如认为存在是没有根据的。马丁·海德格尔"根据律"系列讲座的最后一讲尤其是最后一部分，可以视为他的从另一个起点出发的哲学宣言，而这个哲学宣言同时又是童年哲学宣言。这里的童年哲学是借用了加雷斯·B.马修斯的观点。如果当P4C不再翻译为儿童哲学而是翻译为儿童哲学课程的时候，我就可以直接把《根据律》这本书称为马丁·海德格尔的儿童哲学宣言。

托马斯·E.沃特伯格：像刘晓东教授所说的翻译问题我们这边也在争辩，大家更认同的一种翻译方法是Philosophy with Children，即和儿童一起开展哲学活动，不单单是从成人的角度教儿童学哲学，不

单单是一个从上到下的过程，而是教师跟儿童一起来开展，在这个教学过程中渗透哲学的思维与方法。比如加雷斯·B.马修斯关于身份感或是同一性问题的讨论，便是具有基础意义的哲学问题。它可以帮助儿童去思考同一性到底是什么，当然教师也可以给出他们自己的答案，但是他们自己的答案不一定是儿童的答案，因此会更多地采取去询问他们是如何思考的这种方式，帮助儿童一起加入思考的过程。加雷斯·B.马修斯的书也在集中批判让·皮亚杰（Jean Piaget）的教育理论，因为从让·皮亚杰的范式上来说，教师没有更多地帮助儿童去融入他们自我的哲学，而是更多地从一个从上至下的灌输的角度去发展儿童的一些能力、对他们提出一些发展性要求。我认为的儿童哲学与马修·李普曼的儿童哲学是不一样的，因为我基本上继承了加雷斯·B.马修斯的那些想法，就是更加强调与儿童一起进行哲学活动、探究活动，而不是说给他们一个成人的哲学，不管它是什么名义的。把这个哲学灌输给儿童，就像是"喂"给儿童，给儿童上一门哲学课程，然后把成人那一套哲学灌输给儿童，而我们更多地就是跟儿童一起讨论一些他们关心的哲学问题。加雷斯·B.马修斯"童年哲学"这个概念，《斯坦福哲学百科全书》（The Stanford Encyclopedia of Philosophy）做了详细界定。它其实对不同领域的哲学分支都有一个界定。它在讨论童年哲学时，主要谈的就是加雷斯·B.马修斯《童年哲学》中的一些观点，童年哲学主要是对过去的、传统的童年概念以及理论的批判。另外，南美的一位教授沃尔特·奥马尔·科恩提到童年哲学有两个维度，一个是批判维度，

一个是创造维度。其实在加雷斯·B.马修斯的著作中，批判维度是比较多的，其批判传统的像让·皮亚杰这样的关于童年的理论，从而建构出一种新的童年概念，后者便是上面所说的创造维度。儿童哲学强调儿童可以像哲学家一样来思考问题，这其实是一种新的童年观念，从这个方面来说，儿童或童年哲学其实是在探索"童年"概念到底指什么，应该指什么，还原它的原生态的、更真实的、更整体的面貌，而不是用所谓的一个阶段一个阶段给它做刻意的划分，来否定童年自身的价值。

刘晓东：马丁·海德格尔讲从另外一个开端出发的哲学，他自己又把它称为"未来哲学"。这从总体上来讲其实也是儿童哲学，这是因为他在"根据律"系列讲座里已经用了赫拉克利特的"儿童统治"的思想，这已经做了一个非常好的宣誓，尤其是最后一讲的最后一句陈述性的话：问题的关键在于成人能不能与儿童共同游戏，我们能不能不断调试更加适合儿童的游戏。这样就把成人生活都拉到了儿童世界、儿童游戏里面，儿童就成了先知，马丁·海德格尔的哲学就成了一种儿童主义。中国古代思想家的认识与马丁·海德格尔的这种儿童主义是非常一致的，宋代陆九龄在参加"鹅湖之会"之前写了一首诗，开头两句为"孩提知爱长知钦，古圣相传只此心"。在这里我想到一个特殊的概念就是"纯粹儿童"，我把这种纯粹的心灵称为"赤子之心"，这些与伊曼努尔·康德"纯粹理性"的观念是可以呼应的。虽然我们后人对前人的理论已经研究得很多了，但是仍然存在值得我们关注与挖掘的丰富内容。像弗里德里希·福禄

培尔（Friedrich W. A. Fröbel）有一句话："来吧，让我们与儿童一起生活吧。"玛丽亚·蒙台梭利（Maria Montessori）也提出："要想儿童在重建世界中发挥重要的作用，要想建设一个美好的世界，我们就只有依赖儿童。"马丁·海德格尔的"未来哲学"，其实也是一种儿童哲学、童年哲学。

在《查拉图斯特拉如是说》里，弗里德里希·威廉·尼采宣称"上帝死了"，而在该书结尾处，弗里德里希·威廉·尼采如此描绘：在"伟大的正午"，儿童开始君临天下。这就意味着，上帝已死，儿童取而代之。

在信息爆炸的时代、在网络时代、在人工智能时代，技术似有奴役天道、天命、天性之势，天道、天命、天性的体现者——儿童——的地位比以往任何时代都面临更大的挑战。当是时捍卫童年，守护赤子，比以往任何时代更显现出其重要意义。儿童是所有存在者的主宰，成人要迎合儿童的游戏，儿童将引领我们向前去。

托马斯·E.沃特伯格：如果说在儿童哲学领域去寻找理论支持的话，首先想到的学者就是约翰·杜威，约翰·杜威有重构哲学的理论构想，并直接影响了马修·李普曼。从儿童哲学这个角度出发，如果借助其他的哲学家去寻找哲学意义的话，可能就不太可行，因为在哲学领域当中许多哲学家对哲学是什么有截然不同的理解。我们所践行的是把儿童带入哲学探讨中，坚守约翰·杜威曾经提到的"以儿童为中心、以儿童为主导"的信念，并不是我们去教儿童学哲学。我们主张把儿童带入哲学探讨中，而不是跟他们去探讨关于"什么是哲学"的问题；我们主张让儿童根据一个刺激物，比如绘本，自己提出哲学问题来展开讨论，而不是将固有的哲学概念、命题、问题等放入讨论中。因此，我们所推动的哲学乃是有儿童自身特质的哲学，是真正儿童的哲学。

Picture books, Philosophy and the Young Child

Thomas E. Wartenberg

Abstract: In this paper, the author explains how Thomas E. Wartenberg transformed, from a philosophy professor to a philosophy course developer for a primary school children. Then, it introduces how to conduct philosophical exploration activities with children in class based on picture books, which are common in children's literature books. This method has similarities and differences with the traditional method of philosophical inquiry based on Matthew Lipmann's novels. Finally, taking the picture book *Frederick* as an example, this paper presents the basic principles, specific implementation strategies and practical results of children's philosophy teaching based on picture books.

Keywords: the young child; philosophy; picture books; Matthew Lipman

像儿童一样思考*

——论前语言时期儿童哲学的"做"与"思"

◎ 陈永宝①

摘 要：教师是否在儿童哲学的教学中摆脱"指挥者"角色，转变为"参与者"角色，是从事儿童哲学教育需要思考的一个重要面向。"参与者"的身份认定不是为了否定教师的"权威"而形成加雷斯·B.马修斯主张的成人向儿童"放权"，而是强调教师与儿童互为主体的关系。在这种关系中，教师以"参与者"角色进入儿童哲学的"做"中，通过"示范式"的教或者学习儿童的"示范"，发现教育中的问题并寻求解决方案。《论语》中《曾点戏水》的故事可理解为这种教育方法的一个体现。需要强调的是，儿童哲学中做哲学的核心不是"做"，而是"做"时产生的"思"，即对儿童问题意识的激发及对批判反思意识的培养。使做哲学回归到儿童哲学教育的初衷。

关键词：引导 做 互为主体 权威 示范

一、前言

在儿童哲学的实践中，虽然呈现出来的是一种围绕儿童的活动，但仔细分析便会发现，这多是一种以活动为表象的另一种"语言"。只不过，这种实践是通过活动翻译的"语言"。换言之，以形体的方式替代了言说的教学活动，本质上还是一种以"说"为主体的语言哲学。这种"说"的哲学，强调了哲学本身含有的言说的重要性。也就是说，无论是逻辑思辨的方法论，或是追求本原的本体论，还是探讨社会关系的伦理学，均是以言说为手段。这种哲学方法由于被多数哲学研究者大量采用，形成了对言说的侧重，导致人们将哲学的思考限定为言说方面。

在这种大背景下，我们虽然一直强调儿童哲学的活动方面，但最终也难以逃脱言说为主体的方法论羁绊。这里需要澄清的是，言说作为一种哲学学习与训练方式，本身是有合理性的。甚至我们可以说，在大多数情况下，儿童哲学在言说方面，在所消耗的教学时间成本和收获的学习成果上，都取得了喜人的成绩。不过，这种言说的儿童哲学由于对言说的侧重，极易导致在言说的过程中将活动演变为言说为主、活动为辅，进而演化为另一种行为式言说。这样，儿童哲学的存在范围与行为价值便大打折扣。于

---

* 本文为 2021 年度福建省社会科学基金项目"朱熹的'家'思想研究"（项目编号：FJ2021BF003）研究成果。
① 陈永宝，吉林省舒兰市人，辅仁大学哲学博士，厦门大学哲学系特任副研究员。

是，就需要解决两个方面的问题：一是进行儿童哲学教育年龄的设定。也就是说，儿童不存在言说的可能性，儿童哲学就不可能存在。然而，这种对儿童哲学教育进行年龄设定的做法存在争议。迈克尔·西格蒙德（Michael Siegmund）指出："对于'做哲学'而言，并不存在最低年龄的'下限'。最大的限制莫过于对思想的表达能力。……当代的神经科学研究可以帮助我们了解儿童的学习过程。我认为，将固定年龄定为做哲学（从广义上理解）的下限是荒谬的。"[①] 但是在现实操作中，因婴儿言说功能的缺失，教师（或父母）很少会关注前语言时期的儿童哲学教育。因此造成了我们对这一时期的儿童的判定与教育，往往与儿童哲学无关，甚至部分家长对胎教的重视程度远远大于前语言时期的儿童哲学教育。比如，在母亲受孕阶段，准父母会搜集网络信息，采取听音乐、讲故事等方式来开发胎儿的未来智力。然而，当婴儿出生后，他们因婴儿的吵闹与无法言说，往往将儿童哲学教育降维至"驯兽模式"。也就是说，当父母发现儿童对他们所采用的音乐与故事不感兴趣时，他们对儿童的培养慢慢演变为将儿童只当作"宠物"来喂养。当然，这里我们暂且不必追究新生儿父母面对新生儿出生前后的心理差异[②]，新生儿父母呈现出来的对婴儿的儿童哲学教育的缺失往往是既定的事实。而

且很吊诡的是，这种缺失不会因为新生儿父母与婴儿的磨合期结束而消失，而是一直存续在儿童家庭生活的始终。直至少数家庭在儿童哲学教师的强制干预下，新生儿父母才猛然回想起婴儿在母亲受孕阶段曾进行过的儿童哲学教育。

于是，虽然迈克尔·西格蒙德一直警醒父母与教师这样一个事实：儿童哲学训练对于儿童来说是没有年龄限制的。但实际的情况是，我们看到的儿童哲学训练基本上都停留在儿童 3 岁以上且儿童已经掌握语言使用的这个维度里，而对于前语言时期的儿童基本上是有意无意地忽略。这基本成了儿童哲学教育存在的普遍现象。

对于前语言时期的儿童来说，由于语言的失效导致儿童哲学训练的缺失，就需要我们开始反思已有的儿童哲学方法是否需要调整，或不得不寻找另外一种方式的儿童哲学训练。而这种方式，实际的"做"儿童哲学可能是一条康庄大道。笔者认为，"做"儿童哲学与"说"儿童哲学相比，前者可能更加适合这一时期的儿童。但需要指明的是，"做"不只是成人做然后儿童学，或者成人根据所谓的儿童教育实践理论强行让儿童达成一定的"做"的目标，而是相反，需要成人向儿童学习。成人用儿童的方式参与儿童的"做"，与儿童达到共情效果，并在活动中将儿童哲学训练思维融入教学中。[③] 只

---

① ［德］迈克尔·西格蒙德：《你好，小哲学家：如何与幼儿一起做哲学》，杨妍璐译，北京：中国轻工业出版社，2020 年，第 21—22 页。

② 也就是说，从心理学意义上来讲，新生儿父母由于缺乏养育婴儿的经验，他们在面对新生儿时手足无措。其中新生儿父母表现出来的笨拙和小心翼翼，在一定程度上会影响他们的心理感受和对待新生儿的行为。特别是面对婴儿无规律的哭闹与各项检查中出现的未知恐惧，他们呈现的行为与胎教时往往大相径庭。

③ 这类似于给生病的儿童喂药，需要将药融入糖水之中。

有这样，"做"才能使成人摆脱成人视角与成人维度的思维限制，与儿童嫁接出共同活动的教育平台，使儿童哲学在各个年龄特别是前语言时期的儿童中潜移默化地开展。

二、语言引导与行为引导

语言引导与行为引导是当代教育的两种主要方式。前者，因为操作方式的简洁与耗费成本的低廉，往往是儿童教育中常用的方式；后者虽然为多数家庭所重视，但由于各种条件的限制，往往无法被学校与家庭普遍选择。比如，各种体育锻炼项目与各种乐器学习，都属于行为引导这个范畴。这里需要指出的是，我们用语言引导与行为引导将儿童教育进行区分，是基于教育的系统化与体系化两个前提，这就注定了语言引导一定会强于行为引导。因此，由于常见的儿童哲学教育也遵循这两个前提，而且前语言时期的儿童由于缺乏语言表达而无法形成系统化与体系化，自然被排除在儿童哲学教育的大门之外。这也就是我们见到的，国内外多数的儿童哲学训练都是一个小班教室中一群儿童的"表演"。儿童在教师的语言引导下，将教师的语言"翻译"成具体的行为，然后将其按照教师的意志呈现出来。马修·李普曼在《哲学教室》中记录的活动，基本上就是基于这样一个活动逻辑。

可以说，语言引导是一种既经济又有效的、常用的儿童哲学教育方式。它可以充分利用语言来检验儿童参与儿童哲学训练所取得的效果。比如，儿童是否存在着反思观念，能否进入伦理学的框架中思考；儿童是否具有知识论的探索精神及能否挖掘到儿童本体论式的追问。在这里，

语言引导构成了一个强大而有效的儿童哲学教学工具，它的引导功能自然也就显而易见。

但是，这种语言引导必须限定在语言时期的儿童中。如果我们将前语言时期的儿童放置在这样一个场景之中，那么获得的画面往往是哭声满天、混乱无章。这些处于前语言时期的儿童由于对语言的陌生（或不熟练），无法将教师的语言引导正确地"表演"出来，进而我们看不到明显的效果。于是，在外在的观察者看来，这样的儿童哲学教育基本是无用的，他们进而得出儿童哲学教育必须有年龄设定的结论。否则，为何儿童无法"表演"出教师设计出的效果？

这里，我们通过讨论儿童哲学教育是否有年龄设定，进而反思的是这种表演式的儿童哲学及检验方法是否有意义。也就是说，我们使用儿童哲学的初衷是为了让儿童"表演"儿童哲学，还是引导他们"做"儿童哲学？如果儿童在"表演"儿童哲学，这是不是一种自我设计的教育欺骗？同时，这种儿童呈现出来的"表演"的意义又在哪里？于是，语言引导最后成了"成人认为儿童掌握了儿童哲学"这样一个情况，而不是儿童是否真的具有了问题意识，掌握了哲学方法，理解了哲学分析。这种语言引导极容易演化为一场表演秀。

我们可以回想儿童在体育课上的场景，他们在训练时所承受的所有"权威"均来自语言而非行为本身，这还是一个比较接近于行为引导的教育活动。在这个主张以儿童为主的儿童哲学教学过程中，儿童依然要必须服从教师的语言才能达到教师期望的效果，这也证明了语言的"权

威"。① 这种语言"权威"实际上有着浓厚的成人思维的烙印，也就是说，我们还是采用成人的思维进行命令式的儿童哲学教育，这成为语言引导本身无法避免的弊端。

与此不同的是，行为引导的目的在于达到与儿童互为主体关系的状态，它自然就需要行为引导者放弃自己的成人身份，而降维到儿童的思维高度。相对于语言引导，行为引导则可以有效地避免以上弊端。行为引导相对于语言引导最显著的一个特点就是消除了语言的"权威"，而让行为引导者与被引导者处于一个平等的互为主体关系② 的境遇中。事实上，这并不是什么新奇的理论。在中国大多数的幼儿园中，年轻的教师在教儿童跳舞时，基本上就是行为引导。

行为引导的另一个特点是，它可以突破语言引导无法解决的年龄限制。特别是将儿童哲学的时间拓展到前语言时期，行为引导相对于语言引导的优势就显而易见了。但一个吊诡的现象是，在儿童前语言时期，多数家庭依然采用语言引导，而不是行为引导。在这种教育思维下，"不听话"的儿童成为新生儿父母心中的梦魇。语言的失效导致父母迫切希望儿童快速进入语言时期，于是儿童哲学教育被严格限制在儿童语言时期，也就不是什么奇怪的事了。于是，这些新生儿父母虽然笃信西方传来的"育儿经"，但其行为与迈克尔·西格蒙德、加雷斯·B.马修斯和马修·李普曼的设想背道而驰，渐行渐远。

我们可以将语言引导的儿童哲学简称为"说"儿童哲学；将行为引导的儿童哲学简称为"做"儿童哲学。突破儿童哲学的年龄限制，与"说"儿童哲学相比，"做"儿童哲学显然是一条康庄大道。"做"儿童哲学呈现在人从出生到死亡的全过程。在这个过程中，我们可以将"做"儿童哲学简单划分为三个阶段，即：前语言时期、语言时期和后语言时期。前语言时期较容易理解，是指儿童在熟练掌握语言之前的阶段；语言时期也不难理解，是指儿童熟练掌握语言后可以将其理解并转化为行为的阶段；后语言时期，是指人在掌握语言后但无法言表的特定阶段，它是语言时期的"中断"或"缝隙"。在这三个阶段中，前语言时期与后语言时期，均摆脱了语言的"权威"的限制，"做"儿童哲学最为纯净。③

对于前语言时期的儿童，游戏式的"做"或做游戏均是"做"儿童哲学的两个方面。事实上，这两个方面均被儿童哲学教育采用。前者类似于学校教育中教师设计的游戏，这种游戏往往被当作教师的教育工具，教师本人是置身事外的，他成了教育工具的把玩者。后者常体现在前语言时期的儿童游戏中，教育者要变成儿

---

① 这里的"权威"不是一个贬义的含义，而是对一种现象的说明。实际上，适当的"权威"在语言时期的儿童教育中，因教学成本的低廉与教学效果的显著，是较为通用的一种儿童教育方式。但这里，我们强调的是语言引导与行为引导之间的差异，故指出其弊端。

② 黎建球：《哲学咨商论文集》，新北：辅仁大学出版社，2019年，第30—32页。

③ 由于后语言时期常出现在儿童成年的阶段，与本文立足于儿童面向的讨论存在差距，故在此不做过多讨论。但是，通过对后语言时期的人的情景分析，我们可以直观得到哲学理性存在的印记，它因无法言表而常被忽视，比如对美的直觉，对风景的感受。

童，以儿童的样子融入儿童的游戏之中，他是游戏的参与者。也就是说，让儿童认为教师也是一个与自己相同的大一点的儿童，这种互动才能构成互为平等关系的平台。这种"做"儿童哲学的方式在儿童形成语言的早期被使用得较为普遍，成为多数父母常用的方法。比如对儿童说什么"吃饭饭""喝奶奶"等，这其实就是一种在"做"儿童哲学中将成人的语言降维为儿童的语言。

有意思的是，虽然这种成人语言的降维现象十分普遍，但是成人行为的降维十分困难。也就是说，我们可以接受儿童的语言进而将自己的成人语言降维为儿童语言，但很难将成人的行为也降维为儿童的行为。这种成人的印记在尊严感与负面评价等方面的作用下，导致这种"做"儿童哲学互为主体的关系长期缺失或被忽略。于是，儿童哲学在前语言时期的缺失也就是一个普遍的现象。因此，如何构建成人与儿童的互为主体的游戏方式，也是"做"儿童哲学需要思考的一个重要面向。具体来看，这个游戏的外在形式可多种多样，不必千篇一律，但其核心需要将儿童哲学训练融入游戏之中，通过行为引导促使前语言时期的儿童提高哲学思考和哲学分析的能力，培养其判断力与辨识能力。需要谨慎的是，不可将成人的哲学思维判定标准简单地移植到前语言时期的儿童身上。也就是说，这种针对儿童做哲学的检验标准有必要做出相应的调整。

三、儿童与成人的互为学习取向

（一）互为主体关系的游戏设定

在引入儿童教育常用的"游戏"概念后，就需要对前语言时期儿童游戏的设计

与思考进行考量。以往，成人对游戏的设计理念，往往遵循以成人为主体、以儿童为对象的思维逻辑。于是，成人扮演了儿童游戏的设计者，而儿童只能沦为整个游戏的对象或材料。成人根据自己的知识背景，从儿童身上获取材料并采取进一步的加工与整理，设计出自认为适合儿童的游戏模式。于是，我们在各种视频网站上看到的育儿游戏活动，基本上都是以这样的方式存在。

这种儿童游戏设定在部分儿童教育的场景里有效，也具有一定的参照意义。但如果以此为参照使其变成一种标准或者将其简单复制，则不是一个明智的选择。因为，这种以成人为背景的游戏存在风险：即意图规范化，并试图建立参考体系，希望达到可复制的效果。

游戏的规范化预设是成人设计儿童哲学游戏的一个普遍选择。这个判定基本涵盖了目前儿童哲学教育中常见的现象。在语言时期的儿童哲学教育中，教师习惯预先设计教学目的、编排课程教案、设计活动流程及制订效果反馈机制，这种关于儿童哲学的教育方式与我们常见的教学方式在形式上十分相近，因而注定会导致儿童哲学游戏教学依然遵循旧的教学范式，难以达到儿童哲学思维的设计理念。因为，规范化的设定在设立之初就已经远离了儿童教育的初衷。也就是说，当教师先入为主地以成人的思维为前提，以自己的师范专业知识背景为基础，就只能设计出一个看似儿童会普遍接受的儿童哲学游戏模式。

然而，这种游戏活动在课堂的推行，常常获得的直观效果是儿童为了取悦老师而开始"表演"。原因很简单，儿童并不

喜欢玩这种看似与自己有关，实质毫无关联的游戏。这里的有关与无关的区别就在于游戏在设计之初是否脱离了儿童的兴趣本身（自由并可以出错），设计中是否只体现出教师设计的兴趣（必须按照规则程序体现出相应的效果）。关于这种现象，我们通过将目前儿童哲学游戏中儿童的兴趣与他们在家里看动画片的兴趣或玩电子游戏的兴趣相对比，这种反馈就一目了然。

于是值得我们反思的是，为什么儿童哲学游戏变成了老师心中的游戏，而实际上它变成了儿童哲学学习的一项任务呢？这其中包含的原因众多，但以下三点应该是其不可缺少的面向：一是游戏设计者以成人为视角，以儿童为材料；二是这种儿童哲学游戏实际上是成人哲学游戏，与儿童无关；三是它将学习异化为游戏，或将游戏强行异化为学习。以上三点都是教师通过规范化的设定来进行儿童哲学教育时不可回避的三个面向。因此，只要坚持规范化的教学方式，这种成人思维的游戏注定是一种失败的尝试。如果不能摆脱成人视角的先天预设，儿童哲学游戏也将难以摆脱失败的命运。

（二）游戏的内容与参照

何种游戏设计应该成为儿童哲学的设计，且这种设计可以突破儿童哲学囿于语言时期的限制，又可规避规范化的弊端？实际上，《论语·先进》中《曾点戏水》的故事就已经给予我们一定的启示。《论语·先进》中讲述了这样一个故事：孔子问他的弟子仲由、曾点、冉求、公西华四人：“如或知尔，则何以哉？”[①]在仲由、冉求、公西华回答后，曾点说：“莫春者，春服既成，冠者五六人，童子六七人，浴乎沂，风乎舞雩，咏而归。”[②]意思是：“暮春三月，春天衣服都穿定了，我陪同五六位成人，六七个小孩，在沂水旁边洗洗澡，在舞雩台上吹吹风，一路唱歌，一路走回来。”[③]孔子听罢，喟然叹曰：“吾与点也！”[④]可见这种游戏的设计是孔子普遍推崇的教育方式。

我们尝试分析一下这种教育的特点。“冠者五六人，童子六七人”强调的是成人与儿童在游戏中的合作性。也就是说，儿童哲学游戏中，成人需要参与其中，成为其中的一个重要因素；“浴乎沂，风乎舞雩，咏而归”，强调的是成人对儿童游戏的参与，而不是成人作为一个设计者将自己置身事外。这与我们常见的教师作为“指挥者”的儿童哲学教育是完全不同的。“冠者六七人”强调的是成人在儿童游戏中的引导作用。需要指出的是，这里强调的是引导而不是指导。引导与指导之间最大的区别是，引导没有“权威”，成人与儿童是互为主体的关系。

实际上，我们从《曾点戏水》这个故事可以窥探出现代儿童哲学教育中出现的问题及探索儿童哲学教育的未来指向。

一是以往的儿童哲学教育，教师过度强调儿童在教学设计的前提下完成教师指定的任务，而偏离了引导儿童达到儿童哲

---

① 意思是：“假如有人了解你们，打算请你们出去（做事），那你们怎么办呢？”杨伯峻：《论语译注》，北京：中华书局，1958年，第118页。

② 朱熹：《四书章句集注》，北京：中华书局，2011年，第124页。

③ 杨伯峻：《论语译注》，北京：中华书局，1958年，第119页。

④ 朱熹：《四书章句集注》，北京：中华书局，2011年，第124页。意思是：“我也想像曾点这样做。”

学教育的原初目标；而《曾点戏水》的故事强调我们要抛离"强制"与"任务"这两个面向，以互为主体的自由作为儿童哲学教育的目的。这个《曾点戏水》的故事，在当代美学哲学的研究中一度成为引用与讨论的对象，也表现出儿童哲学训练并不一定拘囿于规范化和任务化。

二是《曾点戏水》的故事中的成人的参与，表现为成人在游戏中摆脱了不必要的尊严和面子，而完全融入游戏教学之中。教师在儿童哲学游戏中难以使儿童沉浸于这种行为引导，其中一个主要原因就是教师一直扮演着"指挥者"角色，这与他们平时自由地选择动画片与电子游戏是完全不同的两种体验。因此，只有当教师抛弃"指挥者"角色，以一种不怕丢脸的方式融入儿童哲学游戏之中，其才能真正地被儿童接纳，他的教学引导才能真正成为现实。事实上，前语言时期的儿童哲学训练或教育中，这一点尤为重要。父母如果试图与前语言时期的儿童取得有效的沟通，他们需要扮鬼脸、学婴儿语或是和婴儿一起在床上翻滚，以便与儿童共情。这种成人沉浸式进入儿童之中的游戏才能取得良好的效果。于是，我们通过游戏，引申出前语言时期"做"儿童哲学的大体轮廓和现实做法。

（三）"做"儿童哲学的风险与矛盾

同儿童一起"做"儿童哲学，这里的中心在于"一起"。所谓"一起"，包括行为与心理两个层面。关于行为层面的"一起"，比较容易达成共识。我们现在的儿童哲学教学活动中，部分教师已经开始选择与儿童一起做游戏，就是行为的参与。这种行为上的"一起"，是指教师以"游戏者"角色进入游戏之中，同时也遵守游戏规则。例如教师与儿童下象棋，二者"一起"遵守着象棋的游戏规则。教师可以接受胜利的喜悦和失败的沮丧，以"参与者"角色而不是以"旁观者"角色，或者以"指挥者"角色，抑或是以"裁判员"角色来干扰游戏。因此，参与游戏，是"做"的行为层面的表现之一。

心理层面的"一起"是比较困难的。教师在参与游戏时总是要游离于"管理"与"参与"两个方面。也就是说，儿童参与游戏，在游戏中出现的任何后果基本是不需要本人负责。即使出现故意破坏财物或误伤他人的情况，儿童也由其父母代为赔偿。而教师作为成人，他没有规避风险的任何保障。因此，他必须在游戏中对各种意外情况做出评估，以便使自己的风险降到最低。同时，如果是班级教学，教学的有序性与教学效果的短期呈现也是其必须考虑的因素。教师与学生在教学中承担的风险不同，成了心理层面"一起"难以达成的一个主要原因。因此，教师与儿童在游戏方面达成"一起"，应该是一个亟须解决的问题。

在心理层面上，除了客观的社会责任因素外，另一个重要因素是教师对威严的处理。《周易》对"师"的解读是："师，贞，丈人，吉，无咎。"[1] 王弼的解释是："丈人，严庄之称也。为师之正，丈人乃吉也。兴役动众无功，罪也。故吉乃无咎也。"[2] 这就说明在教学过程中，适当的

---

① 王弼：《周易注校释》，楼宇烈校释，北京：中华书局，2012年，第33页。

② 同上。

威严是必要的，也是不可缺少的。因此，在儿童哲学教育中如何处理"为道师严"与"互为主体"二者的关系，这样一个矛盾尤为重要。这个矛盾既存在于传统教育与现代教育的冲突中，也存在于不同年龄教育对象的差异之间。

也就是说，在中国古代传统教育中，儿童一直是成人的附庸。儿童天然受成人支配，比如"棍棒之下出孝子"就是根植于这一逻辑。然而在中国现代教育中，随着以农业为核心的"熟人社会"的消失，以城市为核心的"陌生人社会"的出现，庞大的家族逐渐演化成微小家庭。在这种现实情况下，古代传统的教育方式显然无法继续推行。甚至，在关于以少子化为特点的家庭儿童教育中，师者尊严的建立与保持，本质上就是一个需要耗费巨大经济成本的问题，且不一定能取得良好的效果。但这里需要指出的是，中国传统社会与中国现代社会教育的冲突，不可以理解为传统社会"错了"或"过时了"。也就是说，在某些特定时刻，必要的惩罚（甚至是体罚）在家庭中是有存在的必要的，但需要适度把握。

前语言时期的儿童哲学教育与语言时期的儿童哲学教育需要被区别对待。也就是说，在语言时期，儿童因为可以听懂，因此教师的语言（语词与语态）本身就有威严。但在前语言时期，只有语态有短暂的威严。于是，教师在不同儿童阶段上对师者威严的取舍注定是不同的。同时，即使在语言时期，由于儿童性格的不同，师者威严在不同儿童的心理层面所呈现的程度也是不一样的。因此，在"做"儿童哲学时教师是否选择放弃威严也是一个需要进一步讨论的问题。

四、向儿童学习的设想与方法
（一）像儿童一样

对于威严，一种不恰当的处理观念就是，认为将其简单放弃便可以解决我们在儿童哲学教育中所遇到的问题。事实上，在没有理解儿童教育的现象，特别是前语言时期的儿童教育的问题时，缺乏威严的引入往往会取得截然相反的效果。这种主张放弃威严的认识，我们可以追溯到儿童哲学研究专家加雷斯·B.马修斯。他所主张的"放权"理论成了对这一思想最直接的表述。加雷斯·B.马修斯说："让儿童享有更多权利，让儿童在愈来愈年幼的年龄享有权利，这是我们的社会渐渐推进的方向。我曾指出，有一种理解这一发展的方式，它会让这一发展趋势得到哲学上的支持。那就是将我们社会中的权威理解为理性权威，即便人们先是由于血缘关系而拥有权威的位置，也要请他们对自己所施加的权威进行合理性的解释。"[1] 但是，这种放弃教育者威严的主张，在实际的一线教学中存在巨大问题。因为那种认为只要教育者放弃了"权威"，给儿童"放权"，特别是"儿童随着年龄的增长会有愈来愈多的自由，来品评家庭管理他们生活的规矩、措施和决策。父母逐步让儿童有权对家事进行品评"[2] 的提法，最终导

---

① 加雷斯·B.马修斯：《童年哲学》，刘晓东译，北京：生活·读书·新知三联书店，2015年，第101—102页。关于加雷斯·B.马修斯认为给儿童"放权"的弊端，笔者在《没有"儿童"的儿童哲学：兼论朱熹的"小学"与"大学"观》（见《陕西学前师范学院学报》，2021年第7期）一文中已经做出解释。这里便不赘述。

② 加雷斯·B.马修斯：《童年哲学》，刘晓东译，北京：生活·读书·新知三联书店，2015年，第100页。

致的是整个现场教学管理的混乱，使儿童哲学教育无法持续下去，致使整个教育的发展偏离儿童哲学教育的初衷。因此，这需要我们换一种方式去理解"权威"。

也就是说，与其说在心理上放弃"权威"，不如将其替换为像儿童一样。像儿童一样注重的是教育者在教育过程中的引领，从"做"的角度给予"示范"。这种"示范"既保留了"权威"，又保留了儿童哲学中的自由，是一种"随心所欲不逾矩"式的自在。我们不妨再用《曾点戏水》的故事来加以说明：曾点等一群成人与儿童一起在河中戏水时，每个人都按照自己的方式在水中游泳、嬉戏。其中，有成人教授儿童游泳的方法，也有儿童教授成人游泳的方法。于是，就存在成人向儿童学习的方面。孔子有"三人行，必有我师焉。择其善者而从之，其不善者而改之"[①]的思想，这里的"三人"也存在有儿童的可能。因此，这里的像儿童一样，主张成人在"做"儿童哲学的过程中在心理上达到与儿童互为主体关系的层面，这时"权威"的主体偏重处于教育者地位的儿童，成人反而成为被教育者。相反，当儿童起身向成人求教时，"权威"再次回归成人这里。因此，在教师与儿童互为主体关系的思维下，"权威"并未消失，而是不再单一地集中在成人身上。

因此，像儿童一样侧重成人在教育中，转变自己的教育者的单一角色，使自己真心参与游戏，参与"做"中，进而摆脱"指挥者"的思维拘囿。

（二）向儿童学习

如果可以达到像儿童一样，那么向儿童学习自然也是顺理成章的事情。相对于像儿童一样强调成人在儿童哲学教育中心理层面的改变，向儿童学习则强调成人从事儿童哲学教育行为层面的改变。在这时，做哲学才有可能在儿童哲学教育中真正体现出来。

"曾点戏水"是一种典型的做哲学的方式。在这种行为中，向儿童学习是进入儿童哲学教育的关键一步。因此，只有走出向儿童学习这一步，我们才会发现教师设计的儿童哲学活动在行为中出现的问题。而这些问题，教师在"指挥者"视角下是无法发现的。比如，幼儿园教授儿童用手指进行100以内数的加减法。当用"指挥者"的视角来观察时，我们往往侧重儿童的运算结果是否符合预期，而不清楚儿童在快速的手指运动中是否出现了偏差。当儿童出现算错的情况时，成人只能不解地认为儿童是"笨"的，而无法了解儿童在手算的哪个具体环节出现了问题。儿童除了接受在他看来无辜的责备外，他的实际问题也并未被解决。因此，当成人向儿童学习时，同时采用儿童的方法进行100以内数的加减运算，才会发现具体问题出现在哪一个环节上。比如儿童的小拇指使用迟钝、对指型读取错误等。这里，解决问题的意识才真正出现。

向儿童学习在儿童哲学中强调"做"这个重要面向。这个"做"要求教师在设计"做"的形式与方法时，要换位为儿童本身，融入儿童中，感知他们的真实需要，再以儿童的方式来设计"做"的具体环节。这里的"学"不是观察，而是融入。设计者要以儿童的身份向儿童学习，

---

① 朱熹：《四书章句集注》，北京：中华书局，2011年，第95页。

以儿童为师，这种"做"取得的效果与改进方案才更加接近真实的场景。就如同《曾点戏水》的故事中成人向儿童学习，是真学，而不是取笑。否则，再完备的教学案例与方法，由于对主体真实背景缺乏了解最终也成了东施效颦，难以取得好的效果。向儿童学习是了解儿童真实问题的一个有效手段。玩儿童游戏（即使这个游戏是你曾经玩过的，或者这个游戏是你设计出来的），也要向儿童学着再玩一次。这时教育者体现的问题意识，才不是空穴来风，而是有真切的感受和说服力。而在此时，即使有"权威"的加入，也会取得良好的效果。

（三）潜移默化地植入儿童哲学

像儿童一样与向儿童学习，其最终目的在于潜移默化地植入儿童哲学的"思"，即培养儿童良好的问题意识和良好的提问方式。对待儿童，特别是前语言时期的儿童，"示范"的意义要强于"说教"。"示范"不是武断地以"权威"的方式强力推行，而是潜移默化地植入。《曾点戏水》的故事中"浴乎沂，风乎舞雩，咏而归"等美学思想的达成，其实就是一种潜移默化的"示范"效果。实际上，在教育系统化之前，这种"示范"曾一度成为儿童教育的主要方面。

"示范"只有在非强制的情境下，才会激发出儿童的"思"。孔子说"学而不思则罔，思而不学则殆"[1]，便是"思"的最好解答。朱熹说："不求诸心，故昏而无得。不习其事，故危而不安。"[2] 程

子说："博学、审问、慎思、明辨、笃行五者，废其一，非学也。"[3] 于是，我们最终回到儿童哲学"思"的路径上来。我们做哲学的最终目的在于培养儿童在"做"中"思"。而这种"思"要求成人在心理与行为上做出调整，既要放弃"指挥者"角色，又要将"思"的本初教育理念植入儿童哲学所有的教育过程中。

儿童在与"示范"相对照中体会到自己的差距与不足，或是在对照中感受到自己意见的被否定，这都是其"思"的源头。此时，儿童的"思"在"做"的推动下开始运作，儿童开始思考解决问题的路径与方法，开始试错与调整，开始反思与批判自己的学习过程以至于产生再一次寻求"示范"的动力。幼儿时期的学习经历，基本上都是伴随着这样的过程与体验。这远比被动地完成教师布置的任务更能激发儿童学习的思考能力与批判性反思能力，进而实现儿童哲学教育的初衷。

五、总结

像儿童一样思考，主张的是教育思维的转变。在这种转变中，教育者开始摆脱"指挥者"角色，而真正成为"参与者"。在角色互换的过程中，既达到了互为主体关系的现实情境，又保留了"权威"在教育中的存在。在这种情境下，"做"儿童哲学才有可能。在整个"做"儿童哲学的设计中，教育者需要反复思考儿童哲学教育的初衷与方法的适当性。即儿童哲学的教育目的在于培养儿童的问题意识，提高

---

① 朱熹：《四书章句集注》，北京：中华书局，2011 年，第 58 页。

② 同上。

③ 同上。

儿童的批判性反思能力，因此，方法上需要教师真正融入儿童的活动之中，无论是游戏，还是课堂活动，都是如此。

儿童哲学的推广虽然依靠一定的方法，需要进行一定的展示，但儿童哲学的最终目的应在于促进儿童"思"的发展。因此，我们在检验儿童哲学的效果时，需要给予一定的宽松。也就是说，不能以传统的实效性的评价体系来要求儿童哲学的每一次活动都会取得相应的效果。同时，儿童哲学的本质在于哲学"思"的训练，只注重教育形式或只注重教育方法，都可能将儿童哲学教育引入迫于"表演"的歧途之中，这是需要我们警惕的。

Thinking Like a Child
—On "Doing" and "Thinking" of Children's Philosophy
in the Pre-Linguistic Period

Chen Yongbao

Abstract: Teachers getting rid of the role of "conductor" and changing into the role of "participant" in the teaching of philosophy for children, is an important aspect to be considered in children's philosophy education. The identification of "participants" is not to deny the "authority" of teachers to form Gareth B. Matthews' idea of adult empowerment to children, but to emphasize the intersubjective relationship between teachers and children. In this relationship, teachers play the role of "participant" into the "doing" of children's philosophy, through "demonstration" from teaching or learning from children's "demonstration", find problems in education and seek solutions. The story of "Zeng Dian Playing in the Water" in *The Analects of Confucius* can be understood as an embodiment of this educational method. It should be emphasized that the core of "doing" philosophy in children's philosophy is not "doing", but "thinking" generated during "doing", that is, the stimulation of children's problem consciousness and the cultivation of critical reflection consciousness. Make "doing" philosophy return to the original intention of philosophy education for children.

Keywords: guidance; doing; intersubjective; authority; demonstration

中国儿童哲学实践的历程回顾、现实经验与未来展望*

◎ 高振宇①

摘　要： 儿童哲学在中国已经走过了三十多年的历程，目前已经形成了从幼儿园到中小学的完整实践体系，并且在课程设置与实施方面积累了初步的经验，总结这些过程中的经验对于明晰当前儿童哲学教育的重点与难点，推动儿童哲学向更健康、更深远的方向发展，具有重要意义。儿童哲学的课程设置呈现出独立课、整合课以及课外活动等多种形态，实施过程中的主题设计、刺激物选用和团体探究式教学，都呈现出浓郁的多元化和本土化特色。未来儿童哲学应开发更多系统的课程资源，联合国内外哲学界和教育界更多专业力量，形成紧密的协作共同体，并主动结合各地开展的儿童友好城市建设项目，才能为提升全社会儿童的福祉发挥更积极的作用。

关键词： 儿童哲学　课程设置　课程实施　儿童友好城市

今天想要跟大家汇报的是我本人一直在思考的一个话题，趁着召开第一届全国儿童哲学教育冬季论坛的契机，想跟大家相互交流，初步总结三十多年来中国儿童哲学的实践历程与现实经验，以便我们在未来新的一年里更好地前行。

一、中国儿童哲学实践的开端与发展历程

虽然儿童哲学的研究在中国始于 1987 年，但实践并非同步。最早在 1991—1992 年，才有一位中国学者（即冯周卓）走向美国的儿童哲学促进协会，去那边进行实地参访，了解儿童哲学的实践样态，参加在那里举行的国际儿童哲学会议，并见到了马修·李普曼和安妮·夏普。安妮·夏普曾在会议上介绍冯周卓是第一位来自中国的儿童哲学学者。冯周卓还曾选修马修·李普曼的课程"人类活动与学习"，到蒙特克莱尔州立大学附近的沃青小学执教儿童哲学课程，所以他应该是中国最早从事儿童哲学实践的人。在回国之前，安妮·夏普还专门叮嘱他一定要回中国去建立儿童哲学研究中心，但很可惜他没有在

---

* 本文为 2022 年度浙江省哲学社会科学规划"之江青年理论与调研专项课题"（项目编号：22ZJQN33YB）研究成果。

本文系作者 2020 年 12 月 16 日于浙江省温州市瓦市小学承办的 2020 年中国儿童哲学教育冬季论坛上的主题演讲。

① 高振宇，教育学博士，杭州师范大学经亨颐教育学院副教授，浙江省哲学学会儿童哲学专业委员会副理事长。

中国建立起儿童哲学研究中心。直到近来才陆续有这样的研究中心出现，进而在浙江和江苏也诞生了儿童哲学专业委员会，但这是很多年以后的事情了。

另外一位学者袁劲梅对开辟中国的儿童哲学实践具有重要的意义。袁劲梅曾是南京大学的哲学教授、获奖作家，1993年她离开中国前往夏威夷大学攻读比较哲学博士学位，并接受夏威夷儿童哲学教学法创始人托马斯·杰克逊的培训，同时还在当地公立小学观摩儿童哲学课程，最终她充分感受到儿童哲学对教育变革的意义。在袁劲梅的努力以及宋庆龄基金会、中国石油化工集团和夏威夷大学的支持下，托马斯·杰克逊率团首次于1995年抵达中国，进行儿童哲学的现场实践示范，这是在中国本土开展的第一次儿童哲学实践活动。夏威夷儿童哲学团队在1995—2001年三次造访中国，在北京市、南京市、上海市、武汉市、山东省淄博市和河南省焦作市等多个地方进行儿童哲学课程的示范，展现儿童哲学课程的教学过程。最终河南省焦作市率先于1997年8月开始行动，"儿童哲学教学法研究"被列为焦作市的重点教育研究课题，其中有4所小学、1所中学、2所幼儿园参与了由本地教育机构发起的最早的儿童哲学本土化实践探索活动。

1998年河南省焦作市还派遣教师、专家和行政人员回访夏威夷大学，全方位观摩和参与美国的儿童哲学课堂，开展了长达一个星期的教研活动，这次进修让他们对儿童哲学有了更全面和深入的了解。经过两年的探索，河南省焦作市总结出了儿童哲学实践的四种课型，即活动型、渗透型、讨论型和结合型。后来他们还将儿童

哲学教学法改造成启发探究式教学法，并于2000年9月在全市范围内推广。2001年7月，河南省教育科学研究所在焦作市召开儿童哲学暨启发探究式教学国际研讨会，把托马斯·杰克逊团队邀请来进行了比较和讨论，其本土化探索得到了外方专家的肯定。

现如今，儿童哲学的实践在小学阶段已经遍及多个省市自治区，主要城市是杭州、上海、南京、厦门、西安、长沙、长春、北京等。儿童哲学的区域性联盟也在杭州、温州、北京、上海等地相继成立。这些哲学实践已经直接或间接带动了多所大学哲学系和教育系的力量，为儿童哲学实践的深度发展提供了重要帮助，对此，区域教育行政部门的支持也发挥了至关重要的推动作用。幼儿园的实践则是从2003年开始的，云南民航实验幼儿园是最早的实践单位。到了2008年，天津市和平区的12所幼儿园，开展了区域性的儿童哲学实践活动，并取得了丰硕的成果。浙江省尤其是在杭州市，幼儿园的实践活动则是从2017年的协和幼儿园开始的，现如今，崇文理想国幼儿园、浙江大学幼儿园实验园、西湖区翠苑第一幼儿园、仙林实验幼儿园、杭州师范大学幼儿园等，相继参与到儿童哲学的实践探索之中，未来还有望进一步拓展和深化。

二、中国儿童哲学实践的现实经验及反思

（一）儿童哲学独立课程的设置与实施

首先谈一谈儿童哲学独立课程的设置问题，因为目前依然还有很多学校愿意去设置儿童哲学独立课程，尤其是一些国际学校、民办学校，这是非常了不起的一种

坚持和尝试。儿童哲学独立课程主要是以校本、园本甚或班本课程这样的形式存在，比如在云南省昆明市官渡区南站小学、上海市六一小学、温州市瓦市小学、杭州锦绣育才中学附属学校、浙江省东阳市外国语小学、浙江大学幼儿园实验园等；当然也可能采取拓展性课程、语文课外阅读、绘本课、整本书阅读课的方式，比如在杭州未来科技城海曙小学和杭州春芽实验学校等；也可以变成一个兴趣班意义上的课程，比如我在 2006 年于澳门妇联学校做儿童哲学的时候，就是以一个儿童哲学俱乐部的兴趣活动来进行课程；当然还可以采取班队活动课、研学旅行或项目的方式，比如在浙江省宁波市象山县丹城第六小学、温州市瓦市小学等。儿童哲学独立课程早期主要是在小学高段或幼儿园大班，如今则逐步向小学中段和低段以及幼儿园中班和小班延伸，起初可能是在局部的班级或年级，而后则在全校、全园甚至推广到联盟、区域层面，这也是多数学校或幼儿园推广儿童哲学的基本过程。儿童哲学独立课程通常是每周一节，由已有的师资力量来担任哲学教师，比如语文教师、德育教师、综合实践教师或心理健康教师等；部分学校则开始聘用专职的儿童哲学教师，比如杭州锦绣育才中学附属学校和浙江省东阳市外国语小学[1]等。儿童哲学独立课程的实施需要考虑主题、刺激物、目标、教学过程、展示评价、家校或家园合作、

空间打造或环境设计等因素。以下将择其要点进行简要论述。

首先，就主题而言，学校或幼儿园可以从调查儿童日常生活所提出的问题着手，而后对问题进行筛选优化，从而形成课程的主题序列。也可以结合东西方哲学自身内部的主题体系进行筛选，尤其是在小学高段和中学阶段，也可以加强中国哲学部分，以突出文化自信与本国特色。学校或幼儿园可以设计相对固定的主题，使每一届学生都能常态探讨一定的主题，但也应保留适度的空间，来结合当时发生的生活事件或社会新闻确立动态的主题。就整体设计而言，每个年龄段儿童的生活世界、经验及心理发展状况是不同的，因此其主题应当有所差异，随着年龄的增长，其主题应逐渐从自我、自然领域走向社会和世界领域。当然也可以允许同一个系列的主题活动横跨不同的年级展开讨论，比如杭州长江实验小学长期开展的"长江哲学日"活动便是在全校一到六年级范围内实施的，所有年级的学生都探讨同样的主题，比如"男生应该谦让女生吗""你怎么看'虎妈'教育和'佩奇式'教育"等，但须由浅入深地进行设计。虽然目前学校或幼儿园开发的主题主要是在自我、他人、自然、社会这样的范围内来设计的，但总体上其可以不受这种普适性维度的限制，还可以更加具体和宽广，比如自然中可以分出宇宙和动植物世界，社会中可以

---

① 这两所小学分别招聘了儿童哲学的独立教师，负责小学一到六年级全校范围内的儿童哲学课程，其中浙江省东阳市外国语小学的儿童哲学教师还明确有编制，两所学校的儿童哲学教师都是来自"985"高校的哲学专业，且是研究生学历，这为保证儿童哲学课程的哲学性创造了有利条件。但是儿童哲学教师需要有哲学和教育学两个领域的知识与技能，单一学科的毕业生未必能完全满足儿童哲学教学的需要，因此当前国内开始有大学设立教育学和哲学交叉融合的新项目，比如首都师范大学哲学系和教育学院将推出哲学与教育学双学士交叉培养项目，这就为儿童哲学合格教师的产生创设了最佳条件。

分出家庭、社区、社会或世界等。儿童哲学的主题中比较缺乏的是逻辑学或方法论的部分，早期的国际儿童哲学是极为重视思维方法的，因此在教材中有较多的逻辑渗透，但如今中国的儿童哲学实践，还是内容主题式的，缺乏方法论的严格讨论与应用，所以未来可以考虑加强这方面的教育并分年龄段实施。① 就具体的主题而言，建议采用二元对立的方式进行陈述，比如公平与不公平、自由与规则、科技与伦理、有限与无限等，更有利于儿童建立起辩证的思维，理解概念的准确内涵。

其次，在刺激物层面，儿童哲学最早的刺激物无疑是美国的儿童哲学促进协会开发的一条龙服务式教材，涉及从幼儿园到高中，但这套教材并未引起国内儿童哲学实践者的足够重视，对其的分析、应用和研究也明显不足，这导致 1997 年山西教育出版社进行的大型儿童哲学翻译工程沦为"无用"。因此，我们在推荐学校实施儿童哲学课程时，仍建议他们参考这套教材，毕竟其中的多数主题是具有跨文化探讨价值的，而且其逻辑练习的部分非常规范及专业。未来我们也计划重新翻译这套教材，因为过去的翻译质量不佳，版本过旧，且有遗漏的教材（如学前和小学阶段）。国内目前已有云南省昆明市官渡区南站小学、上海市六一小学、温州市瓦市小学、北京芳草地实验学校等出版了儿童哲学的校本教材，但主要还是在本校或本区域范围内使用，缺乏更大范围的可推广

性。当然教材开发本身是一件高难度的事情，美国的儿童哲学教材是由大批专业的哲学和教育学专家团队开发，而国内的校本教材，主要还是由一线教师与教育行政部门把关。因此未来若要开发中国版本的儿童哲学教材，恐要将儿童哲学研究者与相关教师联合起来，有步骤地进行科学设计与建设。在当前缺乏普适性教材的情况下，绘本成为大多数幼儿园和小学中低段教育工作者的首选刺激物，但不是所有的绘本都能被用来作为儿童哲学课程的刺激物，建议优先使用那些具有哲学启蒙性质的系列绘本（比如儿童哲学研究中心开发的"思考拉儿童哲学绘本"系列），其他的经典绘本当然也可以使用，但要注意甄别和二次开发。除此之外的文本，比如童话、寓言、神话故事、成语故事、民间故事等，也可以用来作为儿童哲学课程的刺激物，也同样需要适度二次开发，乃至改编。关于这些文本的儿童哲学课程如何实施，还需要在实践中做出更具体的探索。游戏（包括民间游戏与哲学游戏），社会实践活动，科学、技术、工程和数学教育（Science，Technology，Engineering，and Mathematics）项目，艺术品，等等，也可以作为刺激物，但这方面的实践在现实中探索较少，将会成为未来儿童哲学实践研究的重点突破内容。

最后，就课堂教学来进行说明。儿童哲学教学的核心是团体探究，无论学校或幼儿园如何创新实践模式，这个核心都不

---

① 世界逻辑日于 2019 年 1 月 14 日正式诞生，旨在全球范围内推动逻辑的普及，使公众意识到并认可逻辑的重要性，并在学校的各个阶段加强逻辑教育。2021 年和 2022 年世界逻辑日时，我们通过国际哲学与人文科学理事会，联合杭州锦绣育才中学附属学校和杭州市西湖区翠苑第一幼儿园，开展了一系列的庆祝活动，并将活动报告发送给了联合国教育、科学及文化组织。我们期望未来在儿童哲学启蒙教育过程中进一步加强逻辑学教育，使儿童从小掌握理性思维的方法，提高思维的品质。

能丢，否则便很难说是儿童哲学课程。团体探究的主要学习方式是对话，它不同于儿童观点的平行分享、聊天、会谈甚至是辩论。儿童哲学的对话是以苏格拉底对话为原型，马修·李普曼便鼓励哲学教师都应扮演苏格拉底的角色，但在本土化的过程中，我国的教育工作者还须积极吸收中国儒家、道家或其他诸子百家的对话特点，而不能"言必称希腊"，更不能将东西方的对话模式对立起来，肯定西方而否定东方。儿童哲学在教学上有其基本程序，一般包括启动环节、对话环节、总结环节和延伸环节。启动环节还可以包括热身、刺激物呈现、提问及确定讨论议程等。其中对话环节是整个儿童哲学课程的核心和重点，需要投入最多的时间，因为儿童思想的精进、思维的发展需要时间的投入，因此教师应妥善加强时间管理，简化最初的启动环节，而将"重心"投入对话环节，才会有实际的效果。我们也主张儿童哲学的课堂不应该仅仅是座谈会，只依赖于口头表达，而应尽可能动静结合，使身体也有得到舒展、思考的机会。为此，就要适当引入手指操、手势思维、戏剧表演等活动，也要强调理智与情感相结合，做到理性思辨与情感表达、生活叙事等相结合，还需要设置适当的放松及休息时间，毕竟哲学思考是非常"烧脑"的。

（二）儿童哲学学科整合课的本土化经验

诚如前面部分所指出的，儿童哲学的课程整合探索从20世纪90年代末就已经开始，直到现在，已经越来越成为儿童哲学本土化实践的主流。这是因为学校的课时本身就有限，多数学校没有足够的人力来进行独立的儿童哲学教学，而往往是由学科教师来担任哲学教师，于他们而言，将儿童哲学融入自己所教的学科之中对其自身的专业发展及课堂改革本身更有意义。但反过来说，我们也不能因为学科整合更符合教师的需求，就走向另一个极端。实际上两者各有优势与不足，它们完全可以并存及协调发展，这样才可使儿童哲学有更大的生存空间，对儿童产生更全面的影响。我们会建议教师在学会上整合课之前，先以独立课的方式进行儿童哲学课程的实践，只有熟悉儿童哲学的基本教学流程与模式，教师才能以更智慧的方式开发自己学科的课程。

儿童哲学的整合课在实施过程中存在较多挑战，如学科教师对儿童哲学的掌握程度可能有差异，从而会影响学科教学本身的哲学元素及哲学教育的品质。学科教师如何在确保学科原来属性与目标的基础上，又能突出儿童哲学的特点，让人感受到哲学的融入给已有学科带来的显著变化，做到这一点并不容易。如何使儿童哲学的理念与方法更好地服务于不同学科的教学目标，也是难点所在，且并非所有的学科目标都可以通过哲学的方式来实现，必须有所选择与优化设计。儿童哲学的整合课或许可以有不同的程度或形态，比如可以用完全哲学化的步骤与方式来实施，视为"完全态"的整合；可以吸纳部分哲学课程的形态或方式来进行学科教学，视为"半完全态"的整合；可以成为一种理念渗透到学科教学之中，但没有任何哲学课程的基本样态，视为"非完全态"的整合。当然学科之间可能存在明显差异，不同学科的整合到底以何种形态展开，很难一概而论，所以仍是未来需要进一步探索的重点议题。

就实际情况而言，儿童哲学的整合课首先发生在道德与法治这门课程中，教师可以用哲学的方式来进行德育教学。德育整合的呈现形态可以是相对完全的，在这个过程中既可以使用德育的原有教材，也可以搭配相应的补充读物，比如哲学启蒙绘本。其次是语文课程，主要是在阅读的范围内来进行，融入与阅读相关的教学活动之中，常见的文学体裁是寓言、童话、成语故事、小古文等。写作部分的探索则只发生在少数学校，比如绍兴市华维文澜小学。以上这两门课程的儿童哲学整合课最为常见。近来其开始逐渐延伸至数学、英语、科学、音乐、美术、体育等课程，尤其是数学和科学课程，开始有合肥师范附小（二小），福建、山西和内蒙古的部分学校开始进行探索，但积累的实践经验还不够，相关的案例相对还比较缺乏。

（三）儿童哲学走向校外的教育空间

儿童哲学的非核心、非主流地位，以及对儿童学业成绩的非直接作用，导致儿童哲学在中小学很难得到全面推广，尽管目前儿童哲学的普及趋势越来越强，但其还远未达到如大洋洲、欧洲那样的普及程度。而要使儿童的哲学天赋在全社会范围内得到敬重和发展，最好的方式或许是使哲学走进家庭、走进社区、走进生活中所有相关的教育场所（比如图书馆、博物馆、科技馆、研学旅行基地等），使哲学探究通过项目化而融入夏令营、冬令营活动之中，方可使哲学化成为社会的一种风尚和文化。我们在这方面做了初步尝试：我们与北京"摩尔妈妈"合作，在线上线下推出儿童哲学亲子活动（比如"先有鸡还是先有蛋"）；与"野孩子"（Yeah! Kids）及晨暮线书店合作，推出科幻哲学课程（比如"流浪地球"与人类的未来）；与广西南宁稻鸣书房合作，推出面向家长的哲学课程；与万科大屋顶文化合作，在杭州良渚社区推出亲子哲学工作坊；等等。其他，比如上海市青浦区图书馆面向从幼儿园到高中的哲学阅读课程、"童书妈妈"与法国儿童哲学代表奥斯卡·柏尼菲（Oscar Brenifier）合作推出哲学思考夏令营活动、上海平和学校的颜志豪博士曾推出哲学夏令营公益活动等。

三、中国儿童哲学实践的未来展望

儿童哲学在中国虽然走过了三十多年的历程，但未来仍有广阔的发展空间。目前3—12岁儿童是儿童哲学实践的主体，但为使儿童哲学发挥更完全的作用，则应使其年龄进一步向前后延伸，特别是要与0—3岁幼儿的早期教育相结合，这在国际范围内也是非常前沿的研究课题。儿童哲学的空间范围也应得到进一步拓展，尽管与家庭、社区及公共教育空间的合作已经启动，但与博物馆、科技馆、展览馆甚至是影院等机构的合作迄今仍未正式开始，仍须以创造性的方式在儿童的日常生活中进行多样化实施。儿童哲学的实践目前在东部地区居多，在广大的中部和西部地区，以及少数民族地区，仍有大量普及的空间。三四线城市及农村地区的儿童也不应游离于儿童哲学实践之外。

儿童哲学的课程资源应做更为系统的开发，美国从20世纪70年代便诞生了儿童哲学教材，但我国迄今并未有具有全国乃至全球影响力的儿童哲学教材。本土化的哲学启蒙绘本创作（比如"酷思熊"系列、"思考拉儿童哲学绘本"系列）虽已启动，但与国际范围内庞大群体的哲学启蒙绘本相比，仍不免"小巫见大巫"。目前国内已经推出分级阅读课程，未来教育工作者应结合不同年龄段儿童的特点，推出相应层级的哲学阅读书目，并做好相关的导读工作。这里的阅读材料显然将不局限于绘本，也可包括其他类型的文本。由于儿童平时接触最多的是各学科的教材，因此基于不同学科的教材来设计相对规范实月的教学案例或教学建议，也是实践者在未来必须携手探索的重要内容。此次中国儿童哲学教育冬季论坛的主题是"儿童哲学教育的多样化实施路径"，但呈现的主要形式仍是有限的，未来可进一步探索除文本结合的方式之外，与艺术作品、动画片、戏剧、游戏、PBL 项目、体育活动、科学实验、数学建模等相结合的实施方式。面向全国的中学生哲学大会应得到更多专业团队的支持，从而产生更大范围的影响力，小学生哲学运动会也可以参考澳大利亚哲学马拉松的模式进行实践。①

儿童哲学的本土化师资培训体系应得到进一步发展，依靠外来的儿童哲学机构输血并不是解决问题的良方，而应紧密结合中国教育的实际情况来设计不同梯度的培训模式。现有的儿童哲学研究力量已经呈现出分散的态势，彼此之间还不够团结，相互协作的机制还未形成。②为此我们将陆续联合全国的儿童哲学实践单位，发起全国儿童哲学教育四季论坛，通过课例展示、圆桌研讨、观点报告、经验分享等方式，促进全国儿童哲学实践团队的相互交流，从而为儿童哲学在中国的发展创造更为稳定与持久的空间。③儿童哲学也不能游离于全国乃至全球正在推动的儿童友好城市建设计划，特别是要和儿童友好幼儿园（学校）的建立与推广紧密结合起来，这样才能为提升现实社会中儿童的福祉做出应有的贡献。④

---

① 事实上在 2021 年 6 月，我们已经参考了澳大利亚和其他国家开展哲学活动的经验，设计并实施了第一届全国小学生哲学运动会，其中最有特色的项目便是哲学马拉松，有来自全国的四所学校成为首批哲学运动会的代表团队，未来我们还将结合更多的国际经验和本土资源，开发更多的哲学运动会项目，并推广到全国。

② 目前全国参与儿童哲学研究与实践的人员越来越多，而且慢慢地开始从教育学领域走向哲学和文学领域，尤其是更多的高等学府（比如浙江大学、厦门大学、华东师范大学、山东大学、四川大学、杭州师范大学、首都师范大学等）的哲学系、哲学学院加入了儿童哲学研究队伍之中。这是可喜的变化，但彼此之间的联系与合作还相对缺乏，尚未形成更加紧密统一的协作共同体，因此并不真正利于儿童哲学在全国的进一步发展以及儿童哲学中国模式的形成。

③ 目前，全国儿童哲学教育四季论坛已经初步形成南北互动的格局，并已经完成第一轮四个季度的论坛。虽然受疫情影响，更多感兴趣的儿童哲学实践者与研究者无法亲临现场参与活动，但是相信伴随着论坛的进一步推动，全国将会有更多的教育学和哲学工作者，加入儿童哲学研究队伍之中。

④ 2020 年，进行儿童友好城市建设的城市仅局限于深圳、长沙、上海等。2021 年可以说是儿童友好城市建设的元年，这一年国家发展和改革委员会联合 22 个部门印发了《关于推进儿童友好城市建设的指导意见》，计划到 2025 年，通过在全国范围内开展 100 个儿童友好城市建设试点，推动儿童友好理念深入人心，使儿童友好要求在社会政策、公共服务、权利保障、成长空间、发展环境等方面得到充分体现，并由此引发全国范围内更多城市加入儿童友好城市建设的行列之中。儿童哲学主要集中在教育学领域，且儿童哲学的教育理念与儿童友好幼儿园（学校）建设的四大标准高度相关，因此未来我们在推动儿童哲学发展的过程中，须紧密结合各地儿童友好城市建设的利好政策和大环境，使其发挥更大的积极作用。

Philosophy for Children in China: Past, Present and Future

Gao Zhenyu

Abstract: After undergoing the steady development for thirty years, Philosophy for Children (P4C) in China has formulated a relative comprehensive system of practice from preschool education to K-12 education, and accumulated preliminary experience on curriculum setting and implementation. The summarization of these experiences and lessons provides significant values and implications to the clarification of the challenges of current education of Philosophy for Children, and to the promotion of healthier and deeper development of P4C in the coming decades. The curriculum setting of P4C includes the models of independent course, integrated course and extra-curricula activity, and their implementation presents remarkable local and differed characteristics in topic-design, stimulus-selection and the building of the community of philosophical inquiry. In the near future we need to develop more systematic curriculum resources, unify more professional support from the departments of both philosophy and education to establish a collaborative community, and actively connect P4C to the project of child-friendly city initiatives, making it playing a more positive role in the promotion of children's welfare in the whole society.

Keywords: Philosophy for Children; curriculum setting; curriculum implementation; child-friendly city

儿童是谁，如何教育

——三种儿童教育哲学的片段式考察*

◎ 黄庆丽①

摘 要：对儿童的认识，影响儿童教育的立场和做法。如何教育儿童，背后一定有相应的儿童观和教育观做支撑。文章选取了三个典型的儿童形象：爱弥儿（Emile）、霍尔顿·考尔菲德（Holden Caulfield）和小王子（Little Prince），分析他们代表的自然主义、存在主义和人文主义儿童教育思想。当前"儿童是谁"的迷思仍有待探索，儿童教育实践也在控制、自由和放任间反复抉择以把握合适的尺度。考察儿童教育哲学的这三个片段，分析其中蕴含的儿童观及儿童教育文化，对儿童教育理想图景的建构及实践的改良有现实意义。

关键词：儿童观　儿童教育　儿童教育哲学

一、问题的提出

当前学术界对儿童及儿童教育的认识处于争论中。乐观派是儿童善本性的拥趸，推崇儿童自由，主张教育应顺应儿童的天性，使他们与生俱来的善性得到保护与发展。激进的观点是：儿童在精神上是成人之父，成人要以儿童为师，效仿他们浑然天成、不被世俗污染的高洁品质，涤荡心灵，回归本真。悲观派突出儿童未成熟、未完善的一面，相对成人充分社会化后的成熟、稳重，儿童受情感支配而不服从理性规则，因此，教育要规训儿童的野蛮和未开化之处，多方加以约束甚至严格控制，由幼稚走向成熟是儿童发展的主要任务。中立派较为审慎，调和了乐观派和悲观派的立场，既尊重儿童本性自由、天真、活泼的一面，也承认要按照社会化要求的品质和能力来规定儿童的成长方向，希望在控制和放任间找到微妙平衡，以免儿童滑向蛮横无理或谨小慎微两种极端。

这几派的观点鲜明，在家庭教育和学校教育中各有实际影响。可问题的关键是，在强调儿童自由、个性解放、师生平等的现代教育中，不论持乐观、悲观还是中立的立场，不仅影响父母和教师的价值取向，而且影响教育方案的选择及制

* 基金项目：2021年度教育部人文社会科学一般项目"教师教育惩戒的育人机制研究"（项目编号：21YJA880020），2019年山东省高等学校本科教学改革研究重大项目"山东省高校教师发展理论与实践研究"（项目编号：D2019S06），"泰山学者工程"专项资助。

① 黄庆丽，安徽省定远县人，教育学博士，青岛大学青岛教育发展研究院副教授，研究方向为教育基本理论。

订，进而影响儿童被以什么样的方式教养成年。儿童是由成人塑造的，成人的教育观念和教育风俗共同发挥作用。当成人深思应该如何对待儿童，便形成了不同的儿童哲学和儿童教育文化。爱弥儿、霍尔顿·考尔菲德和小王子这三个虚构的儿童经典形象，分别象征自然主义、存在主义和人文主义儿童教育思想，在我国的教育实践中亦有所体现，以下将对它们的思想内涵展开具体分析。

二、爱弥儿：自然主义的儿童教育

《爱弥儿》的问世，震惊了 18 世纪的法国乃至整个欧洲的上流社会，直接影响是贵族阶层的妇女从女仆手中接过孩子，重新履行母亲照看及教养孩子的职责①，让-雅克·卢梭说这是"我的所有作品中最好、最重要的一部"。在这本以儿童为主角的书中，让-雅克·卢梭设想了在文化昌明和技术发达的现代社会，教育如何顺应和保护儿童个体的善良天性，以免受世俗文化的侵害，来对抗异化社会对人造成的精神污染。让-雅克·卢梭希望爱弥儿接受整全的教育，即自然的教育、人的教育和事物的教育三位一体，"在他身上这三种不同的教育是一致的，都趋向同样的目的，他就会自己达到他的目标，而且生活得很有意义"②。自然的教育是顺应自然和模仿自然的教育方式，无须过度的人为控制，是其他两类教育发挥作用的先

天基础。

（一）爱弥儿是自然之子

爱弥儿是大自然的孩子，他接受的整套教育，背后的理念即自然人性观。"出自造物主之手的东西，都是好的，而一到人的手里，就全变坏了。"③人是自然的一部分，人性是出自造物主之手的天然瑰宝，人力无法强行扭转或塑造它，只能在其上做雕琢和打磨的功夫，这为教育划定了不可逾越的边界。把人置于大自然之下，还有一层权利的意义，即人人都是自然的子民，是生来平等而自由的，每个人都应当享有在原初状态下获得的未曾被不平等的文明社会所破坏的天赋权利。④约翰·杜威说："哲学是教育的一般理论，教育是哲学的实验室。"让-雅克·卢梭希望建立人人平等互爱的社会，在教育上的要求则是以自然为师，国民都应当像爱弥儿一样接受三位一体的教育，这样才能成长为好人和好公民。事实上这里预设了教育的权力关系：自然高于人，成人和儿童平等。"在自然秩序中，所有的人都是平等的，他们共同的天职，是取得人品；不管是谁，只要这方面受了很好的教育，就不至于欠缺同他相称的品格。"⑤

让-雅克·卢梭以爱弥儿为例，说明自然把人应该具有的善性放到了每个人的身上，在未来的成长历程中，只要不把最初的善良本性丢失，在此基础上再接受人的教育（关于社会）和事物的教育（关

---

① 尚杰：《卢梭的自然教育思想》，见《云南大学学报》（社会科学版），2014 年第 6 期，第 13 页。

② ［法］让-雅克·卢梭：《爱弥儿论教育》（上卷），李平沤译，北京：人民教育出版社，1985 年，第 3 页。

③ 同上，第 1 页。

④ ［法］让-雅克·卢梭：《论人类不平等的起源和基础》，陈伟功、吴金生译，北京：北京出版社，2010 年，第 58 页。

⑤ ［法］让-雅克·卢梭：《爱弥儿论教育》（上卷），李平沤译，北京：人民教育出版社，1985 年，第 9 页。

于知识），人就是受到了最好的教育，如此可以做一个自然和教化双重意义上的好人。孟子说："学问之道无他，求其放心而已矣。"也是说社会和知识方面的教育，只是守护原初的善心而已，不遗余力地引导人自我修养，保存、找回和扩充固有的"善端"，最终形成善良的品格。让-雅克·卢梭和孟子都是为了突破成人本位的束缚，告诫人们不要按照成人的意志来改造儿童的天性，不要以已深受文明侵害的陈规陋习来规训儿童的身心。自然是极具智慧的养育者及教导者，把生命应有的美和意义给予了人；而人要摆脱文明社会的奴役，使自身从自然所获得的生命本原更为坚实。① 按照自然希望人成长起来的样子，去教导儿童如何生活、如何感受生活且活得有意义，这种充实的生命才是值得向往的。不过这种儿童本位的价值取向，切实给教育造成了困境：是让儿童按照自然的节律自由成长，还是遵照成人有意识的安排来实现其社会化？

（二）爱弥儿接受自然主义教育

让-雅克·卢梭给爱弥儿选择的教育方案是自然主义教育，至少在 15 岁之前，对其施行符合其天性、生发节律的自然主义教育。在儿童身上他发现了成人世界失落的永恒法则，即儿童按照自然设计的规律来保持自身的生长。约翰·杜威说"教育即生长"，在社会教育和知识教育中获得的经验，不断积累和结构优化，配合内在的生长节奏，儿童会获得很好的发展。在此意义上，自然是儿童的良师：自

然后果法是道德教育的优选方法，在生活经验中潜移默化地形成美德是教育正道，体现自然精神的实物教学和直观教学更符合儿童的认知兴趣，按照自然年龄划分教育阶段成为后世心理学的宝贵思想财富。发展心理学的研究成果证实了让-雅克·卢梭的哲学判断："幼儿是教育活动中学的主体，是独立和整体发展着的个体，具有独特性和个体差异性，教育活动的最终目标指向幼儿一生的成长与发展。"②

儿童是有主体性的，不是等待着被塑造。在让-雅克·卢梭看来，脱离了自然状态的高度文明化社会对教育造成了潜在的威胁，理性的膨胀及滥用突破了人的自由意志的合理边界，个体的不幸和社会的罪恶都来自文明状态下的不平等及人对人的奴役。这种影响也体现在教育中，成人和儿童也处在不平等的权力关系中，成人总是希望通过强力改造来促使儿童屈从，因而自然教育展现出的消极否定性力量更是难能可贵。爱弥儿的教育是为了培养理性王国的"新人"，他们不会因掌握了知识而过度依附理性，相反会在自然的教导下成长得身心俱健。"所有的孩子在他们幼小的心灵内，都是事实上的孤儿，这即是教育上的现代民情。它抽离了一切自然联系，在孩子一降生下来便将一切自然取消掉，代之以纯粹社会性的关系。"③ 让-雅克·卢梭指出了成人世界和儿童世界的割裂及巨大张力，而自然作为人类之师，对这种鸿沟的弥合真是不可或缺。

---

① ［英］凯斯·安塞尔-皮尔逊：《尼采反卢梭：尼采的道德—政治思想研究》，宗成河等译，北京：华夏出版社，2005 年，第 86 页。

② 程秀兰：《幼儿教育本质的规定性及其意义》，见《学前教育研究》，2014 年第 9 期，第 10—11 页。

③ 渠敬东：《卢梭对现代教育传统的奠基》，见《北京大学教育评论》，2009 年第 3 期，第 9 页。

（三）自然主义教育的现代价值

让-雅克·卢梭开创了西方自然主义教育的道统，把儿童从宗教神权和世俗成人权力的羁绊中解放出来。后续的裴斯泰洛齐（J.H. Pestalozzi）、福禄培尔、玛丽亚·蒙台梭利和约翰·杜威等，在欧美掀起了尊重儿童自由和儿童主动发展的教育运动。[1] 从让-雅克·卢梭强调的儿童与真实自然的互动，到玛丽亚·蒙台梭利的儿童与仿真自然的交互影响，以至约翰·杜威的儿童与生活这种自然文化的互相建构，贯穿着承认儿童有内在的身心自然法则。"在自然教育家的视野中，'自然'具有崇高的地位，它影响和制约着自然教育内涵的诠释以及自然教育理论的产生。"[2] 当代乐观派仍在大力呼吁尊重儿童美好的天性，保护儿童内在的自然善性，让儿童生活得像儿童的样子，而不是按照成人的意愿塑造他们。自然充满着母性的精神意韵，是儿童后天发展的先天基础。只有在充分接受自然教育的前提下，人才能更好地接受受制于物的知识教育和受制于人的社会教育，才能更好地实现人的精神自由、道德自由和政治自由。

反观当下的儿童，他们有些难以接触到具有调和价值的自然教育，过早、过度地被束缚在由客观知识、社会规则和世俗价值构成的教育世界中，看似丰富多彩的生活却缺乏爱与丰富的底蕴。"让-雅克·卢梭试图以乡村的自然的生活形式来超越现代的城市的生活形式。早期的教育本身就意味着延缓现实的生活样式对儿童天性的渗透……这意味着教育首先是消极的，重在保护儿童的天性，避免当下社会生活样式对儿童天性的侵蚀。"[3] 自然的运行秩序是无声的语言，它以养育的万物来开启儿童的心灵之眼，弥补知识教育和社会教育过度雕饰的不足。在当前消费社会和娱乐至死的背景下，解放儿童和救救儿童仍是要事，适度放松人为的控制，乡村生活的淳朴、有趣，让儿童的天性得以舒展。鲁迅说："从觉醒的人开手，各自解放了自己的孩子。自己背着因袭的重担，肩住了黑暗的闸门，放他们到宽阔光明的地方去；此后幸福地度日，合理地做人。"[4] 为了儿童的幸福生活，为了儿童能堂堂正正地做人，自然主义教育的理念和做法还有待进一步探索。

三、霍尔顿·考尔菲德：存在主义的儿童教育

让-雅克·卢梭的自然主义教育方案提醒我们，城市文明对于儿童的健康、幸福成长，是一柄双刃剑。它一方面为儿童提供了丰厚的物质条件和教育资源，另一方面也带来了较强的学业竞争压力和生存焦虑。尤其是大城市化、工业化之后的学校教育，自 17 世纪扬·阿姆斯·夸美纽斯（Johann Amos Comenius）对之进行系统、全面的设计后，成为容纳所有儿童的建制化空间。其后试图挣脱这种对儿童教育和生活严格操控的反学校化运动或非学

① 贺国庆、朱文富：《外国教育史》，北京：高等教育出版社，2009 年，第 191 页。

② 刘黎明：《论西方自然教育家的治学智慧及其启示》，见《贵州大学学报》，2015 年第 4 期，第 147 页。

③ 刘铁芳：《从苏格拉底到杜威：教育的生活转向与现代教育的完成》，见《北京大学教育评论》，2010 年第 2 期，第 95 页。

④ 鲁迅：《鲁迅全集》（第 1 卷），北京：人民文学出版社，2005 年，第 159 页。

校化运动时有出现，在此文化景观中，伊万·伊利奇（Ivan Illich）的非学校化运动影响尤为深远。同时，文学是哲学的先声，美国 20 世纪 50 年代的《麦田里的守望者》刻画了霍尔顿·考尔菲德这个自由之子的叛逆形象，颠覆了爱弥儿对学校生活和文明社会的温和反叛，以彻底反叛的存在主义形象，改写了教育的文化历史。

（一）霍尔顿·考尔菲德是挣脱学校教育的自由之子

教育是一项价值实践，需要面对人的意义何在及如何生活这样的伦理追问。存在主义直接关怀个体生命的存在状态，主张在形成社会化的本质前，绝对存在是首位的，让-保罗·萨特（Jean-Paul Sartre）说"存在先于本质"。这种教育思想认为，自由选择是第一位的，教育要保卫儿童的自由，赋予他们选择的权利，教导其承担选择的结果与责任。"教育是人的灵魂的教育，而非理智知识和认识的堆集。通过教育使具有天资的人，自己选择决定成为什么样的人以及自己把握安身立命之根。谁要是把自己单纯地局限于学习和认知上，即使他的学习能力非常强，那他的灵魂也是匮乏而不健全的。"① 霍尔顿·考尔菲德有选择和决定自己命运的勇气，他以儿童的守望者自居，以一个未成年人的身份，主动要求承担起对儿童守望的职责。这群离经叛道的儿童结盟，表达出对学校这种社会控制机器的不满与逃离，共同反对成人世界的道德堕落和异化。

霍尔顿·考尔菲德被刻画为患有失望、孤独、恐惧和厌世综合征的现代儿童形象，喻指主动对抗制度化的学校生活和刻板的家庭生活的另类英雄。他试图重建成人的现实世界，并为儿童构建安全的心理环境。"麦田上的主角都是些自得其乐但又茫然的孩子，他们根本不知道，也不会考虑悬崖的存在，麦田守望者如同一块警示牌，提醒孩子注意身边的危险。而在学校、在生活中，霍尔顿·考尔菲德和其他许许多多的学生所缺少的正是麦田守望者这样的角色。霍尔顿·考尔菲德在寻找着自我拯救的出路，当时的美国人也在寻找适应社会发展的教育制度。"② 这是把成人的反抗和希望寄托在儿童身上的典型，体现了人类世界的精神困境：在绝望中寻找希望，在孤独中渴求理解，在乏味中执守生活的美好，在无目的反叛中偶遇生命的意义。③ 个体的存在折射出最深层次的人性困惑和社会冲突，期盼价值共识与精神和谐，霍尔顿·考尔菲德正是通过三天逃离家庭和学校的生活体验，实现对人性的悖论和对人生痛苦的升华与超越。

（二）霍尔顿·考尔菲德接受社会教育与自我教育

教育是与人相伴的，人是唯一需要教育的动物，这是生存的基本境况。正因如此，暂时逃离学校教育与家庭教育的霍尔顿·考尔菲德，却开启了社会教育与自我教育的人生旅程。爱弥儿散发出浪漫的诗意美，霍尔顿·考尔菲德却充满了逼真

---

① 卡尔·西奥多·雅斯贝尔斯：《什么是教育》，邹进译，北京：生活·读书·新知三联书店，1991 年，第 4 页。

② 肖凡：《从美国教育文化角度透视〈麦田守望者〉——霍尔顿的呼唤》，见《南京理工大学学报》，2009 年第 5 期，第 94 页。

③ 黎清群：《"逃离"与"守护"——〈麦田里的守望者〉的教育信仰》，见《中北大学学报》（社会科学版），2016 年第 5 期，第 89 页。

的现实美。在粗俗语言的表象下，霍尔顿·考尔菲德直接冲入纷繁复杂的成人社会，在自我意识中却从未放弃对真理、爱和永恒归属的渴望。社会强制人处处遵守准则，霍尔顿·考尔菲德并没有沉湎于成人的生活乐园中，和妹妹的精神互通使他在守望儿童时也被她们守望着。马丁·布伯指出："教育的目的非是告知人存在什么或必会存在什么，而是晓谕他们如何让精神充盈人生，如何与'你'相遇。"① 在霍尔顿·考尔菲德身上，教育完成了救赎的主题，儿童在全力反抗文明集聚起的道德伪善中，发挥了精神优势，指向对生存意义的守望。可这样的反抗也逃脱不了悲剧的命运，对真理、自由和个性的肯定，让霍尔顿·考尔菲德遇见自己，可遇见之后还是要进行新的寻找。

霍尔顿·考尔菲德的存在，让认为教育就该如此的教育者正视学校教育对儿童个性的压制，反思制度化生活让儿童付出的成长代价。② 学校作为社会装置和技术控制的手段，对儿童的人格、兴趣和天性加以漠视和压制。成人作为权威和权力的代表，要求儿童投入竞争并对其智能资源过度开发，都是以"为了你好""少壮不努力，老大徒伤悲"的善良面目出现。霍尔顿·考尔菲德尽力挣脱这些不合理的装置，可见刚性的学校教育导致柔性的人的教育的缺失，而恢复教育中人的地位并开展合人性的教育成为时代共识。儿童的乐园在哪里呢？让-雅克·卢梭设想的自然教育希望创建学校的园艺文化，可教师是园丁吗？叶圣陶说："教育是农业，不是工业。"可是工业化和现代化切实造成了教育的荒原文化。霍尔顿·考尔菲德的逃离，让我们从存在主义的教育理想中寻找新的希望。

（三）存在主义教育的现实意义

存在主义教育兴起的时代背景是：战争、价值颠覆、政治失序和僵硬的教育制度，湮灭了人的生命力和创造力。这能否实现霍尔顿·考尔菲德的守望理想呢？它要求人们自我选择、自我负责，珍惜名誉、权利及机会。可在这种"要么一切，要么全无"的绝对自由中，无所依托的个体，其精神世界充满了无意识冲动的惊惧，即《麦田里的守望者》中的"悬崖"意象。"我的职务是在那儿守望，要是有哪个孩子往悬崖边奔来，我就把他捉住——我是说孩子都在狂奔，也不知道自己是在往哪儿跑。我得从什么地方出来，把他们捉住。我整天就干这样的事。我只想当个麦田里的守望者。"③ 连霍尔顿·考尔菲德也承认孩子"不知道自己是在往哪儿跑"，选择过多导致决断困难，自由过度难免会自以为是。对既成道德规则的解构，并不能走向彻底的自我解放，破坏之后仍然需要建设。对自由的信仰需要面对更多的不确定性风险，热衷于反叛也无法替代对秩序和安宁的需求，这些都是存在主义教育需要面对的伦理困境。

诚如让-保罗·萨特所言，存在主义是一种人道主义。其最大的价值在于对自我的发现和尊重，提醒教育者每个个体

---

① ［德］马丁·布伯：《我与你》，陈维纲译，北京：生活·读书·新知三联书店，2002年，第36页。
② 刘铁芳、颜桂花：《基于生命立场的儿童教育：理想与实践路径》，见《学前教育研究》，2015年第4期，第18页。
③ ［美］杰罗姆·大卫·塞林格：《麦田里的守望者》，施咸荣译，南京：译林出版社，2002年，第161页。

的生命都是独特的存在。它不以在课程中设置高度组织化的学科知识为要，反对给学生安排既定的生活，反对道德灌输和循规蹈矩的人生。儿童是美和意义的发现者及创造者，是知识和道德的创生者，要发展为高度自我负责的个体，最终走向自我实现。"儿童并不是发展规律、年龄特征的抽象物，儿童并不直接等于发展规律和年龄特征，儿童首先是'人'，活生生的、有着意义体验的社会文化性存在。……儿童不仅仅是要完成发展任务的'发展中的人'（becomings），更是生存于具体生活世界中的'存在着的人'（beings），他们在自己所处的生活世界中体验着归属感和意义感。"① 儿童徘徊在成人的教育焦虑和自我的意义存在之间，在高度统一化、标准化的教育生活中，如何实施个性化发展，如何引导个体差异，如何发挥师生的对话精神，如何把学生培养成独立自尊的大写的人，存在主义教育会带来独特的启发。

四、小王子——人文主义的儿童教育

爱弥儿是隐身在自然中的活泼儿童，霍尔顿·考尔菲德的心灵磊落中有些许黑暗，小王子是略带忧郁的光明之子。他居住在自己的孤独星球上，又不断寻找责任、友谊和建立真实的交往关系。② 他在星球旅途中见识了权力者、富人、科学家、酒鬼等不同类型的成人，他们的生活已被价值规则、社会分工和世俗利益割裂得七零八落。为避免儿童的生活重蹈此覆

辙，人文主义教育注重归属、责任、理解和同情等人文素养，并不强调职业训练和实际技能的掌握。

（一）小王子感动了无数心灵

小王子的故事简单而纯净，剥离了儿童现实世界被物质化、商品化和技术化包围的真实场景，甚至连成人的社会参与都被排除出去，虚构了由玫瑰、狐狸和蛇组成的交往世界。在看似单一的场景中，展现了完全不同于成人世界的另外一幅景象，小王子的生活接近自然、童话、游戏、梦想与闲暇时的哲学沉思，他的使命是不断寻找包容、安慰、支持和接纳的人际关系，根本是为了实现精神的成长，并建立与世界的内在联系。"在社会关系的视野下，儿童因其自身的特质，始终处于他们与成人共在的被动结构中。无论儿童自己拥有什么样的活力，都不能摆脱与成人共在的社会性情境。"③ 唯独小王子保留了儿童世界的神秘性和完整性，却又无限敞开地邀请成人不断回望和审视自身的生命境况。小王子之所以能感动无数人，是因为在童年消逝的大时代中，他保存了成人真实的儿童之梦。理解儿童，是为了更好地认识自己，小王子恰好提供了这样的想象空间。

小王子呈现出完美的儿童世界，他也成为理想儿童的化身：纯洁、神圣与美好，这超越了把儿童当作缺陷性存在的常见理解。与成人相比，儿童是纯真的存在，只有深入其生命及理解生命的时间性，才能有所把握儿童的本质。"作为此在的生命，是在每时每刻的时间总和中慢

---

① 李召存：《以儿童为本：走向"为了儿童"与"基于儿童"的整合》，见《学前教育研究》，2015年第7期，第10页。

② 刘敏：《〈小王子〉的象征意义与现实意义》，见《长江大学学报》，2012年第10期，第23页。

③ 刘庆昌：《儿童的命运与成人的觉醒》，见《陕西师范大学学报》，2015年第6期，第155页。

慢逝去……对于生命来说，时间只是一个永不停息的序列和无关紧要的回忆，对未来开放的此时存在的享受以及个体生命中止的链条。"①儿童纯粹的生命时间，一端连着人类的未来，一端连着流传的共同记忆，把个体的生命之河容纳到文化的时间长河中，儿童方才获得人文的意蕴。"刚柔交错，天文也；文明以止，人文也"，儿童的教育负载着人文化成的教育原初本质。

（二）小王子折射人文主义教育的光芒

小王子表现出的精神成长史，隐喻着人文主义的教育理念。首先，他的精神世界是自足的，不仅拥有地理上的独立星球，还拥有文化心理上的自主空间，表面上是个孩童，实质上是个智者。他由于远离成人世界的腐朽、庸俗和功利，未曾受到成人文化的污染，反而能在一定的距离外，洞悉社会价值的局限和缺陷。他以生命深处的对存在关系的渴望，来弥补其不足；他活着是为了建立关系，而非获得权力、金钱和知识。其次，小王子追求的价值更具内在性和永恒性，是对人类的责任、爱、友谊和一切美好事物的依恋。②成人崇尚的价值，比如科学知识、金钱物质和名誉地位，这些也很重要，却是外在于人的，缺乏内在魅力。最后，小王子的生活状态是自由自主的，没有受到成人的控制。目睹整个故事发生的飞行员，是倾听者、理解者和伴随者，而非说教者和监控者。他守护着小王子玻璃般透明的心，期待和他一起探索生命的真谛。这也是理想教育关系的典范，教师是支持者和引导者，时刻关注学生的所想、所愿。学校真正成为儿童的花园或儿童的看护之家，而不是承担更多的知识教育、社会化学习和规则培养的场所。

（三）人文主义教育的现代审视

中西方教育思想的源头都是人文主义，它有着深厚的文化传统和丰富的实践形式，在当前的教育体系中意义重大。它培养儿童从小热爱自然，热爱身边的人，拥有热爱探索的好奇心，保护儿童完整的心灵体验，建立和世界、和他人、和自我的安全的依恋关系。由于现代儿童的生活被工业制品、大众媒体和世俗价值包围，暴露在无所遮挡的技术世界和成人世界中，致使难以走向成熟的成人儿童化（"巨婴"）和过早成熟的儿童成人化（"小大人"）现象长期并存。呼唤人文主义教育的回归不是发思古之幽情，儿童纯真的发自心灵深处的对事物和他人的热爱，影响他们成年期的人格健全发展，影响他们在科学世界中的独立探索和伟大发现。

人文主义教育在当下的启示，让我们反思要让儿童过什么样的生活。在儿童幸福的生活中，其给予儿童与传统、与他人、与世界的安全维系。从教师素养上看，其要有爱护儿童、理解儿童的心志。"教师应把他的学生看作一匹马，让这匹马跑在他的前面，这样他就能更好地了解他的步伐，断定他到底能走多远，并且依此而知道如何教才能适合他的能力。"③拥有人文情

---

① 卡尔·西奥多·雅斯贝尔斯：《什么是教育》，邹进译，北京：生活·读书·新知三联书店，1991年，第37页。

② 李千钧：《〈小王子〉中两个隐喻与西方传统文化》，见《哈尔滨工业大学学报》，2005年第5期，第122页。

③ 梁民愫、顾兴斌：《近代西欧社会转型时期人文主义教育及价值取向研究》，见《江西社会科学》，2004年第3期，第99页。

怀的教师如同伯乐，会依据儿童的天性因材施教，始终用欣赏和期待的眼光看待他们，让他们驰骋千里，活出精彩的人生。在教育内容上，重视情感教育的地位，让儿童有丰富的情感体验和共情能力。呵护儿童好问的天性，培育其启发性思维，在充满人文气息的环境中，平等地关注每个儿童的发展，以此为中心组织教育活动。

综上，上述三个流布甚广的儿童形象，标志着不同的成人—儿童关系，表达了不同的教育诉求，阐释了不同的文化理念。在我国当前的教育实践中，这些教育文化都有不同程度的体现，我们希望综合地发挥各自的优势，走出一条融合之路。这是儿童的世纪，也是国家政策大力支持下儿童教育大发展的春天，无论是理念的更新，还是实践变革，都需努力达成共识。无论成人以儿童为榜样，还是不要输在起跑线上，这些化约的口号，都要经过慎重的思考。成人和儿童并非对立的关系，后者是前者生命的延续和文化的延续。自然主义教育、存在主义教育和人文主义教育为我们提供了观察儿童及其教育的不同视角，如何把它们融合进我国教育的发展，运用其精神和智慧来为我国儿童的福祉服务，是一项丰功伟业。

Who Is the Child, How to Educate
—On Three Parts of the Philosophy of Children's Education

Huang Qingli

Abstract: The understanding of children affects the position and practice of educating children. That how to educate children must be supported by corresponding views on children and education. Three typical children's images, Emile, Holden Caulfield and Little Prince, are selected to analyze their naturalism, existentialism and humanism. At present, the myth of "who is the child" remains to be explored, and children's educational practice also repeatedly chooses among control, freedom and indulgence to grasp the appropriate scale. It is of practical significance for the construction of the ideal picture of children's education and the improvement of practice, to examine these three pieces of children's education philosophy and analyze the children's view and education culture contained in them.

Keywords: the children's view; children's education; philosophy of children's education

让孩子的精神世界充满精彩

——天津市和平区幼儿园儿童哲学启蒙教育的实践探索

◎ 高 洁 付 莹①

摘 要：天津市和平区 12 所幼儿园自 2008 年开始尝试儿童哲学启蒙教育研究，历经十三年的实践探索。这些幼儿园通过创设浓郁的区域研究氛围，提供政策保障和专业支持，以课题研究为依托，扎实推进儿童哲学研究进程，取得了丰硕的研究成果。同时儿童哲学启蒙教育研究也成为天津市和平区探索幼儿园品德教育的新路径：坚持生活化原则，探寻儿童身边的道德问题；坚持对话性原则，引导儿童形成群体探究；坚持思辨性原则，构建儿童正确的道德认知，在儿童幼小的心灵中播下真、善、美的种子。儿童哲学启蒙教育的教研引领思路可以简要归结为一个回归与三条基线。即回归对儿童的研究，研儿童之问、研儿童之学、研儿童之思，从而实现儿童哲学保护儿童的哲学天性，培养儿童的哲学思维，奠基儿童的幸福人生的教育价值。

关键词：儿童哲学　启蒙教育　精神世界　和平区　实践探索

说起哲学，人们的第一感觉是与抽象的逻辑推理相关，与艰深的学问相连，不禁使人敬而远之，似乎很难与天真、纯朴的儿童联系在一起。其实，哲学离儿童并不遥远，就存在于儿童好奇的提问之中。我们在幼儿园开展的儿童哲学启蒙教育不是通常意义上的柏拉图、伊曼努尔·康德等哲学思想家的经典学术理论，不是以高深的哲学问题为出发点的"大哲学"，而是与儿童生活息息相关的，儿童了解自己和世界的"小哲学"，其根本目的在于保护儿童的好奇心和求知欲，培养儿童的问题意识、质疑精神、创造性思维以及合作沟通等关键能力。

儿童哲学启蒙教育与《幼儿园教育指导纲要》和《3—6 岁儿童学习与发展指南》的理念非常契合。它关注儿童的精神世界，对儿童施以哲学启蒙教育，不仅能保护儿童的哲学天性，培养儿童的哲学思维，而且对于实现《幼儿园教育指导纲要》《3—6

① 高洁，天津市和平区教师发展中心副主任，天津市优秀教师，天津市幼教师德建设先进工作者，主持并指导和平区 12 所幼儿园开展儿童哲学启蒙教育研究十余年，编辑《幼儿哲学启蒙教育的实践研究》成果集和《儿童哲学的一百种语言艺术作品》画册。课题"幼儿哲学启蒙教育的实践研究"获中国学前教育研究会"十二五"课题研究成果奖二等奖，天津市第六届基础教育教学成果奖一等奖。

付莹，天津市和平区教师发展中心学前教研员，正高级教师，天津市特级教师，天津市劳动模范，指导和平区 12 所幼儿园开展儿童哲学启蒙教育研究十余年。《儿童哲学启蒙教育的实践探索》教研成果获天津市精品教研成果奖。

岁儿童学习与发展指南》确定的诸多培养目标，比如帮助儿童正确认识自己和他人，养成与他人、社会亲近、合作的态度，以及培养儿童的自主性、自律能力、语言表达能力等，都将发挥重要的作用，同时也是转变教师的教育观念与行为的突破口。

一、走进儿童的精神世界——天津市和平区儿童哲学启蒙教育研究历程与成果

2008年，时任天津市和平区人民政府副区长、天津市和平区人大常委会副主任的庞学光博士为全区400余位幼儿教师做了"儿童哲学教育的理论与实践"专题报告，大家对儿童哲学的概念、意义及教学方法有了初步的认识，自此，天津市和平区在12所幼儿园大班开启了儿童哲学启蒙教育的实践探索。其间，我们体验了研究初始时的茫然、困惑、无处着手，也体验了大胆探索、勇于实践的艰难，但儿童哲学研究对于幼儿成长的深远意义激励我们克服困难、坚持不懈、不断前行。

（一）创设浓郁的区域研究氛围，提供政策保障和专业支持，推动儿童哲学启蒙教育的实践探索

在构建"奠基未来"区域教育文化体系的背景下，我们基于"奠基幼儿幸福人生"的文化理念，以培养幼儿面向未来的核心素养为目标，统筹规划，建立机制，做好组织保障和引领支持。

（1）和平区教育局出台了《关于在全区幼儿园开展儿童哲学启蒙教育的实施意见》，就开展儿童哲学启蒙教育实践研究制定了遵循的原则，提出了明确的要求，从政策上推动研究进程。

（2）建立区、园两级分层研究机制，

构建实践研究共同体，从组织上推动研究进程。

一是和平区教育局牵头，成立由行政人员、教研人员和幼儿园业务园长、骨干教师组成的区级儿童哲学研究组。学前教育科和区幼儿教育研究中心定期组织教师进行理论学习和教育实践观摩研讨，同时经常深入幼儿园指导教学实践，带领研究组成员构建课程框架，检验教育内容的适宜性，探索教育实施的有效策略。内容丰富、形式多样的研训活动逐步提升了教师的哲学素养和儿童哲学启蒙教育的实践水平。

二是幼儿园按照文件要求，园长做好全方位保障，业务园长制订计划、组织实施、定期总结汇报。各幼儿园根据园所的实际采取不同的方式实施。例如，有的园所由专职教师定期组织儿童哲学启蒙教育实践活动，有的园所由大班本班教师组织儿童哲学启蒙教育实践活动。

（3）注重过程管理与方向引领，带领各幼儿园及教师开展实践探索。对于成效突出的园所和教师，和平区教育局颁发荣誉证书，给予奖励。制度是纲，文化是魂。在外部激励的同时，我们通过变革管理，采取智力激发、影响感召、个性化关怀等方式，激发教师参与儿童哲学研究的内在动力，让教师体验儿童哲学研究过程中的乐趣，找到工作本身的意义，获得成就感和幸福感。

（二）以课题研究为依托，提供有力的专业支持，促进教师教育实践能力的提升

2011年，我区"幼儿哲学启蒙教育的实践研究"申报了中国学前教育研究会"十二五"课题，并获准立项。2012年，我们举办了开题会，邀请天津市及全国教育和科研部门的数位领导、专家和学者为我们诊断，大家一致认为该课题新颖、意

义深远、具有前瞻性，同时指明了研究方向，提出了可行性建议，使我们开阔了视野，拓展了研究思路。

开展课题研究期间，和平区教育局领导给予了各方面的大力支持。

一是为研究组成员购置大量儿童哲学参考书籍，比如《写给孩子的哲学启蒙书》《儿童哲学智慧书》"哲学鸟飞罗"系列丛书、《哲学原来可以这样学》等，通过读书交流活动，教师开拓了思路，获得了有价值的信息，对哲学问题的敏感性不断增强。

二是投入大量经费，邀请国内外知名专家对教师进行培训，并安排教师多次到外省市学习交流。例如，庞学光博士多次为教师开展专题讲座，并参与教学研讨；刘晓东教授的"儿童哲学的内涵"专题讲座，带给了我们全新的教育理念和顺应时代要求的儿童观；杨茂秀先生的"台湾儿童哲学发展"专题报告，使我们领悟到儿童哲学教育要与生活紧密联系，可采用渗透式的教育模式；王清思教授的"儿童哲学团体探究工作坊"专题讲座，使我们感受到儿童哲学对话中宽松和谐的氛围，以及如何与儿童进行有效的互动；英国克莱尔·卡茜迪教授为期5天的儿童哲学培训使我区50位幼儿教师对儿童哲学理论有了深刻的认识，并掌握了具体的教育策略；高振宇博士的参与式培训使我们更加理解了"大哲学"和"小哲学"的区别，在体验中教师学到了如何使用儿童哲学刺激物组织幼儿进行哲学话题讨论；赴上海市六一小学访学，让我们初步领略儿童哲学的真谛，开启了我们的儿童哲学探索之路；赴东北师范大学参加儿童哲学与率性教育高峰论坛，启发我们把儿童哲学启蒙教育融入幼儿园的生活之中；赴杭州参加"回归儿童"教育论坛，使教师了解了儿童哲学教育在不同国家采取的不同教育方法，启发我们深入思考如何做到儿童哲学教育在中国的本土化。在此，我也想特别感谢高振宇博士给予了我区实质性的专业指导，感谢浙江省哲学学会儿童哲学专业委员会为我们提供学习和交流的机会。

课题研究中期，我们召开了总结汇报会，研究组介绍了课题研究的进展及阶段性成果，与会领导和专家给予了高度评价和高端引领，使我们进一步提高了站位。会后，研究组吸收专家的建议，继续丰富教育内容，并注重日常生活中的渗透教育和随机教育。课题结题阶段，我们汇集课题研究成果，总结提升有益的实践经验。

（三）在对话中碰撞，在思辨中提升，喜结儿童哲学启蒙教育研究硕果

经过多年的实践探索，我们总结出：在幼儿园开展儿童哲学启蒙教育是以儿童日常生活中所熟悉的并富有哲理性的问题为主题，通过选取哲学刺激物，创设生动活泼、宽松和谐的氛围，激发儿童进行探索和思考，组织儿童同伴间的相互交流与合作，形成探究的群体，在反复对话、思辨的过程中，帮助儿童感受事物的相互联系与辩证关系，去发现和思考与自己生活经历有关的各种事物的意义，形成良好的思维习惯，获得终身受益的品质。

在大家的共同努力下，我们在理论层面提炼出儿童哲学启蒙教育的核心价值，即保护儿童的哲学天性、培养儿童的哲学思维和奠基儿童的幸福人生。我们在实践层面概括了儿童哲学启蒙教育的突出特点，即对话性、情境性、思辨性和趣味性。我们建立了儿童哲学问题库，构建了具有原创性的儿童哲学活动操作模式；确定了六个主题的教育内容；探索了主题活动的实施策略；明确了实施原则，即与生活相结合，与游戏相结合，与品德教育相结合。我们编辑了《幼儿哲学启蒙教育的实践研究》成果集，其中包括《感悟篇》《案例篇》和《实践篇》三个部分。我们提炼了儿童哲学活动的实践策略和要点，编辑了《儿童哲学的一百种语言艺术作品》画册。和平区儿童哲学研究团队在其微信公众号上推出《儿童哲学故事》专栏，每周编辑一个故事，加入儿童喜欢的视听效果，提出讨论的问题，指导教师和家长与儿童共同探讨哲学话题。

我们的成果通过教育核心期刊、报纸、对外交流研讨会、儿童哲学论坛、精品教研成果展示、京津冀线上交流和公益讲座等多种形式广泛推广，得到国内外知名教育专家的一致好评，他们认为此研究符合国家关于学前教育发展的要求，研究成果具有重要的理论意义和实践价值，是一项优秀的社会科学研究成果。我们的成果获得中国学前教育研究会"十二五"课题研究成果奖二等奖，天津市第六届基础教育教学成果奖一等奖。多家媒体对我们开展的研究活动进行了报道。

前期，在天津市教委和我区历任教育局局长等相关部门和领导的大力支持下，在我区历任学前教育科科长的引领下，在市、区教科研部门的专业指导下，在我区园长和教师的辛勤努力下，我们取得了一定的成绩，但还有许多需要改进和完善的地方。学前教育是终身学习的开端，今后，我们将以习近平新时代中国特色社会主义思想为指导，全面贯彻党的十九大精神和党的教育方针，以开展儿童哲学启蒙教育为路径，促进幼儿园教育品质的提升，为儿童的终身发展奠定坚实的基础，同时，带动学前教育课程改革，使我区的学前教育更加尊重儿童文化，更加开放和多元。

二、在儿童幼小的心灵中播下真、善、美的种子——儿童哲学启蒙教育，探索幼儿园品德教育的新路径

终身之计，莫如树人；育人之本，莫如铸魂。培养什么样的人，历来是党和国家高度重视的教育问题。党的十八大报告首次把"立德树人"明确为教育的根本任务，党的十九大报告提出"落实立德树人根本任务"。习近平总书记多次强调，要把立德树人融入思想道德教育、文化知识教育、社会实践教育各环节，贯穿基础教育、职业教育、高等教育各领域，强调要在品德修养上下功夫。学前教育是基础教育的起始阶段，这一时期对儿童进行适时适度的品德教育，可以培养儿童基本的道德观念和责任意识。当前，我国正处在开放的国际环境和多元的文化背景之中，多种价值观并存，幼儿园时期是人格开始形成的基础阶段和关键时期，所以对儿童进行品德教育更有必要性和紧迫性。

（一）当前幼儿园品德教育的现状

《幼儿园教育指导纲要》《幼儿园工作规程》对儿童品德教育提出了具体的目标。幼儿园通过与环境整合、与区域活动整合、与一日活动整合、与重大节日整合、与家庭教育整合等多元的教育形式，引导儿童自觉遵守社会公德，养成诚实、自信、友爱、勇敢等良好的道德品质和行为习惯。但是传统品德教育仍然存在一些问题，一是教师寄希望于通过一两次的教育活动达到快速培养儿童良好品德的教育

目的，忽视了儿童品德教育的长期性。二是在儿童出现某些品德行为问题时，简单归因为儿童的品德认识问题，没有考虑到这些问题可能是儿童的需要没有得到满足的直接或间接表现，缺乏对儿童心理需要的关注。三是部分教师仍然过于重视单纯的说教和灌输，教育过程过于抽象，让儿童被动地接受难以理解的人、事、概念等，没有与儿童的实际生活经验相结合。

（二）儿童哲学启蒙教育——幼儿园品德教育的新突破

品德教育要适应时代的需要。时代的进步对人的发展提出了全面而综合的要求，对品德教育也提出了新的挑战。福建师范大学郑敏希教授提出：品德教育不是让儿童像学习科学技术一样去学习或遵循已有的基本道德规范，而是需要关注儿童在面对未来挑战时所表现出的决断力与创造力。自 2008 年开始，我区在幼儿园中开展儿童哲学启蒙教育，将教育研究的视角转向儿童，关注儿童的精神世界，培养儿童终身受益的学习品质。经过多年的实践探索，我们进行了突破性的尝试，即用儿童哲学教育的方式开展幼儿园品德教育。

这种教育方式与传统品德教育最大的不同是：避免单一、呆板的言语说教和知识性的灌输；遵循儿童身心发展的特点和认知规律，充分利用儿童的好奇心和强烈的求知欲，让儿童在一日生活的体验中积累丰富的感性经验，再通过教师的引导、反问、追问，让儿童在反复思考，同伴间的讨论、辩论、思维碰撞中进行群体探究；给儿童充分的时间，使其逐步自觉构建正确的道德认知，知道应该怎样做，为什么这样做，真正做到让道德内化于心、外化于行，使儿童具有探索自身、世界的勇气和分析辨别的能力。

（三）儿童哲学启蒙教育融入儿童品德教育的实施策略及案例分析

1. 坚持生活化原则，探寻儿童身边的道德问题

幼儿园的儿童总是充满了好奇心和对世界的探究兴趣，总是不停地追问"为什么"。他们在成长过程中遇到的烦恼和问题看起来无足轻重，却是心灵成长的机会。比如：幼儿园户外活动时，有的小朋友滑滑梯不排队；有的小朋友说"爸爸妈妈把一切好的都给了弟弟妹妹，自己觉得不太开心"；有的小朋友说"爸爸妈妈不让我看电视，不让我吃糖，什么也不让，我一点都不自由"；新型冠状病毒肺炎疫情暴发后，儿童每天都在问很多的问题："野生动物身上有病毒，为什么还要保护野生动物？""不怕病毒算不算勇敢？什么是勇敢？""病毒这么可怕，为什么有这么多医生愿意去对抗病毒？"……可见，儿童是离自然最近的人；他们朴素、真挚，表达虽然直白，却能直击心灵；他们提出的这些问题正是原始哲学思维的体现。

《3—6 岁儿童学习与发展指南》指出，儿童的学习是以直接经验为基础，在游戏和日常生活中进行的。因此我们在日常生活中要做到把知转化为行，在实践中融入儿童哲学思维。在开展儿童哲学启蒙教育的过程中，刺激物的选择、开发与应用是最开始的环节。在多年的实践中，我区幼儿园的教师以生活中的真实事物为刺激物，引导儿童思考、思辨，运用哲学的思维方式来解决生活中的道德问题。

案例：户外活动时，我区卢文君老师发现有几个孩子经常倒爬滑梯，引起了其他孩子的抗议，为了孩子的安全，她一再提醒，反复强调不能这样做，但是几个孩子还是偷偷地倒着爬滑梯。在开展儿童哲学启蒙教育实践活动后，她反思自己的教育行为，觉得应该耐心倾听儿童真实的想法，于是蹲下身和蔼地问："你们为什么喜欢倒爬滑梯呀？"这几个孩子开始有些害羞，在她真诚的发问下，孩子纷纷说道："我觉得特别刺激、好玩。""顺着滑滑梯，太简单了。""对，倒爬滑梯好像爬山，很难的！""我想看看我能不能爬上去。"……原来这几个孩子不是故意捣乱，倒爬滑梯的体验对于这几个孩子而言是新奇的，是用不同的方式在探索；倒爬滑梯动作技能更有挑战性，带给儿童的成功体验也更强烈。卢文君老师体会到走近孩子，聆听他们的心声是多么重要！可是倒爬滑梯是会发生危险的，她想：让孩子成为规则的制定者，同时规范孩子攀爬的动作，既满足儿童的需要，又帮助儿童对规则的执行由他律走向自律。她把这个问题抛给了孩子。孩子说："我们会轮流玩的，排好队，不争抢。""只能倒着爬，不能顺着滑，不然就会撞上了。""还有，不能跟得太紧。"……她继续问："有人想倒爬滑梯，可有人想顺滑滑梯，该怎么办？"孩子经过讨论得出结论："在同一个大型玩具的两个滑梯中，分别设定倒爬滑梯和顺滑滑梯，小朋友自己选择。"这时，一个孩子提出了新的问题："要是不在幼儿园里，在公园里滑滑梯能不能这么玩？"孩子的讨论进一步深入下去。

从这个案例可以看出，教师能够发现儿童在幼儿园日常活动中的真实问题，倾听儿童的真实想法，了解儿童，尊重儿童，引导儿童通过群体探究的方式，层层递进，讨论问题，解决问题，提出新的问题。教师通过追问、反问的方式引发儿童多角度的思考，让他们学会关心同伴、站在他人的角度思考问题，逐步理解自由与规则的关系，学习自律。

2. 坚持对话性原则，引导儿童形成群体探究

儿童的精神世界是丰富的，但经验的建构还需要通过与成人的对话来进行。苏格拉底提出的"产婆术"是指利用对话的形式达到让受教者通过自己的思考发现知识，而不是直接传授知识。马修·李普曼是儿童哲学的首倡者，他特别强调对话对儿童思维能力培养的重要作用，认为通过群体探究，围绕相关的内容展开对话，儿童能够发现生活的意义。

在日常生活中，我区幼儿园教师创设了宽松、平等的氛围，鼓励儿童大胆质疑，让儿童说出真心话。同时，关注他们的内心感受，认真倾听、记录、收集儿童感兴趣的话题和问题，用儿童哲学教育的方式引导儿童进行思考。在这里，教师像知识助产士一样，不直接给出问题的答案，而是鼓励和启发儿童充分发挥各自的想象力及创造力，儿童自己提出问题，经过讨论，自己得出结论。这也是我们选择用儿童哲学的方式开展品德教育的重要原因。

案例：由于二孩政策的实施，越来越多的家庭选择生育二孩。我区于唯唯老师在偶然听到几个孩子的谈话后，敏锐地意识到这不仅是关于"好与不好"的哲学话题，而且是互相关爱的道德问题。有的孩子说："我有个妹妹，特别可爱。"有的孩子说："有什么好的？我就不喜欢！"……大家争得面红耳赤，对这个事情的看法产生了分歧。于是，于唯唯老师带领孩子一起讨论"有个弟弟妹妹好不好"的问题。在孩子存在不同意见时，她提出了一个关键问题："如果弟弟妹妹经常淘气，你还会喜欢他们吗？"笑笑说："弟弟妹妹淘气，因为他们不懂事，我们可以给他们讲道理。"谦谦反问道："那他们太小，听不懂道理呢？"杜杜反问道："那也没关系，你小时候不也总是犯错吗？"在教师的引导下，大家开始尝试站在他人的角度看问题。此时，有的孩子表示同意原谅弟弟妹妹淘气的行为，但仍然觉得弟弟妹妹会带来麻烦。

在激烈的讨论中，孩子虽然坚持自己的观点，但同时也接纳同伴的一些想法。几天后，这个话题的讨论还在继续。教师采用连环追问的方式，引导孩子深入思考："除了怕他们给你带来麻烦，还担心什么吗？"潼潼说："我害怕爸爸妈妈总是陪弟弟妹妹，他们会不会不爱我了？"马上有孩子表示同意。教师将问题抛给孩子："陪伴的时间少了就是不爱了吗？"大家又展开了讨论，有的孩子认为弟弟妹妹还小，需要被照顾。有的孩子认为照顾弟弟妹妹，也是一种爱。大家反复地思考，尝试着寻找答案。教师及时抓住"也是一种爱"这句话，继续追问："为什么也是一种

爱？是一种什么爱？"辰辰笑着说："弟弟妹妹爱我，我也爱他们呀。"这时孩子不但没有觉得爸爸妈妈的爱被分走了，而且觉得多了弟弟妹妹的爱。通过教师层层深入引导，孩子达成了要关爱弟弟妹妹的共识。

3. 坚持思辨性原则，构建儿童正确的道德认知

传统的品德教育过程中，教师和一些家长更重视儿童是否确立了某些正确的道德观念，对儿童独立、批判地去思考他们所学的东西重视不够。长此以往，很多儿童会渐渐远离质疑和思考，这不仅不利于儿童良好品德的培养，对教育而言也是一种缺失。儿童哲学研究非常注重对儿童辩证思考能力的培养，由话题引发的讨论，除了话题本身具有辩证关系，在讨论过程中，教师及时捕捉儿童之间具有辩证冲突的观点，通过质疑追问、角色换位、辩论等多种形式，引导儿童从正、反两个方面，以及多角度地思考问题，拓展思维。同时，考虑到儿童的年龄特点和学习方式，教师也会巧妙地结合故事、游戏来呈现某些抽象概念的具体情境，让儿童在感受体验中获得思维的发展。

案例：为了培养儿童勇敢的良好品德，我区很多教师都开展过"什么是勇敢"的主题活动。教师充分尊重儿童，鼓励儿童表达真实的心声："在生活中你有哪些害怕的事情？"孩子纷纷说出：害怕打针、害怕电闪雷鸣、害怕户外活动时高高的滑梯和摇晃的荡桥等。在了解儿童的真实想法后，教师表示理解和接纳，并安慰他

们，谁都会经历害怕这种感觉，它是普遍存在而且是无法避免的。但是在生活中，有的儿童好像不知道害怕，比如不顾危险从高处往下跳、荡秋千的时候荡得非常高……教师创设思辨的情境，通过"什么都不怕，就是勇敢吗"这个话题引发儿童的认知冲突。经过同伴间的质疑、碰撞，儿童明白勇敢的行为要根据自己的实际能力来完成，有时候虽不惧危险，但缺少思维和理智的判断，最后只能伤害自己或别人，那些行为看似"勇敢"，实为"鲁莽"，有些危险的事情是不能做的。与此同时，教师通过组织儿童讨论，让儿童分辨什么是臆想出来的恐惧，比如现实中并不存在妖魔鬼怪，不需要害怕；教师提出问题："害怕的时候你会怎样战胜它？"引导孩子一起想办法。对于性格内向的儿童，教师应特别关注，给予他们在集体中表现的机会，让其获得成功感，增强自信心，逐步克服胆怯的心理。

在这个案例中，教师在关注儿童的元认知引导儿童辩证地思考、学习多种应对问题的策略的过程中，对儿童的原有想法提出具有假设、对比的追问，体现出从感受到思辨再到应对的内部逻辑关系，层层递进，逐步引导儿童明晰：勇敢是做正确的事，勇敢与胆怯是相对的，与鲁莽有本质的不同，真正的勇敢是既不胆怯也不鲁莽。教师还与儿童共同探讨了战胜恐惧的方法。

（四）儿童哲学启蒙教育在幼儿园品德教育中取得的成效

1. 儿童的改变

提出问题和探讨问题的价值远远大于给出答案和解决问题。通过多年的儿童哲学启蒙教育的实践探索，我们惊喜地发现，儿童在充满惊奇和智慧的对话中获得了对生命和世界的认知快乐，在多角度、全面、正反面的思考过程中建构了求真、求善、求美的道德认知。儿童哲学启蒙教育让儿童获得的能力具有迁移性和跨领域性，除了帮助儿童养成良好的行为习惯，勇敢地面对困难与挑战，形成健康积极的生活态度，在培养儿童的自主性、自律能力、语言表达能力，使其养成对他人、对社会的亲近、合作的态度等方面，也发挥着重要作用。

2. 教师的改变

在传统的品德教育过程中，教师更多的是关注儿童能否相信或者学会去做那些"正确的事情"，能否做到去遵循那些良好的道德行为规范。通过开展儿童哲学启蒙教育，教师开始学着逐步去引导儿童思考为什么某些事情是对的或是错的。他们从一个权威的代言人，自觉地隐身为儿童心灵的倾听者、问题讨论的参与者，看到了儿童表面行为背后的原因和内在情感，更加准确地解读儿童，提高了教师与儿童互动的能力和质量，也使教育变得更加从容和充满智慧。

今后，我们会继续扩大儿童哲学启蒙教育的覆盖面，让区域内更多的幼儿园参与儿童哲学启蒙教育的实践，同时探索儿童哲学启蒙教育在儿童一日生活的各个环节中的融合，探索其与心理健康教育的融合，希望在儿童的大脑和心灵深处，早早地播种和培育智慧的种子，培养出一个个心灵健全、精神富足、热爱生活、尊重他人的人，让儿童健康快乐地走在自己的人生道路上，为幸福的未来奠定基础。

三、回归对儿童的研究——研儿童之问、研儿童之学、研儿童之思

这是一个关于儿童哲学的学习故事，天津市和平区第四幼儿园的孩子在露台的一角开辟了蔬菜园。一天，他们发现在樱桃小萝卜苗中有一棵与众不同的小苗，它长得和盆中的其他小苗不一样。有的孩子提出要把它拔掉，有的孩子不同意，于是老师和孩子围绕"这棵不一样的小苗我们是拔掉还是留下"的问题展开了对话。

球球："我们得拔掉它，因为它跟别的小苗不一样，我们不知道它长出来会是什么，万一是有害的呢？"

依依："可是它现在只是一棵小苗，我们谁也不知道它会是什么，万一它长出来是漂亮的花呢？"

林林："我们这里是蔬菜园，开花的植物会长得很大，会挤占土壤空间，那我们的樱桃小萝卜就长不出来了。"

欣欣："在播种的时候，老师告诉我们都留了间隙的，它不会挤占太多的地方。"

君君："不能拔，一棵小苗也是一个生命啊。"

老师追问道："那什么是生命呢？"

"我们活着就是生命。"

"生命只有一次。"

"能喘气的就是生命。"

"生命就是能生长的。"

"我妈妈说，生命还是会死亡，会消失的。"

……

孩子表达着自己对生命的理解。

老师继续追问："谁可以决定别

人的生命呢？"

"我妈妈可以决定我的生命。"

"自己可以决定。"

"没有人可以决定别人的生命，想不想活着自己说了算。"

……

老师继续追问："可是当我们遇上这棵不会表达的小苗的时候，我们怎么决定它的生命呢？"

"老师，如果我是这棵小苗，我就想活着。什么样的生命都是想长大的，如果小草有眼睛它还能看着我们照顾它、在露台上做游戏，我们快乐它也会很快乐。"

"老师，我想把它留下，我想看看它长大后是什么样子。"

之前坚决要求拔掉这棵小苗的球球说："老师，要不这样吧，我们先让它再长长，如果它影响樱桃小萝卜的长大，我们就把它拔掉，好不好？"最后孩子达成了共识，将这棵不一样的小苗留下了。（故事未完待续）

从这些孩子的对话中，我们可以发现儿童对生命的理解与关怀，对不同观点的接纳与思考。从教师的追问中我们可以发现教师对儿童观点的尊重与支持，对教育的敏感与机智，体现了儿童智慧与教师智慧的交相辉映。

那让我们一起透过这个故事来思考一下，什么是哲学？什么是儿童哲学？

"哲学"（philosophy）一词是从古希腊的"爱"（philein）与"智慧"（sophia）这两个词演变而来的，它的本意是"爱智慧"。所谓"爱智慧"，就是对智慧的热爱、探寻与追求。儿童哲学的内涵可以从

儿童视角和教师视角两个维度来进行诠释。儿童视角即儿童的哲学，是儿童的认识、想法和观点，是儿童与生俱来的对周围事物和现象的好奇与探究，是儿童整合经验、知识与思考的智慧累积。教师视角即儿童哲学教育，是聚焦儿童生活中富有哲理性的问题，以群体探究的方式，展开对话、体验和思考，发展儿童的多元思维，使儿童形成积极的生活态度与人生智慧。

儿童哲学研究解决的问题包括：（1）如何看待儿童？这是关于儿童观的问题。研究儿童哲学，教师越发认识到儿童是天生的哲学家，儿童的小问题中蕴含着大智慧。（2）如何观察儿童的内在？如何倾听儿童的心声？如何解读儿童的需求？这些是关于教育观的问题。研究儿童哲学，教师从探寻儿童的问题出发，发现儿童的兴趣、困惑和内心的真实想法，用全身心去倾听儿童，走进儿童的心灵世界。（3）如何支持儿童的发展？这是关于课程观的问题。研究儿童哲学，教师与儿童一起展开群体探究，支持儿童通过与他人思想的碰撞，形成对世界的理解和态度。

要解决这些问题，儿童哲学启蒙教育研究的引领思路是"一个回归与三条基线"。

（一）一个回归：回归对儿童的研究

儿童哲学与成人哲学的区别是：成人哲学以高深的哲学问题为出发点，语言抽象难懂，是理论探索的学术活动，重在形成某套完备的理论或思想体系；儿童哲学以儿童自己感兴趣的想法和问题为出发点，展现儿童的好奇时刻，使儿童形成对问题不同程度的理解，发展儿童的思维能力，是用儿童自己的身体与心灵做哲学。

儿童哲学研究一路走来，经历了对哲学观点的研究到对辩证主题的研究，回归到对儿童的问题、想法、观点和思想的研究。从设计活动到编写教材，回归到观察、倾听、发现、记录、分析和对话，从而看见与展现儿童作为天生哲学家的心灵成长力量。回归对儿童的研究充分体现了儿童哲学的四大核心儿童观：基于儿童立场、了解儿童特点、发展儿童力量和保障儿童权利。

（二）三条基线：研儿童之问、研儿童之学、研儿童之思

1. 研儿童之问

天真烂漫的儿童对宇宙及周围一切事物所萌发的种种困惑、疑问、匪夷所思的想法，都含有探索真理的意味，甚至符合深奥的哲学原理。

儿童的这些困惑和疑问能否得到解答以及得到怎样的解答，都将影响儿童未来对自己、对他人、对社会和对世界的看法。这也是儿童哲学研究的意义所在。

（1）儿童的问题——对世界的好奇

教师在日常活动中注意倾听和收集儿童提出的问题，全区汇集了儿童的热点问题160个。我们来看看儿童提出了哪些问题。

为什么诗人要写诗？为什么我们大家不一样？传说的故事是真的吗？世界上有魔法学校吗？为什么小孩不能插话，成人却可以？温度为什么有高有低？为什么人会死？世界上为什么会有坏人？为什么要上学？……

关于梦的问题有：什么是梦？梦从哪儿来？为什么会有噩梦和美梦？为什么梦里能做的事，醒了却不能做？梦能变成真的吗？为什么我们的梦不一样？……

（2）教师的困惑——如何判断哪些是哲学问题

儿童提出了这么多的问题，哪些才是哲学问题？

（3）教研引领——通过分类、筛选和提炼来辨析哲学问题

教研引领教师对儿童的问题展开研究：儿童都提出了关于什么的问题？哪些是哲学问题？儿童哲学问题的特征是什么？什么是好问题？如何引导儿童提出好问题？教师通过分类、筛选和提炼来辨析儿童提出的问题。

① 儿童都提出了关于什么的问题

教师通过分类惊喜地发现，在那些看似稚嫩的问题里蕴含着许多值得探究的深刻哲理，可以看到儿童丰富的思想世界，其中闪烁着哲学的火花。

教师又以儿童视角将问题分为：与自我相处的问题，与自然相处的问题，与他人相处的问题。

我与自己：我们为什么不一样？什么是幸福？

我与自然：小蚂蚁应该被踩死吗？小花会快乐吗？小鱼会思考吗？

我与社会：吵架了还能成为朋友吗？我必须同意别人的意见吗？我一定要遵守规则吗？

② 哪些是哲学问题

关于什么是哲学问题，教师产生了分歧，甚至相互质疑对方筛选出的哲学问题。

③ 儿童哲学问题的特征是什么

提炼哲学问题的特征可以帮助教师更好地分析儿童提出的问题。

哲学问题的特征：答案是开放的、有多种可能性的；关涉存在的意义；从儿童生活中得来的疑惑。

④ 什么是好问题，如何引导儿童提出好问题

儿童哲学活动，改变了由教师发问的方式，探究儿童自己选择的问题，将提问权给了儿童，但教师也发现，能提出一个引发思考的好问题不是一件容易的事，促进儿童从想问、爱问、会问到善问，是我们现阶段研究的重点。

2. 研儿童之学

（1）儿童的学习——群体探究

群体探究是儿童哲学的核心，是儿童哲学创始人马修·李普曼在推广儿童哲学的过程中提出的，是儿童做哲学的主要方式。

可能大家会问：儿童哲学在探究什么呢？探究是儿童经验获得与重构的有效方式，关于儿童困惑的问题，其在与同伴思想的交锋中，形成对问题的深入理解。

（2）教师的困惑——如何选择引发儿童群体探究的刺激物

儿童哲学的群体探究，是一群儿童在教师的协助之下，平等合作，以哲学的方式开放地交流彼此的意见，共同探究、解决问题的过程。儿童哲学的群体探究需要一定的刺激物来引发，选择适宜的刺激物，既能回应儿童的问题，又能将问题引向深入，值得我们探讨。

（3）教研引领——儿童哲学工作坊，用儿童哲学的方式做教研

儿童哲学的教研同样用群体探究的方式展开，运用儿童哲学工作坊的形式，组建儿童哲学项目研究团队，在区域和园所进行儿童哲学工作坊的教研引领，同时在网上创建儿童哲学询问社区，形成群体探究的教研方式。

① 发言球的制作与价值探讨

儿童哲学群体探究经常用到的发言球，是由团队中的每一个成员共同制作完成的。儿童在儿童哲学工作坊中与教师一起制作发言球，分析发言球的价值，包括：建立规则——谁有球谁说话；培养习

惯——倾听、耐心、理解和尊重；团队合作——有权利邀请其他人，给每个人机会来参与和贡献自己的想法。

②儿童哲学刺激物的选择

启动儿童哲学对话，引发儿童哲学思考的视听媒介，被称为儿童哲学活动中的刺激物。刺激物的种类有很多，比如绘本、动画、游戏、戏剧等。所选刺激物需要能够呼应儿童的问题，内含主导概念和引导观念。下面就新型冠状病毒肺炎疫情期间回应儿童问题所选择的刺激物进行列举分析。

表1　新型冠状病毒肺炎疫情期间回应儿童问题所选择的刺激物列举分析

回应问题	刺激物	主导概念	引导观念
野生动物有病毒，为什么还要保护野生动物？	朗诵剧《唤"福"》	生命	保护野生动物就是保护人类自己
不能出去玩，待在家好不好？	绘本《溜达鸡》	自由	任何事物都有两面性
病毒在外面，我们躲在家里不出门，我们是不是胆小鬼呀？	话题视频（教师创作）	勇敢	勇敢不同于鲁莽，勇敢也是对自我的一种保护方式
人类是地球的主人吗？	绘本《如果地球被我们吃掉了》	主人	主人拥有的不只是权力，更多的是责任
什么是英雄？	动画片《雨果带你看世界》第8集《什么是英雄》	英雄	每个平凡的人都能成为英雄

3. 研儿童之思

（1）儿童的思考——哲学思维的游戏

马修·李普曼发现，儿童的思维本身就具有哲学性。因为哲学思维始于好奇心和困惑，其属于儿童最宝贵的财富。依循儿童的思维特点和本性，以适合儿童的方式开展哲学对话是儿童非常喜欢的，这可以视为哲学思维的游戏。

（2）教师的困惑——如何通过对话培养儿童的哲学思维

在群体探究的过程中，对话能够促进儿童的思考不断深入。对话围绕问题展开，儿童不断提出自己的观点，相互质疑。对话与谈话的区别在于对话不是简单的观念的平行分享，而是实现对问题的深度理解。对话使儿童在群体探究中，获得支架式的引导和启发，使儿童能够以自己的方式发现问题、澄清问题和重构问题，使哲学思维得以发展。

哲学思维包括关爱性思维、合作性思维、批判性思维和创新性思维。哲学思维在儿童思考过程中有着具体的表现。

关爱性思维：愿意倾听，学会用适当的方式进行交流，有同理心，关心世界的大问题。

合作性思维：愿意分享，学习商量和等待，乐意与同伴一起思考和探究，能尝试整合经验。

批判性思维：敢于提问；敢于提出不同的观点并给出理由，尝试用举例的方法来解释观点，敢于质疑和追问。

创新性思维：有好奇心，乐于探究，热爱想象，尝试解决问题与困难；尝试发现事物之间的联系。

（3）教研引领——运用思维工具箱，提炼对话策略

与教师一起梳理思维工具箱，运用到与儿童的对话之中，提炼与儿童对话的

表 2　与儿童对话的有效策略

W	What	是什么	你／我们表达的意思是什么？
R	Reason	为什么	提出问题的原因能否支撑你所支持的主张？
A	Assume	假设	我们是否知道并明确正在做的假设是什么？
I	If ... then ...	如果……那么……	我们是否知道正在进行的推论以及正在说的话可能意味着什么？
T	True	真实性	某人说的话是否真实？我们如何证明它是真的？
E	Example	举例	能举例说明或澄清某人的言论吗？
C	Counterexample	反例	有没有关于这一看法的反例？

有效策略：观点、理由、假设、想象、判断、举例和反例。

① 表达观点，说明理由

教师在儿童发表自己的观点的同时，请他们为自己的见解提供充足的依据。例如："我们可以想做什么就做什么吗？""规则是由谁来制定的？""你喜欢有兄弟姐妹吗？"表达观点，并说明理由。

事实上，任何一个真正的哲学问题都不会只有一个标准答案。可贵的是，发现问题和探究问题的过程本身，就是思考。儿童会在相互交流中发现：为什么自己觉得不好的事情，有的人却说好？看来，每个人对同一个事物的认识是不同的。

② 提出假设，换位思考

儿童在讨论的过程中学会理解和感受：自己为什么这么想？别人的想法为什么会不同？别人那么想的原因是什么？他人的感受是什么？进而学会尊重别人，尊重不同的观点和意见。儿童通过对话不断促进思考的广度与深度，形成多元的认知冲突和对多种逻辑关系的思考。

换位思考是一种很好的思维方式，能让儿童学会跳出自我的圈子，从他人的角度去看待某件事情，用新的眼光去思考。

例如《喂，小蚂蚁》中，教师提问："如果你是男孩，你会怎么做？如果你是小蚂蚁，你又会怎么想？"

③ 进行反问，不断追问

教师注重引导儿童在对话的过程中，对相同的、相近的、相对立的观点进行分析，促使他们去推理和判断，发现和再发现。

让儿童养成考虑相对立意见的习惯，使其认识到相对立的意见也有可能是正确的，发现每个观点从不同的角度看，都有正确的可能性，使儿童产生更客观、更公正的态度。帮助儿童将所有的想法联结起来，建立自己整体的主张、思考和价值体系。

不断追问，促进儿童发现观点之间的可能性与联结性。

④ 思维可视，多元表达

教师通过记录的方式将儿童的思考过程形成有逻辑的展现，并鼓励其通过多种艺术形式进行儿童哲学一百种语言的表达。2019 年天津市和平区举办了中国首场以表现儿童哲学思想为主题的艺术展——"儿童哲学的一百种语言"，令人震撼。

（三）儿童哲学家与教师哲学家的共同成长

儿童哲学研究对教师的最大挑战——面向的不确定性。因为儿童哲学探究的是儿童的问题，因为把提问的权利交给了儿

图1 《我们为什么不一样》

图2 《花格子大象》

图3 《不一样的我》

图4 《生命之树》

童，因为要通过对话与儿童一起探讨，所以教师必须不断提升自身的哲学素养，运用关怀、批判、合作和创新的思维去思考自身的工作，形成多角度看待问题的眼光、积极地对待周围人和事的态度；教师通过问题的探究、思考的游戏、信念的建立，以教师哲学家的角色与儿童一起成长。

儿童哲学对儿童发展的价值是：保护儿童的哲学天性，培养儿童的哲学思维，奠基儿童的幸福人生。"儿童对理性的向往、对事物意义的由衷喜爱、对理解的渴望、对整体性的自发要求，以及对探索人类意识之无穷奥秘的热情等都应得到充分的鼓励。"① "儿童在哲学探究中，将自己

的天性、对智慧的爱等潜在的智慧逐步变成现实的智慧。在儿童对外部世界的好奇与追问中，陌生的世界、外在的世界逐步变成'我'的世界"②，为其一生的幸福奠定基础。儿童哲学最精彩的地方在于儿童的思想、观点、思考历程不仅是一种思维，也是一种情感的升华。

让我们一起重新回到开篇的那个故事：留下来的那棵小苗，因为它的不一样，孩子每天都给予它特别多的关注与爱。这棵小苗越长越高，越长越大，变得像一棵小树一样，后来通过查资料、询问家长，儿童知道了这棵小树的名字叫作苘麻。孩子发现樱桃小萝卜长出来了！苘麻长得那么高，并没有影响到樱桃小萝卜的

① ［美］马修·李普曼：《教室里的哲学》，张爱琳、张爱维编译，太原：山西教育出版社，1997年，第217页。
② 刘晓东：《论儿童的哲学与儿童哲学课》，见《苏州大学学报》，2019年第3期，第55页。

教师和孩子围绕苘麻展开了第二次对话。孩子表示"当时幸亏把苘麻留下了，要不然我们就不认识这个植物了"，"是啊，苘麻长得那么高，还可以为下面的小草遮挡太阳呢"，"苘麻的生命特别顽强，别的小草、花儿被太阳一晒就打蔫了，苘麻却依然长得那么好"，"苘麻现在就像我的朋友一样"。

转眼，时间到了6月底，是孩子离开幼儿园的日子，他们将经历人生中的第一次离别。教师与孩子就"离别"的话题展开对话时，孩子再一次谈到了苘麻。

"老师，我舍不得的不仅有小朋友、老师，还有陪伴了我们三个月的苘麻。"

相信孩子对于这棵苘麻生长的过程注入了自己对于生命的理解：生命有着从小到大的一个过程；生命需要照料，有的生命是脆弱的，有的生命是顽强的；生命是一个无限循环的过程。在毕业前的最后一天，孩子亲手剪下了已经成熟的苘麻的种子留作纪念，纪念他们的幼儿园生活、纪念第一次离别、纪念一个生命的历程，也以此纪念哲学思维在他们心中的萌芽。

儿童哲学就是在儿童的心灵深处播下哲思的种子，这成为他们未来面对人生的勇气和力量。

Let Children's Spiritual World Full of Wonderful Ideas
—Practical Exploration of Philosophy Enlightenment Education for Children in Heping District Kindergartens of Tianjin

Gao Jie   Fu Ying

Abstract: Since 2008, 12 kindergartens in Heping District of Tianjin have tried to study philosophy enlightenment education for children, and accumulated 13 years experience of practice. By creating a strong regional research atmosphere, providing policy guarantee and professional support, and relying on project research, we have solidly promoted the research process of philosophy for children and achieved fruitful research results. At the same time, the study of philosophy enlightenment education for children has also become a new way to explore the moral education of kindergartens in Heping District. By adhering to the principle of living, we explore the moral problems around children; by adhering to the principle of dialogue, we guide children to form inquiry groups; by adhering to the thinking principle, we build children's correct moral cognition and sow the seeds of truth, goodness and beauty in children's hearts.The leading idea of teaching and research on philosophy enlightenment education for children can be summarized as one return and three baselines, which is the return to the study of children, and the study on children's questions, children's learning and children's thinking, so as to realize the philosophies of children, protect children's philosophical nature, cultivate children's philosophical thinking, and lay the educational value of children's happy life.

Keywords: Philosophy for Children; enlightenment education; spiritual world; Heping district; practical exploration

孩童应嬉游否

——来自近世中国艺术领域的证据

◎ 熊秉真 著 韦彩云 译[①]

摘 要：儿童游戏是否应得到允许甚至鼓励？这一久已存在的问题在新型冠状病毒肺炎疫情大流行期间显得尤为迫切与重要。近世中国的多方观点可以为我们提供实质性的借鉴。从南宋至明初，对"儿童游戏"问题的看法有三个不同的视角：专业画家支持儿童游戏，他们会在画作中描绘儿童快乐玩耍的场景；诸如朱熹等理学家则将游戏斥之为"无益"，但如王阳明等左翼自然主义者认为，游戏之于儿童身心健全不可或缺；此外，儿科医生也大力提倡儿童日常体育活动。重新审视这些尚未得到充分研究的证据，既回击了菲利普·阿里埃斯所说的儿童概念仅仅是一项现代发明，也彰显了传统中国资源对于理解儿童游戏天性与权利这一今日热议问题的启示作用。

关键词：儿童 游戏 艺术 婴戏图 理学

玩具是儿童的天使，游戏是儿童最重要的工作。

——陈鹤琴（1892—1982 年）

一、问题的提出

儿童游戏是否应得到允许甚至鼓励？这一久已存在的问题在新型冠状病毒肺炎疫情大流行期间显得尤为迫切与重要。宋朝时期多方视角的论述或许会对我们今日的深入反思有所助益。其时，虽然理学家多强调儿童应恭谨安静、不可为"无益之事"，但同时代的艺术家所作之婴戏图，则生动地呈现了儿童在四时玩耍的情景。在当代，呼吁解放儿童的社会论争很快引发了哲学阵营的分化。新兴的儿科医学从侧翼加入，倡导身体健康和日常锻炼的重要性。重新审视这些尚未得到充分研究的证据，既回击了菲利普·阿里埃斯所说的儿童概念仅仅是一项现代发明，也彰显了传统中国资源对于理解儿童游戏天性与权利这一今日热议问题的启示作用。

以态度坚韧著称的宋朝（960—1279

---

① 熊秉真，国际哲学与人文科学理事会（The International Council for Philosophy and Human Sciences，简称 ICPHS）秘书长，美国加州大学尔湾分校新人文教席，亚洲新人文联网发起人及现任主席，杭州师范大学经亨颐教育学院特聘教授，香港中文大学历史学讲席教授，香港恒生大学杰出驻校教授及全球人文启动项目主任，联合国教育、科学及文化组织人文讲座咨询委员和全球亚洲教席，厦门大学讲座教授。

韦彩云，江苏省丹阳市人，南京师范大学教育科学学院博士生，蒙特克莱尔州立大学访问学生，主要研究方向为儿童哲学、童年哲学、教育哲学。

年）理学家，认为应严格管束儿童的日常行为。程颐（1033—1107 年）主张，宜用对待犬只的方式对待儿童：每当儿童想要迈出家门时，应无一例外立即予以棒喝——这样的一致性才能免得儿童的动物本性生出困惑与侥幸。理学家统治下的世界，由此可窥一斑。① 循此路径，百年之后的朱熹（1130—1200 年）在其《童蒙须知》中告诫世人，不可允许儿童做赌博、养宠物、打球、踢球、放风筝等"无益之事"。②

对应鼓励还是禁止儿童游戏的争论，无论在哪个时代、哪个国家都未曾止息。如约翰·胡伊青加（John Huizinga，1872—1945 年）所言，该问题的核心不仅关乎儿童的天性，甚至也不仅关乎人类游戏的事实，而是，人就是游戏者。③

理学家和功能主义者所乐见的，是儿童将时间倾注于"有益之事"上：求取知识、掌握技能，走向成功的人生。在近世中国，这种成功的人生对各行各业的人们来说都颇具诱惑：士大夫家庭的孩子应勤学典籍，以通过科举踏上仕途；农民家庭的孩子应学会牧牛、耕地的技能；工匠家庭的孩子要承袭各自行当的手艺；商贾家庭的孩子则要钻研经商之道。后三类家庭的儿童需在束发之年掌握 200—600 个汉字，而出身于精英世家的儿童，则要在习练科举考试必备的八股文之前，在私塾或乡学教师处习得 2 000 多个汉字，并熟记四书五经。④

由此观之，士大夫阶层的理学家何以如此强迫儿童远离抢零食、养宠物、踢球、放风筝等"无益之事"，也就不足为奇了——科举考试是男孩走向功成名就的唯一路径。而对女孩来说，通往成功的路径则仍是婚姻与操持家务。⑤

及至 11 世纪，宋朝繁荣的商业活动和都市生活向各行各业的孩子清晰展现的，是美好生活由进取、勤奋而来，并且机遇与竞争并存。经过对几个世纪以来数百份传记和家庭资料的描述性统计分析，我们发现，每过一个世纪，儿童获得相同文学或算术技能的年龄就提前一岁。⑥ 也就是说，像司马光（1019—1086 年）这样的钟鸣鼎食之家，会让家中的男孩在 9 岁就学；而一个世纪之后，书香门第则会让孩子在 8 岁时便开始接受教育。如此景况之下，儿童是否还有喘息之机、游戏之时？待到 19 世纪，照相机所记录下的专注学习的"天才幼童"不过两三岁。虎妈狼爸在中国已有漫长的历史，并伴有严师在侧、戒尺在手。

这也解释了，同一时期的医生何以忧心儿童被过于娇惯了：这些被过度保护、

① Ping-chen Hsiung, *A Tender Voyage*: *Children and Childhood in Late Imperial China*. Stanford: Stanford University Press, 2005.

② Ibid., p. 230.

③ Huizinga, J. *Homo Ludens*: *A Study of the Play Element in Culture*. Boston: Beacon Press, 1955.

④ Rawski, E.S. *Education and Popular Literacy in Ch'ing China*, Ann Arbor: University of Michigan Press, 1979; Elman, B. *Civil Examinations and Meritocracy in Late Imperial China*. Cambridge, MA: Harvard University Press, 2013.

⑤ Susan Mann, *Precious Records*: *Women in China's Long Eighteenth Century*. Stanford: Stanford University Press, 1997.

⑥ Ping-chen Hsiung, *A Tender Voyage*: *Children and Childhood in Late Imperial China*. Stanford: Stanford University Press, 2005.

图 1　桑德罗·波提切利（Sandro Botticelli，1445—1510 年），《圣母与圣婴》（*The Virgin and Child*）

图 2　迭戈·委拉斯凯兹（Diego Velázquez），《拉斯梅尼纳斯》（*Las Meninas*），作于 1656—1657 年

紧张呵护的儿童，鲜有机会在大地上、在阳光下自由地活动，而这会让儿童食欲不振，也无法抵御任何常见的疾病。

二、艺术领域的证据

然而，正是在同一时期，女孩、男孩在四时的庭院中嬉戏玩耍、喧嚷打闹的场景却屡现于专业画家的笔端，在南宋绘画作品中独树一帜。那画中的场景是想象中的肖像画，还是至少部分写实的描绘呢？此种描绘儿童欢乐嬉戏场景的绘画风格是艺术中的一个流派，在 12—13 世纪发展至顶峰，这既"出人意料"，又颇具讽刺意味地在"情理之中"。说它在"情理之中"，是因为取乐本是再寻常、再自然不过之事，对于儿童来说尤其如此。但也定然会有人质疑，如此回顾性的欣赏在多大程度上浸淫了现代主义的视角，又保

留了几分宋时的风味？当时的社会文化因素引发了诸多现代学者的共鸣[①]，甚至于一些日本汉学家认为现代中国或者说现代早期发轫于宋朝，因教育、经济和城市发展正是在该时期获得了令人瞩目的成就。而之所以又说这"出人意料"，是因为此种戏婴图或者说婴戏图仅仅描绘了儿童玩耍的情景，而这在世界艺术史上实乃"奇葩"。

基于中世纪欧洲儿童的肖像画，菲利普·阿里埃斯等心理历史学家从中得出了不同的结论。被作为神圣家庭展示的《圣母与圣婴》，描绘的并非普通母亲臂弯中的寻常儿童。他们由此艺术领域的证据推论，人们（实际上仅仅是欧洲人或者法国人）直到近代才发明了童年概念——这一论点为诸多学者所认可和宣扬，而菲利普·阿里埃斯则让这一观点为大家所熟

---

① 参见 Thomas H.C. Lee，*Education in Traditional China：A History.* Leiden：Brill，2000。

图 3 苏汉臣，《冬日婴戏图》
（196.2 厘米 ×107.1 厘米）

图 4 苏汉臣，《秋庭婴戏图》
（197.5 厘米 ×108.7 厘米）

知。一些著名的欧洲油画作品中呈现了 17 世纪以前的公主和王子形象，但画中的他们更像一个个"小大人"：无论是服饰、发型，还是身体姿势、面部表情，抑或是身体比例和动作（静态、僵硬），都没有表现出儿童的样态。菲利普·阿里埃斯及其追随者认为，在荷兰风俗画家将资产阶级的家庭生活形态通过绘画展示出来之前，真实的儿童形象并未在绘画作品中得到呈现。

但这一论点在宋朝画作四时婴戏图面前很难站住脚。现存于台北故宫博物院的两幅婴戏图由苏汉臣（1094—1172 年）创作，画作有真人大小，工整细致地描绘了秋、冬两季一对童男童女悠闲游玩的时刻。《冬日婴戏图》中的儿童正拿着小锦旗和孔雀羽毛在逗弄毛茸茸的小猫咪，《秋庭婴戏图》则描绘了秋日的庭院中，两个儿童在太湖石旁围着圆凳玩一种名叫"推枣磨"的平衡游戏，如此画面和事实让人很难将画作中的儿童如菲利普·阿

里埃斯那般解读为"小大人"。他们梳着三四岁垂髫童子的发型；他们的服饰虽然华丽精致，但剪裁与设计是儿童独有的款式；他们的身材比例与眉眼神态，也与寻常儿童并无二致。更不用说苏汉臣所作的婴戏图中仅有一对童男童女，并无成人在侧。对当时的专业画家来说，绘制丹青是一门颇受尊重、在家族中经营和传袭的专业技艺，并有专门为他们开辟的艺术市场。苏汉臣和他的儿子苏焯（约 1120—1170 年）虽艺术造诣、成就大小有别，但在婴戏图的绘画上皆享有盛名，其绘画在观念、方法和题材上都为后世留下了丰厚的遗产。

苏汉臣等专业人士对儿童闲适活动的细致工笔描绘在当时蓬勃发展。例如，在苏汉臣之子苏焯所创作的真人大小的肖像画《端阳戏婴图》中，一个垂髫小儿左手拿着石榴，右手抓着蟾蜍，正在戏弄、吓唬其他两个更小的儿童。画中儿童的外

图5 苏焯,《端阳戏婴图》(88.9厘米×51.3厘米)

图6 （宋朝）作者不详,《扑枣图》

图7 李嵩,《货郎图》

貌，肚兜搭配开裆裤的衣着打扮，让人对儿童所属的年龄一目了然。还有的画作中，儿童蹲在地上盯着罐子里的虫子，让人不禁想到苏轼（1037—1101年）和杨万里（1127—1206年）等同时代诗人所作的关于养蝈蝈、斗蛐蛐的诗句。[1] 关键是，这些娱乐活动是儿童在节日和闲暇时于户外进行的，他们无忧无虑，仅为自娱。儿童打枣、围在货郎身边的场景也可见于画作之中，且画中鲜有成人做伴。即使有，也是照料的乳母，或如《货郎图》中一样是一位挑扁担的卖货郎。

中国艺术史上的婴戏图还有待进一步研究。但很明显，它们明确地向我们展示了自由玩耍是儿童所热切渴望的，也在现实中被巧妙地实现着，被近世中国的人们认为是吉祥生活的开始。关于这一点，画作《长春百子图》可谓明证。在这幅长卷轴作品中，男孩正进行着各种各样的活动：踢球、扮鬼脸、戴面具。画中有些男孩的活动显示出他们或有走向文坛和官场

的渴望，但无一挂念生产劳动或生活中的职责与义务。

对于这些文化象征，是否存在异议呢？也许，但并不明确或直接。《元人秋景戏婴轴》这一幅来自元朝（1271—1368年）的大型画作可能是一个有趣的例子。在这幅真人大小的肖像画的最前端，两个男孩在装满葡萄、桃子等水果的果盘旁敲击着西瓜。一个女孩抚摸着一只黑色的兔子，另有两只白色的兔子在旁边爬行。画面后端的两个儿童正伸出手在够树枝，还有个儿童手拿着花串儿。儿童的快乐很简单，当然，那些可能受朱熹《童蒙须知》中儿童学习时"务要"和"勿要"教导影响的儿童则不在此列。文章中，朱熹明确指出这种像争夺瓜果零食、养鸟、养宠物、放风筝、踢球等"无益之事"皆不可为，但几十载后，其在画作之中被完美呈现。尽管朱熹的注释经典于1312年成为入仕科举考试的范本[2]，这让其自此以后成为儿童教养方面的权威，但朱熹在

---

[1] Ping-chen Hsiung, "From a Singing Bird to a Fighting Bug: Cricket-Fight and the Cultural Rhetoric in Late Imperial China," In Paolo Santangelo ed., *Ming Qing Studies*. Rome: Aracne Editrice, 2011, pp.111-134.

[2] 1312年，元仁宗将朱熹的《四书章句集注》规定为科举考试的重要内容，明清承袭了这一做法。

图8　苏汉臣，《长春百子图》

图9　苏汉臣，《长春百子图》(局部)

其生活的南宋时期提出这些早期教育建议时，并未立即得到官方的支持。但不可否认的是，程朱理学对14世纪以来社会规范的形成产生了重大影响，包括早期教育方面，特别是其对"静"与"敬"的推崇、对身体活动和自由游戏的抑制，影响不可谓不深远。从跨文化的视角来看，我们可以在婴戏图以及南宋的相关作品中，看到近世中国的艺术发现，想象一种既生动又天真放纵的心理，这种心理也见于理学在获得权威的过程中其背后的反对意见中。

诚然，国画艺术历史悠久，肖像画更是其中翘楚。但直到唐朝和北宋，描绘女性和儿童的画家才开始被记录与推崇[1]，只是他们的作品现已不存于世。但是南宋和元初的大师在描绘儿童游戏方面的成就无疑是卓越的。他们对儿童的日常生活进行了细致的正面观察，并通过细腻的笔触熟练地传达了这些信息，充满着对儿童的关心和爱护。遗憾的是，婴戏图这一体裁从未在学术界获得与其价值相称的关注，而是被归为与《货郎图》《长春百子图》类似的肖像画之列。这些画作以非凡的技术成就和不可磨灭的热情，呈现了童男童女引人入胜的快乐生活状态。画中的儿童沉浸于爱抚宠物、享用水果、玩耍踢球的快乐之中，精准地呈现了朱熹所反对的一项项"无益"活动。也别忘了，南宋新兴的儿科医生还在一旁不断提醒，要警惕对儿童的过度保护和精英后代运动不足的现象。这些意见相互碰撞，在中国社会引发了一场持续至今的论争。在这些婴戏图诞生之后的8个多世纪里，不断有名人乃至

---

① 例如，唐朝的张宣（公元8世纪上半叶）、北宋的刘宗道（公元12世纪早期）和杜孩儿（公元12世纪早期）皆以儿童画闻名。邓椿：《画继》，北京：人民美术出版社，1963年，第78—79页。《婴戏图》，台北故宫博物院，1990年，第2—3页。

帝王在其画轴之上加盖印章。很明显，对于崇拜者来说，极具吸引力的不仅是画作中健康、丰满的幸福儿童，还有他们欢欣游戏的场景。两者相融所构成的生活样态无疑吸引着所有人。

明朝（1368—1644 年）之后、清朝（1644—1911 年）之时，婴戏图作为一种艺术体裁逐渐式微。明朝画家周臣（1460—1535 年）在一幅长卷轴作品中描绘了在庭院中捕捉柳花的儿童，画作上题的唐诗暗示了儿童是在学堂外玩耍。宋、元时期那种刻画儿童玩耍的激情、呈现出的那种特定快乐的美学，已然不复存在。及至清朝，虽然儿童依然在画作中热闹地玩耍，作为欢乐的意象出现，但他们的不远处会有成人半掩其身、侧目斜视。自此以后直到现代，婴戏图一直作为中国艺术中一个常见的主题而存在，寄托着美好的祝愿，构图也日渐模式化，作为一种纪念性的符号被保存下来，例如新年纸版画上作为仪式性装饰的胖娃娃。（例如，杨柳

图 10 《元人秋景戏婴轴》（元朝）（127 厘米 ×67 厘米）

青或桃花坞作坊出品的新年版画，以宋朝高雅艺术的独创魅力和令人惊讶的愉悦为基调。）

图 11 周臣，《画闲看儿童捉柳花句意》

图 12 仇英（约 1498—1552 年），临宋人画册之五《村童闹学图》

图 13　金廷标（？—1767 年），《学堂戏婴图》

图 14　年画，出自清朝杨柳青作坊

三、反思

相比之下，中国哲学有一个内在假设，即儿童和童年最接近人类的核心，因而可能更接近人类存在的本原。因此，道家"复归于婴儿"的理想，不仅仅是指生理意义上的儿童。[①] 在中国封建社会第一个千年里，受到推崇的是务实的儒家和法家所强调的训练和学习，而非佛家和道家所宣扬的"顺其自然"和自然主义的方法。北宋（960—1127 年）和南宋（1127—1279 年）时期，理学占据主导地位，且宋朝的"新"并非仅仅体现在这一个方面。其时，由于短、长途贸易联通了边境内外的需求和供给，促进了城镇市场

经济的空前繁荣，也为社会流动提供了机会。这对当时的人们来说充满着诱惑，也制造了焦虑。旧道德也开始松动，当民众满怀激情与壮志在汲汲于名利的道路上前赴后继时，理学精英试图整肃秩序，希冀通过重新定义行为准则以维护儒家的影响。如此背景之下，天真儿童的尽情欢乐，虽然别具魅力，但也并非毫无争议。

诚然，理学家绝非儿童教育专家。与法家、道家或佛教徒一样，如二程、朱熹宋朝思想家，尽管并不关注儿童教养的实际任务，却依然对早期教育问题不吝置喙。他们不会像苏汉臣等专业画家那样，被职业感召去细致地观察和描绘儿童，也

[①]　《道德经·第十章》："专气致柔，能婴儿乎？"《道德经·第二十八章》："常德不离，复归于婴儿。"

不会像钱乙（1032—1113 年）等儿科医生那样专注于儿童的身体状况。这些理学家在他们的研究中将童年视为一种正在形成的人文状态，或是在游戏时所代表的一种文化象征，而不是一种需要关注的身体状况。艺术家在捕捉一种具有审美和存在特质的童稚状态，一种在玩耍儿童身上存在的、比生命本身更宏大的特质，并将其在岁月的流逝中定格。而儿科医生所能做的，则是尽其所能地掌握关于真实儿童的生理学知识，以满足每日医治儿童的需要。① 如上三种话语在同一时空中交织，虽然他们无须当面对峙，但专业意见纵横交错，各有其阵地，试图指导儿童的行为与培养模式。

从这些力量的相互作用来看，儿童的日常游戏似乎大可不必成为当代关注的焦点。哲学家想要管教儿童，专业画家希望儿童欢乐无邪，儿科医生忙着剪断脐带、喂养婴儿、治疗头疼脑热，施展医技、护儿童周全，忧虑婴儿被抱在怀里的时间过长。关乎日常游戏的争论被裹挟在生物—社会再制的更大较量之中。

分析来看，朱熹对精英男孩理想行为模式的指导（对于女孩他从未给出过具体指导，他可能并不操心女孩）——包括约束行为举止、保持衣服冠履的整洁干净、言行恭敬、书桌和周围环境井然有序，似乎并非不合理。但他告诫儿童不要抢零食、养宠物和进行户外活动，这确实给人留下了严厉的印象②，但人们也能理解他何以强调儿童身体的端整与对职责的恪尽。此后，艺术家和儿科医生一直在漫长的岁月里对此做出回应。

在理学内部，程朱理学的压制力量很快就引发了左翼直接提出异议。其中最著名的是王阳明（1472—1528 年），他在一封回复友人询问蒙养建议的信件中表达了自己的观点。这封信的内容便是不及 500 字的《训蒙大意》，当时尚无子嗣的王阳明发出了他著名的呼吁：解放儿童，让儿童跟随自己的天性去游戏玩耍。其言："大抵童子之情，乐嬉游而惮拘检"，正如"草木之始萌芽，舒畅之则条达，摧挠之则衰萎"。③

关于这一反驳，过去的解读认识到，王阳明强烈倾向于将人类视为一种自然力量，将儿童教育比作让青草、树木在春雨微风中欢欣生长。因此，"今教童子，必使其趋向鼓舞，中心喜悦，则其进自不能已"。与那些靠水和空气的滋养发芽生长的植物一样，教育儿童若能"时雨春风，沾被卉木"，则"莫不萌动发越，自然日长月化"。反之，若教育如"冰霜剥落，则生意萧索，日就枯槁矣"。④ 若待儿童

---

① 熊秉真：《幼幼：传统中国的襁褓之道》，台北：联经出版事业公司，1995 年。

熊秉真：《安恙：近世中国儿童的疾病与健康》，台北：联经出版事业公司，1999 年。

Ping-chen Hsiung, *A Tender Voyage: Children and Childhood in Late Imperial China.* Stanford: Stanford University Press, 2005.

② 朱熹：《童蒙须知》。

③ 王阳明：《阳明传习录》，台北：世界书局，1962 年，第 219—220 页。

④ 同上，第 220 页。

熊秉真：《童年忆往：中国孩子的历史》，台北：麦田出版社，2000 年第三章。

Ping-chen Hsiung, *A Tender Voyage: Children and Childhood in Late Imperial China.* Stanford: Stanford University Press, 2005, pp.225-226.

为拘囚，则儿童亦"视学舍如囹狱而不肯入，视师长如寇仇而不欲见"。

重温写于 16 世纪早期的这些文字，可深感王阳明对儿童身心所受伤害的强烈愤慨。王阳明之所以倡导儿童应游戏而非拘检，并非仅仅出于他重自然轻文化的哲学倾向，更在于他支持儿童的游戏玩乐；而不仅仅是像许多当代自然主义绘画所乐见的那样，在道家的意义上支持让儿童释放自己的天性。他一再指出，通过诗歌吟唱来引导儿童，不只是为了激发他们的志趣，也在诗歌吟唱中消耗他们蹦跳呼喊的精力，在音律中宣泄他们心中的郁结和不快。引导他们学习礼仪，不仅是为了严肃他们的仪容，也是借此让他们在揖让叩拜中活动血脉，在起跪屈伸中强健筋骨。（"诱之歌诗者，非但发其志意而已，亦所以泄其跳号呼啸于咏歌，宣其幽抑结滞于音节也。导之习礼者，非但肃其威仪而已，亦所以周旋揖让而动荡其血脉，拜起屈伸而固束其筋骸也。"）于此，我们可以看到，它超越了道德哲学，是后来人们理解儿童发展的生理学和心理学要素的早期宣言。

四、再思量

从南宋到明初，对儿童游戏问题的看法来自三个不同的视角：支持儿童游戏的一方以专业画家为代表，他们在画作中描绘了儿童快乐玩耍的场景；诸如朱熹等理学家则将游戏斥之为"无益"，但如王阳明等左翼自然主义者认为，游戏之于儿童身心健全不可或缺；此外，儿科医生也表达了自己的担忧，他们提倡日常体育活动，认为这对于儿童的健康十分必要。这三种力量虽然共存，但从未直接交战。

从启蒙运动到西方的早期现代主义和现代主义，"儿童中心"的自由主义思想的发展影响了包括中国在内的东亚地区，最终把这个问题引向了一个"正确"的方向：从近世中国"是否（游戏）"的争论，变成了法律意义上的"必须（游戏）"的坚持（如联合国《儿童权利宣言》所示）。

在近来新型冠状病毒肺炎疫情大流行的当下，相关的担忧再次浮现。如此境遇之下，近世中国的观点可以为我们提供实质性的借鉴，提供未来反思的历史资源。

有待进一步研究的是，阳明心学何以让理学发生了左倾的转向，以及西方启蒙思想家［如让-雅克·卢梭和约翰·洛克（John Locke）］如何支持儿童的自由、游戏。这场拔河仍在继续。因为即使有如联合国《儿童权利宣言》这样的权威坐镇，在全球疫情阴影的笼罩下，人们依然会问：孩童应嬉游否？虽然儿童游戏从未停止，不管成人愿不愿意。

Shall Children Play
—Evidence from Arts in late Imperial China

Hsiung Ping-chen

Abstract: Whether children should be allowed or encouraged to play is a perennial question that looms large during the COVID-19 pandemic. The late imperial Chinese articulation could provide substantive experiences from the past that could be read as historical resources for future reflections. From the Southern Song to the early Ming, views on the issue of "children playing" came from three different corners: specialist painters depicting young girls and boys merry-making, as a representation of auspices; Neo-Confucian moralists such as Zhu Xi dismissing it as "useless", while the left-wing naturalist like Wang Yangming advocating it as indispensable for their sanity. Then came the concerning voices from the emergent pediatricians who promoted daily physical activities as necessary to a child's health. Reviewing these under-studied evidence not only bounces back to Philippe Ariès' thesis that concept of children is but a modern invention, but also brings to fore traditional Chinese resources significant to the understanding of children's inclination, or right, to play as advocated and debated today.

Keywords: children; play; art; Baby-play Paintings; New Confucianism

我们需要能代表每个人的书

——加拿大儿童文学专家贝弗莉·布伦娜教授访谈录

◎ **贝弗莉·布伦娜** 著 **金 婧** 译①

摘 要： 在本次访谈中，贝弗莉·布伦娜教授介绍了她在加拿大儿童文学方面的创作和学术研究工作。作为一位儿童文学作家，贝弗莉·布伦娜教授的写作一直关注特殊儿童。除了研究儿童文学中描绘的残障人物角色，贝弗莉·布伦娜教授也在探究加拿大儿童文学中的模式和趋势。她指出，在加拿大，诗体小说和漫画小说在创作与教学使用两方面均有增加。贝弗莉·布伦娜教授还简要介绍了加拿大儿童文学在教育领域的研究情况，强调了优质儿童文学在促进多元化方面的重要性。在采访最后，贝弗莉·布伦娜教授还提供了关于如何与儿童一起进行阅读的指导。

关键词： 加拿大儿童文学 描绘多元化的儿童文学 儿童文学与教育

金婧：请向我们介绍一下您自己。您希望我们的读者对您有些什么了解呢？

贝弗莉·布伦娜：我住在加拿大萨斯喀彻温省，萨斯卡通市，这是一个草原省份。与世界上的其他城市相比，这是个挺小的城市，只有大约27万人口。我的大半生都是在这里度过的。我的职业生涯早期是一位小学老师。后来我拿到了特殊教育教师资格证。我教了几年书，之后就一直在家陪着我年幼的孩子。2008年的时候，我丈夫鼓励我攻读博士学位。在那之前，我一直在说也许有一天我会去攻读博士学位的，而我的丈夫提醒我，我已经不再年轻了。

所以2008年的时候，我制订了一个计划，去了阿尔伯塔省埃德蒙顿市的阿尔伯塔大学。我在那里读了博士学位，主要研究方向是语言和读写能力。我研究了呈现残障角色的儿童文学的趋向。毕业后，我一直在萨斯喀彻温大学担任教授，专门从事课程研究。在我的个人网站（beverleybrenna）的"档案"（Archive）一栏，我发布了一些和我的研究相关的文章。

金婧：您为什么选择成为一位儿童文学作家呢？您为儿童写故事的动机或者灵

---

① 贝弗莉·布伦娜（Beverly Brenna），目前担任加拿大萨斯喀彻温大学教育学院课程研究系教授，她的研究领域主要包括儿童文学和读写能力发展。她同时也是一位儿童文学作家，出版过多部儿童文学作品，其中包括讲述自闭症青少年的"野兰花"三部曲，荣获普林茨荣誉图书奖（Printz Honor Book Award）、多莉·格雷图书奖（Dolly Gray Award）以及加拿大总督文学入围奖（shortlisted for a Canadian Governor General's Award）等多种奖项。

金婧，加拿大阿尔伯塔大学教育学院初等教育系博士候选人，研究兴趣包括儿童文学和中英双语教育。

感是什么？

贝弗莉·布伦娜：我一直都很喜欢写作，我想我是受到了我妈妈（一位诗人）的激励，开始在家里写作。我大约7岁的时候，开始自己写诗。我有一首小诗《春天》发表在一份报纸上。我可以背诵给你听。诗很简单：

春天

春天来了，
春天来了，
鸟儿唱啊唱，
雨儿下呀下，
洗刷着窗玻璃。
知更鸟、鹪鹩，
还有爷爷的母鸡，
整日，
唱着无忧无虑的歌谣。

Spring

It's spring,
It's spring,
Birds sing,
And sing,
It rains,
And rains,
And washes the windowpanes.
The robins, the wrens,
And grandfather's hens,
Sing happy-go-lucky
All day.

当这首诗出现在一份农场报纸的儿童版块时，一想到"读者"这个概念，一想

到我写的东西别人可能会读到，我就特别兴奋。这真的鼓舞了我。于是我继续写了很多年的诗。20世纪80年代初，当我在攻读教育学士学位准备成为一位教师时，我参加了一门儿童文学的课程。尽管我一直都是个书迷，但其实我还没有发掘到北美最好的儿童文学，而这门课程真的教会了我很多。

这门儿童文学课程是由一位非常出色的教授——克莉丝汀·方得斯（Christine Fondse）来教的，我从中得到的启示是：有一些为儿童而写的书非常棒，它们的主题很有感染力，而这些书即使是为儿童而写的，我们作为成人也会喜爱阅读。

在那个时候，我开始思索，在自己的成人诗歌写作之余，或者取代成人诗歌写作，我或许也可以进行一些类似的尝试。于是我开始为儿童写书，但很多年什么都没能发表。我收到了很多拒稿信，出版社说："我们不想要这个，别再给我们写信了！"我收到的最糟糕的一封拒稿信跟《虫子之家餐厅》（*The Bug House Family Restaurant*）有关，那是一本诗集，讲的是一家提供虫子大餐给人们的餐厅。在那封拒稿信里，编辑说道："这些诗让我们觉得有点恶心。"不过最终我还是找到了一家出版社愿意出版那本诗集。我想这次经历告诉我，我必须不断尝试。阅读最好的儿童读物真的让我开始思考儿童书籍可以如何改变世界。因为这些书可能会激励我们成为更好的人，去勇敢地做一些事情。

金婧：您许多作品都是关于残障儿童的故事或者经历的，比如阿斯伯格综合征。是什么让您特别关注这类儿童呢？您认为儿童文学中关注残障人物的要点和重

要性是什么?

贝弗莉·布伦娜:作为一位教师,我认为我们需要能代表每个人的书。大概十五年前,我突然意识到,无论是我的教室里的书还是学校图书馆里的书,都没有真正展现过我作为一位特殊教育教师所教过的儿童,这让我很受震动。

从那时起,我开始思考应该有人对此进行研究,这样我们就可以找出那些已经出版的相关书籍,也可以更容易地获取它们。但我也在思考应该有人写更多这样的书——写写那些日常生活中的残障人物。然后我想也许这个人应该是我,因为我就是那个希望看到这些作品的人。

我想到了那些我教过的患有自闭症的儿童,于是我开始写这本叫作《野兰花》(Wild Orchid)的书。那时我有意下定决心去更多地了解自闭症,去真正认可这些我教的自闭症儿童所展现出来的天赋,并尝试以一种不同于其他书中描绘类似人物的方式来描绘泰勒·简这个虚构角色。所以这就是我在写作实践中第一次真正有意识去思考残障人物的角色。

我认为作为一位作家,这是一个去更多了解特殊儿童的机会。当我在写泰勒·简这个患有自闭症的儿童时,我很快意识到我需要更多地了解自闭症。我需要做相当大量的研究去试着把这个角色塑造好。我在创作其他角色时,也是同样的情况——比如塑造《月亮的孩子》(The Moon Children)中比利这个患有胎儿酒精谱系障碍的角色时也是如此。作为一位作家,我必须踏上一段学习之旅才能把角色塑造得当。

或许正是这种研究让我对写作保持着兴趣。我认为把我们已经知道的东西写出来很重要,但我也认为写出我们想要知道的东西同样重要。如果我总是能发现更多关于人类特殊之处的东西,我的写作也许就能保持新鲜感。我认为还有一点很重要的是,更多残障作者能够讲述自己的亲身故事,或者依据自身的性格,塑造出基于真实经历的虚构人物。也许我的某一本书会激励其他人去写一个他们自己生命中的故事。"与众不同"意味着什么?我确实觉得,我们在这个领域中的书越多,这个领域就越好,在我们能读到的作家作品中也就越能听到更多代表自己的声音。

金婧:您可不可以跟我们分享一两本对您来说有特殊意义或者影响的作品?这些作品对您来说有何特别之处呢?

贝弗莉·布伦娜:我之前提到过《野兰花》,因为这是我第一部真正有意识地将特殊性融入人物塑造中的作品。我想真正通过泰勒·简的视角,一个患有高功能自闭症的儿童的视角,来探索这个世界。我有点担心这个人物可能读起来不够真实,而这个人物如果没有被写好的话,人们会批评我的教学能力。所以当这本书出版并获得了一致好评时,我才算松了一口气。但就这个故事而言,当这本书写完时,我感觉到关于泰勒·简的更长的故事还没有结束。对于这个人物未来生活中可能会发生的故事,我还抱有更多疑问。于是我又写了一部续集《等待无人》(Waiting for No One)。最终,《白色单车》(The White Bicycle)成为"野兰花"系列的第三部也是最后一部作品。

当我在写这个系列的时候,我开始思考几乎没有人物角色是表现患有胎儿酒精谱系障碍的。所以我的书《月亮的孩子》就由此诞生,想要填补这一空白。我尤其想要尊重比利身边的人物角色，包括在怀孕期间一直饮酒的生母。我想将她表现为一位好人，一位好妈妈，即使她犯过错误。我不想在这个角色身上延续对生身父母以及酗酒的刻板印象。就比利的妈妈来说，她确实从自己的错误中吸取了教训，在后面的故事里，当她再次怀孕时便滴酒不沾了，即使这意味着会让她失去总是喜欢纵酒狂欢的丈夫。

后来，我又开始着眼于其他严肃的主题。在《狐狸魔法》（*Fox Magic*）中，心理健康成为一个重要话题。我在这部小说中涉及了自杀和自杀预防。这件事情非常难写。但话又说回来，我觉得这是现有文学作品中一个需要填补的空白。那个时候，我们正在应对萨斯喀彻温省，尤其是在我们北部群体中，不断增加的自杀事件。我就在想，作为一位作家，我怎么可以不回应这个主题呢？我得到了一位心理学家的帮助，这位心理学家阅读了手稿，以确保内容适当，并且主题的处理细致谨慎。作为一位作家，我认为这一点很重要，那就是——如果作者对主题不够了解，那他必须征求他人的建议。我对所有的好建议都心存感激。

金婧：在儿童书籍写作之外，您的学术研究还着眼于其他刻画了残障角色的加拿大儿童小说和加拿大作家。您选择这个研究项目的原因是什么？您在研究中有哪些重要的发现？

贝弗莉·布伦娜：起初，我对探究儿童文学领域发生了什么很感兴趣。我想

着眼于大局。我想看看都有哪些话题、哪些模式和主题。我特别关注那些身体机能不同的人物角色，以及哪些特殊情况得到了公平对待，而哪些残障情况还没有在儿童读物中出现。后来，我也研究不同形式的写作，比如诗体小说、漫画小说和图画书。我认为这真的与我自己的写作密切契合，因为我从我的学术工作中学到的东西可以应用到我的写作中。我想得更多的是填补空白，尝试新的开端和新的"约定俗成"。通过留意这个领域还缺乏的东西，以及思考自己是否有能力帮助填补这个空白，我得到了很多灵感。

我的论文是一项还需要很多后续跟进的基础研究。这篇论文的第一个研究问题是，自1995年以来出版的50本加拿大儿童和青少年小说中，对残障人物角色的描写模式。第二个研究问题则是，是什么促使和启发某些当代儿童文学作家塑造残障人物角色？我研究了这个领域的情况，然后采访了另外两位作家，征求了他们对这个问题的看法。我发现这50本作品中有很多都将"激进变革"（radical change）①的元素排除在外。虽然这些书展现了一些改变视角，甚或改变界限的例子，但是并没有展示出很多新的形式和模式。这些书和我们一直以来看过的那些典型小说似乎没什么差别。

金婧：根据您的研究，加拿大描写残障人物角色的小说有哪些特点或者模式呢？这些特点或者模式又对教育有什么启发意义？

---

① "激进变革"是伊丽莎·德雷桑（Eliza Dresang）提出的一种文艺批评理论，旨在为教育工作者和批评家提供一种框架去研究分析当代儿童文学，从而改变大众应用儿童文学的方式、方法。"激进变革"主要有三种类型：（1）形式与模式的变革；（2）视角的变革；（3）界限的变革。参见 Dresang, E. *Radical Change: Books for Youth in a Digital Age*. New York, NY: Wilson, 1999。

贝弗莉·布伦娜：我注意到在这些加拿大作品中有一些加拿大地区被描绘出来了，而另一些则没有。比如，我没有看到阿尔伯塔省被提及，我也没有看到加拿大的边疆地区——比如育空、努纳武特或者西北地区——被提及。但相比之下，安大略省被提到了无数次。另一个缺口体现在读者年龄方面。大部分书都是给年龄较大的青少年读者而不是给年龄较小的儿童读者看的。有一件有意思的事情发生在我走进校园和儿童一起读我的书的时候，当时一位教师邀请我去了一个四年级的班级，跟大约 9 岁、10 岁的儿童聊我的作品。我打算讲一讲《月亮的孩子》，而这位教师说："这本小说真的适合 9 岁到 10 岁的儿童吗？"我说："嗯，我觉得适合，因为这本书写的就是一个五年级的儿童。"而这位教师说："但是我不知道胎儿酒精谱系障碍是不是一个适合对他们提起的话题。"我想她是不愿意和这些 9 岁、10 岁的儿童讨论胎儿酒精谱系障碍的严重性。我同意我们必须要谨慎，不要让我们的儿童承受太过沉重的话题。但我也认为让儿童有一些相关的知识是一件好事。让他们提前知道如何在孕期保证安全是很重要的。关于什么时候应该让儿童知道这些信息是一个很值得探讨的问题。

其他从研究中得出的结论还有，我发现这些作品并不像其他英语经典文学那样，会在书中表现出那种老套的"非愈即死"的思维模式。像《秘密花园》（*The Secret Garden*），有一个角色最初使用轮椅，后来奇迹般地能够走路。《海蒂》（*Heidi*）则是另一本经典作品，书中的克拉拉因为吃得健康，再加上大山、奶酪和祈祷，她就又能够走路了。在表现残障人

物角色的加拿大小说中，我并没有看到这种"治愈"的思维模式，也就是说你必须被治愈才能拥有幸福的生活。我认为残障被处理成了众多性格特质之一。这些身有特殊情况的人物角色生活得也很好。所以就将来新的研究而言，我认为很重要的一点是继续探讨这个话题，并研究我们的文学作品是如何谈论"能力"的。

我认为我们的教师需要配备最好的资源。儿童学习兴趣的缺乏、滞后的技能和阅读水平，还有在数码世界中儿童更容易接触到的其他形式的娱乐活动，如果我们要与这一切进行抗争的话，（让教师配备最好的文学资源）是毋庸置喙的。所以，除非我们跟儿童分享的书对他们的生活真的有意义，否则这些书就会被扔在一边，转而被更即时的娱乐所取代。因此高质量的、真正有价值的文学作品是关键。比如好的插图，好的话题。对于儿童在数码平台上独自获取的各种信息，阅读高质量的儿童文学作品会是一种调节的途径。我觉得儿童通过网络接触到了很多他们过去无法接触的东西。他们可能会在网上接触到假新闻，可能会看到一些刻板印象或者种族主义的东西。我认为重要的是，高质量的儿童文学作品可以对此进行调节并帮助他们思考他们自己的世界以及他们在这个世界中所处的位置。随之我们就可以向前迈进，建立一个公正的世界。这是我对此的想法。

金婧：您认为加拿大作家在刻画残障人物角色方面的长处是什么？您认为在加拿大的环境下，在刻画残障人物角色时，有哪些方面可能会被忽视呢？

贝弗莉·布伦娜：我认为加拿大作家在作品中切实容纳了形形色色的主人

公，并从他们的角度讲述了独一无二的故事。我觉得在我们现有的文学作品中，是有机会来实现更大程度的多元化的，尤其是文化多元性。这个正在发展中，但是我认为我们尚没有接近我们所希望达到的目标。我觉得加拿大作家的长处在于愿意去尝试，而且他们在思考重要的问题。他们在思考自我的声音与多元化的重要性。他们在自我教育，并且在寻求机会使自己的写作有价值。

至于不足之处，我认为在图画书中还没有看到充足的、与"能力"有关的不同。我有一本学术专著，明年将由布里尔出版社（Brill Publishing）出版①，这本书是我对加拿大图画书一个五年期研究的众多书稿之一，得到了加拿大社会科学与人文研究理事会（Social Sciences and Humanities Research Council，简称 SSHRC）基金以及我所在大学一些启动资金的支持。我现在已经为之工作三年了，这个项目非常有趣——目前我把 500 本图画书（版权为 2017 年、2018 年、2019 年）都堆集在我家门廊里，我整个夏天和秋天就在那里阅读这些书。我和我的研究团队在探究这组书的主题以及研究尚存在的空白。到目前为止，我们看到的是这些图画书在表现不同"能力"方面并不十分具有代表性。反而以前的一些书在这个领域仍然具有开创性。其中一本是拉切纳·吉尔莫（Rachna Gilmore）的《尖叫的一天》（*A Screaming Kind of Day*），由简·索韦（Jan Sauve）插画。这本书讲的是一个

戴着助听器的女孩的故事。失聪是她性格特质的一部分。这不是一本新书，却是一本相当革命性的书，像这样的书并不多。还有一本图画书是南·格雷戈里（Nan Gregory）的《斑斑是怎么来的》（*How Smudge Came*），由罗恩·莱特伯恩（Ron Lightburn）插画。这本书讲的是一个患有唐氏综合征的年长角色的故事。不过文本中并未提及唐氏综合征，而只是通过插图传达出来。同样地，这不是一本新书，却仍然是一本占据重要地位的书。

除此之外，我认为还有一个总体性的空白，那就是即使刻画了一个残障角色，多元性的其他许多方面也并没有体现出来，残障角色通常都是白人中产阶级。那么以这种方式，作家也许能够设想一种"与众不同"，却并没有容纳其他种类的、与之共存的"与众不同"。我想我们还可以在这一领域继续发展，去描绘一幅更加真实可信的图景。在倾听原住民声音方面，一个十分积极的趋势是由原住民作家和插画家出版的图画书数量（在增加），正如我们在加拿大这里对"真相与和解"的回应一样。分享优质文学作品是教育工作者在课堂上支持原住民内容及观点的一种方式。我真的很高兴看到这些书越来越多。

金婧：在您最近出版的学术专著中，您将《给每个教室的故事》（*Stories for Every Classroom*）②作为书名，这反映了儿童文学的一项重要功能，即作为一种生动、有效的教育资源。您认为与学生共

---

① 此书现已出版，参见 Brenna, B., Dionne, R., & Tavares, T. *Contemporary Canadian Picture Books: A Critical Review for Educators, Librarians, Families, Researchers & Writers*. Brill Publishing, 2021。

② Brenna, B. *Stories for Every Classroom: Canadian Fiction Portraying Characters with Disabilities*. Toronto, ON: Canadian Scholars' Press, 2015.

读、分享描写残障人物的书籍的意义是什么呢？

贝弗莉·布伦娜：我认为重要的是我们的书既是"镜子"又是"窗户"，这一观点已经被其他许多学者提出过。我觉得重要的是，书籍对孩子来说要真实，要有意义，要能体现我们所生活的世界。现在的书不同于我很小的时候读的那些书，那些书只是为了教我阅读而已。它们的内心一点都不温暖。它们并没有提供给我任何精神食粮。它们只是用来教我阅读的简单的小课文。那些书只能做到这些。我认为如果儿童想要阅读并且想要从中发现阅读是一种可以改变人生的有意义的活动，我们就必须有真实可信的角色，我们必须公正、真实地描绘这个世界，并让每个人都能被体现出来。

我还觉得与其他类型的"与众不同"相比，残障是一种很有意思的"与众不同"，因为这是一件可能发生在我们任何人身上的事情，是一件可以让我们的生活、我们的身份从"标准"转变为"不标准"的事情。我认为了解残障人物的生活可以帮助我们的儿童变得更坚韧。当他们自己或者他人的生活发生变化的时候，他们知道，他们能更好地有所准备并坚持下去，取得成功。

金婧：您也关注并做了很多关于加拿大儿童图画书、诗体小说和漫画小说的研究，您能和我们分享一下在这些方面的一些发现吗？您认为加拿大图画书、诗体小说和漫画小说的一些模式和趋势是什么？它们有没有随着时间发生变化呢？有哪些变化对您来说是特别显著的？

贝弗莉·布伦娜：加拿大好的诗体小说的数量看起来在不断增加。诗体小说

的一大优势在于读起来很快。凭借它们的自由诗体格式，以及短小精悍的文字，我认为任何阅读水平的读者，无论是不是精于阅读，都可以读完诗体小说。在现代社会，这个数字时代，有一个特点就是我们做事情好像需要很迅速。我们似乎总是想尽快解决问题。我认为诗体小说的形式就符合这种偏好。它们可以让学校的教师不用花费三个月就使儿童和重要议题之间建立联系。我读过的那些现代诗体小说都非常有吸引力。

近日，我读完了永井真理子（**Mariko Nagai**）的《破碎天空之下》（*Under the Broken Sky*）。她住在东京，她的作品着眼于日本和中国之间的历史情境。这是一本主题很有力量的书。不过因为它简单的诗体小说格式，我只花了几个小时就读完了。我想说的是，诗体小说在加拿大正冉冉升起，而且我觉得数量还会持续增加，因为它们潜力巨大。

漫画小说也是同理。令我感兴趣的是，加拿大漫画小说中出现了大量不同的体裁。诗体小说大多都是现实主义小说或者历史小说，我们极少能看到幻想或者其他的体裁。而漫画小说，现实主义小说、历史小说、冒险、神秘、哥特式恐怖……我们真的能在漫画小说里找到各种各样的体裁。这一点也非常有意思。

我认为教育工作者最近再次抓住了漫画小说，将它作为一种切入课题的不同方式，一种快速的方式，一种可以有效使用文本的方式，更能够借助插图来传达人物角色的情感以及背景。漫画小说是既可以提供乐趣又可以提供信息的强有力工具。我们看到它们越来越多地出现在加拿大的课堂里。

金婧：在加拿大的环境下，您还注意到其他哪些关于图画书、诗体小说和漫画小说的模式和趋势呢？有没有什么随着时间发生变化？

贝弗莉·布伦娜：对于残障人物的呈现，我还真的没有研究过除了小说或者图画书之外的形式。随着时间的推移……如果我活得够久，也许我会看到更多诗体小说和漫画小说的变化，但是目前我只是将它们作为一个整体来研究。我们现在就只有这些。我还没有办法确定与此相关的趋势。这是你们这些年轻学者可以去研究的，你们可以去研究诗体小说和漫画小说的那些趋势。

金婧：那么图画书呢？

贝弗莉·布伦娜：对，在图画书领域，我看到了一些强有力的趋势，这些趋势可以跟伊丽莎·德雷桑关于儿童文学演变的有力理论"激进变革"联系起来。我看到了不同的形式和模式。有些将漫画小说和图画书糅合起来，用边栏和色彩进行表达，还有文本、颜色、插图等。我看到了很多关于身份主题的图画书，关于加拿大新移民，关于生机盎然的地球。我还看到图画书中的一个趋势是设置年长角色。这些图画书以成人为主角。我也看到了很多十分流行的非小说体裁的传记。我不知道非小说类作品越来越受欢迎，是否只是我们当前时代的一阵跟风。或许大家只是想更多地了解我们所生活的这个世界。我确实看到现在出现了更多的非小说体裁图画书。

金婧：确实如此。还有其他什么变化您感觉特别显著吗？

贝弗莉·布伦娜：我觉得就是现在有更多的书了，更多的图画书，可能是因为对作家来说图画书是一种更容易上手的形式。他们把自己设想为图画书作家。当然也有自费出版的图画书进入市场。我没有研究这些，但这有可能是一种模式，就是越来越多的作家和插画师在创作越来越多的图画书。这是我现在所看到的。我觉得不仅仅是儿童，成人或者年长的读者也很喜欢图画书这种形式。我们也因此有了很好的、快速切入话题的方法。比如加拿大的寄宿学校，或者其他对加拿大人来说意义重大的严肃主题，比如失踪和被谋杀的原住民妇女，这是我在图画书里看到过的，是我们的两个可怕的历史遗留问题。

对于年龄比较大的读者来说，他们可以通过这种方式切入话题并且迅速而深刻地思考这个话题，而不需要去阅读一篇冗长的相关文章。或许（图画书）可以作为介绍某个主题的其中一个单元，教师可以用这种方式帮助儿童在情感上融入这个单元，非常行之有效。我认为图画书成年读者的年龄正在不断增长。

我曾经做过一项研究，是跟随一位94岁高龄的读者阅读图画书。我发现有一些图画书让她很感兴趣。我觉得我们可以多考虑一下图画书在老年公寓或者有图书馆的设施中所放置的位置。我认为我们以前没有想过在年长读者中图画书的应用，但对于阅读理解力和记忆力可能大不如前的人来说，图画提示的确能够帮助他们。或许我们可以探索以图画书为媒介与老龄人群分享各种内容的方式。

金婧：您也在大学里给在职教师和师范学生教授儿童文学，为什么对学校教师来说学习儿童文学很重要？您觉得在课堂上使用儿童文学的意义是什么？

贝弗莉·布伦娜：我认为就可利用的书籍而言，这一领域自始至终处于变化中。我觉得在新书方面，教师真的需要持续不断指导：市场上最好的（儿童读物）是什么？对于不同的科目领域和不同的主题，什么样的书最合适？这样我们才不会总依赖于旧书，因为旧书不能像新书那样与思想多元化的当代读者产生共鸣。我认为最首要的事情是：传播我们现有的最好的资料。

金婧：我知道在中国，大多数关于儿童文学的研究是从文学的角度而不是从教育的角度进行的，因为学校教师通常被要求拿着课本教儿童。教育实践和儿童文学之间存在着差距。

贝弗莉·布伦娜：我想如果儿童文学课程只在英语系教授的话，我们可能也会有同样的情况。英语系会教授经典儿童文学，还可能会教授儿童文学的时代演变趋势，但他们不一定会关注儿童文学在学校的应用或者应用的方法。我认为在教育系我们是以切实可行的方式来对待儿童文学，并以此来支持儿童的课堂学习。我们关注的是当代的书籍，以及这些书籍能做什么。在教育领域之外，"利用书籍"这个观念可能会让人觉得不舒服；而在教育领域，我们经常与学生讨论的是对书籍的实际运用从而达到特定的目的。

金婧：您能简单介绍一下加拿大的儿童文学研究吗？近期学者特别关注的领域或者方面有哪些？加拿大儿童文学研究中最"流行"的理论有哪些？儿童文学研究与教育实践的关系如何？

贝弗莉·布伦娜：我觉得加拿大有这样一些研究趋势。我认为许多研究者正在探索书面文本中新的或者此前未被倾听的声音，同时也在推崇自我的声音和真实的声音。我觉得这真的是现在研究的一个趋势，同时还有对原住民作家和插画师的关注，并且确保他们的作品在学校教育中也得到认可。

至于理论方面，我觉得伊丽莎·德雷桑的"激进变革"仍然是指导我们思考和研究儿童文学演变的一种理论。在我的研究工作中这是个热点理论。马克辛·格林（Maxine Green），哥伦比亚大学师范学院（Teacher College of Columbia University）的教授，谈到了两种类型的研究：近观和远观。近观是指我们从一个具体的框架中，近距离地、切身地进行细致的探究；远观是指我们从远处看，研究一个更大的格局。而我在儿童文学方面的工作往往涉及后一种。我认为，加拿大的大多数研究都选择了近观的视角，研究者拿几本书，然后观察并衡量儿童对那几本书的反应。我认为，就加拿大的儿童文学研究而言，近观是一种普遍趋势。我的研究选择了远观。我试着阅读许多书，比如一个特定时期里所有的诗体小说，或者加拿大所有的漫画小说，又或者所有的图画书。我通过这些书来了解这个庞大的文学体系中的模式和主题。以这种方式来进行远观研究的学者并不是很多。说不定我是目前唯一的一个。我认为远观和近观都很重要。

几年前，我做过一些关于漫画小说的近观研究。我带了一些漫画小说到学校，跟儿童谈论特定的几本，不过我的大部分工作还是远观大的格局，就是去"俯瞰"这个领域都有什么，我们都有什么样的书？我认为儿童文学的社会文化视角是一种将书籍置于特定社会文化语境下的理论，例如，朱迪思·索特曼（Judith Saltman）和盖尔·爱德华兹（Gail Edwards）的著作《图绘加拿大：加拿大儿童插图书籍及出版的历史》（*Picture Canada: A History of Canadian Children's Illustrated Books and Publishing*）就是基于这种理论。①

我认为露易丝·罗森布拉特（Louise Rosenblatt）关于读者反应的早期理论②现在在加拿大也仍旧被广泛使用，还有学者倡导批判性阅读。路易斯（Lewison）、弗林特（Flint）和范·斯路易斯（Van Sluys）的"四维度框架"（four dimensions framework）理论就是关于批判性阅读的：（1）打破常规（disrupting the commonplace）；（2）探询多元视点（interrogating multiple viewpoints）；（3）关注社会政治议题（focusing on sociopolitical issues）；（4）采取行动促进社会公平正义（taking action and promoting social justice）。③还有书籍帮助我们如何从社会文化以及多元视角思考问题。我认为这在现在的加拿大儿童文学研究中非常重要。

金婧：谢谢您！我觉得您正在为加拿大儿童文学构建文献档案。

贝弗莉·布伦娜：谢谢！我想当我完成这一组图画书（研究）时，它们会被放在教育系图书馆作为档案文献供其他人借阅研究。你知道吗？我觉得最奇妙的事情，是去探寻我们在这些书中都看到了什么。比如，教师在这些书中是如何被呈现的？或者父母是如何被呈现的？我们看到的家庭是什么样的？家庭由谁组成？我认为大家可以利用这些档案文献来研究各种各样的话题。我对此非常欣慰。等我退休了，莳花弄草时想起其他人会在图书馆里学习研究这套图画书档案时，一定会面带微笑的。

金婧：您怎么看待儿童文学研究与教育实践之间的关系呢？现在越来越多的中国教师和学者都开始关注这两者之间的联系，他们都在思索如何能够在这两个看似不相及的领域之间建立联系。

贝弗莉·布伦娜：的确，在加拿大，这些领域也是分开的。在一定程度上，在对儿童文学演变的终身学习方面教师是需要支持的，因为他们在繁忙的生活中可能没有时间去进行大量的阅读。他们肯定没有办法什么都看，而新书总是层出不穷。我认为学者在教育工作者和儿童文学领域的发展之间架起一座桥梁是非常重要的。这正是我的职责所在。的确，会有学校管理层和教师直接联系我，询问某些类型的书单。这些人联系我是因为他们知道这对我来说是信手拈来。否则的话，要找到这些书会很困难。

我的确觉得，教育领域和试图通过教育领域来赚钱的公司之间存在着龃龉。公司生产想让教师购买的东西。我认为推销系列读物套装的公司和儿童文学领域之间

① Edwards, G., & Saltman, J. *Picturing Canada: A History of Canadian Children's Illustrated Books and Publishing.* Toronto, ON: University of Toronto Press, 2010.

② Rosenblatt, L.M. *Literature as Exploration.* New York, NY: Modern Language Association of America, 1995. Rosenblatt, L.M. *Making Meaning with Texts: Selected Essays.* Portsmouth, NH: Heinemann, 2005.

③ Lewison, M., Flint, A.S., & Van Sluys, K. "Taking on Critical Literacy: The Journey of Newcomers and Novices." *Language Arts*, 2002: 79 (5), pp. 382-392.

关系很紧张，这些套装产品中的很多东西并不是儿童文学，这些东西是专门为一个套装制造出来的，并不是最好的。

金婧：关于您的儿童文学作品和研究工作，您还有什么想跟我们分享的吗？

贝弗莉·布伦娜：我觉得让儿童阅读、与儿童一起阅读特别重要。我认为这真的是我们作为成人所能为儿童做的最好的事情了，不仅是支持他们的学习，而且是支持儿童的自信和自我的发展。我认为归根结底是找到儿童的兴趣所在，然后尽我们所能去收集可能符合那些兴趣的书籍，并尝试让儿童通过阅读去拓展兴趣。这两种途径都很重要。除此之外，我觉得当儿童阅读和自己产生共鸣的书籍时，我们可以鼓励他们也去成为作家。阅读由当地人撰写的书籍同样也可以鼓舞他们。我年轻时曾经在萨斯喀彻温省的一个小镇上当教师。当时有一位作家来访问学校并且给我的学生做了一场演讲，当他朗读起他自己的书时，我就开始想："我想知道是不是有一天我也能像他这样。"这是对于我作为一个成人来说的激励。而对之前从未亲眼见过任何作家的、我的学生而言，我只能猜想这会对他们产生怎样的影响。他们以为作家是来自另一个世界的，然而在我们的教室里看到一位作家……这对他们来说可能非常有冲击力。我们可以尽一切所能来打破这种屏障，帮助儿童去做自己生命的书写者，而如果有一天他们想成为作家也可以成为作家，我觉得这是至关重要的。

最后，附上贝弗莉·布伦娜教授所分享的"与儿童一起阅读"的几个关键点：

（1）跟从孩子的兴趣（或者跟从那些能够拓展孩子兴趣的事物）；

（2）鼓励孩子自己选择；

（3）记住：一读再读效果佳（这样可以轻松进阶阅读）；

（4）在阅读文字之前先浏览图画可以鼓励孩子留意视觉线索；

（5）与孩子一起阅读时要同他们进行交谈；

（6）成人所做的诵读示范，效果卓群（如果成人在流畅诵读的同时能够示范阅读策略的话，效果更佳）；

（7）最重要的是，任何共读都应当让每个人乐在其中（而不是压力重重）；

（8）让我们倡导能够呈现我们所生活的世界的文学作品，以此来展现它的多姿多彩。

We Need Books That Represent Everyone
—An Interview with Canadian Child Literature Scholar Prof. Beverly Brenna

Beverly Brenna

Abstract: In this interview, Dr. Beverly Brenna talks about both her creative and academic works on Canadian children's literature. As a children's literature author, Dr. Beverly Brenna has devoted her writing into stories of children with exceptionalities. In addition to looking at children's literature that portrayed characters with disabilities, Dr. Beverly Brenna has been examining the patterns and trends of Canadian children's literature in her academic works. She indicates that there is an increase in both creation and pedagogical use of verse novels and graphic novels in Canada. Dr. Beverly Brenna also briefly introduces the research circumstance of children's literature in the field of education in Canada, and emphasizes the important role quality children's literature plays in promoting diversity. At the end of the interview, Dr. Beverly Brenna provides her guidance regarding how to read to and with children.

Keywords: Canadian children's literature; children's literature depicting diversity; children's literature and education

当代艺术与儿童

——艺术展览与艺术博览会中视觉艺术鉴赏教育的机遇与挑战

◎ 佐尔坦·索赫吉 著 张铜小琳 向 丹 译[1]

摘 要：艺术史和视觉艺术鉴赏都是教学中最令人愉悦，同时是最具挑战性的课程。古典艺术家的伟大成就和当代创作者令人惊叹的新作可能非常鼓舞人心，但是——如果没有精心教授——它也可能成为一门枯燥的学科，或者更糟糕的是，一个学习和活动领域的重要性，甚至合法性都受到质疑，甚至受到学生自身的质疑。因此，艺术史和视觉艺术鉴赏教师肩负着特殊的责任，以令人兴奋而又精心的方式将这个迷人的学科引入儿童的世界，通过这种方式，教师可以激发儿童对艺术的感受力，这种感受力甚至可以产生终生的影响。我旨在论文中展示这些问题的某些方面。我特别关注博物馆教育学的案例研究及当代艺术展览和艺术博览会中的视觉艺术鉴赏活动，例如在这些活动中专门为儿童准备的导览。通过这种方式，本文的重点在这种课外活动的特殊性上，这种课外活动可以为儿童提供一个切身接触艺术的机会，换言之，使儿童对艺术作品的实物特征、情感效果和审美品质有直接体验，而不仅仅是靠书籍印刷品或屏幕投影来了解它们。我之所以选择关注当代艺术，是因为在通识教育中讨论艺术史时，它常常是一个容易遭到忽视的领域——有时是因为它具有挑战性、争议性的话题和非传统的表达形式，因此，即使是教师也会发现将当代艺术作品纳入课堂讨论会更加复杂。为这种困境提供出路的一个鼓舞人心的方法则是在专业导游的帮助下参观当代艺术作品展。尽管如此，这样的参观本身也具有挑战性，不能将其视为一种自行解决的方案，不可以将其"完全"替代适当的教学和更经典的当代艺术讨论形式。但是，它们确实是一种奇特的方式，能够激发和增强学生对当代艺术的兴趣，这将有助于教师在传统课堂中继续这一课程的教学。

关键词：当代艺术 博物馆教育学 艺术鉴赏 艺术展览 艺术博览会

艺术（古典艺术和当代艺术）与各个年龄段的儿童之间有着诸多的联系，而关于这些联系则有无数的例子。通过回顾其中比较明显的事例可以发现：儿童可以出现在艺术作品中，或成为故事或图画中的主角，或在叙述中扮演其他角色。他们

---

① 佐尔坦·索赫吉（Zoltán Somhegyi），博士，匈牙利改革大学艺术史系艺术史副教授，国际美学协会（International Association for Aesthetics，简称 IAA）秘书长，国际哲学与人文科学理事会执行委员。
　张铜小琳，华东师范大学教育学部博士生，研究方向为儿童哲学与教育哲学。
　向丹，浙江师范大学教师教育学院博士生，研究方向为教育哲学与儿童哲学。

理所当然也可以是重要且唯一的对象，比如在肖像画中。儿童在视觉艺术中的表现方式和方法在各个时代都发生了变化，不仅随着不同历史时期艺术风格的总体变化而改变，而且也反映出人们对人类生命中这些关键时期的兴趣和意识不断增强。因此，譬如人们虽在很多时期，较少关注表现儿童真实的身体结构特征，但后来不仅掌握了这些特征，而且还细致地展示和分析了其他重要方面。在这方面，德国艺术家菲利普·奥托·朗格（Philipp Otto Runge）作为先锋艺术家，他有一个著名的例子：在他的肖像画《胡森贝克家的孩子》（*The Hülsenbeck Children*）（1805—1806 年，汉堡美术馆）中，儿童真实的身高得以展现，也就是说，我们（成人）与儿童处于同一的标准，而不是小瞧他们。而且，儿童的活动也与作品创作时他们的实际年龄相对应：正如马库斯·伯奇（Markus Bertsch）在博物馆网站上对这幅画的描述那样，当这个 2 岁的男孩仍在

《胡森贝克家的孩子》

通过触摸来发现外部世界时，他 4 岁的哥哥已经展现出很强的身体运动协调能力，而 5 岁的姐姐已经有了回头关心弟弟的责任感。①

艺术与儿童的另一处联系是，当一件艺术作品提及这些联系，或这些联系正是故事本身的基础时，它们又可以有多种模式。例如，约翰·沃尔夫冈·冯·歌德（Johann Wolfgang von Goethe）著名的小说《威廉·迈斯特的学习时代》（*Wilhelm Meisters Lehrjahre*）（1795—1796 年）早于菲利普·奥托·朗格的画作十年出版，一个反复出现的主题是，主人公的祖父的艺术收藏品，在威廉·迈斯特还是个儿童的时候就被卖掉了。尽管如此，这件艺术作品对他的个性形成和（短暂的）职业选择产生了重要影响，因此他对戏剧产生了热情并做了一段时间的演员。在后续例子中联结点则变得极其悲惨：在特奥多尔·施托姆（Theodor Storm）的《溺殇》（*Aquis Submersus*，1877 年）中，一幅不寻常的儿童肖像画引发画家调查艺术作品背后的古老故事，其中的一段爱情悲剧和一起致命事件由此而为人所知。

艺术与儿童之间的联系除了在艺术作品中表现出来外，也成为文学或视觉艺术叙事中的重要元素，其中童年与艺术之间的另一个值得注意的联结点则是一些与著名艺术家生活相关的逸闻趣事，它描述了创作者与艺术的初次接触，并记录了他们的学习时代和学徒生涯。我们可以发现，早在文艺复兴晚期乔治·瓦萨

---

① Markus Bertsch. Die Hülsenbeckschen Kinder：https://online-sammlung.hamburger-kunsthalle.de/en/objekt/HK-1012/die-huelsenbeckschen-kinder?term=Die % 20Hülsenbeckschen % 20Kinder&context=default&position=0 accessed 11 February，2021.

里（Giorgio Vasari）著名的《最优秀的画家、雕塑家和建筑师的生活》（*The Lives of the Most Excellent Painters，Sculptors，and Architects*）（1550 年，1568 年第二版，放大版）中就已存在一个这样的母题，是关于天才儿童在很小的时候就表现出非凡的技艺，人们因此期待这位"艺术家"未来有卓越的成就。

沿着教育主题的思路继续简要列出艺术与儿童之间可能的联结点，其中更重要的一点是艺术应如何成为更宏大教育框架的一部分。今天，儿童上某种艺术课似乎很常见——大多数国家确实开设了一些艺术课——显而易见，与其他学科相比它有不同的重点和课程比例。即使在今天，艺术及其教育的重要性对我们来说是合乎常理的，但它也并非总是被普遍和自发地接受。我们可以很容易想起几位著名的古代哲学家，他们对艺术的总体评价是模棱两可的，尤其是对艺术的用途、实用性、目的和社会地位的评价，这显然也对他们的实践和教学的观念产生着影响。最著名的例子当属苏格拉底，在柏拉图的《理想国》中——特别是在第十卷中——他并不认为艺术，尤其是视觉艺术对理想国家的发展有所增益。在对话中，苏格拉底实际上只认可音乐，甚至仅认可少数形式的音乐，特别是那些可以用来提升勇气和促进正义生活的音乐。一位最受尊敬的西方哲学家如此反对艺术，这听起来可能令人感到不可思议，但同时我们需要深思他思想背后的真正动机：他专注于提升哲学在其理想国和乌托邦中的地位。正如罗伯特·威廉姆斯（Robert Williams）所明确

总结得那样："自古以来，诗歌和音乐在希腊教育中就扮演了重要角色：他（苏格拉底）抨击它们的目的是要证明是哲学，而非诗歌，应该在统治阶级的教育中占据核心地位。"[1] 几个世纪后，卢修斯·阿奈乌斯·塞内卡（Lucius Annaeus Seneca）也怀疑艺术的必要性，更确切地说是怀疑通识教育的必要性，其中最著名的例子也许是他的第 88 封信，他在信中还提倡与艺术有关的斯多葛美德。据此，他主张只追求那些有益于我们成为道德高尚之人的艺术，即有助于我们的道德发展，并教导我们如何保持平静、内省的生活的艺术。

但自古以来，许多事情都发生了改变，无论是艺术——即艺术的概念、对艺术的解释和艺术的地位——还是与此对应的艺术教育。如今，艺术教育和视觉艺术鉴赏已成为学校和家庭的日常实践，它们鼓励儿童创作、绘画、制作雕塑，并为儿童出版有关艺术、艺术作品和艺术家的精彩书籍。这些出版物种类繁多：有的侧重某个博物馆的收藏品或真正的艺术家作品集，而另一些则更多地侧重实践方面提供活动，通常是基于特定的学校教学方法，例如应用蒙台梭利方法。第三种类型的儿童艺术书籍则结合了上述两种：通过活动提供基本的艺术史和博物馆学知识，例如博物馆贴纸书，儿童可以"策划"自己的艺术展览。

除了上述旨在向儿童介绍艺术的模式、实践和出版物的领域——既包含崇高的历史，又包含试图自创的鼓舞人心的实践——还有一个人文教育学、艺术教育、视觉艺术鉴赏的交叉领域：这就是博物馆

---

① Robert Williams，*Art Theory：An Historical Introduction*. Chichester：Wiley-Blackwell，2009：18-19.

教育学。文章接下来将基于亚洲和欧洲的案例研究，重点讨论这方面的问题和实践。我希望这一比较性的介绍将有助于我们进一步学习这两个领域的实践，并设计出有效的方法来吸引儿童对艺术领域的兴趣，尤其是对当代艺术的认识，以及避免一些可能导致实践失败的问题。

我关注博物馆教学活动不足为奇，尽管过程复杂，但它是一项受欢迎的活动：它通常是让儿童更接近艺术的最有效且最有价值的形式之一——儿童通常喜欢课外活动的这一事实天然地增加了它的吸引力——但是，它自身也具有挑战性和困难，因此需要提前做好准备。否则，尽管有很好的机会，但最终实际的结果是相反的，例如，如果儿童参观一个艺术展览只记得导游冗长、单调、独白式的解说，以及参观期间所受到的许多限制和禁令。从另一个方面来说，如果准备得更充分、更有条理，儿童可以对所呈现的艺术作品和艺术作品的存在有一种奇妙的体验，而这种体验可以产生持久的影响。

博物馆教学活动的挑战性始于对参观目的和参观场所本身性质的理解。换言之，即在博物馆专业课程真正开始之前，就需要向儿童介绍该地点。这些步骤由卢浮宫阿布扎比博物馆（Louvre Abu Dhabi Museum），阿拉伯联合酋长国的前博物馆教育家玛德琳·阿布·纳巴赫（Madeline Abu Naba'h）精心制订，她目前在迪拜的贾米勒艺术中心（Jameel Arts Centre）担任学习协调员。她曾与从幼儿园到成人所有年龄段的人都合作过。在撰写这篇文章的过程中，我对她进行了在线采访，她与我分享了自己在实践中的经验和见解。玛德琳·阿布·纳巴赫从她团队中的许多儿

童参观者第一次进入博物馆这一事实出发，在她开始向他们解释将要参观真正的艺术展览之前，她首先需要向他们介绍博物馆——更确切地说，博物馆的理念本身。当然，这不仅包括博物馆是什么，里面会有什么，而且包括参观期间的基本行为准则。然而，在参观的基本行为准则这个问题上，她采用了一种相反的做法：她不是告诉儿童许多不要（即不要触摸！不要跑！不要吃！），而是在介绍后问儿童，他们认为博物馆里不允许做什么。令人惊讶的是，儿童不仅清楚地知道他们应该远离什么，而且正因为他们表达了这些想法，他们也将更好地遵守这些规则。

一旦儿童为参观做好准备，真正的参观就可以开始了。然而，在这里，互动是关键，教师总是提出开放式的问题，而不是等待事实性的答案。玛德琳·阿布·纳巴赫设定了五步式的教育过程。儿童始于观察（第一步）：获得对艺术作品的第一印象，并表达第一次接触时他们脑海中的任何想法。在此之后，进行一个更详细的分析（第二步），讨论艺术作品的材料和创作过程的更多细节。一旦这些基本事实清楚了，就可以开始解释（第三步）了：鼓励儿童思考我们可以从艺术作品中学到什么，以及它的特殊制作、表达方式和风格。换句话说，儿童不仅仅是在寻找艺术作品的意义或信息；也因为在大多数情况下，对于艺术作品想表达什么并没有直截了当的解读，而好的艺术作品是开放的，它们可以有多样的解读方式。这就是为什么儿童也试图猜测——除了主题和母题——为什么艺术家选择这种特定的形式来表达他的想法和情感。当到达讨论（第四步）阶段，儿童被邀请进一步研

究艺术作品，重点关注尚不清楚的某些方面和细节。这里也是一个互动环节，不仅是博物馆教育者和参观者（儿童）之间的互动，而且是儿童之间的互动。例如，玛德琳·阿布·纳巴赫举了一个参观艺术展览的例子，其中一件艺术作品以伊拉克首都巴格达为主题，一个伊拉克儿童介绍了这座城市的细节，帮助他的同学发掘艺术作品的更多层次。最后一步是观点（第五步），儿童谈论他们对艺术作品的评价和偏好，他们喜欢与否，最喜欢哪一个，为什么？显然，在第一步到第四步的帮助下，儿童走到了最后一步，他们不仅需要了解艺术作品本身，而且正如我们所看到的，通常也需要了解博物馆本身。当然，也可能发生这样的情况，一件儿童原本并不喜欢的艺术作品，对它有更多的了解后，他们现在开始有了新的认识，发现了一些最终让他们完全改变想法的地方。

除了通过在博物馆进行指导性的教育参观和互动讨论之外，教师还可以通过更多的材料来增强儿童接触艺术带来的新奇体验。玛德琳·阿布·纳巴赫为艺术展览开发了各种可以下载和印刷的材料，这是她在迪拜的贾米勒艺术中心的工作之一。在这个当代艺术空间中，她为艺术展览创制了两种不同的学习工具：一种是专门针对特定年龄段的活动手册，另一种是教育者指南。前者是为了让儿童参与到参观的过程中来——文字信息较少，活动案例较多。后者对艺术家和艺术作品的描述更详细，更多是为教师提供后续帮助，但也不仅仅是这样：它们是以这样的方式编写的，即年长的儿童帮助年幼的儿童，或与家人一起来的兄弟姐妹也可以帮助弟弟

妹妹处理这些材料。据玛德琳·阿布·纳巴赫所言，在活动手册中加入相对较少的文字描述是一个很好的决定：以前儿童往往会在较长的文本中迷失方向，甚至经常忘记观看眼前真实的艺术作品。然而，在课外参观博物馆时，学习过程必定与通常的课堂不同——否则，组织这样的旅行将失去意义——这也意味着重点需要放在对艺术作品的真实体验和他们的发现活动上，而不仅是让儿童通过阅读被动地积累知识。事实证明，当儿童把这次参观的记忆——精神意义上的记忆和对作为纪念品的活动手册本身的记忆——带走时，他们对这次体验和艺术作品的记忆要深刻得多。或者说，从更高的层次来看：这种与艺术的相遇，尤其是与通常相当困难且具有挑战性的当代艺术的相遇，对儿童产生了深远而持久的影响。

同行也肯定了儿童与艺术接触时体验的效能——或者，换句话说，主要是体验的积极影响。迪拜艺术博览会画廊的公关助理、意大利威尼斯佩吉·古根海姆博物馆（Peggy Guggenheim Collection）的前实习生纳瓦·里兹维（Nava Rizvi）讲述了她在威尼斯佩吉·古根海姆博物馆的"儿童节"期间与儿童一起工作的经历。短暂地参观后，显然一件艺术作品不仅是讨论的出发点，而且是参观后儿童创作灵感的来源。同样，这里的解释也是基于互动性，正如纳瓦·里兹维注意到的，6—10岁的儿童更活跃、更投入、更懂得欣赏。用她的话说："我们收到的最常见的建议和问题是基于颜色、动作和象征手法的使用——即儿童试图将艺术作品的各个方面与现实生活中的物品联系起来，最后是他们的个人故事或事件，这将影响到他们的

创意作品或创作过程。"① 熟悉艺术作品后，孩子会去儿童实验室，在那里他们可以自己制作与博物馆中讨论的艺术作品有关的创意作品。当然，在很多情况下，儿童的最终创作与几分钟前观看和讨论的艺术作品并没有直接联系，更多的只是他们从艺术作品中获得灵感或启示。无论如何，当 2—3 个小时的活动结束时，儿童可以把他们的创意作品带回家，这种体验一直伴随着他们，特别是当教师试图找到并指出儿童的创意作品和原来的艺术作品之间的一些联系时，这种方式则使他们再次回忆起博物馆中艺术作品的特质和特殊性。

另一位专业人员达尼娅·阿尔塔米米（Dania Al Tamimi），是迪拜社区"果酱罐"艺术空间工作坊的协调员，她再次强调了观察艺术作品和在此基础上进行创作的经验之间的联系，以及这种联系对儿童的学习过程和视觉艺术鉴赏发展的意义；通常教师通过幻灯片演示或带领儿童参观真实的展览来讲授实践课程——例如绘画课。"果酱罐"艺术空间工作坊位于阿萨卡（Alserkal）文化区，这里曾是工业区，现已成为迪拜最重要的画廊中心之一。令人好奇的是，达尼娅·阿尔塔米米的经历与上述例子不谋而合，尽管"果酱罐"艺术空间工作坊的活动更多地关注艺术创作的实践方面，而不是教授艺术的历史理论方面。然而，正如她所言，儿童在参观展览和画廊的过程中，会注意观察和学习到很多东西。因此，基于一个特别主题的创意课程的想法似乎是可行的。这些相互加强的领域（作为灵感和实践的真实

案例）带来了更复杂的艺术体验。正如达尼娅·阿尔塔米米解释的那样："我们都是来创造的，随着年龄的增长，我们会因为外部因素而失去这种意识。技能是可以教授和练习的，但创造力需要培养和呵护。因此，我认为我们需要努力创造一种艺术上的积极记忆。"② 实现这种"积极记忆"，有助于艺术教育课程的成功和视觉艺术鉴赏的持续，包括吸收和创造性艺术。

在这里，我们还发现了另一个值得进一步关注的研究领域：当代艺术博览会中的视觉艺术鉴赏和博物馆教学活动。众所周知，艺术博览会通常是一个为期 4—5 天的活动，每年在一个城市举办，参展的画廊都有自己的展位，展示他们具有代表性的艺术家的作品，而参展的艺术家并不直接参与申请展览。虽然这种艺术博览会的主要目的是商业性的，即把具有代表性的艺术家的作品带到举办的城市，并出售他们的作品，但我们可以看到，许多艺术博览会也会显示出更大的展示范围，譬如，我们可以更广泛地向非专业观众传播启发灵感的当代艺术。换言之，越来越多的展会组织者意识到，他们也有一定的社会使命，就像公益性的博物馆和艺术机构一样，向非专业观众展示艺术可以给我们的日常生活带来什么价值。当然，在这种社会承诺中，一个关键的方面是向儿童介绍具有挑战性，且同时在美学和智力上均具有价值的当代艺术形式。

从这个角度来看，我们需要强调对当代艺术博览会的关注，因为它们为我们提

---

① 2021 年 2 月 15 日，纳瓦·里兹维给作者的信。
② 2021 年 2 月 5 日，达尼娅·阿尔塔米米给作者的信。

供了应用于艺术教育的最有用的例子，原因如下。在许多情况下，它们在某种程度上具有可以填补空白或启动的功能：我们经常听到抱怨说，学校的艺术史课程中一般没有教授当代艺术，或者其开展得不够深入。这可能是因为时间不够（因为按照时间顺序，教学安排在后期，如果缺乏精心的组织安排，可能会"舍弃"它），有时则因为它具有挑战性或存在有争议的话题和非传统的表达形式，因此，教师也会觉得把当代艺术作品带进课堂将会使讨论变得更加复杂。在专业导游的帮助下，其参观当代艺术作品，即可以为这种困境提供一种出路。这就是当代艺术博览会对艺术教育特别有用的一个原因。在许多情况下，这些让人好奇的、色彩丰富的、令人兴奋的艺术作品——通常是反映当前问题，或关涉儿童更为熟悉的当代文化元素——相较于展现遥远文化（时空的遥远）和经典作品的传统艺术展览，更容易吸引儿童的注意力。为了避免任何误解，我想强调的是，并不是说当代艺术在任何方面都比古典艺术更好或更有价值。我只是想提醒大家注意这样一个事实：尽管当代艺术常常具有富于挑战性的审美，非同寻常的表达形式或模糊的主题，但它很容易吸引儿童的注意力。事实上，这也是一个很好的机会，因为在这样一些参观之后，创新的教学方法激发了儿童对当代艺术作品的兴趣，可以翻转时间顺序，引导儿童学习古典时期艺术家的伟大成就。

即使到目前为止，这似乎是一个完美的方法，但这种参观范例并不是必然成功的。它们也面临着挑战，例如，人们注意到，尽管越来越多的艺术博览会组织者和画廊经营者充分意识到这种参观的重要

性，但艺术博览会的主要目的仍然是专业性和商业性的。这也导致了一个后果，尽管在许多展会上，精心设计的优雅装饰烘托着奢华和炒作的耀眼氛围，但参观者，尤其是年轻的参观者，则需要在某种程度上做好准备：这是展会的一部分，而非其最终目标。这是一种创造良好商业和社交氛围的手段，但它只是一种工具，并不是目的本身。因此，无论其多么绚丽，重点都应该始终放在展出的艺术作品及其独特的美学品质上，而不是放在周围环境的特征上。

这种参观的另一个挑战是组织和后勤：不同于传统的博物馆展览或画廊展览，它们在大多数情况下都或多或少地有严格规定的路线；艺术博览会则有一个更随机分布的平面图，允许"之字形"路线的参观，由此发掘了以多种方式展示画廊的路径。重点突出的艺术作品——即导游或教员想向儿童展示的专业艺术作品——彼此之间可能存在着一定的距离，因此这可能比常规的展览更难保持队形。此外，很明显，就像在其他展览中一样，艺术博览会的其他参观者不应该受到太多的打扰。因此，与其他机构的做法类似，在这里，对展出的艺术作品的现场观察也可以作为在展场其他地方的专门空间中进一步开展博物馆教学活动的准备。俄亥俄州立大学艺术教育管理与政策系博士生努尔·丹妮尔·穆特萨（Noor Danielle Murteza）对这种参观的例子做出了总结，她曾在迪拜艺术博览会上为谢哈·马纳尔（Sheikha Manal）小艺术家项目工作，称："探索之旅融入迪拜艺术展中，艺术作品作为不同画廊展览的一部分向儿童展示；作为导游，我需要在评估儿童的水平

和接受信息的能力的同时，评定其对艺术作品的学习结果。"① 参观后，儿童可以通过完成分发给他们的工作表，来详细阐述他们对真实的艺术作品的体验。除上述学校参观活动外，谢哈·马纳尔小艺术家项目还与报名的艺术家一起组建了专门的工作坊。

以上，我们可以在中东的艺术展览和艺术博览会上看到一些令人兴奋的博物馆教学活动的范例。为了更全面地了解情况，将上述实践活动与来自世界不同地区的另一种实践进行比较是很有用的，因此在下文中，我总结了匈牙利布达佩斯国际当代艺术博览会艺术市场上的一些视觉艺术鉴赏活动的有趣细节。该博览会成立于2011年，是中欧领先的艺术活动之一，有来自50个国家的约100个参展商，展示了500多位艺术家的作品。许多参展的画廊经营者和约25 000名参观者都认为，该博览会最吸引人的地方即在于它的特殊位置：全球其他许多国际博览会通常在普通的展览厅或专门建造的临时帐篷中，以及有时在城市的郊区举办，而布达佩斯国际当代艺术博览会艺术市场则是在匈牙利首都中部一个获奖的前工业园区组织的。该场地已被改造成一个多用途的文化场所，这里保留了前工业园区的许多较为显著的奇特之处。这个非同寻常的位置无疑为环境增添了一些特别的元素，这为参观者带来令人兴奋的体验。即使是那些经常参观当代艺术展览的人，他们可能已经看过那些在博览会上展出的艺术作品，但仍然也会对这些艺术作品产生一种新的体验或新的解读，在这种背景下呈现这些艺术作品，绝对不同于在传统的白立方画廊空间里展示它们。

因此，在精心组织的艺术教育项目的框架内，大概由10位专业的教育工作者，其中一些人来自布达佩斯的美术博物馆，而其他人则是在前几届展会上已经有过服务经历的志愿者，引领儿童来到这里。多年来，该项目一直得到医疗产品的领先供应商贝朗（B. Braun）医疗技术公司的支持，因此，组织者可以为大约1 000名艺术教育项目的参与者提供参观和活动的免费服务。参与者年龄范围覆盖很广，从幼儿园儿童到高中生都有。一些参观团的儿童是来自专门为智障和自闭症儿童服务的机构。正如我们在其他例子中所看到的那样，首先给予儿童一个互动式参观，之后他们可以创作自己的作品。

在布达佩斯国际当代艺术博览会艺术市场提供的艺术教育项目中，有一个很好的倡议和特色，即尊重儿童的选择：儿童每年都可以在展会的展位中投票选出他们最喜欢的参展商。对我们来说，这可能是项目中的一个次要的细节，然而，我们可以将其理解为一个重要步骤，它不仅进一步激发了人们对艺术领域的兴趣，而且提高了人们对整个艺术领域的承诺。当然，儿童通常不是艺术博览会参展商的主要目标群体，传统上还不是消费者，但儿童这种参与艺术博览会的成果之一，仍然是可以开始与当代艺术及其配套的基础建设之间建立联系。例如，儿童会回到艺术博览会的网站关注谁是获胜者，也许会订阅他们最喜欢的画廊网站或在社交媒体上关注他们，或者，如果在同一个城市，他们可

---

① 2021年2月10日，努尔·丹妮尔·穆特萨给作者的信。

以与家人或朋友一起参观这些展览。

综上所述，我们可以看到，参观艺术展览与艺术博览会是一个特别的机会，儿童通过对艺术作品的直接体验，通常与创作活动相结合来建立与艺术及其鉴赏的联系。它对当代艺术的教学也非常有帮助，而这是通识教育的一个空白。教师通过精心策划的参观和各种教学技巧，可以使儿童真正获得动力，甚至致力于艺术，即使在重点并非教育性目的的活动中，比如艺术博览会。然而，与此同时，这些参观和游览也有其自身的挑战，不仅会导致教学困难，而且会造成儿童注意力的分散——例如，正如我们所看到的，儿童关注事物的表面或只关注对艺术展览和艺术博览会进行的"过度包装"，而不是某一艺术作品的真实品质及其体验过程。然而，在避免这些干扰及克服困难的情况下，这种参观可以极大地支持传统课堂教育的持续性教学，将古典艺术和当代艺术的学习材料转化为儿童的终极体验与终生兴趣。

Contemporary Art and Children
—Possibilities and Challenges of the Education of Visual Art Appreciation in Art Exhibitions and Art Fairs

Zoltán Somhegyi

Abstract: Both art history and visual art appreciation are among the subjects that are the most joyful and at the same time most challenging to teach. The great achievements of classical artists and the spectacularly new works of contemporary creators can be highly inspiring, but—if not being taught with care—it can also become a boring subject, or, what's worse, an area of study and activity of which its importance or even legitimacy is questioned, even by the students themselves. Therefore, teachers of art history and of visual art appreciation have a particular responsibility of bringing these fascinating subjects close to children in an exciting and careful manner, through which instructors can trigger a sensibility of children towards the arts that can have an impact lasting, ideally, for an entire lifetime. In my paper I aim to show some aspects of these questions. I focus especially on the case studies of museum pedagogy and activities of visual art appreciation in contemporary art exhibitions and art fairs—for example guided tours specially dedicated to children during these events. In this way, the focus of the paper is given to the particularities of such extra-classroom activities that can provide the children with a great opportunity to really encounter art in its physicality; in other words, let children have a direct experience of artworks, of their physical features, their emotional effect and aesthetic qualities, instead of knowing them merely through reproductions in books or having them projected on a screen. My choice of focusing on contemporary art is motivated by the fact that it is unfortunately an often neglected area when discussing the history of art in general education—sometimes because of its challenging nature or controversial topics and untraditional forms of expression, due to which even teachers may find it more complicated to bring contemporary artworks into the class discussion. An inspiring way to offer an alternative for this dilemma can be a visit, with the help of specialized guides, in a contemporary art event. Nevertheless, such visits may also have their own challenges, and it cannot be considered as an automatic solution for a comprehensive overview that can "entirely" substitute the proper teaching and more classical forms of discussion of contemporary art. However, it is definitely a curious way of arousing and increasing the students' interest in contemporary art, that will then help instructors continuing the subject in classical in-class teaching.

Keywords: contemporary art; museum pedagogy; art appreciation; art exhibitions; art fairs

中国当代3—12岁儿童诗性思维文本化现象研究

◎ 陈 静[①]

摘 要：21世纪以来，在中国3—12岁儿童的生活中，出现了一定规模的诗性思维文本化现象。这一现象是发生在儿童与成人之间的社会性历程，是成人记录儿童富有审美性的诗语，并与儿童就诗语进行交流的过程。同时，儿童在习得文字符号和诗歌意识建构起来之后，他们将有可能开始独立的诗性思维文本化创造。但即便是经由后者诞生的诗歌，也仍然缺少不了成人与儿童进行阅读交流的过程。儿童诗性思维文本化现象，彰显了中国当代儿童以词语揭示存在秘密的审美倾向，是他们在"似我非我"之境中探索自身与世界的正向生活。正是因为如此，中国当代儿童诗性思维的文本化过程，将推进中国儿童与成人共同展开审美性的生活，对于抵抗电子媒体对当代生活的异化，推进中国儿童构建自身文化和为中国儿童重构适合身心发展状况的文化、教育之路，提供必要的助力。

关键词：中国儿童 诗性思维 文本化 抒情诗 审美

一、引言

1825年4月20日，约翰·沃尔夫冈·冯·歌德在与他的秘书艾克曼（J. P. Eckermann）谈话时说："人们从儿童时代起就已经开始写诗，然后继续写到少年时代，就自以为大有作为，最后到了壮年时期，才认识到世间已有许多优秀的作品，于是回顾自己在已往年代里走错了路，毫无成果，不免大吃一惊。"[②] 这里所提到的"人们从儿童时代起就已经开始写诗"，即儿童能够进行诗歌创作这一现象在不同国家、不同地区、不同时代几乎都曾经出现过。中国唐朝诗人骆宾王7岁作《咏鹅》，俄罗斯诗人普希金（Pushkin）14岁写《皇村回忆》，中国当代诗人顾城12岁作《星月的由来》，都属于这类现象中脍炙人口的例子，一再印证着"儿童是天生的诗人"这一说法。

在当代中国，儿童创作诗歌的现象依然存在。就本文作者目及之处，这种现象所涉及的中国儿童的年龄一般在3—12岁。在他们尚不会或不能熟练书写文字，以及不具备诗歌意识时，需要由成人书面记录他们带有诗意性的口语表达，即诗语，帮助他们完成诗歌创作。随着年龄的增长，儿童逐步掌握了书写符号，在具

---

① 陈静，文学博士，华东师范大学中文系讲师，主要研究方向为图像叙事与儿童阅读。

② ［德］艾克曼：《歌德谈话录》（全译本），洪天富译，南京：译林出版社，2002年，第136页。

备了一定诗歌意识的前提下则有可能开始独立的诗歌创作历程。在当代中国，无论是在诗语记录中需要成人协助的儿童，还是在诗歌创作中开始独立探索的儿童，他们的诗性思维都要经历从勃发到表达，再到最终呈现为具体文字、文本的过程，这便是中国当代儿童诗性思维的文本化现象。

自 21 世纪以来，中国儿童的诗性思维文本化现象形成了一定的规模，孩子因此而完成的诗作，有的以单首或多首的形式发表在实体刊物上，如《十月少年文学》《儿童文学》《中文自修》等，有的通过网络进入大众阅读视野与传播过程，有的则以结集形式面向公众出版。近年来涌现的果麦编《孩子们的诗》（2017 年）、《孩子们写的诗》（2018 年）、《小孩的诗》（2019 年）、《大山里的小诗人》（2020 年）、《姜二嫚的诗》（2020 年）、熊亮编《孩子们的诗》（2020 年）等作品正是儿童所创作的诗歌的结集出版物。这一切都体现出中国教育界、出版界、阅读界对儿童诗性思维文本化现象的接纳、认可与鼓励。

诚如约翰·沃尔夫冈·冯·歌德所言，对那些童年就已创作过诗歌的成人来说，随着人生之路的铺展，他们发现世间优秀诗作众多而自认当年"走错了路"，这固然是一种颇能显示自知之明的心态，但是当时代发展至 21 世纪的今天，尤其是在"从各个视角各个方向对儿童进行学术研究，并试图达到对儿童本质或是天性的完整理解"[1] 的儿童学日渐发展的

今天，约翰·沃尔夫冈·冯·歌德的断言却有可能不再是面向儿童写诗现象，或曰儿童诗性思维文本化现象的恰当态度。当代中国 3—12 岁儿童的诗性思维文本化现象，无论就发生过程和对儿童个体的生命成长来说，还是针对儿童与成人之间文化关系的构建来看，其中所包含的意味都有别于约翰·沃尔夫冈·冯·歌德所总结的儿童写诗在于成就未来诗人的相对性观念，而应更多地从这一现象的主体——儿童的生活与生命状态出发，去认识、衡量、发掘其中所具有的价值可能。基于这样的认识，本文将从这一现象的发生、本质与价值三个层面，对当代中国 3—12 岁儿童的诗性思维文本化现象进行思考、探索与研究。

二、物与我相交融的社会性历程：儿童诗性思维文本化现象的发生过程

从世界知识系统的构建过程来看，"西方的诗性思维概念的界定大致源于《新科学》中的'诗性智慧'"[2]，其被认为"是一种与理性思维相反的原始非理性思维"[3]。无论是在东方，还是在西方，研究者对这一学术概念均有一定程度的体察、认知与发展。诗性思维形式除了具有"原始非理性"的特质以外，还表现出"通过具体的、感性的情感意象来激发人们的直觉和情感"[4]，使"人与物之间可以互渗并形成新的生命意象；人与自然物可以通过象征、比喻而相互认知与相互

---

[1] 转引自张华等：《儿童学新论》，济南：山东教育出版社，2018 年，第 4 页。

[2] 刘荔、包通法：《论翻译中的诗性思维》，见《上海翻译》，2017 年第 2 期，第 8 页。

[3] 同上。

[4] 邱紫华：《东方艺术哲学》，武汉：武汉大学出版社，2017 年，第 32 页。

说明，人与物可以自由沟通"①等功能。以意象为鹄的诗歌创作过程可谓诗性思维大行其道的领域，而讲究意象与情感共生的抒情诗，除了反映出传统语义学中通过隐喻与转喻的方式组织语言、表达思绪的人类审美创造机制以外，还透视出诗性思维在促成人类认识自身与世界之间关系时所具有的极强的建构功能。值得注意的是，诗性思维被认为是一种"原始非理性思维"，即人类在原始先民时期就已表现出来的思维形态。这就为承认尚处于人生初始阶段、在心理层面体现出原始思维特征的儿童具有诗性思维提供了必要的学理性基础，也可以与儿童在日常言谈、举止中所体现出的诗性思维现象形成实践意义上的互证。

人们或许认为，尚未掌握书写符号的儿童，在运用诗性思维进行创造、形成文本的过程中，难以与娴熟使用写作技巧的成人创作者相提并论。但实际上，在儿童还不能流畅写字的前书写阶段，他们就已经开始了富有独创性的诗性思维表达过程。前书写又称书写萌发，是指"学前儿童在未接受正式的书写教育之前，根据环境中习得的书面语言知识，使用涂鸦、图画、像字而非字的符号、一些错误但接近正规的'字'等形式进行的书写"②。需要注意的是，本文认为对儿童书写萌发行为的聚焦不应仅局限在执笔写字的事实层面，也应对这一行为中所呈现的情感、想象与判断等个性化特征多加关注与体察。

在当代中国，有大量的事例表明，当成人与学龄前儿童耐心交流后者所涂鸦的图画是什么时，往往可以获得充满意义感与意象性的回答。比如，一个4岁的中国儿童在自己的涂鸦（图1）中不仅用青绿色的水彩笔画了布满纸面的6个太阳状的图案和5个花朵状的图案；而且还画上了1个有着梯形身体，长着双手、细腿和双脚的青绿色的三角粽子。当幼儿园教师问他："三角粽子底下的梯形是什么？"他说："是宝宝，我妈妈肚子里也有宝宝了。"如果依循这个儿童的言语重看他的涂鸦，就会发现，他微妙地呈现了粽子抚摸着肚子漫步的情景。又比如，一个5岁的中国儿童在一次主题为"彩色的温泉"的绘画课上，用暗红色、青绿色、黄褐色等颜料画出不规则的圆形表示温泉，用暗红色和紫色画出只具有形态而无眉眼的火柴人表示进入温泉洗浴的人，用明黄色画出左上方一个有着眉目、嘴唇和长发的人（图2）。当绘画教师围绕这幅作品，与这个儿童进行交流时，他对老师、同学说那个明黄色的人是他的妈妈。他自信地说："你们看，我把妈妈画得超级漂亮，她还是长发。"再比如，在另外两个5岁中国儿童对荡秋千（图3）和爬山游戏（图4）的涂鸦中，丰富的意义感与意象性在人物的神态、情绪与动作，活动场所的符号化，气氛的整体调动，等等层面，大有呼之欲出，等待他人与作者谈论、探究之势。③

由此可见，西方学者得出的"儿童在

---

① 邱紫华：《东方艺术哲学》，武汉：武汉大学出版社，2017年，第32页。
② 陈思：《汉语儿童前书写发展研究》，华东师范大学硕士学位论文，2010年。
③ 此处李芮霖、王艺诺、周俊臣三个儿童的画作，均为他们在四川省成都市新都区机关幼儿园参与日常活动时所画；庄又州的主题画作，是他在福建省福州市米图拉艺术空间的习作。

生活中即开始学习读写；儿童学习书写是一种社会历程"①等书写萌发观点，在当代中国儿童的成长环境中也有着十分清晰的展现。这也启发本文作者从社会性历程的层面，看待儿童诗性思维的文本化可能。在上述案例中，相关成人都对儿童的言谈、行为充满兴趣，时刻准备与之互动。发生在两者之间的对话，使处于书写萌发阶段的儿童呈现为个人情绪、生活体验与知识迁移趋向的个性化意象，脱离了单纯表征为涂鸦图画和儿童心象的状态。此时，只要将这些儿童的话语记录下来，并与他们的画作匹配，就会因为图文之间存在的微妙的儿童视角而使文字获得意象与情感并存的诗语特质。

图1　4岁儿童李芮霖的涂鸦

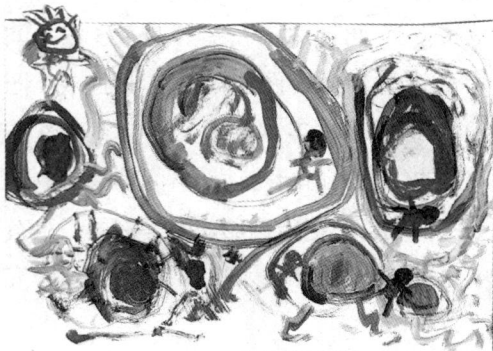

图2　5岁儿童庄又州的涂鸦

图3　5岁儿童王艺诺的涂鸦

图4　5岁儿童周俊臣的涂鸦

与此同时，文本的内涵与外延，也意味着文本化是一个人与人互动的社会性历程，而非单一主体的存在状态。"文本"这一概念本是20世纪初西方文学研究界从语言学界引入的研究术语，涉及诗歌归属的"文学文本"是指"由媒介传输的具有完整表意系统和文采的兴辞构造"，是"有待于读者通过阅读去最后完成"的文化形态。②由是观之，文学文本的最终构建与完成，除了依靠必要的语言衔接、呈现为"兴辞构造"以外，还需要"读者通过阅读去最后完成"，这正是文本在传播过程中进入社会性历程的表现。对于文学文本的作者而言，其具体书写过程则需要在与他人的交往中完成经验积累与文本输出。

① 李跃文、杨兴国：《儿童早期读写课程的发展与特点及其启示》，见《学前教育研究》，2015年第8期，第61页。

② 祝云珠、代军诗：《文学概论》，成都：电子科技大学出版社，2017年，第40页、第41页。

具体到尚未掌握书写符号，暂以涂鸦等图像符码传递具有诗性思维特质的内心意象、精神状态的儿童，他们只有在成人充满诚意地倾听其叙述，忠实地记录其话语，并将记录下来的文本分享、反馈给前者，使其意识到个体言谈即可成就文本之时，才算完整地经历了一次儿童诗性思维的文本化过程。当这样的过程越来越多地发生在亲子之间、师生之间，通过对儿童诗语的日常记录或诗歌课记录，随着儿童的不断成长与最终习得书写符号，儿童便能得心应手地将自己心中所想、口中所言书写为文本，呈现为一句一句的诗语，一首一首的小诗。

在当代中国，通过刊物、网络、诗集而面世的儿童所作诗歌已是定型之作，其具体的诞生过程几乎已不可考，而儿童诗性思维文本化的发生又特别依赖具体的社会性历程，因此从实践层面入手，总结这一现象发生的基本规律就显得十分必要。就本文作者所进行的观察与实践来说，儿童诗性思维的文本化过程，可以描述为三种儿童交往行为基础上的诗语表达、相关记录与交流活动。

第一种是儿童与外物（包括自然物、人造物）进行自由交往时，围绕外物展开言说的过程。比如儿童观察、触碰、采集、捕获自然物时，他们会针对自然物提问、思索、寻找属于自己的答案，并诉诸口语。一个尚不能自如写字的 7 岁女孩曾完成"薄荷为什么是辣辣的？/ 因为当你还没试它的时候，/ 它被太阳晒着"① 的诗语表达。

第二种是儿童就包含诗性思维的文学文本进行阅读交流后，被激发而完成的诗语模仿与创造。那些包含着诗歌范例，或曰诗性，特别是充满想象力的绘本、充满趣味感的诗集，都是激发儿童进行思考、说出诗语的媒介。比如"泡泡碰在一起，/ 破了。/ 在破之前，/ 他们抱抱"，这是一个 7 岁男孩在阅读过"抱抱"主题的绘本后，在与教师进行词汇游戏时的诗语表达。至于"我买了一台吸尘器。/ 我把它装反了，/ 变成了一台吹风机。/ 这台吹风机搞笑得很，/ 会把一切吹出窗外。/ 从此，我再也不敢让它开机"，则是一个 8 岁的女孩在阅读过谢尔·希尔弗斯坦（Sheldon Alan Silverstein）的诗集《什么都要有》（*Every Thing On It*）之后的收获，是其主动、独立进行诗歌创作，并得到成人鼓励的结果。

第三种是儿童与自己进行自由交往时的诗语表达与成人对此的忠实记录。比如在看小蚂蚁、玩水的嬉戏时刻，儿童会非常投入和尽兴，甚至进入一种把诗性思维作为体验方式辐射到个体游戏，表述为口语的过程。像"小蚂蚁，快来！/ 这里有家"是一个 3 岁女孩说出的诗语，而"每次我洗澡，/ 都把喷头想象成一把刷子，/ 把我自己想象成一条狗"，则是一个 8 岁儿童在自己洗澡时的开心表达。

上述诗语之所以完成了文本化的过程，是因为这些儿童身边的成人将这些诗语记录下来，并把它们当作真正的诗行与儿童进行回顾与体验，使之依靠基本的阅读反馈进入趋向完成的时刻。需要注意的是，第三种儿童交往行为的发生并不一定

---

① 此处的诗语举例来自本文作者面向一年级小学生开展的绘本诗歌课。下文涉及的儿童交往行为的诗语举例如无特别注释，均来自本文作者绘本诗歌课上的记录或生活观察记录。

总是伴随着儿童开心、沉醉的心理状态。尤其是，在一些明显带有疏导情感功能的童诗课上，被激发出诗情的儿童也许会沉浸在思念、平淡、悲伤等情绪中，进而找到自我表达与情感宣泄的出口。下面两个乡村儿童所创作的抒情诗歌就是其与内在的自己进行交流、努力抱持自我的结果。在诗集《大山里的小诗人》中，由12岁的穆庆云所写的《我希望》一诗："十年后/我希望/成为一个/自私的妈妈/因为/我想让妈妈自己爱自己多一点"①，从字面意义上来看，正是一种沉浸于自我情绪的产物。同样出自这本诗集，由9岁的向雅婕所写的《秘密》一诗——"有一只大肚子鸟/它的肚子很大很大/因为它把很多想说的话/都憋在肚子里/这是个秘密/谁也不知道"②——其写作原因，则在于这个儿童因家中无人能参加其家长会而深感痛苦，只能压抑自己内心的无助。由于教师的参与，这些诗歌伴随着乡村儿童的内心情绪，转化为以文字符码建构而成的意象与诗行，并通过教师的收集、整理，进入被人阅读的可完成之境。

如果把意象看作抒情诗的重要组成部分，据此审视上述儿童创作的诗歌，研究者就会发现儿童或是提出疑问、进行自我探索与回答，或是表达内心的好奇与情感，或是说出充满妙想与哲思的话语，或是进行着对自身压抑情绪的审美性转化，而其中诗歌意象的生成过程无不遵循着"观物取象""观己取象"，以及将两者相结合的诗语创作原则。由是观之，儿童诗性思维文本化的发生过程起于儿童的日常生活，既是儿童在与外物、文本、自身交往中的一种自然而不刻意的口语表达，又是一种在物与我之间选取意象的审美过程，更是诉诸拥有对话、书写、阅读能力，并十分欣赏儿童话语的成人他者的社会性交往行为。

三、揭示存在秘密的"似我非我"之境：儿童诗性思维文本化现象的本质所指

一般来说，在成人的眼中，儿童所说的诗语主要是充满意趣的儿语。成人认为儿童"不假思索脱口而出的话语，常常给人带来意想不到的惊奇和欣喜"③的看法是较为普遍的。但在"不假思索"和"意想不到"这些词汇的背后，又极有可能包含着成人对儿童诗性思维表达本质的不解，或者说是误读。正因为如此，才会有人这样说："那些根本不可能对科学和哲学有什么高深见解的儿童却不断地表示了一种高度的艺术能力，有些很小的儿童都能比他们的长者更好地即兴作诗或歌唱。"④显然，这一观点把科学、哲学和诗学看作高深莫测的，离儿童和童年世界尚十分遥远的领域。但是，如果把推动科

---

① "是光"的孩子们：《大山里的小诗人》，果麦编，南京：江苏凤凰文艺出版社，2020年，第52页。从此书的前勒口可知："是光"是昆明市呈贡区是光四季诗歌青少年服务中心——国内首家乡村诗歌教育公益组织的简称。该组织从2016年10月开始为乡村留守儿童服务，给当地三至八年级的教师提供系统的诗歌课程培训，解决乡村儿童缺乏情感表达渠道和心灵关注的问题。

② 同上，第38页。

③ 肖体仁：《诗歌创作与儿童心理》，见《西南民族大学学报》，1994年第4期，第103页。

④ 转引自朱狄：《艺术的起源》，武汉：武汉大学出版社，2007年，第13页。

学、哲学和诗学发展的根本动力放置于好奇、想象、智慧与逻辑，以及支持这些特质或能力获得的学习过程中，那么就会发现儿童"不假思索"地说出惊人之语，儿童"不可能对科学和哲学有什么高深见解"，这些断言都仅仅停留在相关现象的表层，对儿童思维背后所隐藏的本质性规律鲜有发现与触及。

世界各地的研究者通过日复一日的实验与分析，已经证明儿童并不是完全被动的生活者。从幼年开始，儿童就"已经形成了关于世界的因果知识，并且会用这些知识来预测未来、解释过去、想象存在或不存在的可能世界"①。之所以如此，其根本原因在于人类大脑的可塑性，而且幼年期的人类大脑就已出现了一种惊人的智能现象，即"儿童的大脑建构了一种无意识的因果图，精确地呈现世界运转的方式"②。这种关系图被国际儿童学习与发展研究领袖艾莉森·高普尼克（Alison Gopnik）称为"像电脑系统化的地图"③，她还确认这些关系图被储存在大脑保存记忆与空间意识的海马体当中。这就意味着，越是个性化的、活跃的成长过程和生命体验过程越能在儿童的大脑中留下独特的记忆印痕，也越有可能促使儿童对世界运转的秘密做出令人吃惊的解释，乃至完成即兴诗语或歌唱这些诗性思维的言语表达。

如果以此类脑科学及相关实验所提供的儿童认知建构规律为依据，那么研究者就会发现，与上述质疑儿童创造能力处于相反立场的观点相比，其可能更为公允，更值得借鉴到分析儿童诗性思维文本化现象的过程中。英国儿童阅读专家艾登·钱伯斯（Aidan Chambers）认为："从阅读讨论的角度来看，比较周严的想法是接受孩子的理解力极可能和我们并无太大差异的事实。"④ 在此判断的启示下，我们是否也应承认，儿童说出的诗语与成人诗歌在抒情诗最重要的两个层面——词语与世界的所指关系中，在诗歌的抒情构造上并无根本性的差别呢？对这一问题的回答，显然应从诗语组织的根本所指与抒情诗的抒情范型这两点来做思考与探究。

就阅读与赏析层面来看，诗语组织是触动抒情诗读者进入审美境界的表层特征。人们总是首先被包含着声音表征、情感基调和象征意义的诗语所吸引。诸如前文所列举的儿童诗语——"薄荷为什么是辣辣的？/因为当你还没试它的时候，/它被太阳晒着"，堪称一首咏物与哲理并存的短诗。它构造了"辣"与"晒"之间的相似性联想关系，又以"试"代替直接的"品尝"，由此赋予诗语一种小心翼翼的氛围，因而使诗语表达在隐藏与转化关系中获得了耐人寻味的品质。诸如泡泡之间的抱抱、刷子一样的喷头等诗语，也或多或少地拥有由隐藏与转化关系而来的哲思或趣味。正是在这样一种诗语组织的

---

① ［美］艾莉森·高普尼克：《宝宝也是哲学家：学习与思考的惊奇发现》，杨彦捷译，杭州：浙江人民出版社，2014年，第20页。

② 同上。

③ 同上。

④ ［英］艾登·钱伯斯：《说来听听：儿童、阅读与讨论》，蔡宜容译，北京：北京联合出版公司，2016年，第62页。引文中的"我们"是指拥有阅读理解力的成人。

运行中，我们可以看出儿童诗语中的词语获得了一种"让凡俗之物重新沉入了它们形而上来源的隐秘中，让存在分支之间原本隐匿的类似性昭然显现"①的所指功能。这一点恰恰属于作为法国象征主义诗派的来源的思辨语言理论，也是读者在成人诗歌中可以感知和了解到诗意境界的根本原因。虽然，儿童的诗语并非要刻意实现这一境界，但是他们确实凭借直觉性的体验和大胆的表述，获得了这种让词语脱离日常所指，进入神秘境界，让外物与自我、此物与他物之间的关联得以敞开的可能。

诗歌表层的诗语组织会带领读者进入词语与意义构造的审美境界，而诗歌中的抒情主人公与作为审美主体的诗人之间的关系，则可以构成促成诗歌表达和影响读者接受的抒情范型。"抒情主人公指作品中作家为表现情感所借助的抒情角色。"②作为审美主体的诗人处于现实世界中，需要从现实中择取话题，通过词义的隐藏与转化，进入表达审美体验的诗性思维文本化过程。如果以诗歌中的抒情主人公的字面修辞为标准进行分类的话，那么可以简洁地将抒情诗分为两种表达范型：一种是"我"之范型抒情诗，一种是"非我"范型抒情诗。"我"之范型抒情诗，主要表现为在诗中出现了"我""吾"，或是明确以姓名、身份、人物关系等构成的诗人自我指代，或是可以理解为较为可信地指向

诗人生活的诗意情节。如果以唐诗为例，就会发现，"仰天大笑出门去，我辈岂是蓬蒿人""与君离别意，同是宦游人""松下问童子，言师采药去"，这三个例子中无论是否出现了以"我"加以表达的诗语，都可以促成读者将抒情主人公明确对应为现实诗人的诗歌解读。"非我"范型抒情诗③的表现在于诗中的抒情主人公并非诗人的直接代言者，而是被转化为明显有别于诗人身份的其他指代角色。唐诗中的"妆罢低声问夫婿，画眉深浅入时无""打起黄莺儿，莫教枝上啼"中的抒情主人公均被设定为女性，其与作为作者的男性诗人显然是完全不同的，但都充当了诗人借之抒情的有效意象与渠道，具有与诗人之"我"相似的内在心境，与诗人形成了"似我"的关系。同样需要注意的是，诗人乃现实中人，抒情主人公却处于虚拟的审美世界中，这两者虽有可沟通之处，但绝不可能完全等同，因此在"我"之范型抒情诗中，抒情主人公与诗人也并非彻头彻尾地指向同一个存在者，而是彼此在外化世界中有着较为密集的相似之处，形成"似我"关系。此外，虽然文中所列举的诗例均为唐诗，但实际上在其他时代、其他国别的抒情诗中同样可以找到这两种基本的抒情范型。

无论是"我"之范型抒情诗，还是"非我"范型抒情诗，都可以看作诗人从认同一个"似我非我"的命题开始，继而

---

① ［德］胡戈·弗里德里希：《现代诗歌的结构：19 世纪中期至 20 世纪中期的抒情诗》，李双志译，南京：译林出版社，2010 年，第 38 页。

② 王确：《文学概论》，北京：人民教育出版社，2003 年，第 223 页。

③ 在王确主编的《文学概论》中，"非我"范型的抒情方式被称作"代言的抒情方式"，而"我"之范型抒情方式则是"第一人称的抒情方式"。本文之所以将"我"与"非我"上升到范型的层面来谈，意欲强调这些抒情方式对诗人创作诗歌、读者理解诗歌都具有可以提取出视角性模型的意义。

选取"似我非我"的意象，最终抵达"似我非我"之境，在以揭示存在之秘的诗语完成诗作的审美创造过程。整个过程是存在于现实世界的作者和审美化的抒情主人公之间，由生命形式到诗语存在的一种文本转化形态。其间，"似我"是促成诗人选取、塑造一位具体的抒情主人公的前提，而"非我"则使诗人与自己所要审视的生命现实保持距离，以便使自身对真实的生命体验进行审美处理成为可能。正是在这种"似我非我"的微妙选择中，一种关于"我"之存在与世界关系的秘密就在诗语中诞生了，而诗歌创作就是一种在生命状态的转化中寻找这种秘密与诗语的过程。在此推动下，生活于现实世界中的读者，才有机会既在作者的"似我"之境中了解、体会诗人的真实境遇，又在作者的"非我"之境中进入独特的审美过程，乃至在"似我非我"的彼此交融与对照中唤醒自身进入诗歌、与之互动的契机。

当成人承认，儿童所具有的好奇、想象、逻辑、智慧等人类生命特质，距离推动科学、哲学和诗学发展的根本要素并非绝对遥远之时，重新观望前文所列举的儿童诗性思维的文本化形态，就会发现儿童的诗语表达中同样具有"似我非我"之命题、意象与境界的融合。如上述举例中最小的3岁儿童所说的"小蚂蚁，快来! / 这里有家"，其中的抒情主人公所期待完成的呼唤要抵达小蚂蚁那里，显然不是靠人类儿童的语言完成的，而必须转化为小蚂蚁可以感知的非人类的语言，即通过"非我"构造才能实现；但"这里有家"的断语则是强调小蚂蚁与人类自身境况的相像，是一种典型的"似我"关系的表达，并且包含期待"非我"之物认同"似

我"之境的强烈感情。若以此抒情结构，继续观照儿童诗语中的薄荷、泡泡、吸尘器与吹风机、狗和"我"、喷头和刷子，就会发现这种"似我非我"的智性摇摆与诗语震荡一直都在文本中运作，从而衍生出具有情趣、灵感与哲思的审美品位。因此，从抒情范型的运作机制可知，儿童诗语与成人诗歌在本质上都是对"我"之存在足够好奇、足够珍视的传达，都是在"我"与世界之间建立关联的审美构建活动。

当然，儿童诗语与成人诗歌的表达在情感的深沉程度上，在各自所关怀的话题中，在谋篇布局的连续抒情能力上，在与社会文化的互动程度上必然存在差异。但是，本文也不能不强调，那些进入成人文言系统中的儿童所创作的诗歌，如骆宾王的《咏鹅》不是一样获得了流传千古的机会吗？这一点再次证明，在创作诗歌这件事上，儿童可能具有并不弱于成人的灵感与才思。如果想要使儿童的诗性思维文本化变得更为普泛，那就不仅要为儿童诗作进入成人主导的文言秩序创造一定的出版、交流的机会与条件，而且需要重新看待当代中国儿童诗性思维表达现象所蕴含的价值可能。

四、"与儿童一起生活"的当代倡议：儿童诗性思维文本化现象的价值取向

随着21世纪的到来，当代中国日渐进入社会文化急剧转型和现代化飞速发展的时代，社会生活在整体上呈现为网络传媒发达、生活节奏加快、城乡差距加大等特点。对身处当代中国的儿童来说，他们在童年期所体验和经历的诗性思维文本化

过程，并不预示着他们在未来一定会从事文学创作或与之相关的工作，而且这期间所包含的价值取向与曾经盛行的儿时出佳作即为神童的时代成见也已相去甚远。从总体上来看，当代中国儿童诗性思维的文本化现象具有指向生活与审美并存、成人与儿童共进、改进中国当代儿童观的价值可能。本文认为，与上述价值取向相关的具体内容可以表述为如下三点。

第一，儿童诗性思维的文本化现象是一种讲求成人与儿童面对面的、活跃的社会性交往历程，是需要成人与儿童各自激发审美精神以共同对抗当下传媒异化生命状态的生活整合方式。

当代中国正处于飞速发展的时代，电子媒体与网络传媒对生命的介入更是加剧了生活本身所具有的碎片化、混沌化状态，这对成人与儿童的生活都产生了深远的影响。在当代中国的日常生活中，以手机、平板电脑为代表的电子媒体往往构成儿童与成人之间交流的壁垒，或是将儿童过早地卷入成人的文化世界，成为异化童年的技术力量。儿童诗性思维的文本化现象充满了儿童的自我游戏与内心抱持，充满了儿童与成人的互动和对话，是其最终通过文本包容、整合这一切的审美运作过程。这期间的种种活动既可能成为整饬混乱生活、拓展生命空间的文化重构之举，又可能打破电子媒体所形成的儿童与成人之间的交流壁垒。在儿童诗语被记录的过程中，具有打字、录音和拍照功能的手机、平板电脑等电子媒体可以超越纸笔、记忆力与人力的局限，帮助辨识儿童诗语的成人有效地完成记录、整理儿童诗语的过程。在此情况下，即便电子媒体侵入到当下儿童与成人共存的生活，也不至于构成纯粹的壁垒与隔断，只会因为儿童与成人处于审美共进中的亲密交往而被置于单纯的工具位置。同时，在整个过程中，儿童获得了自由言谈的权利，而成人则处于时时追随与感受的时刻，因而这期间人与人之间的交流就回归到了宝贵的、不可替代的精神沟通的层面。因此，经由此道，便有可能使儿童的生命和儿童、成人同在的生活与外物的自然、内心的宇宙拉近距离，这既降低被电子媒体异化的可能，提升儿童与成人各自的媒介素养，又把诗性思维所包容的生命自身的意义逐步呈现与揭示出来。

此外，就一般的诗歌创作过程而言，诗歌从产生灵感、调动意象、连续抒情，到最终完成文本，实际上是一种以审美主体为中心的叙事事件，是作为审美主体的诗人生命与内外世界融合、碰撞的诗性转化活动，也是诗人针对日益被平面化的世界所进行的个人存在式的抗争行为。因此，与生命体验有着重要关联的诗作可以构成一种对生命节点充满叙事暗示的艺术性记录，是审美主体对其生命重要时刻的灵性观照。出于儿童诗性思维的文本就其情感、意象、哲思而言，完全是不折不扣的审美产物，因而自然可以给予其审美主体——儿童深入的精神感受与自我延展的可能。相比而言，作为儿童诗语的记录者与初始欣赏者——成人，他们对儿童生活的参与是积极的、主动的。这就必然要求他们暂时放下对现实功利的追求，转入以自身感受力甄别儿童话语是否具有充盈的诗意的审美感知过程。因而，当成人面对儿童，推进儿童诗性思维文本化的积极建构过程时，就有可能进入一种在儿童诗性与审美的镜像中激活成人自身感受力的生命至境。在整个过程中，成人与儿童的生活均成为贯穿了审美精神的生活，均蕴含着对抗时代裹挟的生活叙事的美感与力量。

第二，儿童诗性思维的文本化过程是儿童张扬、探索自身生命与内在精神的记述，是"儿童创造的文化"和"为儿童的文化"的双重融合。

从儿童诗性思维的发生过程来看，作为主体的儿童与作为客体的外物、文本、自身交往，表达诗性话语的过程，既是儿童内在的展示与儿童的言语流露，又是充满了儿童与世界主客二元渗透关系的现象。在这个过程中，"一方面，主体将自身渗入客体，似乎客体亦有灵性、目的"①，比如呼唤小蚂蚁回家的诗语，就将人类对"家"的亲切感受视角延伸到了小蚂蚁的世界，颇具物我合一的灵性特质；"另一方面，主体中又有客体的渗透，以至于在儿童看来，自身的特性如梦或思想、对事物的命名等心理方面的东西又都具有物理学的性质，或者说具有实体的特性"②，如有关吸尘器的诗歌书写，就将吸尘器反向理解为吹风机，具有上述心理与物理双重意义上的命名特质。

正因为儿童的诗语，有着主客二元融合的特质，因此其中明显地透露出人类"想要理解这个世界，并将它置于故意的控制之下"③的意愿与努力。当儿童为外部世界命名，通过审美感受揭示其中的因果关系，将自身的灵感与灵性投射到自己看待外物的过程中，甚至以自身的困惑、哀愁、痛苦作为诗性思维审视的对象时，

儿童有意控制外部世界与自身世界、调控内在感受的意识性，就明明白白地显露出来了。因此，儿童进行诗性思维的表达，是将其内在的灵性自然伸展到外部世界，或复归于自身的有效道路，充满存在主义所彰显的人类儿童追寻、赋予、建构童年文化的自发性、主动性特点。这时的儿童文化才可能构成"儿童所特有和共有的思想方法、行为方式和心理特点、世界观"，"是儿童自己在其中决定其标准和价值的文化"，也就是"儿童创造的文化"。④

从成人对儿童诗性思维的文本化整理来看，这种常规性地将儿童的表达加以分辨、记录，并以诗行的形式呈现出来的行为，不仅是对儿童生命日志的一种诗化整理，而且将给儿童带来整理自传材料的有效行为示范，并给儿童带来生命价值被重视的内在体验。当成人参与儿童诗性思维文本化的过程，达到了丰富、提升儿童的诗歌意识的程度时，就为后者在习得语言符号后自主地进入诗性思维的文本化过程，创造了至关重要的条件，也为其在未来生活中依靠诗性创作宣泄个人情感、抵御人世风霜提供了正向的生活范例。正因为如此，经历过个人诗语被成人忠实记录成诗，进而进行相关交流的儿童，将更有可能顺利实现书写萌发到正式书写的过渡，更有可能达到口语表达向书面语转化的学习要求。

与此同时，由于最初为儿童记录诗语、整理诗歌并朗读给他们听的，往往是与其生活密切相关的成人，比如父母、师

① 刘晓东：《儿童精神哲学》，南京：南京师范大学出版社，1999年，第70页。

② 同上。

③ 转引自［英］罗伯特·费希尔：《教儿童学会思考》，冷璐译，北京：中国轻工业出版社，2020年，第116页。

④ 边霞：《儿童的艺术与艺术教育》，南京：江苏教育出版社，2006年，第10页。

长、成人朋友，因此儿童将有可能体验到被他人珍视的瞬间，获得较高的自尊感与价值感，萌发和内化珍视自我的精神，并建立起有关自我认知与创作行为的必然关联。这种对个人独立价值与精神生活的认同，对于正在成长中的儿童，不管是生活在城市还是生活在乡村的儿童，都是非常重要的。这正是在当代中国，成人构建"为儿童的文化"的具体表现。

第三，经由儿童诗性思维文本化所获得的作品显然属于文学领域，其中部分作品被纳入出版系统、研究视野时，就有可能向中国当代儿童文学界彰显异乎成人书写的童诗观，透视出文字背后存在的当代中国儿童的希望与出路、困局与问题，构建与中国儿童生活更为相符的儿童观。

儿童诗到底应该是怎样的，这是长期困扰中国童诗创作界的问题。美国桂冠诗人罗伯特·弗洛斯特（Robert Frost）的诗歌观，可以代表一种具有典型意义的童诗观，其得到中国台湾儿童诗诗人林焕彰的赞同。当有人问罗伯特·弗洛斯特诗是什么的时候，他回答："诗是，看起来很愉快，读过了之后，自己感觉又聪明了许多；这就是诗。"[1] 林焕彰将这句话概括为"始于愉悦，终于智慧"[2]，并因其儿童诗诗人的身份将其辐射到对儿童诗的认知当中。但是，成人如果去接触出自儿童之口或之手的诗语，则会发现这种将诗歌置于娱乐和哲思之间的定性方式或许应该得到修正。诚如儿童诗诗人童子所言："童诗作为现代诗的一种，比为大人读的现代诗更追求个体存在的意义。"[3] 作为书写者的儿童在诗性思维文本化的过程中，几乎等于拥有绝对的自由，而毫无俯就所谓主流文学观的义务。当一个 10 岁的乡村儿童用红笔写下："我读书有什么用呢？/ 又没有一个爱我的家人"[4]（图5）的时候，谁能否认其中的哲思？谁能否认其中的沉重与深刻？谁又能否认自己可能会被它们击中而感到痛苦呢？更何况，还有一些儿童的诗语表达是无目的的，纯粹为表达而表达，代表着他们畅所欲言地说出母语时的欣喜与快感，因此自然不乏欠缺美感的莽撞或无厘头。例如这一首出自一个 4 岁儿童之口的《蛋糕》——"小弟弟的便便，/ 是小苍蝇的蛋糕，/ 小苍蝇在蛋糕上，/ 抹奶油"[5]——就是一首曾被某位成人诗评者腹诽的小诗。诗评者尽可以批评这首小诗令自己不适，却很难否认这首小诗中的抒情主人公凝视生活瞬间所获得的愉悦与顿悟，也很难否认诗语在表达中所追求的畅快淋漓。

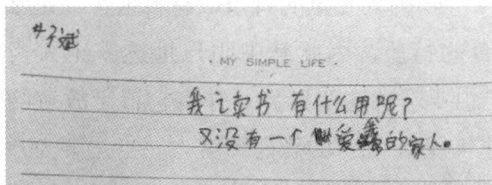

图 5　一个 10 岁乡村儿童好斌的两句诗，与他所用纸张上的文字"MY SIMPLE LIFE"

---

① 林焕彰：《我的儿童诗写作札记》，《文艺报》，2020 年 8 月 14 日第 5 版。

② 同上。

③ 童子：《童诗的个体与个性》，《文艺报》，2020 年 8 月 14 日第 5 版。

④ 这两句诗出自西双版纳傣族自治州勐腊县关累镇曼岗小学一个哈尼族男孩之手，他在上过志愿者教师的诗歌课之后，写下了这两句诗。

⑤ 这首小诗于 2017 年 8 月 30 日发布在微信公众号"小诗人奖"上，其作者是曹庭毓。该公众号简介中写道："'小诗人奖'由青年诗人张口创办于 2009 年，是国内首个针对 16 岁以下小诗人设立的诗歌奖项。"

构成了极强的反讽效果

通常来说，儿童诗作为儿童文学中的一个门类，其书写者往往由成人担当。成人以自己所坚持的儿童观作为指导而书写，因而儿童文学便成为"隐藏的成人"［佩里·诺德曼（Perry Nodelman）语］的文学。当成人认为儿童是天真、可爱、纯洁、幼稚、快乐的个体或群体的时候，便在面向儿童的诗歌中堆砌包含上述基调的语言，以至于忽视、漠视，乃至贬低来自真实世界中儿童的气息，那可能是苦涩的、无厘头的、无意义的，也可能是困惑的、苍白的，甚至是"恐怖的、丑陋的"。如若承认儿童有一百种语言，那么就必定需要对儿童忠实于自身的诗语表达敞开文学的大门。唯有如此，成人文学工作者和成人读者"才能向着'共情'或'移情'这一诗歌审美的核心地带迈进"①，而儿童诗才可能真正肩负起透视当代中国儿童生活，重建发展中的当代中国儿童观的任务。

由此可见，当代中国儿童诗性思维文本化现象在生活与审美并存、成人与儿童共进、改进当代中国儿童观三个层面的价值可能，都真实不虚地指向了"让我们与儿童一起生活"这一倡议的实现，构成了"成人因为与儿童一起生活而得到安宁与欢乐。儿童则通过赋予成人生活以意义，从而得以生活在生机勃勃的成人中间"②

的社会至福之境，这是值得倡导与推进的现代生活模式之一。

五、结语

实际上，儿童诗性思维文本化现象在儿童丰富多彩的生活中只占据很小的一部分，但是这一过程的启动既根植于儿童的自由言谈，又源于有辅助能力与热爱儿童的成人，并构成了围绕儿童与成人之间文化关系而展开的社会性历程，因此极有可能促成儿童与成人双方生活、双重生命状态的根本性改观与更新。除此之外，在当代中国所发生的、已经具有一定规模，既可以在家庭日常生活中发生，又可以在学校等教育机构完成的儿童诗性思维的文本化过程，从源头上说，与历史悠久的中国诗教传统有着深刻的渊源。从未来发展前景来看，这一现象很有可能影响儿童的学习经验与个人生命的根本性塑造。由此，从这一切活动中所诞生的、中国儿童自身所创作的诗歌，就真实地构成了反映儿童生命经验的叙述材料，也即中国当代儿童自传中的一部分。这些材料的存在，始终可以提醒对儿童、对儿童学感兴趣的研究者，儿童的生命拥有无与伦比的复杂性与多样性，也召唤他们为中国儿童学的发展贡献心血与灵感，以便为中国儿童铺设一条真正切近儿童身心发展的文化教育之路。

---

① 陈恩黎：《当我们谈论儿童诗，我们可以谈什么》，《文艺报》2020年8月14日第5版。
② 刘晓东：《来吧，让我们与儿童一起生活》，见《新儿童研究：第一辑》，桂林：广西师范大学出版社，2020年，第13页。

A Phenomenon Research On the Textualization of Poetic Thinking of Children Aged Between 3 and 12 Years in Contemporary China

Chen Jing

Abstract: Since the 21st century, there has been textual phenomenon of poetic thinking in the life of children aged between 3 and 12 years in China. This phenomenon is a social process between children and adults, and a process in which adults record children's aesthetic words and communicate about the poetry words with children. After learning to write words and constructing the poetic consciousness, children are likely to write poems independently with poetic thinking. And the poems are still indispensable for adults and children to read. The textual phenomenon of poetic thinking in the life of children shows aesthetic process of revealing the secrets of existence by the Chinese children, and it is the positive life for Chinese children exploring themselves and the world in the situation between "me and nonego". Therefore, the textual process of contemporary Chinese children's poetic thinking will promote the common aesthetic life of Chinese children and adults, and provide necessary help to resist the alienation of modern life by electronic media, promot Chinese children to build their own culture and refactor culture and educational path suitable for the physical and mental development.

Keywords: Chinese children; poetic thinking; textualization; lyric poetry; aesthetic

童年时代的探究与想象：当代儿童心理学的最新研究

◎ 艾莉森·高普尼克　著　冷　璐　译①

周傅盛　整理　高振宇　校对

摘　要： 我们直觉地认为儿童（特别是幼儿）天生就是充满好奇心与探究精神的，正是在这种天性的驱动下，儿童才会不断学习和成长。但直到最近，学术界仍然缺乏严谨的科学研究来详细阐明这一点。本文基于最新的脑科学研究技术，呈现相关的实验室及其他儿童心理学家的研究成果，深度讨论儿童心智的发展特点以及其和人工智能的联系与区别，讨论探究与想象在促进儿童学习方面的内在机制，并揭示其对家庭教育和学校教育的启示。

关键词： 儿童　好奇　探究　想象　心智

今天的讲座会提到童年时期的探索和想象相关话题，很多时候我们都会理所当然地认为我们的儿童是有探究欲的，是有想象力和创造力的。但是，并没有明确的研究结果可以证明儿童是有这种天赋和能力。本次讲座，我将通过我的研究和科学成果来解释童年从何而来；我将以实证研究的方式说明在童年的各种时期儿童的确是具有探究欲、想象力和创造力的；我还会引用哲学的一些概念，指出如何将童年和哲学交叉融合起来，什么是童年中的哲学。

一、童年的演化

很多时候发展心理学家没有提出这样的问题：为什么我们会有儿童？为什么人类不成熟的阶段（童年）会有这么长的时间？我们人类的孩子相比其他物种，其所处的童年时期明显更长。如图1所示，这是一只7岁的小猩猩，它所吃的东西跟它所产出的东西是相当的，甚至它所产出的东西要多于它所吃的东西，然而人类的孩子，他们吃得很多，产出的却很少。而且我们很疑惑，为什么人类的童年时期会那么长？他们没有产出很多的东西，我们却要花很多的时间和金钱去照料他们。举个

---

① 艾莉森·高普尼克，美国加州大学伯克利分校心理学教授，哲学系客座教授，伯克利人工智能研究小组成员。他是心理理论的创立者之一，加州理工学院、牛津大学、剑桥大学和伦敦国王学院等全球知名高校的访问学者，美国实验心理学家学会、美国人文与科学院、美国认知科学学会、美国科学促进协会等机构的成员，主攻儿童学习与发展的认知科学研究。

冷璐，暨南大学外国语学院副教授，主要研究方向为英语思辨教育、儿童哲学、教师共同体和教育心理学。

例子，我的儿子现在都已经32岁了，我却还在给他写抵押贷款申请，还在照顾他，这是为什么呢？

图1　7岁的小猩猩

现在我来解释一下有关人类、大脑和动物之间的联系。研究表明，大脑占身体的比重越大，那这个动物就越聪明。家禽非常善于吃谷物，但它们的学习能力是不行的，因为它们的大脑占身体的比重只有0.1%，所以就没有那么聪明。我们反过来看新西兰的乌鸦，其大脑占身体的比重为2.3%，是所有鸟类之最，所以它是非常聪明的，可以跟猿猴和猩猩相提并论。甚至还有研究表明，新西兰的乌鸦，其智商超过7岁儿童。如图2所示，它会用嘴去叩击机械来获取里面的东西。这就证明了大脑容量越大，物种就越聪明。这个研究结果也可以应用到哺乳动物比如袋鼠、昆虫比如蝴蝶等身上。

我们再来看一下小乌鸦。它小时候都

图2　新西兰的乌鸦

在做探索活动，比如叼一根小树枝，把一根小树枝插到一个孔里，甚至倒过来插到一个孔里，反复学习成年乌鸦的技能。在这样的活动过程中，小乌鸦不断探索和试错，成年乌鸦给予关怀，喂养它，给它一个好的养育环境。整个童年期，小乌鸦都是自己在探索所有可能的事情，比如使用工具、搜寻食物等。其实人类儿童学习的时间更长，在童年期儿童都在探索不同的可能性，这种学习和探索的能力远比其他物种强。我想说这样一句话，即儿童负责研发，成人负责生产与销售。

如图3所示，婴儿的大脑似乎有一种特质，尤其擅长想象和学习，事实上婴儿的大脑比成人的大脑的连接程度更高，比成人的大脑有更多的神经通路。当儿童长大后，有了更多的经验，大脑就会减少那些薄弱的不经常使用的神经通路，而去强化那些经常使用的神经通路。试观察一下人类大脑神经的连接图，有点像街道地图。随着年龄的增大，儿童的神经通路就会变少，只会留下一些曾经强化的神经通路。因此，婴儿的大脑具有非常强的可塑性和灵活性，更容易发生改变；但婴儿的大脑效率较低，很难去轻松有效地运转和工作。我们的脑科学神经学家认为，大脑的前额叶皮层与思考、计划、控制等复杂的能力有关，这就意味着儿童是不成熟、不完善的个体，因为他们缺少前额叶皮层所承载的这些能力；但是儿童的大脑也有自己的优势，即更具有可塑性和灵活性。

我们现在讲一下对大脑的"投资"。图4所示的是儿童随着年龄的增大，其大脑消耗葡萄糖的比例。一个15岁的青少年，其大脑消耗的葡萄糖大约为20%，但是

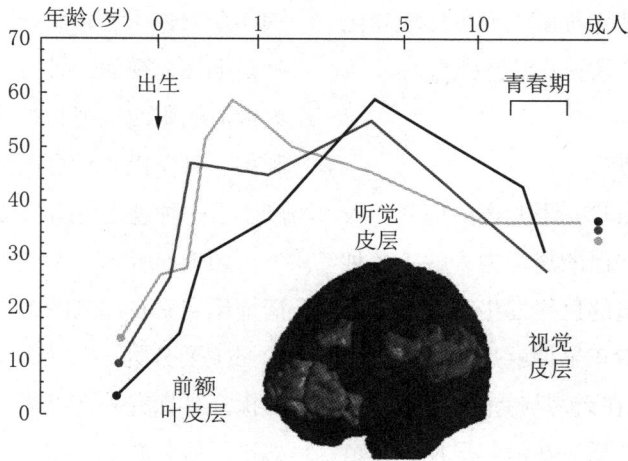

图3　人类大脑神经通路（突触）的发展

4岁儿童的大脑消耗的葡萄糖大约为60%。我们可以发现，儿童的大脑是多么"饥饿"。当我们在养育儿童的时候，我们不仅要给他们身体成长需要的营养，还要让他们的大脑去学习，这就会消耗大量的葡萄糖，因此这个过程是一个非常昂贵的"投资"。

图5是有关环境变化与人类进化之间的关系。在前期，气候的变化是可以预测的，随着人类的进化，我们发现气候的变化越来越难以被人类所预测。但是人类有着漫长的童年期，我们经过长时间的观

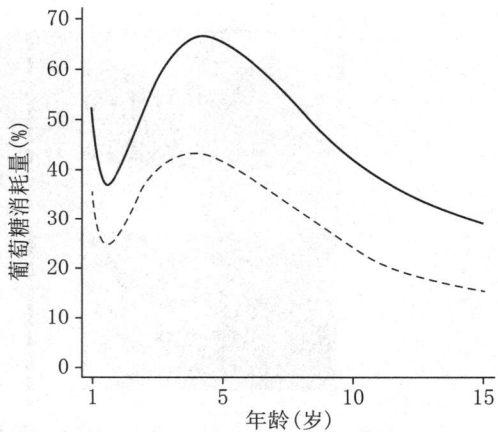

图4　儿童的大脑在不同年龄阶段所消耗的葡萄糖比例

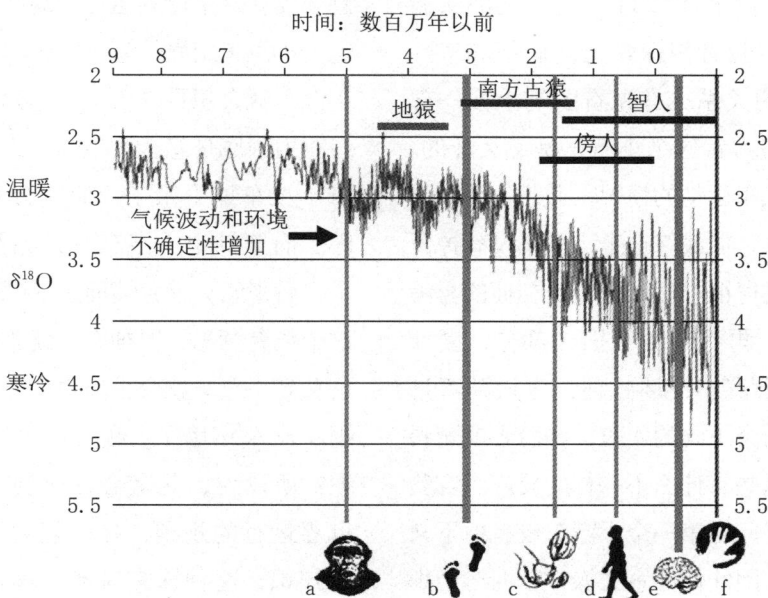

图5　环境变化与人类进化的关系

察，还是可以在一定程度上预测环境变化与人类进化之间关系的发展趋势的。

二、儿童的探究

我们现在来讨论一下儿童的探究。人类天生就想利用自己的思考力去解决各种问题，以便让身边的世界发生有利于自己的变化。人类的童年早期就是在进行这样的"革命"，不断在无用与有用之间挣扎，探索与解决各类矛盾。在童年早期，儿童有强烈的好奇心，会探究多种可能性，会竭尽全力去思考；而到了童年晚期，儿童就会把探究视为一种可以利用的、有着巨大价值的东西，把种种可能性转变为可以利用、可以投入和可以消耗的东西，这便产生了一种进化论的意义。

如图6所示，左边的图，小动物在尽情地玩耍。右边的图，人类童年期的探究学习主要分为外探究和内探究两大部分。外探究是探究外在世界；内探究的方式比如进行假想游戏，这会让儿童在大脑中探索世界可能的样子。

图6　外探究和内探究

（一）外探究

图7是一个针对11个月婴儿的实验的片段。实验者想探索儿童假想和实际操作之间的关系。首先看图的上面一部分，婴儿想看看这个小汽车是怎么开的。他看看小汽车运动的情况，假想这个小汽车会掉下来，但最终这个小汽车没有掉下来，他就觉得很神奇，这个是与他的思考不相符的。再看图的下面一部分，婴儿假想这个小汽车被墙挡住，应该开不过去。这是两个不同的实验，实验者就想看看婴儿对这些有什么不一样的反应。实验者发现，婴儿对第一个小汽车没有掉下来很是惊讶，因此他愿意去操作，而对于那些符合他假想的情况，他就不愿意去操作，也没有那么感兴趣。通过玩耍，婴儿想要发现这个世界运行的规则，想要看看这个小汽车到底是怎么开的。他拿到这个小汽车就会想看这个小汽车掉下去，想看看重力到底是怎么发生的。比如他发现这个小汽车掉下来了，他就会对重力感兴趣。而第二个小汽车一开始是被墙挡住了，后来怎么就穿墙而过了呢？婴儿觉得这个很有意思、很神奇，就想去验证。他一拿到小汽车就会去撞桌子，就会想，刚刚小汽车穿墙了，现在怎么不会穿墙了呢？所以说，儿童会在玩耍中探究这个世界运行的规则，并获取关于这个世界的知识，这种探究对他们来说就是一种游戏。

支持

知识一致性　　　知识冲突　　　婴儿扔掉玩具

可靠性

知识一致性　　　知识冲突　　　婴儿猛敲玩具

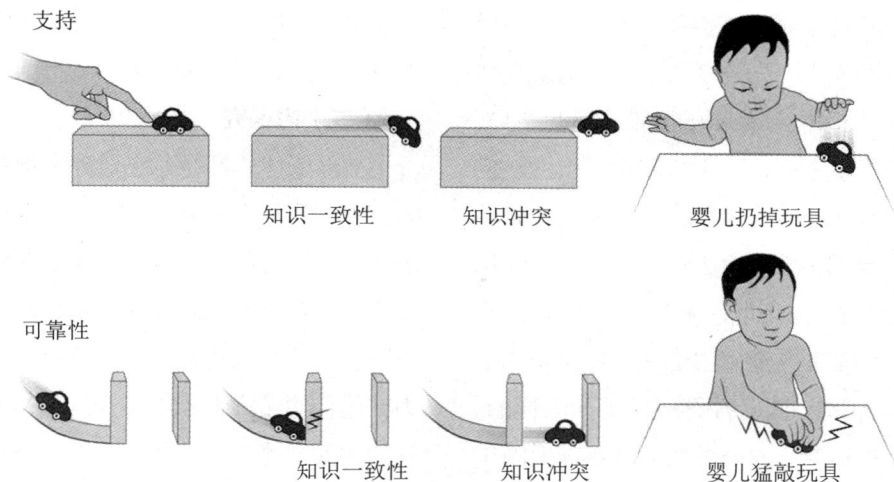

图7　小汽车实验

　　刚才我们探讨的是一些年龄较小的儿童，现在我们来探讨一些年龄大一点的儿童。大龄儿童通过玩耍主要是想弄明白一些因果关系，探究因是怎么产生果的。我们的实验表明，大龄儿童其实比成人更富有探索和学习的能力。我的实验室曾经一起参与了这样的实验。具体的实验是这样的：我们把积木放到机器上进行点亮笑脸的活动，让儿童看两个小实验，然后让他们选择。第一个小实验，把一个带有白色条纹的积木放到机器上，笑脸被点亮了，实验对象就可以奖励1张贴纸；第二个小实验，将带有黑色条纹的积木放到机器上，笑脸没有被点亮，实验对象就要被扣掉2张贴纸。然后我们跟儿童说，现在你们自己玩耍，想想看，你们要怎么选择积木。我们猜测实验对象会想要白色点点的积木，毕竟它跟白色条纹的积木很像，应该可以点亮笑脸，然后按照规则就可以得到1张贴纸。我们又提供黑色点点的积木，我们也假设实验对象可能因为积木带有黑色图案，笑脸估计就不会被点亮了。实验结果非常有意思。我们发现儿童通过实验得出了两条基本结论：有白色条纹的

积木可以点亮笑脸，有黑色条纹的积木不可以点亮笑脸；有黑色点点的积木也可以点亮笑脸。可见儿童可以通过自己的探索来弄清楚实验的规则，他们完全具备这个能力。好，现在实验对象换为成人，成人其实陷入了一个学习陷阱。他们执着于一种简单的学习方式，只想选择白色的积木，觉得白色的积木可以点亮笑脸，黑色的积木不可以点亮笑脸，实际上黑色带点点的积木是可以点亮笑脸的。儿童是愿意尝试的，成人则在这种匆忙的环境中尽量避免失败的结果，所以成人缺乏儿童的那种实验精神。

　　这样的实验结果并不只发生在实验室里，同样也会出现在真实的世界里。比如一些令人焦虑或恐惧的经历：有一次坐飞机颠簸得厉害，我们的身体很难受，就会想以后再也不要坐飞机了，实际上这种飞机颠簸导致身体难受的经历是非常少见的，但我们容易陷入学习陷阱中，使自己执念于焦虑或恐惧的心理感受，不想再参与实际行动。

　　之后我们又做了一个对比实验，一个来研究"规避不合适做法"的实验。我

们将实验对象分为三类：学龄前儿童、学龄儿童和成人。先分享关于成人的研究结果，无论积木会带来好的抑或坏的结果，成人都尽量去规避。学龄儿童，虽然他们知道一旦无法点亮笑脸，将会失去2张贴纸，但他们仍然愿意去尝试。而最令人惊奇的是学龄前儿童，无论多么具有冒险性，他们都非常愿意去尝试，每个积木他们都会去试一试，看看结果是什么样的。之后我们就想，这样的实验能不能反映出个体的学习能力呢？对于成人而言，他们只是去探索一条规则，这条规则就是怎么能点亮笑脸我就怎么来，而儿童则会去尝试所有的积木从而总结出实验的规则。很显然，儿童比成人学习得更多，探索得更多。

儿童的行为向我们呈现出一个令人惊奇的具有矛盾性的问题。通常的研究指出，如果我们想要把一件事做得很好，必须要有比较集中的注意力和聚焦力，而这与具有冒险精神的探究是相反的。儿童没有足够的注意力，他们无法很快把事情做完、做好，就像心理学家让·皮亚杰所说，儿童总是很吵闹，性情和行为多变，所从事的都是一些无规律、无秩序的活动。但他们善于冒险，尽管在让·皮亚杰看来，儿童的这种冒险是一种"傻乎乎的冒险"，因为他们随意按照自己的直觉去做事情，缺乏成人所说的"理性逻辑"，而对儿童而言，这就是一种游戏。这便是儿童自身的特点，而此特点是大自然造物主特别给儿童设计的。虽然这样的特点在成人看来是不好的、无用的。

研究表明，在做实事方面，成人比大龄儿童表现得更出色，大龄儿童比低龄儿童表现得更出色。而在问题解决方面，有很多反认知的假设，儿童有时要比成人做得更好，尤其是在探究这方面。

（二）内探究

前面所述的都是儿童对外在世界的探究，现在我们来了解一下儿童对内在世界的探究。这里我想着重指出的是他们的想象力，尤其是假想同伴存在这种行为。对三四岁的儿童来说，假想同伴存在这种行为在他们的精神世界中是非常普遍的，而且假想的同伴也常被儿童当作一个真实陪伴他们的朋友，并非完全虚拟的。如果一个成人假想自己的同伴是一只巨大的兔子，很可能我们就会送他去精神病医院看神经科医生，但是对儿童而言，就完全是另一种情况了。

心理学家做了这样一个实验，让儿童画下他们脑袋中的假想同伴，我们姑且称这个假想同伴为M。实验结果表明，儿童完全能够合理地区分假想的世界与真实的世界。之前很多心理学家认为儿童不具备这种能力，但事实并非如此，儿童非常擅长建构这种假想的世界，也很陶醉在假想的活动中，就像我们成人看电影一样，每个人只是沉浸在自己假想的世界里而已。

（播放一段视频）在这段视频中，女孩说自己有一个假想同伴，这个假想同伴生活在北冰洋，但想去月亮上。实验者就问女孩："你要为他做些什么呢？"女孩回答："要给他保暖。"她正在给他做衣服，还给衣服缝上了纽扣。然后女孩又说自己的假想同伴不想去月亮上了，因为月亮实在太高了，还是留在北冰洋吧。实验者又问女孩："那个假想同伴在月亮上会吃什么呢？"女孩回答："吃屋子里的老鼠。"

女孩的这些假想听起来有些疯狂，其实儿童都是通过自己建构的故事来探索世界上可能的人与可能的事。这个人可能是美国人，也可能是中国人；这个人可能住在月亮上，也可能住在南极；这个人可能吃洋葱，也可能吃老鼠。从本质上来说，这个假想的同伴是女孩对居住在世界上不同地方的人的综合理解。因为女孩可以凭借已有的经验去想象这个同伴喜欢什么、相信什么、产生怎样的行为等，这些都存在于女孩的假想世界中。

现在谈一下心理理论。哲学家总是在思考一个问题：我们的脑子里到底在想什么？我们的实验室就做了一个长期的实验，我们想要知道儿童可不可以、怎么可以、什么时候可以弄清楚别人在想什么，然后我们设计了如下这个实验。

我们分别向 14 个月和 18 个月大的儿童展示两种食物——西蓝花和饼干。意料之中，这些儿童都喜欢吃饼干，讨厌吃西蓝花。于是实验者分别尝了尝这两种食物，表现出饼干让她感到厌恶而西蓝花很好吃的样子。实验者会说："呃，饼干真难吃。""嗯，西蓝花太美味了。"表明她的喜好与儿童的喜好刚好相反。之后，实验者向儿童伸出手，说："你能给我一点儿饼干吗？"儿童对实验者反常的口味感到惊讶，他们会等待一会儿再行动。14 个月大的儿童给了实验者饼干，然而 18 个月大的儿童，虽然从未见过有谁傻到不想吃饼干，但还是做出了正确的选择，给了实验者西蓝花。无论儿童觉得这多么不可思议，还是很贴心地做了自认为会让实验者感到

高兴的选择。由此可见，一旦清楚他人的喜好，儿童完全能做出新的选择来取悦对方。

现在讲一下反事实的因果推理与假想游戏之间的关系。刚刚讲到的是假想游戏中的同伴，现在我们来了解下，假想游戏可以帮助儿童进行反事实的因果推理。例如，设想一个非真实的情况：一个人去坐飞机，到机场前一分钟飞机刚好起飞了；另一个人到机场后发现飞机一个小时之前就起飞了，你们觉得哪一个人会更难过？通常我们会认为第一个人更难过，因为他会想，出租车再开快一点就能赶上飞机了。这种推理，就是反事实的因果推理，因为这些事情没有真正发生，还不构成经验上的事实。如果重新推导因果关系，重新改进我们之前的行为，情况就会真的发生吗？所以我们在想，既然儿童玩假想游戏，那么在其假想的世界中，会不会有这种反事实的因果关系，会不会存在反事实的因果推理？

再来看另一个实验（播放一段视频），视频中的实验者说："我们要为猴子播放音乐了，我左手边的不是合适的积木，右手边的才是合适的可以播放音乐的积木。"然后实验者问儿童："现在要为猴子播放音乐了，我们应该选哪块积木呢？"儿童说："应该选那块蓝色的。"实验者拿起那块蓝色的积木，继续问儿童："我们现在应该怎么做？"儿童说："我们现在应该唱歌啊。"然后儿童就开始唱歌了。

以上实验表明，如果儿童愿意玩假想游戏，那么他们反事实的因果推理能力就会相对较强一些；如果儿童不愿意玩假想游戏，则其反事实的因果推理能力就会

相对弱一些。其他的儿童心理学实验者也曾重复过我们的这个实验，其实验结果也是一样的。所以我们可以得出这样一个结论，即儿童玩假想游戏，就能反映出他们对这个世界的解释；就是在这样一个假想的过程中，儿童知道了关于这个世界的多种可能性，和正式的学习一样，他们能借此了解重力是怎么来的、物理是怎么回事、别人的心理是怎么样的、意识是什么样子的等。儿童就是在这种假想游戏中发展反事实的因果推理能力，会反复去想是不是还有其他的可能性来改变某个既定的结果。

我们也发现，大龄儿童玩假想游戏，比如盖房子，虽然不一定能盖成，但是他们会借此学会怎样合作、怎样组合相关的材料，从而掌握游戏的相关技巧，并在现实生活中进行迁移。此外，大龄儿童的假想世界中还会涉及宇宙，以及音乐、着装或其他社交性的行为，这些则是更为复杂的问题。

总的来说，儿童的想象性特质以及探究性的活动，是远多于成人的。成人只是思考这个世界里本来就有的东西，而儿童思考的是世界本来是怎样、心智应该是什么等反事实的问题。我们可以说，儿童是天生用来专门思考这类事情的，他们是天生的哲学家。

三、互动环节

问题 1：儿童的推理能力最早在什么时候出现？儿童早期的推理有什么特征？或者说儿童早期发展的推理类型有哪些？

艾莉森·高普尼克：让·皮亚杰曾经说过，儿童不会抽象推理，他们大约通过直觉经验来回应问题，但是他也发现，儿童有复杂的思维能力，他们掌握了统计学的原理，比如你给他们一个样本，他们或许可以预计未来的分布与可能性。而我们的实验则证实了儿童有因果推理的能力，比如前面分享的积木实验，儿童完全可以掌握实验背后的抽象规则，关键在于我们向儿童提问的方式。如果你给儿童一个抽象的问题，比如：你有多大的可能性选择来点亮笑脸？那么儿童回答不了；但是如果你给他们真真实实可以摸到的积木，他们完全可以回答可能性这个问题。因此儿童是有因果推理能力的。

问题 2：早期的不利经验对儿童大脑的影响在后期是否可逆？多大程度上可恢复？

艾莉森·高普尼克：是的，儿童的大脑具有较强的可塑性，一旦经历过创伤，的确会造成比较持久的影响，所以我们要特别注意保护儿童。但是，儿童的大脑又有弹性，它可以由坏的情形变为好的情形，知道如何去调适。比如大家都知道的那个有关罗马尼亚孤儿的事件，事件中这些孤儿在早期没有得到很好的照顾，没有人陪伴他们，没有人拥抱他们，没有人给他们好的环境，这部分儿童在早期是有问题的。但 3 岁之后他们被收养了，事实证明只要他们的养父母给予他们足够的关爱，给他们创造一个温暖的环境，这部分儿童受伤的心灵和大脑就会得到恢复。虽然说现实中坏的心灵往往伴随着坏的父母，父母有焦虑、有压力，使儿童也产生焦虑、压力，如此循环往复。或者说家境好的父母给儿童好的培养和照料，好上加好，这些情况确实都可能会出现。但是我们可以确定的是，后期的精心照料是完全可以使早期处境不利的儿童的大脑恢复到正常水平的。

问题3：3—6岁儿童的自传体记忆发展到什么程度？让儿童回忆并表达自己的经历和体验，其在多大程度上可以采信？

艾莉森·高普尼克：在我的一本畅销书《宝宝也是哲学家：学习与思考的惊奇发现》中，我曾提到过关于儿童的同一性问题，儿童对于自己的从前、现在、未来这样的一生是没有概念的，其实这就是一个自我意识的问题。但如果儿童告诉你一些有关他们的事情，也不是说你不应该去相信。因为在假想世界和现实世界的区分上，儿童是没有问题的，但他们很难在大脑中去准确追踪和提取记忆，比如你问他们到底是不是还记得某事，是不是成人告诉他们之后，他们才会这么说，还是他们亲眼看到的，这种情况他们不是很确定。在信息片段的提取方面，儿童的能力还有待发展。

问题4：从生命历程的角度来看，成人是避险者，儿童是冒险者。您认为更宽松的环境可以让个体的想象力得以维持和发展吗？或者说我们需要怎样的环境来促进儿童创造力的发展呢？

艾莉森·高普尼克：在我的另一本书《园丁与木匠》(*The Gardener and the Carpenter*)中，我指出在养育方面我们可以走两条路：一条是"木匠"之路，就是把儿童设计成特定的模样；另一条是"园丁"之路，就是给予儿童充足的养分和土壤，让儿童按照自己的方式成长。我的建议是我们应该给儿童足够的时间和空间，让他们尽可能充分体验这个世界，让他们以自由的方式进行假想游戏，去玩耍和体验。成人都在做对自己有用的事情，每个成人做事都有目标，但如果把他们放到大

学的环境中去，让他们去自由探索，并告诉他们可以不用去关注所谓有用的东西，那么成人可能也会去做更多的探究性活动，虽然未必有儿童那么多。

问题5：为什么在发展心理学中，很少有研究关注到儿童对自身变化发展的觉知，而都是从成人的外部视角来做研究？

艾莉森·高普尼克：通过我自己写的书和论文，有一件事我想要特别强调，有许多研究者之所以会出现这样的情况，是源于他们对儿童的预先假设，即认为儿童是不成熟的、不完全的个体，有其固有的弱点，儿童存在的目的是要成为成人。其实从进化论的角度来说，不应该是这样子的，就像我前面提到的乌鸦的童年期。其实儿童跟成人在心智方面是完全不同的。所以作为一个发展心理学家，我是很幸运的，因为我知道儿童有很高的智慧，而这种智慧跟成人是不同的，因此所有的发展心理学家都应该尽可能树立这样的意识，并尽可能从儿童的角度出发来研究儿童。

问题6：电子游戏属于广义游戏，现在的儿童过于沉迷电子游戏，我们应该怎么看待这个问题？

艾莉森·高普尼克：这可能是许多人都担心的，但是我觉得人们对电子游戏的担心可能过头了。正如我前面提到的，儿童在童年早期很擅长探索新的环境，何况现在的儿童跟我们小时候所处的时代已经完全不同了，他们处在一个科技高度发达的时代，接触屏幕类工具不可避免，而且儿童也觉得手机之类的东西本身是很好玩的。我想每个家庭中的儿童可能都有手机或者会玩手机。我有一个4岁的孙子，他很擅长玩手机，比如，他发现在云视频会

议软件上可以加载不同动物的虚拟头像，我还不知道有这么一回事，但他早就发现了，还向我做出了解释。对我来说，当然不希望儿童一整天都在玩电脑或手机，我会告诉他们还有很多其他好玩的事情，比如出去玩耍。但是我们不能断言儿童玩手机、玩电脑一定是不好的。我们可以借助手机或电脑让他们玩游戏（比如有一款教育类游戏叫《我的世界》），在这些游戏中儿童可以做很多事情，可以成为一个创造者，创造全新的东西。这种虚拟环境中的游戏，与儿童在实际场景中玩的游戏，并没有特别显著的差别。就像我们说的，书有好坏，玩具有好坏一样，电子游戏也有好坏之分，关键在于我们的选择。

问题7：您认为儿童是否是卓越的批判性思考者？他们擅长进行批判性思考吗？有没有相关研究？

艾莉森·高普尼克：这个问题取决于你是怎么界定批判性思维能力的。大龄儿童、幼儿以及成人之间的重要区别之一，是其元思维能力或其对思维本身的思考能力方面。显然，儿童在这方面并不特别擅长，他们很难追踪自己的学习历程。但是在产生新的想法以及游戏化的学习等方面，儿童却有独特的优势，通常为成人所不及。而在反思自己的思维并对自己的思维做出改变方面，儿童不如成人。所以这要从不同的角度来看。

问题8：现在我们做父母的压力非常大，不知道如何平衡养育儿童和工作。我们虽然知道要成为一名"园丁"，但是由于各种繁忙的事务，却无法完全做到，比如长时间陪伴儿童。这一点应该也是大多数父母面临的问题。

艾莉森·高普尼克：如果你担心自己没有多少时间可以陪伴儿童，那我想这个并不需要过多的担心，甚至进一步来说，你都不应该为此感到担忧。如果你是一位充满爱心的父亲或母亲，总是直白地告诉儿童应该做什么，或许并不是一个好的主意，因为儿童也有很强的自主学习能力。只有在他们感觉到自己是你们生活的一部分，而不只是自己生活的一部分时，他们才会有更好的学习效果。比如你完全可以带他们一起洗衣服、一起逛街等，事实上他们也喜欢跟你们一起做这些事情，你不用觉得自己是一个完全独立的个体，要把养育儿童和工作分成两件截然不同的事情。另外，我还在思考的一件事，是关于隔代养育的问题，我目前正在写关于这个话题的新书，我想在中国也可能有同样的问题，即爷爷奶奶或外公外婆养育儿童。事实上，儿童喜欢有不同类型的人陪伴在他们的身边，这样他们会觉得很有趣，而且也能从更多的人身上学习。所以如果我们在养育儿童的过程中，有更多的人参与其中，这不仅对父母更有利，对儿童也同样更有利。当然，如果有老人参与到养育儿童的过程中，我们还是应该特别感谢他们，虽然共同生活会出现一些新的麻烦，但感恩之心还是首要的。

问题9：我也来自美国加州，同时与中国教育者有密切的合作，我特别关注"安吉游戏"，此类游戏主要面向3—6岁的儿童，可能与您探讨的儿童相比，这些儿童的年龄会更小一些。在此游戏过程中，儿童会进行思考和讨论，很多时候他们的思考是比较深刻的。所以刚才您谈到的批判性思维，不知道是发生在儿童什么样的年龄阶段、什么样的背景下？因为

"安吉游戏"似乎非常适合用于发展幼儿的批判性思维。

艾莉森·高普尼克：类似的活动或项目我在其他国家也看到过。是的，在这些项目中儿童的确可以自由地进行活动与反思，在此过程中我想儿童的确可以说是一个优秀的批判性思考者，因为他们能思考自身、思考他人、思考活动本身。但是他们所做的批判性思考与成人还有所不同，比如运用一些非常复杂的方法来改善思维，我不认为儿童擅长做这样的思考。但是我一点也不怀疑儿童能够以严肃的、抽象的方式来思考自身、思考自己所知道的事物。

Exploration and Imagination in Childhood: Findings from Current Child Psychology

Alison Gopnik

Abstract: We all think intuitively that young children are especially exploratory and curious and that this helps them learn. But until recently, there haven't been many scientific studies showing this rigorously. Based on the latest brain science research technology, this paper presents the relevant laboratory reseach and the reseach results of other child psychologists, discusses the development characteristics of children' mind and the connection and difference between its and artifical intelligence, discusses the internal mechanism of exploring and imagination in promoting children's learning, and reveals its enlightenment to family education and school education.

Keywords: children; curiosity; exploration; imagination; mind

基于儿童研究的理想学校[*]

◎ 格兰维尔·斯坦利·霍尔 著 何灿时 译[①]

张 弛 张斌贤 校对[②]

摘 要: 本文是美国著名心理学家、教育家格兰维尔·斯坦利·霍尔于1901年在《论坛》杂志上发表的一篇重要教育论述。格兰维尔·斯坦利·霍尔在对儿童发展阶段研究的基础上,提出了一所基于儿童本能和需求的理想学校的构想,对幼儿园时期、过渡时期、少年期、青春期四个阶段儿童的生理特征、本能需求、教育方式等方面展开了详细的论述,并认为这种理想学校的构建将有效推动所有人类制度向最高阶段发展,使得人类种族进化至更为成熟的超人阶段。

关键词: 格兰维尔·斯坦利·霍尔 儿童发展阶段 儿童中心理论 美国教育改革

在这篇文章中,我将尝试暂时摆脱所有当前的教育实践、教育惯例、教育方法和教育理念,并试图探究当我们从一种全新且综合的,基于儿童本能需求的角度看待教育,当前的教育会呈现何种形态。迄今为止,关于建立一所理想学校的数据资料并不充足,而接下来正是时候,尤其是对于任何有意做此种尝试的人来说,这些资料将变得非常丰富、令人眼花缭乱;下文的内容几乎完全建立在对儿童发展阶段的研究之上,毋庸置疑,这将是我们制订理想学校这一伟大运动实践方案的首次

尝试。但在有限的篇幅内,我只能勉强陈述一下那些影响教师实际工作的相关结论。

我将要描述的学校并不存在,但其中采用的教育方法适用于任何地方(除非我提供的建议有误)。虽然它的许多特征已然存在,且可以从不同地区以及不同时代中抽离出来并拼凑出一个模糊的轮廓,但它本质上是一所无形的而非实实在在已然建成的学校。然而,尽管我理想中的学校现今并不存在,但没有什么比这所真正的理想学校更切合实际,这所学校很有可能

---

[*] 原载《论坛》(*Forum*)杂志,1901年第32卷,第1期。

[①] 格兰维尔·斯坦利·霍尔(1844—1924年),美国第一位获得心理学博士学位的心理学家,曾在哈佛大学、霍普金斯大学和克拉克大学等学校任教,并担任克拉克大学第一任校长。在其漫长的学术生涯中,格兰维尔·斯坦利·霍尔积极推动美国心理学的发展,建立了美国第一个心理学实验室,培养大批心理学家,创办美国心理学会并任首任会长。与德国心理学家威廉·冯特(Wilhelm Wundt, 1832—1920年)不同,格兰维尔·斯坦利·霍尔强调发展心理学的重要性,希望通过儿童心理发展的研究为教育改革奠定基础,其开创了影响深远的儿童研究运动。

何灿时,北京师范大学教育历史与文化研究院2019级硕士研究生。

[②] 张弛,北京师范大学教材研究院研究员。

张斌贤,北京师范大学教育历史与文化研究院教授。

在明天的任何一个地方拔地而起。同时，我希望无论人们所持的观点保守与否，所有人都会同意这是一切努力的终极目标，并且除了在这个目标是能够立即实现，还是要在长期奋斗之后方能实现的问题上存在争论外，他们别无异议。我承认，像这样的事情从一开始就激起了我所有微不足道的致力于教育事业的斗志，没有它，我便在教育学的世界中失去了前进的希望与方向。

首先我将从文字中蕴含的深刻哲理入手，"school"或是"schole"①一词的意思是闲暇，免于劳作，其永恒的寓意是：人们创建的、在他们为生计奔波之前可以徜徉其中的原始乐园。这有利于人类幼儿期的延长，以及同等重要的青春期的延长。健康、成长和遗传对于学校而言是神圣的，尽管一磅的遗传抵得上一吨重的教育。年轻一代的监护人应首先努力避免青少年任其所为，避免让他们受到伤害，并且他们还必须配得上儿童与青少年幸福和权利的捍卫者这一光荣头衔。他们应深刻意识到，童年并不是堕落的，因为这时儿童才出生不久，而这恰恰说明了童年是世界上最珍贵美好的东西。儿童与青少年的监护人理应深信，没有什么比正处于成长中的儿童的身体和灵魂更值得被疼爱、敬畏和为之效劳的了。

在实践当中，这就意味着我们的首要责任是为每一次试图侵占儿童闲暇时间的行为，提供一种正确的指引，且利用某种假设予以反驳，以有力的论据给予其捍卫。但在放松对于儿童的管控之前，教师不仅需要对课堂中涉及的每一个主题做出合理的解释，且课程进度必须根据每一个儿童的情况加以调整。我们必须意识到就在几代人以前，我们所有人的祖先皆目不识丁，因此我们必须克服对于字母表、乘法表、文法、刻度和书籍的盲目崇拜。关于卡德摩斯（Cadmus）的神话就像是在人们的头脑中种下了真正的龙牙②；查理曼大帝（Charlemagne）和世界上许多其他伟人一样不会读写；学者认为科妮莉亚（Cornelia）③、奥菲利亚（Ophelia）④和贝阿朵莉丝（Beatrice）⑤，甚至上帝的慈母，对文字也一窍不通。中世纪的精英领袖——骑士，认为书写只是文人的把戏，他们不属于将自己的智慧与他人的想法混为一谈，并认为自己已经足够优秀。

更有甚者，一些人认为大多数人都不该接受教育，倘若他们未曾受过教导，他们更能具备高尚的思想、健全的身体以及

---

① 译者注："schole"为古希腊语 σχολη 的拉丁文写法，后世的语义转变中，"schole"演化出了现代英语中"school"（学校）和"scholar"（学者）。

② 译者注：卡德摩斯是希腊神话中的英雄。在希腊神话中，卡德摩斯杀死了巨龙，智慧女神雅典娜（Athena）要他拔下龙牙种在地下。后来，从地下长出一批凶悍的武士，相互厮杀，直到最后只剩下五名武士。卡德摩斯在这五名武士的帮助下创建了底比斯（Thebes）城。英语习语 sow dragon's teeth（播种龙牙）就来源于这个故事，表示"挑起事端"。

③ 译者注：科妮莉亚是尤利乌斯·凯撒（Julius Caesar）的妻子。

④ 译者注：奥菲利亚是威廉·莎士比亚（William Shakespeare）《哈姆雷特》中主角哈姆雷特（Hamlet）的恋人。

⑤ 译者注：贝阿朵莉丝是《神曲》中的重要人物之一。有一种说法认为，但丁（Dante）是为了贝阿朵莉丝而创作的《神曲》，在但丁的一生中，她有着十分重要的意义。

更高的道德素养。对于一个儿童来说，获取知识要以牺牲身体健康为代价，那又有何裨益？考前的突击学习和过度的学校教育，已经损害了许多脆弱的大脑，常言道，没有什么比无法理解儿童心灵更为危险的事情了。我们逐渐认识到纯粹的学问是如此的空洞与虚无，并意识到即使是无知也可能是精神脆弱时的一剂良药；而书稿抄写人、智者、经院哲学家和学究对于过去知识的学习，现如今看起来是多么微不足道，教育家惯常被视为文明中神圣事物的捍卫者，现如今看起来是多么不称职。因此，虽然我不会丝毫吝啬对于那些适合学校教育的儿童的赞美，但我对于作为我们教育金字塔基础部分的教育心存芥蒂。

一、幼儿阶段的教育构想

幼儿阶段始于 2—3 岁，结束于 6—7 岁。在理想学校建成之前，我们需要受象征主义者的启发做一些补救工作。在这个阶段，身体而不是心灵，需要受到更多的关注；儿童更需要母亲而不是教师；儿童需要更多受过教育者的看护而不是形而上者。我们必须在很大程度上淘汰并在一定程度上重构慈母游戏（mother-plays），与此同时改变并在很大程度上扩充儿童天赋和消遣活动的涉及范围。我们必须建设光线充足、通风良好和供水方便的育儿室、操场和教室。但在这些最需要新兴的卫生学前沿研究成果的地方，其影响力却是极小的。对于这些基本原则的忽视，暗示着在我们之中仍存在着这样一部分人，他们坚持认为，只要我们坚定不移地拥护福禄培尔式的正统学说与方法，任何老旧的地方都足以孕育出美丽的心灵。我们不应再

只给儿童玩耍用几个积木、圆球、柱形玩具，还要用陀螺、肥皂泡、洋娃娃、舞蹈、列队行进、马戏团和其他许多在形式上不受限制的话剧以及游戏进行教学；不再仅展示两三种鱼类、昆虫、植物，而必须提供几十种不同的生物样本，且必须亲手建立一个博物馆并设置一个艺术作品目录。让儿童在进食面包、牛奶和水果的同时，掌握一些基本的餐桌礼仪，使用餐巾纸，这样做有时会在这些儿童身上产生奇效。饮食本身可以使儿童的头脑清明且心情愉悦。饱餐能够让儿童打开话匣子，同时又能让他们从食物本身学习有益的知识。

儿童一天当中在幼儿园里的时光应当更多，幼儿园要努力让儿童在这段时间里感到充实快乐。在柏林学院（Berlin Institute），为了抵抗疲劳这个人类共同的敌人，教师会安排儿童在光线柔和的房间中午睡，伴随着音乐声，进食饼干，喝着饮用水，通过这些方式儿童的精力可以得到恢复。在幼儿园里，在一定程度上受到崇尚的应该是闲散以及沉浸于白日梦的中间状态。我们应当在有一个很好理由的情况下，方能打破这一切；这个年龄段的儿童应该被小心地保护起来，免受福禄培尔式象征主义一切质疑的影响。因此当且仅当儿童玩耍时，儿童的生活才显得真实。儿童模仿的范围应该更广泛些。儿童必须听更多更好的英语材料，并在接下来的几年接受法语或德语的训练。色彩不应该像现在这样被教给儿童。富裕家庭的孩子，尤其是在他们是独生子女的情况下，通常容易过早或过于有个性，因此必须对他们严明纪律，使其服从管教。而来自贫困家庭的孩子，通常缺乏个性，因此我们应当

对他们放任一些。我们不应该忘记福禄培尔宝贵的实证主义哲学，他是所有现代教育思想家中最为深刻的一位学者；但是我们必须对福禄培尔思想中的每一种实用性表达加以深刻改造，并试图引导一些受过高等教育的人们，将他们的注意力转向幼儿园，从而使师范学校教师意识到，迄今为止他们对于现代科学的真正精神以及影响力知之甚少。教师应该研究每一个儿童，但不一定非要通过一些时兴的技术手段。教师头脑中的知识储备应远远多于其教学内容，并且不是靠书本上那些描写儿童的肤浅内容来认识儿童，而是要具体观察现实中的儿童，进而了解他们、热爱他们。在经历了这些转变后，幼儿园就应当是或应当成为所有学校教育制度中不可分割的一部分。

二、过渡和少年阶段的教育构想

儿童在 7 岁或 8 岁时，处于即将对科学产生浓厚兴趣的过渡时期。这一时期，大部分儿童由于仅有 24 颗牙齿，且处于换牙期，咬合面反而更小；在这一年甚至更长的时间里，他们的心脏面临较大的危险；他们的呼吸更急促也更容易感到疲劳；疲倦、紧张、视觉障碍和咳嗽等症状似乎更严重；贫血情况频发；大脑的重量和体积事实上已经停止了增长，因此应当减少大脑的全部工作量和压力。这时在大脑发展时间序列当中某些尚未被充分认识的拐点，已然出现。

8 岁、9 岁将开启一个全新的阶段，在接下来的四年直至青春期的开端，构成了儿童生命中一个特殊的时期，且与前后的其他阶段有着重大差异。在这几年中，其生长速率放缓，随之身体处于休养生息的状态。但其生命力、行动力以及抵御疾病的能力显著增强。同样令人感到惊奇的是，儿童也更容易抵抗疲倦感。与其他任何阶段相比，儿童在该阶段能掌握更多游戏的玩法，日常活动量增多，这与他们的体型和体重的发展状况成正比。而这正好印证了我在别处提及的复演论学说（Recapitulation Theory），儿童的这四年似乎复演着人类发展历程中一段遥远而又漫长的时期，在这个时期早期人类祖先已不再是猿猴，但总体上尚未进入自身已能很好适应环境的历史发展阶段。在人类本性中还没有接受更高层次和更现代的特质之前，生活在温室当中的新生代（他们大多数的人类特质在此环境中得以进化）变得更加独立于父母，并在年纪尚小时便离开父母独自生活。在这个我们将称之为少年（juvenile）的阶段，男孩就是一把用以开启人类历史中这一阶段重建之门的珍贵钥匙，否则这一阶段是非常令人费解的。

无论如何，也许儿童的天性明确地提示我们，这一时期应致力于训练、习惯养成以及机械性操练。理性年龄段才刚刚拉开帷幕，但一切尚未变得井然有序。纪律严明应是这一时期的关键。在 8 岁之前应当将诸如写作，甚至是有关阅读的学习放置一旁，早先的学业应关注故事、自然研究，以及通过游戏和其他活动所进行的教育。这时读写是教学的重中之重，读写的初期学习阶段就是从这一时期开始的。如果我们在这之前就进行这两方面的训练，就很容易由于过早倚重手指肌肉，而使普通儿童一辈子成为一名拙劣的书写者。现代研究表明，让儿童的视线在印刷物的字里行间来回扫视，就如同让他们过早用笔一样危险，至少让这些小肌肉紧张就是危险的。由于在读写训练时，需要在短时间内集中精力，因此过早的读写训练对处于成长期的儿童来说，也是极为荒唐的。此时就对于普通儿童的心智和意志训练极为重要的小肌肉而言，它们才刚刚能够承受繁重的工作和稍大的压力。而肌肉力量的精准性才刚刚处于形成的过程中，便错过了合适的发展阶段，这会对儿童的身心发展带来威胁。

这时语言记忆能力正处于最佳状态，现阶段我们应在语言记忆能力方面多加训练。在此时我们要通过教育奠定儿童思想和道德的无意识基础，而一个人的习惯从来没有像这个阶段这样容易形成或变得稳定。手工训练和游戏应当形式各异、种类繁多，且彻底深入。此时正是我们驯服人类幼崽的时候，因为他们是所有野生动物中最桀骜不驯的。如果儿童要学习钢琴或是任何其他的乐器，这一阶段正是训练的绝佳时机，尤其是学习音阶和练习曲。如果乐器演奏家应具备的技艺未在这个年龄打下基础，那就很难达到精湛的水平了。与此同时，各种名词甚至晦涩的专有名词也纷至沓来。儿童的绘画能力同样在现阶段逐渐显露，在学会书写之前，儿童绘画是以泛泛、完全随意的形式呈现的，直到本阶段即将结束时才变得更具条理、更加准确。绘画训练不应采用让儿童感到恐惧的方式，首先应当明确，他们可以画任何东西，画里可以有大量的人物和动作，且由于角度、直线和规律曲线很晚才出现在作为种族的人类的历史当中，因而不必成为儿童绘画训练的内容。这样可以使绘画成为儿童灵魂的真正表达方式，并且他们能够通过绘画来反映自己而非成人真正看到的东西。

母语将是这一时期几乎所有功课的载体，但它将处在从耳朵到嘴巴的短途信息传输状态（这种状态在儿童会读写之前就已存在许久），而主要不是对应生物学新近提出的有关大脑路径即从眼睛到手的长途传输状态的观点。教师对于儿童在家中和在学校里完成的书面作品——小论文、短文、课堂作业都会赞扬有加，但所有这些都需要新的且尚未开发的神经和肌肉的力量。基于这些很不稳定的基础，我们却想让学生马上就能学好语言，这只会让我们对他们糟糕的语言产生诸多抱怨。我们因为过早开发儿童的神经与肌肉，而对他们的书写习惯以及习语产生了破坏作用。事实上，儿童应该生活在一个言语铿锵的有声世界中。他们每天应该有若干小时听和说；这样他们就能为未来使用简洁而规范的语言打下基础，并持续锻炼读与写的能力，因为读写能力始终是从属于听和说的。在这样的训练下，儿童下笔写作时将和他说话时一样流畅，同时我们也应避免令人生厌的书面语。在此阶段，书写作业的数量应当比现在学校通行的做法中少得多。

此外，为了达到这些目的，首先我们必须减少对正确拼写以及精准的、成人所用的阿狄生句法（Addisonian syntax）的过度强调——毕竟，这远没有我们所想的这么重要，且不能指望儿童掌握好的语法。我们必须首先强调的是儿童的话语和表达，只有当他们的表达变得有力且充分时，他们才有可能自如地使用语言。因此，很多我们称之为俚语的用词有了它的一席之地，且俚语更像是对语言重要形成阶段的一种重演。在这时我们还并不太在意语法句法规范，而只是让儿童享受一小时自由表达的快乐。我们还并不知道要教什么样的俚语以及怎么教，但是我们应该把俚语的学习置于最重要的位置。男孩喜欢奇米·法登（Chimmie Fadden）[①]、乔治·艾德（George Ade）[②]或是女佣（the charwoman）讲的话——这表明他们并未彻底堕落——而这些人物讲的话才是所有词汇从中新鲜出炉的鲜活载体。我们的目的是培养表达能力，这意味着我们必须让男孩将他们灵魂中的东西清晰且有力地呈现出来。这种表达可以让男孩敞开心扉抒发己见，其效果至少不会比我们所用的表达方式的效果差。如果一种训练是为培养儿童针对某个对象进行写作或加以谈论，甚至是漫无目的、夸夸其谈的能力，那么这种训练就是不适合的且带有恶意的。除非儿童对某个话题熟悉并有强烈的感受，否则，硬让他们就其进行写作就是不合适的。主题和作文结构应严格限制在他们感兴趣的领域内，这样才能为其表达寻找到出口。此外，我们不应该只教授语言本身，而脱离具体对象、具体行为和具体事实。我们现在使用的大多数语言用书，都应当被淘汰。

在这一阶段，对于算术这一门在美国学校中常被过度教学的科目，我们也应该进行大量机械的脑力练习，而不必对算术的基本定理进行过多的讲解，进而为书面作业制订规则和书写步骤。儿童应当尽早学习几何学，尤其是构造方面的几何知识，并尽早学习有关公制、度量衡方面的基本知识，之后再学习代数基础。这个阶段还要学习一至两门外语，这些外语应该首先通过耳朵和嘴巴来进行教学。儿童有一种出自本能的渴望，想用本国语言之外的许多其他声音形式来表达自己，因为这个年龄段，正是儿童各种"胡言乱语"、不规范拉丁语（dog Latin）和创造性词汇的使用登峰造极的阶段，也正是人类语言进化最快的阶段。如果过早地教授这些外语，它们就会危及地道英语的学习；而如果过迟教授这些外语，儿童又将永远无法准确发音或使用，也无法使其成为思维的直接载体。心理学已经表明，视觉上的吸引可以极大强化儿童的语言能力，不是以书面印刷文字的形式，而是通过图片，甚至是图片中的颜色，就能够增强语言教学的效果。如果在同一时间呈现实物、图片或相应的动作，那些原本无法被记住的许多法语或德语词汇就能让学生轻松回想起来，或是他们在首次学习时便印象深刻，记忆更为持久。书本无论如何不能被置之一旁，但语言教学还是应把重点放在口语训练和思想表达上。应当在没有语言词汇介入的情况下，儿童就能够用外语脱口而出、侃侃而谈。

假使要教授那些日常不再使用的语言，例如拉丁文，我们不应晚于 10 岁或 11 岁对儿童进行教学，希腊语教学则不应晚于 12 岁或 13 岁。这两种语言的教学目

---

① 译者注：奇米·法登是美国 1915 年一部同名默声喜剧电影《奇米·法登》中的主人公，奇米·法登的许多幽默都是基于他本身无法理解或不遵守上流社会的礼仪而产生，延续了原著中由极端阶层差异所带来的啼笑皆非的故事风格。

② 译者注：乔治·艾德（1866—1944 年），美国幽默作家，1899 年因发表《俚语撰写的故事》而闻名，这些故事皆是微妙的巧智与幽默的结合体。

标和方法，都与上述的外语教学有着很大的不同。这些语言都通过英语教授，因此眼—手的传输路径显得更为重要。词义匹配与翻译是教学的目标。在我们看来令人十分震惊的是，德国十五六岁的男孩在第十学年是如此轻而易举地完成学业，而这主要是因为他们接受过如何学习的训练；教师在课堂中的主要任务不是听学生朗读背诵，而是和学生一起学习。其中一位优秀的教师告诉我，绝不能让学生查字典，甚至词汇表都不行，但教师必须是他们的学伴。学生永远不该面对未知的句子，所有一切都必须加以仔细翻译。学生必须从教师的口授中记录下所有生词与所有特殊语法要点，这样在家庭作业和下节课的第一部分，学生和教师仅需对讲过和练习过的内容进行复习即可。

在现代学校里，地理课程应当被减少至现有课时量的四分之一甚至八分之一。地理课通常是地质学、地形学、自然地理学、植物学、动物学、人类学、气象学和天文学的混合体。然而，所有这些学科的内容，教师却并未按照其自然或逻辑的顺序进行教学；主要是按照学科的地位与学科相似性来加以安排，而非基于它们彼此之间的相似性与教学要达到的目标。即使在那些学科相互关联的时代，这些学科的内容彼此之间在逻辑上也是分离的。如果采用更为随机的局部联系，就会伤害学科的科学性。我们开设的地理课程并没有尊重儿童心灵的统一性，它们的内容是既不相互关联，也没有照顾到儿童成长初期的特点。事实上，儿童对于原始人和动物的兴趣在 9—10 岁达至峰值；对于地区贸易以及行政区块划分相关知识的兴趣，则在其 16—20 岁逐渐显现。过去两三年地理

教学的变化缓解了这一问题，但还不是完全消除弊端。地理是我们课程中最薄弱的一门学科。

中世纪的历史让我们懂得，我们不应过于崇尚中世纪遗风，而应大大减少给予它的时间，我们首先应当教授乡土课程（Heimatkunde）；丰富儿童头脑中的知识图谱，但对于每一个话题，尤其是对于历史，我们应当额外补充更多知识点。同时，我们应开发并教授人类学以及动物学的基础知识和图解，并逐渐拓展至天文学、地质学、气象学和植物学的入门知识，且可以利用这些学科的价值丰富教学，并展现它们自身的价值，对此，由于篇幅的原因我在这里不再详述。总之，当我们减少了这个阶段留给地理课的时间后，地理课中所包含各门学科的基本内容，就需要以最为精练的方式进行讲解——部分内容在这一阶段结束前才开始讲授——这些内容将起到延续和深化儿童在七八岁之前所进行的自然研究学习的作用。

从某种意义上来说，双手从未像现阶段这样靠近大脑；知识从未如此强烈地趋于实用性；肌肉的发展从未这样影响心智的发展。从玩耍再到手工训练，各种形态的肌肉练习在这个阶段必须开始了。我们不采用瑞典式的或是其他程序化的、精细度较高的成品教具，而是应该有一套先是通过玩具、进而通过粗糙的科学仪器进行的课程体系，在这些课程中，教学更关注的是教具的隐秘用途而不是其被制作的过程。而课程涉及的所有东西，都是从儿童感兴趣的领域中挑选出来的。

唱歌在这个年龄段的理想学校中十分重要；但用在跟唱上的时间，要比按音符唱的时间多得多，尤其是在最开始的阶

段。这时的主要目标并不是培养辨识乐谱的能力（尽管这也很重要），而是通过声乐教育陶冶情操，尤其是引导他们建立对家乡、对大自然、对祖国的热爱——以上都是古今所有年代歌曲的几个主要主题。音乐是表达情感的语言，正如演讲是表达智力的语言一样。儿童还不会唱歌就教他们学习音符，就如同在他们还不会说话时就教他们阅读一样荒谬。公共学校音乐教育的目的，是为了表达和陶冶情操，由此来锻炼意志、培养性格、获得快乐，而不是培养音乐家。

在这一阶段，理性远未形成。儿童的心智仍处于理性微乎其微，主要受感觉牵引的阶段。我们必须让儿童睁大眼睛，注意倾听。"演示"（show）、"证明"（demonstrate）和"在脑子里设想一下"（envisage）应该成为我们的口头禅，而不是试图向儿童"解释"（explain）。我们很轻易就能造就诡辩家和自命不凡的人，但这样做会危及理性的终极活力。因此我们必须少解释。即使是在道德和行为方面，这个年龄段儿童的主要任务也是服从。在绝大多数情况下，教师试图去解释，就会给儿童带来自我意识的膨胀和自负，而这种方法往往是缺乏震慑力的教师和家长的不二选择。服从即使无法成为儿童内心的一种冲动，也应当成为一种规则。如果缺失这种规则，就会导致儿童性格的缺陷，或成人教育方法的失当。

总而言之，这个年龄阶段适合具有足够空间与时间保障的训练，但训练的目的还是引导儿童自发或自愿的行为。优秀的教师是儿童的真正驾驭者。儿童的教育需要一些方法，但是驾驭更为重要。教师会发现在这个年龄段的儿童心中，还没有太多的情感，更多的是一种自私。宠溺的母亲和现在的教师长期以来所犯的错误之一，就是高估儿童（尤其是男孩）在这个年龄段理解成人情感或兴趣的能力。毕竟我们生活的世界与他们并不相同。我们是"奥林匹克选手"，且因为我们更为强大，所以我们可以将自己的意志付诸实践。我们必须被容忍、被尊重，受到我们所要求的各种形式的尊重与服从；但这个年龄段的儿童的兴趣却几乎只在他们彼此（而非成人的）身上，且是通过他们自己的方式产生兴趣。这种兴趣来得很突然，消失得也很快。

在这一阶段结束之前，理想学校中的男孩和女孩将主要（尽管不是完全地）由同性别的教师照料。到这一阶段结束之时，得到理想方式悉心培养的儿童，首先在身心两方面皆受益，且非常活跃积极；具备良好的读写能力；对其所处的基本环境特质的不同侧面了解甚多；他们不是书呆子，但已经精读了几十部精选书籍；他们懂法语和德语，可以阅读其基础读物；他们或许还在拉丁语和希腊语学习方面会有一个良好的开端。某些专业化的幼苗这时已经开始萌芽。这个阶段的儿童会玩几十种游戏；会大致了解一些行业的情况；有能力制作几十件他感兴趣的东西。他们懂得尊重，尽管显得并不特别亲昵，他们会愉快地服从他们喜欢的人，也许，他们更乐于违抗他们不喜欢的人。他们会尝试拉帮结派，并形成若干个小团体，但所有这些都是短暂的。他们会对世界上大多数（也许是 40—60 种）故事的起源以及最负盛名的文学著作有所了解。他们能够唱歌，几乎会画任何东西，虽然不太好，但画得清楚、不矫揉造作。

最后，这个年龄段的理想教师将会是儿童灵魂的引导者。他们能够亲力亲为地做一些儿童无法做到的事情，回答大多数有关田野、森林、海滩以及在这里生活的动植物的问题；他们会为学生策划比赛和能够培养他们规则意识的游戏；他们也许并不懂得如何做体育教练，但他们既规则严明又和蔼可亲，他们注重细节、一丝不苟，不容忍任何偷懒的行为；他们会喜欢不定期开展远足和探险活动；他们也许会一点有关唱歌、演奏和绘画的技能；他们能够熟练地做好某些事情；或许作为最高的品质，他们的头脑中还会有丰富的、有关人类自古流传至今的最精彩故事的储备。

理想的故事讲述者会更喜欢在暮色中或者在夜晚讲故事，一点点昏暗的光线能为遐想提供空间，或许也可以有一些火光闪烁，这样更能让儿童身临其境。接着，这个讲故事的人将会营造有关"很久以前"的那种令人近乎沉迷的氛围，他将重述尤利西斯（Ulysses）①、俄瑞斯忒斯（Orestes）②、齐格弗里德（Siegfried）③、托尔（Thor）④、亚瑟王（King Arthur）⑤和他的骑士，埃涅阿斯（Aeneas）⑥以及忒勒马科斯（Telemachus）⑦的故事，又或许是来自某个伟大民族圣典的传说，或许是关于但丁，或许是一些关于柏拉图灵魂转向说的故事——例如亚特兰蒂斯（Atlantis）、洞穴、两匹马——位于十字路口的赫拉克勒斯（Hercules）⑧，或许是一些来自古埃及的传说例如列那狐⑨，和一些来自雅各布·格林（Jacob Grimm）、威廉·格林（Wilhelm Grimm）以及卡尔·约瑟夫·西姆罗克（Karl Joseph Simrock）⑩的故事。在儿童不了解上述故事的情况下，强制符合法律规定年龄要求的儿童入学，将是一个严重的错误。我坚信这些故事具有的道德价值，几乎如同我信仰的《圣经》一样，因为它们非常深

---

① 译者注：尤利西斯是古罗马神话中的英雄，与古希腊神话中的奥德修斯（Odysseus）相对应。在希腊联军围攻特洛伊城的十年间，尤利西斯骁勇善战、足智多谋、屡建奇功。他利用木马计攻陷特洛伊城，在率领同伴回国途中，因刺瞎独目巨人，得罪众神，后历经艰难险阻，回归故乡伊塔卡。

② 译者注：俄瑞斯忒斯是古希腊神话中的人物，是远征特洛伊的统帅阿伽门农（Agamemnon）的儿子。

③ 译者注：齐格弗里德是德国叙事诗《尼伯龙根之歌》中的屠龙英雄，他杀死法夫纳（Fafnir）时拥有了不死之身，然而在沐浴龙血时，因背后沾上椴树的叶子，使其后背椴树叶遮盖处成为他唯一的死穴。

④ 译者注：托尔是北欧神话中的雷神与力量之神，他是神王奥丁（Odin）与女巨人娇德（Jord）的儿子，常作为凡人的保护神而现身。

⑤ 译者注：亚瑟王指亚瑟·潘德拉贡（Arthur Pendragon），是传说中古不列颠最具传奇色彩的伟大国王，相传他是圆桌骑士的首领。

⑥ 译者注：埃涅阿斯（希腊文：Αινείας，Aineías），特洛伊英雄。《埃涅阿斯纪》描述了埃涅阿斯从特洛伊逃出，后建立罗马城的故事。

⑦ 译者注：忒勒马科斯是古希腊神话中奥德修斯的独子，奥德修斯出征特洛伊后，他在雅典娜的建议下前往皮罗斯寻父，后寻得其父，一起返回故乡，并杀死了所有试图向他母亲求婚的人。

⑧ 译者注：赫拉克勒斯是古希腊神话中的大力士，天生力大无比，但因其出身遭到赫拉（Hera）的诅咒，导致其在癫狂中失手杀死了自己的孩子。为了获得救赎，他完成了十二项艰巨的挑战。

⑨ 译者注：《列那狐的故事》是法国中世纪动物故事中的代表作，该书的主人公列那拥有智慧与不折不挠的精神、多疑，该主人公反映了新兴市民阶层的意志，同样反映了人们对理想的追求和对美好事物的赞美。

⑩ 译者注：卡尔·约瑟夫·西姆罗克（1802—1876年），德国诗人和作家，因将《尼伯龙根之歌》译为现代德语而出名。

刻，具有让心灵转向的作用。这些故事就是童年时期的《圣经》，我们绝不能抗拒它们。一个故事能把大量的相关事实和人物汇集到一个清晰的焦点上，这是哪怕最现代的相关方法都无法做到的。这样的故事能同时训练儿童的心智和注意力，并且培养他们阅读的鉴赏力。最后，教师必须具备良好的行为举止，符合职业要求的性情，充满生活情趣，对这个年龄段的儿童抱有同理心。一些人生来就热爱这个年龄段的大多数儿童；同样，另一些人则更喜欢青春期的少年。大多数人对于年轻一代的兴趣以及他们所能为其提供的服务，基本上都会针对某个年龄段的孩子，没有人能够成为所有年龄段孩子的称职教师或家长。

三、青春期的教育构想

如今，青春期是一个用来描述一段具有标志性意义时期的术语，女孩的青春期大约始于 13 岁，男孩晚于女孩一年后开始。而青春期又可被细分为以下几个阶段：前两年被称为青春发育初期（pubescence）；真正的青春期阶段，男孩始于 16 岁，终于 20 岁，女孩始于 15 岁，终于 19 岁；在 20 岁后进入收尾阶段。第一个阶段的特征是身高和体重增长速率的大幅度增加。这是一个男孩、女孩都极易染病的时期；这种脆弱性是生理上的巨大变化造成的，但青少年早期的死亡率仍低于其他任何年龄段。这是一个心理和所有情感、情绪发展最快的时期。恐惧、愤怒、爱、怜悯、嫉妒、好胜、野心和同情，要么在这个阶段诞生，要么就是突然降临在他们最为忙乱的生活当中。这个阶段的青少年对成人十分感兴趣，他们强烈

的愿望之一就是被当作成熟的人来对待。他们渴望新知，渴望行动，渴望一切有助于他们成为一个成年男人或女人的事物。童年已经结束，对于未来职业的规划开始提上议事日程，并逐渐变得明确且可控。

青少年对待每一次批评、赞扬或责备，都表现出一种全新的、强烈的敏感。所有人都急于想知道与他人相比自己是优是劣。在他们身上可能会观察到一种不同往常的缺乏自信和自以为是。绝大多数的青少年犯罪出现在青春期后期，而大部分的转变也发生在这一时期。青少年心中的快乐和痛苦感都大大增强了，且变得极为好斗，出于本能爱出风头。大小肌肉群发展迅猛，但在一开始这些肌肉是极为不发达且不灵活的。心脏和动脉突然扩张了，血压也已有所上升，且变得极易脸红。大自然赋予他们全身心的勇气。决定个体能否成功度过青春期，首先与遗传有关，其次是环境。同样，这两者也决定了个体能否在身体机能以及心智毫无损伤的情况下，进入下一个发育阶段，进而蜕变为成熟的个体。新的友谊和新的秘密将在这一阶段诞生；想象力蓬勃发展；灵魂对自然界的各个方面从未如此敏感；这一阶段的青少年可以很好地感知音乐（尽管以前已经学习过）；不断进取的动机或向上发展的推动力，使这个阶段成为人一生当中最美好、最丰富的时期。新的好奇心，主要是对知识的渴望，可以被充分感受到。

因此，在这个阶段，青少年在几年甚至几个月之中就能再一次让我们刮目相看，他们成为需要新环境、新方法和新内容的一种新的物种。在这个年龄段，青少年的本能比他们的理智敏锐许多，这种本能可以让他们感受到这种连续性的中

断。在这个阶段，大多数人会永远离开学校，并开始独自生活。逃学率曲线的顶点就出现在这一个阶段。这是一个易躁动的年龄段，从前的生活似乎已然逝去，灵魂将蜕去其外壳，与之作别。这是婴儿期之后最脆弱、最艰难的时期，也是对父母、教师和教育方法的一次最严峻挑战的时期。在所有族群当中，教育在这一阶段都已经开始了（这与人类历史中教育出现的时间顺序是相应的），并以此为出发点，范围逐步扩展到大学，教育内容随着文明的进步和文化材料的日益增长而不断丰富。我们该如何对待这个年龄段中逆反的青少年，这是教育最古老的问题，而问题的答案又是显而易见的，我们首先必须研究他们。这一过程已经开始，并取得了一些成果，其中有些十分清晰，而有些仍不确定。

首先，我们必须逐步放松前一个阶段对儿童的训练和部分规训，并必须强调自由和兴趣，放松对个性的约束。我们必须能够教授任何足以引起青少年兴趣的事物，使其看似具有至高无上的价值。我们不能再强迫青少年以及干扰他们对于感兴趣事物的追寻，而必须加以引导、给予鼓励。这时的训练仅仅是为了吸引他们的注意力。要使每个人的人格逐渐达到完全成熟，就必须对其进行研究，并使其成为一个专门的问题。因此，对于那些继续在学校深造的青少年来说，学校必须设置广泛的选修课程。但在女性教师指导下的男孩却很少能够尽心尽力地投入学习，不论这些女教师在思维上有多出众。男孩会十分在意自己的男人气概，因而需要受到男性影响力的主导。

在理想的学校体系中，这个阶段（至

少在一段时间内）两性将会在很大程度上分道扬镳。男女在诞生之初，便在细胞和组织上有所差异，一段时间里女孩需要暂时避免竞争。因为她们比男孩更有能力充分利用自己的身体资本，有时她们会从身体中抽取超出本身所能负荷的能量，而一旦女性透支她们的能量，却是以牺牲她们的后代作为代价的。在心性和身体方面，女性更为保守；男性则完全不同，而且表现得更为激进。女性繁衍后代需要占用她们很大部分的身体功能。现如今，女性新教育团体的领导者都建议要培养训练女性自立自强，她们认为，如果未来的妻子和母亲都能接受这样的训练，那么这些人就能够照顾好自己。事实上这种假设大错特错，应该予以纠正。所有女孩都应当接受主要为她们成为妻子和母亲做准备的教育，而假如这是一种明智而广义的教育方式，那么这对于那些一直单身的少数女性而言，也是她们获得自立能力的最佳途径。

第三个意义深远且不容置疑的原则是，在人生的任何阶段，欣赏和理解的能力都远比表达的能力更为重要。因此，我们应使其坦然对待所有考试；应从容积德行善，明白"天生我材必有用"的道理，因为这时青少年的内心是如此敏感，不会遗漏一丝一毫。对他们进行思想道德教育的影响立刻就会削弱，以至于无法在不损害他们心灵和意志的情况下，在当前这种类型的考试中复现理想学校的教育。出于这个年龄的天性，青少年对其所处整体环境中的任何事物都会有强烈的反应。不论我们具有多少专业知识，都无法真正了解值得我们去了解的东西，即使是我们拥有教学的技巧，这些内容的实质也是无法教学的。如果我们希望将我们的想法复制到学生身上，这会伤害他们的灵魂，阻碍其生长。因此，事实、思想、法律和原则应并存于这种特别的氛围之中，因为在这个阶段它们构成了纯真青少年的一种内在气息，他们生命的气息。他们洞悉一切且能接受一切；他们刚刚进入到人生的学徒阶段；为此他们已经如梦初醒，如同开启了重生之旅，突然发现一切事物都是全新的且值得赞美的。

另一方面的变化也非常明确。鉴于在此之前，青少年就能够熟练且精确地做事，而到了此时，他们的身体和心智再一次变得具有可塑性却尚未成型，以至于显得如此拙劣，除非付出极高的代价，否则他们便无法做到准确行事，甚至无法做到善始善终。教师这时要做的是将花芽和接穗变成灵魂的一部分，而不是试图获得收成。因为这时青少年的心智会将完成事情甚至精心加工的想法搁置一旁。这时他们的大脑可以粗略地、一个接一个地吸收一切，对所有的东西都不会仔细品味。这时是身体基本系统大显身手的阶段，这个系统由大肌肉群而非小肌肉群组成，因而它能做出粗犷、大幅度的动作，但不是精确的行为；而构成灵魂的基本要素——本能和直觉，而非纯粹的理智，在这时却正处于活跃阶段。基于此，我们必须为他们打下全新的、更为宽广的基础。

但是，更具体地说，这些青少年的身心变化对未来的理想学校有何影响呢？在这个国家，年满14岁的青少年处于由文法学校向中学的过渡期，这远比欧洲的教育制度更加符合他们成长环境变化的需要；这里包含了一个难得的机会，但被人们忽视了。正如我们所见，在这里教育已经起步，并且许多族群还非常重视在青春期开始阶段的短暂教育，但由于命运的奇怪讥讽，中等教育还是或多或少地沦为了一种连接上下教育阶段简单的过渡。中等教育的功能，一部分是为学生进入大学做准备，而另一部分则仅仅是较低教育阶段推动力作用的结果。中学已失去了其独立性，其各个阶段和年级对于教育中的大问题，即教什么以及如何去教基本不感兴趣。而研究这些重要问题的目的，是为了促进青少年在他们新生阶段的顺利发展，为他们储存充沛的新生力量，但倘若不能巧妙研究，并结合个体的适应能力进行研究，势必会导致这个阶段教育的削弱或反常。

当我们将所有上述问题归为一类，如果中学教师真的质疑它们存在的真实性，那么他们就会比任何其他年级的教师更少关注这些问题。对他们来说，青春期仅是一个阶段，在这个阶段中，青少年的知识水平比在文法学校时提高不少，但又离他们进入大学所需的知识储备相去甚远。对于这些教师来说，他们的任务就是将学生送进大学，怀揣着希望与恐惧，等待按大学的要求接受教学任务。他们放弃了一切主动权，放弃了与生俱来的答疑解惑的权利，以及为满足他人人生某一阶段需求提供帮助的权利。他们几乎没有接受过专业训练，对于广义的教育基本无兴趣，对于较低年级的教学工作也毫不关心。他们的座右铭似乎是：为教而教。其结果是，那些更有个性的男孩离开了中学；在全国范围内大部分地方，这个年龄段大约60%的学生都是女孩。崇高的理想已不复存在；中等教育阶段的独立功能几乎被放弃；学生和教师任由自己置身于由他人意愿强加的例行任务中，这些任务的出发点不是为了适应这个世界，而是为了符合大学的要求。学生并不是基于日常课程的价值和意义来看待其学业，并为之投入大量精力。除非中学的课程（比文法学校）更能牢牢抓住学生的兴趣、受到他们的热爱，中学的教育就很难有所作为。

在新英格兰中学和大学代表会议上，所有的讨论和兴趣点都逐渐聚焦到如何让学生更适应这门或那门学科的细节问题上，以及在多大程度上提出相应要求、在方法上如何改进等。大学的要求，以及关于如何在最大程度上满足这些要求的建议，已经在很大程度上不再是教育的主题了。逆转大学与中学之间的这种关系已迫在眉睫。大学应依赖于中学，而非反之。中学必须声明自己的独立性，并着手以自己的方式解决自己的问题；它们应当努力教会那些不再深造的学生如何适应生活，同时应当让那些大学来适应自己的需求。中学应该再次反躬自问，如何最好地满足这个年龄段的青少年特有的兴趣和能力要求；如何充实并发展他们的思想、心性、意志与身体，而不是思考如何根据教授规定的大学预备知识提炼出中学的教学安排。事实上这些教授并不比其他年级的教师更了解这个年龄段青少年的需求。此外，目前流行的"连接"理论①甚至相关实践，已经干扰了中学的自然选择功能；这种理论使得人们赞成统一且僵化的课程形式，并且忽略了大多数不能进一步深造的青少年的需求。

在这种情况下，研究青春期或为之做出教育规划就毫无意义，因为完成这一切并无价值；尽管我主张逆转中学与大学的关系，也会在很大程度上有利于大学，并在数年内大大提升大学的学生质量以及整个体系的效率。但在大学的统治之下，很少有现代文明机构如美国现代中学这般不信任人类的天性。对较低年级的青少年来说，强迫入学的法令类似于高保护性关税，后者去除了能够带来更佳制造方法的激励因素，并干扰了作为进化主要动力的竞争法则。中学无疑仍被置于保护罩之下，受不到新的思想潮流的冲击，而成为传统、常规和机械铁律的牺牲品。它以最简单的方式运行着，上有大学的庇护和指导，下有文法学校的推动。我相信，这就是为什么一方面中学的班级数量在增加，而中学生人数却迅速减少的原因；另一方面，这也解释了为什么男孩升学比例下降，而女孩在中学保持优势，以及为什么中学教师既对教育缺乏热情——他们有专业人士的狭隘性和矫揉造作——又难以通过研究方面的建树弥补他们形象上的不足。

教师必须教得多，懂得多；他必须像一座活的喷泉，而不是死水一潭。他不应该是一个倒卖二手知识的经销商，不应只是教学内容的传授者和听众。这就是我们的中学教师和国外中学教师之间最主要的也是最失体面的区别，国外的中学教师大多都是哲学博士，而中学教师也理应由哲学博士来担任。如果我们可以把众多的大学教授调到学院，把众多的学院教授调至中学，把众多的中学教师调至文法学校，

---

① 译者注：这里的"连接"理论指的是前文提及的中学被作为连接上下教育阶段的过渡阶段而不具有独立性的观点。

把一些文法学校的教师（至少有一部分是大学毕业生）调至幼儿园，那真是再好不过的事情了。在德国和法国的学校中，教师是对自己本学科了解甚多且更接近学科原本面貌的人；他们讲述科学的伟大真理就如同叙述故事一样，而不会受大学教授的做派和方法的影响。很多中学教师本身就是大师和权威人士。而在美国，我们大学的大部分教学方法都只是一种对中学校长和教师施加影响使其调整课程体系的手段，通过这种课程让学生乖乖进入他们的围栏。而大学对文法学校的学生兴趣不大，对幼儿园的幼儿就完全不感兴趣了。

我已经坦率地论及，且只讨论了广阔领域中的一般性原则，其规模过大，在此不展开充分论述。我已经尽量回避了所有细节，尽管我已经在这篇文章中花了很大篇幅，对每一个话题都进行了详尽的论述，每一个话题都讨论至中学阶段的结束或是 19 岁，在那时青少年的身体发育已基本完成。有关这些话题的文字不久后将出版成书。现在我每天都在祈祷能够获得一位百万富翁的资助。有了现成的资源，我将不再疑惑或恐惧，而是在五年内，一旦有了足够的资助，我们将能够邀请所有感兴趣的人进入一个涵盖上述领域的教育系统之内。这个系统将使当前的诸多预言变为现实，即便是最顽固的保守派（不论他们曾经是还是现在也是）都会对其持欢迎态度，因为这个体系是已有教育制度精华的集中体现。但其本质上是以儿童为中心的而不是以学校为中心；它可能有点类似于宗教改革运动，后者坚持认为安息日、《圣经》和教会是为人而创造的，而不是反过来；它将是既符合实践要求，又体现现代科学和心理学的研究成果；它将使宗教和道德发挥更有效的作用；也许，最重要的是，它将赋予学校充分的权利，正如共和制的政府形式，使其具有鲜明的个性；并且，它将为人类种族进化至更为成熟的超人阶段做出一定贡献，在这个阶段，人类将有效地推动艺术、科学、宗教、家庭、国家、文学以及所有人类制度向最高阶段发展，接受终极的考验。

The Ideal School Based on Child Study

Granville Stanley Hall

Abstract: This article is an important educational treatise from a famous American psychologist and educator Granville Stanley Hall, which is published on *Forum* in 1901. According to the study of the stages of child development, Granville Stanley Hall proposed the idea of an ideal school based on children's nature and needs, discussed in detail the physiological characteristics, instinctive needs and educational methods of the kindergarten period, the transition period, the juvenile period and the adolescence. He concluded that the construction of this ideal school would effectively develop every human institution to the highest stage, and bring the race to the higher maturity of the superman.

Keywords: Granville Stanley Hall; the stages of child development; child-centered theory; American education reform

现代维果茨基研究的主要问题与方法

◎ 方明生[①]

摘　要： 20世纪80年代以来，世界范围内出现了被称为"维果茨基复兴"的关于发展与教育的研究运动。这场运动所研究、讨论的问题是非常全面的，其影响直至今天还在持续。维果茨基理论研究的要点还是苏联研究者在20世纪80年代所强调的"活动""交往"和"媒介性"，"维果茨基复兴"运动中的研究以活动理论为基点，进一步在语言交往方式、文化的作用、身体论等方面加以深入，广泛地拓展了发展与教育研究的深度和视野。

关键词： 维果茨基复兴　活动理论　身体论　参与文化性实践

一、"维果茨基复兴"运动

20世纪80年代以来，世界范围内出现了被称为"维果茨基复兴"（Vygotsky Renaissance）的儿童学研究运动。维果茨基的研究继续发展。苏联关于维果茨基的重新讨论始于1956年。[②] 关于20世纪五六十年代苏联对维果茨基的研究已有文献做了比较详尽的述评。J·瓦西纳（Jaan Valsiner）的《苏联的发展心理学》[③] 一书中较详尽地阐述了苏联1930—1950年维果茨基心理学的状况。苏联国内的"维果茨基复兴"无疑与其社会主义民主化过程关联。[④] 苏联1982—1984年出版了维果茨基著作集1—6卷（莫斯科，教育出版社），并以莫斯科大学李凡诺娃为核心，编撰了收集、整理世界研究维果茨基资料的《维果茨基文献集》。但就维果茨基研究的广度和深度而言，20世纪80年代以后在欧美展开的研究则有着更为重要的意义。

受到维果茨基的深刻影响而持续探究后现代的新人类知识框架的研究，不仅限于以认知心理学、发展心理学为基础的儿童学习理论，而且在教育学的发展脉流上，也出现了约翰·杜威、内尔·诺丁斯（Nel Noddings）的进步主义教育学[⑤]、保罗·弗莱雷的批判教育学、杰罗姆·布鲁纳的故事论[⑥] 等所引导的教育哲学的多

---

①　方明生，上海杉达学院教育学院副院长、教授，毕业于华东师范大学比较教育研究所，主持教育部人文社会科学重点研究基地重大项目"社会·文化视野下的儿童研究与课程创新"等。

②　钟启泉：《维果茨基学派儿童学研究述评》，见《全球教育展望》，2013年第1期，第11—31页。

③　Valsiner，J. *Developmental Psychology in Soviet Union*，Brighton，Sussex：The Harvester Press，1988.

④　イワーノフ「文化の復活」アファナーシェフ（編）『ペレストロイカの思想』所収、群像社、1989年。

⑤　Noddings，N. *The Challenge to Care in School*. New York：Teachers College Press，1996.

⑥　［美］杰罗姆·布鲁纳：《故事的形成：法律、文学、生活》，孙玫璐译，北京：教育科学出版社，2006年，第10页。（Bruner，J.S. *Making Stories：Law，Literature，Life.* Cambridge，MA：Harvard University Press，2002.）

种潮流与维果茨基理论多个层面上互动的研究状况①。在"维果茨基复兴"中出现的、与一般教育学相关的论著有莫尔（L.C. Moll）的《维果茨基与教育：社会历史心理学的教学含义与应用》②、丹尼尔（H. Daniels）的《维果茨基与教育学》③和科祖林（A. Kozulin）的《文化环境中的维果茨基教育理论》④等。而在教育学的下位领域也出现了维果茨基理论与读写教育⑤、维果茨基理论与第二语言学习⑥、维果茨基理论与特殊教育⑦和维果茨基理论与关怀教育⑧等学科或分支领域的研究。

美国是西方维果茨基研究中最重要的国家，出现了科尔（M. Cole）、沃茨奇（J.V. Wertsch）、J·瓦西纳等研究者。科尔最初是以研究亚历山大·罗曼诺维奇·鲁利亚为主的⑨，进而，他意图从新的视角开展对亚历山大·罗曼诺维奇·鲁利亚所遵奉的维果茨基文化—历史学派的活动理论的研究。科尔所编的介绍维果茨基理论的《社会中的心灵：高级心理过程的发展》⑩一书凝聚了维果茨基理论的精髓，给英语圈的研究者带来了很大影响。科尔的文化心理学（Cultural Psychology）⑪可以说与他的维果茨基研究是紧密相连的。沃茨奇是美国在维果茨基研究上成果丰富的研究者之一⑫，沃

① 如以下的文献：古屋惠太 社会的構成主義におけるヴィゴツキーとデューイ——「活動」概念導入は何をもたらすか、東京都立大学人文学部『人文学報·教育学』、2001 年 3 月。

② Moll，L.C. *Vygotsky and Education：Instructional Implications and Applications of Sociohistorical Psychology*. New York：Cambridge University Press，1990.

③ Daniels，H. *Vygotsky and Pedagogy.* London：Routledge，2002.

Daniels，H. *Charting the Agenda：Educational Activity After Vygotsky*. London：Routledge，1993.

④ Kozulin，A.，Ageyev，V. and Miller，S. *Vygotsky's Educational Theory in Cultural Context.* New York：Cambridge University Press，2003.

⑤ Dixon-Krauss，L. *Vygotsky in the Classroom：Mediated Literacy Instruction and Assessment.* White Plain，NY：Longman，1996.

⑥ Lantolf，J.P. and Appel，G. *Vygotskian Approaches to Second Language Research.* Norwood，NJ：Ablex Press，1994.

⑦ Gindis，B. "Vygotsky's Vision：Reshaping the Practice of Special Education for the 21st Century." In *Remedial and Special Education.* Vol.20（6），1999.

⑧ Tappan，M.B. "Sociocultural Psychology and Caring Pedagogy：Exploring Vygotsky's 'hidden curriculum'." In *Educational Psychologist*，vol.33（1），1998.

⑨ Luria，A.R. *Cognitive Development：Its Cultural and Social Foundations*，Cambridge，MA：Harvard University Press，1976.

Cole，M. *The Selected Writing of A.R. Luria*，M.E. Sharpe，1978.

Luria，A.R. *The Making of Mind：a Personal Account of Soviet Psychology*，Cambridge，MA：Harvard University Press，1979.

⑩ Vygotsky，L.S. *Mind in Society：the Development of Higher Psychological Processes*，Cambridge，MA：Harvard University Press，1978.

⑪ Cole，M. *Cultural Psychology：A Once and Future Discipline.* Cambridge，MA：Harvard University Press，1996.

⑫ Wertsch，J.V.（ed.）*The Concept of Activity in Soviet Psychology*，M.E. Sharpe，1979.

Wertsch，J.V.（ed.）*Culture，Communication，and Cognition：Vygotskian Perspectives*，London：Cambridge University Press，1985a.

Wertsch，J.V.（ed.）*Vygotsky and the Social Formation of Mind*，Cambridge，MA：Harvard University Press，1985b.

茨奇援引了与维果茨基同时代的米哈伊尔·巴赫金（Mikhail Bakhtin）的理论，意图进一步发展维果茨基的理论（关于此可参考沃茨奇的著述《心之声》）①。沃茨奇的媒介行为的社会文化性研究等哲学性且方法论性质的研究，形成了人类发展援助实践上的指南，催生了一些具有明显特点的相关研究。莱夫和温格（Lave & Wenger）提出的合法的周边参与论（Legitimate Peripheral Participation）②、阿兰·柯林斯（Allan Collins）的认知学徒制（Cognitive Apprenticeship）③ 等所谓状况性学习理论，可以说都是一种接受了维果茨基的哲学性方法论的研究，这些研究都呈现了后现代发展援助学中的知识框架的转换。J·瓦西纳毕业于波罗的海三国之一爱沙尼亚的塔图大学，1980 年离开苏联后在西欧和美国开展了他的研究工作。④ J·瓦西纳对于苏联发展心理学的历史进程有着深刻的洞察，也对维果茨基的历史地位有着切实的把握，这为他构建文化心理学起了重要的作用。其文化心理学的重要著作《文化与人类发展》已有中文版。⑤

欧洲的研究中，荷兰心理学家韦伊耶尔（Veer，R. van der）从心理学史的侧面分析了对维果茨基理论的形成带来各种影响的诸多欧洲思潮。⑥他于 1985 年出版了《文化与认识——论维果茨基的理论》一书。1991 年，他与 J·瓦西纳合著的《列夫·维果茨基：生涯与工作》出版，此书从人物生平视角探讨了维果茨基理论的形成过程。而瓦龙学派的心理学杂志《童年》（Enfance）则在 1989 年 1—2 月号上组织了关于维果茨基的特辑。1986 年，第一次国际活动理论学会在柏林举行，第二次国际活动理论学会则于 1990 年在芬兰举行。国际活动理论学会虽然不是研究维果茨基理论本身的，但对活动理论做出最大贡献的维果茨基，理所当然是学会研究的核心。英国社会学家查尔斯·沃尔富森（C.Woolfson）的《文化的劳动理论：恩格斯人类起源说重考》⑦ 在马克思理论的高度上把握了维果茨基理论，探寻了维

---

① Wertsch，J.V. *Voices of the Mind*：*A Socio-cultural Approach to Mediated Action*. Cambridge，MA：Harvard University Press，1991.

② Lave，J. and Wenger，E. *Situated Learning*：*Legitimate Peripheral Participation*. Cambridge，UK：Cambridge University Press，1991.

③ Collins，A.，Brown，J.S. and Newman，S.E. *Cognitive Apprenticeship*：*Teaching the Craft of Reading*，*Writing and Mathematics*. In L.B. Resnick（ed.），*Knowing*，*Learning*，*and Instruction*：*Essays in Honor of Robert Glaser*. Hillsdale，NJ：Lawrence Erlbaum，1989.

④ Valsiner，J. *Culture and the Development of Children's Action*，John Wiley & Sons，1987.
Valsiner，J. *Developmental Psychology in Soviet Union*，The Harvester Press，1988.
Valsiner，J. *Human Development and Culture*：*The Social Nature of Personality and Its Study*，Lexington Books，1989.

⑤ J·瓦西纳：《文化和人类发展》，孙晓玲、罗萌等译，上海：华东师范大学出版社，2007 年。

⑥ Veer，R. van der，*Cultuur en Cognitie*：*De Theorie van Vygotskij*，Wolters-Noordhoff Groningen，1984.
Ijzendoorn，M.H. van，& Veer，R. van der，*Main Currents of Critical Psychology*：*Vygotskij*，*Holzkamp*，*Riegel*，New York：Irvington，1984.

⑦ Woolfson，C. *The Labour Theory of Culture*：*A Reexamination of Engels's Theory of Human Origins*，RKP，1982.

果茨基理论的更深厚的基础。

为何维果茨基的理论在 20 世纪 80 年代以后受到了西欧、美国研究界的如此广泛的重新评价？日本的维果茨基研究者高取宪一郎认为，这可能在于维果茨基理论所具有的对解决资本主义社会中人本身存在的矛盾的洞察力（perspective），使得挖掘这一理论的丰富内涵，成为开拓儿童心理学与儿童教育理论研究新视野之不可多得的契机。因而，从沃茨奇、J·瓦西纳、韦伊耶尔等人的研究去把握"维果茨基复兴"中的关键词与重要课题，是认识当代维果茨基研究意义的重要侧面。

二、维果茨基理论若干关键词

笔者曾在《马克思主义认识论与现代教学论的课题》[①]一文中讨论了人的对象化活动——劳动，其内化的作用，将这样的人类文化发展过程映射到教学活动，去理解教学活动的本质意义的问题。关于这一点，在以苏联的课程教学为重点的比较教学论研究中曾做过深入的讨论，而这当中把握维果茨基理论的要点是其关键点，主要有以下三个关键词："活动""交往"和"媒介性"。

（一）活动

维果茨基理论的核心点就是"活动"概念。维果茨基 1927 年的论文《心理学危机的历史性意义：方法论研究》[②]的开端就引用了《马太福音》中的一段："匠人所弃的石头，已做了房角的头块石头。这是主所做的，在我们眼中看为稀奇。"[③]这块"石头"就是迄今为止被心理学家所忽视的活动。

从本原上说，这里的"活动"概念与马克思主义的"劳动"概念是同一个概念。劳动是人作用于外部世界，使其变化，同时反作用于自身，改变自己的过程。人类的社会、历史、文化以及人自身是通过劳动而形成的。从这种意义上来说，维果茨基所说的"活动"，是与"劳动""文化创造"有着同质意义的概念，与单纯地对刺激做出反应的行为是不同的。[④]

这种关于活动的思想方法适用于心理学的陈述方式是维果茨基提出的"双重刺激法"。相对于"刺激—反应法"（S-R法）的单纯从属、反应的模式，双重刺激法是人作用于外部进入的刺激（刺激—对象），创造出人工的刺激—手段。以这种刺激—手段为媒介，再作用于其他的刺激—对象，创造出新的刺激—对象，即改变外界。如此，人不断能动地作用于外界。

这里所说的"刺激—手段"指的是符号，或外在的辅助物。具体而言，最具代表性的就是工具、语言。人以工具为媒介作用于外部对象，也以语言为媒介作用于其他人。这样，接下来的关键词就是"交

---

① 方明生：《马克思主义认识论与现代教学论的课题》，刊于《励志集》，香港：香港教育出版社，2004 年，第 10 页。

② ヴィゴツキー「心理学の危機の歴史的意味：方法論的研究」『心理学の危機：歴史的意味と方法論の研究』柴田義松ほか（訳）、明治図書所収、1987 年。

③ 参见《圣经·新约·马太福音》第 21 章。

④ 关于活动与行为主义的行为之比较，可参见以下文献：Pham Minh Hac. "View of Soviet Psychologists on Behaviorism." *Psychologia*，1976，19：163-172。

往"和"媒介"。

（二）交往

活动指人与外部世界，主要是与"物"的关系，而交往指人与人的关系。关于活动与交往，苏联曾发生了列昂节夫（Alexei N.Leontyev）与洛莫夫之间的论争。[①] 这场论争的焦点是：（1）活动中包含交往吗？即交往是活动的一部分，还是交往是与活动相互独立的？（2）人格、意识是以活动为基础派生的，还是以包含活动、交往的生活样式为基础派生的？前者是列昂节夫的观点，后者是洛莫夫的观点。从苏联的心理学词典与教科书上来看，论争的结果是：人格、意识是在活动、交往两条轴线上形成的。正如这场论争所表明的，"活动"与"交往"是苏联心理学的关键词，这其实根源于维果茨基将工具的使用与语言的使用作为行为的两个基本文化形态的观点。

维果茨基在他的论文《儿童发展中的工具与符号》[②] 中对交往的基本定位是：人以活动为主，交往是从属成分。这篇论文中将动物使用工具解决问题时的智能称为实践性智能，在谈到人类儿童的实践性智能时，他提到人类儿童在遇到困难的课题时会与周围的成人商量，或在周围没有成人的情况下，会出现很多自言自语的情况。这显示了活动与作为支持实践性智能或工具性智能的语言或语言性交往的关系。当然，由于人伴随着成长，语言的功能会达到很高的程度，因此从现象上看，恰如语言是独立的，其与活动是对等并行的。也就是说，维果茨基认为首先存在着人与外界的关系，而后，作为辅助的形式，人与人的关系——交往才成立。而J·瓦西纳则将维果茨基的理论框架描述为一种"个人—社会生态构架"（Individual-Socioecological Reference Frame）。[③]

再次简要概括维果茨基关于"交往"的概念：首先人与外部有某种联系，即，人作用于物的活动。这当中，从侧面援助这种活动的是交往。这样的援助者对于儿童来说经常是成人，但也可能是伙伴。J·瓦西纳将这样的要素称为"社会性他者"。通过"社会性他者"与"当事者"（在维果茨基的理论中一般都是指儿童）间的交往，"社会性他者"所拥有的意义或科学性概念就会在儿童身上内化，即，由心理间功能向心理内功能转化。

（三）媒介性

媒介性正确地说应是活动的媒介性。也就是说，人的活动以工具、语言、符号为媒介。维果茨基本人认为，关于由工具、语言形成的"活动"之媒介性的思想是受黑格尔（G.W.F. Hegel）的媒介性活动定义与马克思的劳动手段定义的启发，工具与语言的使用也在于这样的媒介的功能性。[④]

如黑格尔认为媒介性活动"自身没有进入这样的过程，而是让各种客体依其本

① 高取憲一郎「『活動と交通』論争についての一考察」『心理科学』4卷2号、1981b、1—7页。

② 此论文收录于以下文献：Vygotsky, L.S. *Mind in Society*: *the Development of Higher Psychological Processes*, Cambridge, MA: Harvard University Press, 1978。

③ Valsiner, J. *Human Development and Culture*: *The Social Nature of Personality and Its Study*, Lexington Books, 1989.

④ ヴィゴツキー『精神発達の理論』柴田義松（訳）、明治図書、1970年。

性相互作用，从而实现自己的目的"①。而马克思的劳动手段是劳动者"利用各种物质的机械性、物理性等科学性质，将那些东西依照自己的目的，作为对于其他物体的手段而作用"②。即为实现人的活动的目的，介入人与物之间，或人与人之间，作为手段而发生作用就是活动的媒介性。

另外，维果茨基认为，工具与符号虽然在媒介性机制这一点上是相同的，但两者之间还有差异。工具是指向人征服自然的外在活动的手段，而符号或语言是对他人或自身行为的心理性作用的手段，是指向受人自身支配的内在的活动的手段。③

进一步发展了维果茨基的活动媒介性思想的是沃茨奇。沃茨奇在他的著述《心之声》④中指出，人的活动与其媒介手段——工具、语言或符号无法分离。媒介性手段能够存在、作用仅限于人的活动的一部分，从人的活动中独立出来的媒介性手段只是抽象的、无生命的存在。

沃茨奇认为媒介行为是无法再分解的人的行为的分析单位，与媒介手段共同行动的人是不能再分解的行为者。也就是说，沃茨奇认为必须把活动看作与工具及语言或符号一体的，从媒介性手段中切分出活动（如列昂节夫的活动理论）的方法，误解了维果茨基符号论意义上的关于

媒介的思想。沃茨奇认为对指向心理问题的社会—文化性分析来说，与媒介性手段共同行为的人的概念具有根本的重要性。

沃茨奇的包含工具、语言或符号的活动概念是一种扩大的活动概念，关于不能从活动中切分出媒介性手段的观点是确认活动概念的另一种方法。其实，维果茨基原本就持活动是第一位的、语言性交往具有从侧面辅助活动的性质的观点，沃茨奇则是进一步明确了这样的思想。

三、现代维果茨基研究的若干问题

（一）活动理论仍是维果茨基理论的基本出发点

列昂节夫在《活动、意识与人格》⑤中提出，维果茨基十分强调"语言的意义"，但这种"语言的意义"只是活动的一部分。只依赖"语言的意义"，不能充分地搞清人的行为、意识、人格的机制。因此，必须再一次回归问题的本原，即回归对象性活动概念，这种活动概念的内在过程，即活动概念必须适用于意识过程。

鲁宾斯坦学派的布鲁什林斯基（A.V. Brushlisky）在《维果茨基与鲁宾斯坦》⑥一书中对维果茨基提出了以下批判：（1）维果茨基将存在与意识的关系偷换为符号与意识的关系；（2）维果茨基的内化

① ヘーゲル『小論理学』松村一人（訳）、岩波文庫版、下巻、1952 年、204 页。

② マルクス『資本論』大月書店版、第 1 卷、1968 年、235 页。

③ ヴィゴツキー『精神発達の理論』柴田義松（訳）、明治図書、1970 年。

④ Wertsch，J.V. *Voices of the Mind*：*A Socio-cultural Approach to Mediated Action*. Cambridge，MA：Harvard University Press，1991.

⑤ レオンチェフ『活動と意識と人格』西村学・黒田直実（訳）、明治図書、1980 年。

⑥ ブルシュリーンスキー『ヴィゴツキーとルビンシュテーイン：思考の文化—歴史的理論批判』中村和夫（訳）、ひとなる書店、1986 年。

理论只有社会向个人的单向投射，而忽视了个人内在的各种条件。

而韦伊耶尔的批判基本也在上述两人思路的延长线上。韦伊耶尔认为，苏联心理学对维果茨基的批判，起因于维果茨基重视主体间的相互作用，轻视主体—客体间的相互作用。[①]韦伊耶尔认为，维果茨基理论中，儿童精神发展的文化影响仅是以社会性的相互作用而造成的，而实际上不能忽视儿童在与周围相互作用时，对象与儿童间能动的相互作用。通过这样的相互作用，儿童获得与环境相关的知识，由此，心理过程得以发展。

韦伊耶尔对维果茨基将意识分为高层次心理过程与低层次心理过程的两分法提出了严厉的批判。维果茨基将受语言的支持，在成人与儿童的社会性相互作用中产生出逻辑性记忆、创造性想象、语言性思考等称为高层次心理过程，也是文化的能动的过程。与此对应，将直接性知觉、非随意注意、前语言思考称为低层次心理过程。韦伊耶尔认为维果茨基的这种两分法的理论是错误的。因为，被维果茨基当作低层次心理过程的内容绝非是被动的过程。所有人的意识没有高低的区分，都是能动的。进而，韦伊耶尔认为维果茨基将社会性相互作用限定为伴随语言行为的，也是有问题的。其由于忽视了语言获得之前的、前语言时期的社会性相互作用，而将与语言行为无关的所有心理过程都看作

低层次和自然的了。

确实，正如上述这些批判者所提出的那样，维果茨基的后期研究离开了活动理论，将理论的重点移向了语言行为和语言性交往。在意识和人格的形成过程中，语言具有重大的作用的观点由维果茨基的同事亚历山大·罗曼诺维奇·鲁利亚提出。而大久保忠利认为苏联心理学的最大贡献在于发现意识与人格是受语言支持的。[②]这一点在亚历山大·罗曼诺维奇·鲁利亚身上尤为明显，大久保忠利在他的著作《鲁利亚现代心理学》中系统地描述了这种心理学的结构。

但正如前一节所阐述的，维果茨基的理论还是以活动为中心的，语言性交往只是定位于其辅助地位的。首先，在维果茨基看来，如果活动不存在，则交往、语言或语言性交往也不存在，因此，列昂节夫等人的批判是不成立的。伴随着儿童的发展，语言行为高度发展，从现象上来看，相对于活动，语言或语言性交往处于中心地位。由于维果茨基的研究更多是关于语言的，这一点愈加突出。但维果茨基理论的基本立场还是：活动是第一位的，其后出现的才是交往。

匈牙利的加莱伊（L.Garai）在关于苏联心理学"活动—交往"论争的《维果茨基理论中的两项原理：活动与交往》[③]一文中指出，一方面维果茨基认为语言是社会性关系，主体表现主体。即主体性世

① Veer，R. van der，"In Defence of Vygotskij：Analysis of Arguments That Led to the Condemnation of the Cultural-historical Theory." Paper presented at the 2nd European CHEIRON Conference，1983. Veer，R. van der，*Vygotskij and Activity Theory*，Leiden，April，1985.

② 大久保忠利「覚書・スターリン言語観とソビエト言語心理学」『現代と思想』39 号、1980 年、189—209 頁。

③ Garai，L. & Kocski，M. "Two Principles in Vygotsky's Heritage：Activity and Community." Paper presented at the 7th European CHEIRON Conference，1988.

界的非主体表现。另一方面，思维是活动、技术，主体反映客体。即非主体世界的主体性形象。他认为如维果茨基在《思维与语言》中所主张的思维与语言的统合那样，活动与交往从最初开始也是统合的。

（二）用米哈伊尔·巴赫金的语言理论讨论维果茨基的社会—文化问题

沃茨奇的《心之声》依据米哈伊尔·巴赫金①的理论，企图超越维果茨基的理论②。沃茨奇看到了维果茨基理论的何种局限呢？沃茨奇认为维果茨基的对象仅限于成人与儿童间的社会性相互作用的个人关系性符号论水平上的分析，仅限于这样的分析水准，无法深入存在于心理功能底层的社会过程；必须从维果茨基的分析水准出发，进一步推进到更为广泛的历史的、经济的要素分析。这样维果茨基未讨论的阶级斗争、异化、商品崇拜等问题就进入了视野，维果茨基未加讨论的心理过程与历史的、文化的、社会制度性状况的联结就可以明确起来了。

沃茨奇为超越维果茨基而关注的米哈伊尔·巴赫金理论中的概念是"社会性语言"（social language）或"语言类型（speech genres）领域"。米哈伊尔·巴赫金所说的"社会性语言"是指有某个特定社会阶层（职业或年龄）特征的谈话。而这当中，交往的内化，即由心理间功能向

心理内功能的转化在"社会性语言"的框架内进行，即，个人间的社会性相互作用在每个个人所参加的语言共同体中展开。这样，通过设定语言共同体的新框架，维果茨基没有讨论的真正意义上的社会—文化的研究就有可能了。

可以说，沃茨奇通过导入米哈伊尔·巴赫金的理论找到了一种超越维果茨基的线索，通过"社会性语言"或"语言类型领域"引导出"语言共同体"的概念，这一概念与佐伯胖的"参与文化性实践"（后文将详述）的概念是相通的。

（三）认同不同文化是探究文化背景下教育应有方式的起点

韦伊耶尔对维果茨基的"文化"概念提出了疑问。③他认为，给维果茨基的"文化"概念带来影响的是特恩窝尔德（R.C. Thurnwald）④，但维果茨基将"文化"的概念限定在语言、文字、计算体系上，忽视了特恩窝尔德"文化"概念中的诸如法律、道德、艺术、宗教等其他成分。

进而，韦伊耶尔认为文化由社会性软（soft）进化和技术性硬（hard）进化两部分构成，前者是法律、政治、经济、家庭、音乐、艺术、宗教等，后者是人对环境的作用，即发现自然规律、操控自然等技术性的层面。他批评维果茨基将前者舍弃，仅留下了技术性的层面而缩小了文化

---

① 米哈伊尔·巴赫金（1895—1975年）苏联文艺理论家。主要著作有《陀思妥耶夫斯基诗学问题》（1929年）、《拉伯雷和他的世界》（1940年）等。

② 高取憲一郎「ヴィゴツキーを越えて：ウエルチ『心の声：心的行為への社会—文化的アプローチ』を読む」『鳥取大学教育学部研究報告（人文·社会科学）』41卷2号、1990b。

③ Veer, R. van der, In *defence of Vygotskij*: "The Concept of Culture in Vygotsky's Cultural-historical Theory." Paper presented at the 7th European CHEIRON Conference, 1988.

④ 特恩窝尔德（1896—1954年），德国功能主义民族学家、社会学家，《民族心理学及社会学》《人类学及民族研究》主编。

的范畴。由此，他认为维果茨基身上存在着仅在技术发展水平的线性尺度上比较不同文化的倾向。

韦伊耶尔在此提出了两个问题。（1）在活动与交往的关系中，至少在与文化相关的层面上来说，维果茨基有轻视交往的倾向。由于马克思主义中有着对于劳动的推崇，因而与马克思主义相连的维果茨基"文化"概念也与西方的"文化"概念的范畴不同。（2）就欧洲近代思想来说，包括马克思主义，都是以科学的、合理的思想方法为基础的。例如，有些文明有着以往的辉煌，而从现代科学技术的发展水平来看，其明显是落后的。但这只是关注技术性层面的线性尺度上的议论，文化发展水准必须从包含各种层面的整体的视角出发做出评价。更何况随着近代欧洲的文化与思想困境的逼近，以及20世纪末苏联出现的思想与政治权威的危机，韦伊耶尔提出的问题不仅指向了维果茨基"文化"概念上的缺陷，更是重新评价近代思想的一个起点。

而J·瓦西纳认为心理学是欧洲近代思想，更准确地说是西欧近代思想的产物，这样的心理学已迎来了寻求范式转换的局面。[①] 心理学中存在的将效率最大化、损失最小化的思想，或实验室里被试提示了实验室背景下实现最佳的假定，是与经济活动相关联的西欧产业文化及新教劳动伦理的产物。另外，西欧的发展心理学提供了西欧产业社会的中产阶级儿童的理想类型。发展心理学是西欧中心主义的，发展心理学家不了解西欧以外的儿童，不了解中产阶级以外的儿童。J·瓦西纳认为要实现这样的心理学的范式转换，需要把焦点集中在第三世界的儿童身上。

J·瓦西纳提出，心理学的视角需要转向第三世界的儿童以及培育他们的第三世界的文化。在那样的文化中，儿童作为重要的一员参与了文化共同体，儿童在其中成长，社会与文化决定了儿童的发展。通过这样的范式转换，J·瓦西纳重新审视西欧近代的教育与文化、科学技术的应用方式。这样的新视角将带来全面审视西欧文化的线索。儿童的发展，社会、文化的发展不是单一的模式，存在着多样的模式。这样的观点与日本大田尧的《教育是什么》中的观点[②] 是相通的。

（四）身体论：身体也是媒介（工具、表现手段）

与沃茨奇依据米哈伊尔·巴赫金，企图超越维果茨基不同，法国学者内齐努-杰本（Netchine-Grynberg）企图依据瓦龙·亨利（Wallon Henri）[③] 的学说超越维果茨基。[④] 内齐努-杰本认为20世纪二三十年代活跃的四位心理学家：恩

① Valsiner, J. *Human Development and Culture*：*The Social Nature of Personality and Its Study*, Lexington Books, 1989.

② 大田尧『教育とは何か』岩波书店、1990年。

③ 瓦龙·亨利（1879—1962年），法国心理学家、精神医学专家，法兰西学院（Collège de France）教授。他在儿童心理学领域，确立了重视社会性条件的独特体系，并以辩证唯物主义方法研究儿童心理而闻名，第二次世界大战后在法国的教育改革中发挥了主导作用。主要著作有《从行动到思维》（1942年）、《儿童思维的起源》（1945—1947年）、《儿童性格的起源》（1934年）等。

④ Netchine-Grynberg, G. "Toward a Psychological Theory of the Objects of Knowledge." *Multidisciplinary Newsletter for Activity Theory*, Vol.1, 1990, No, 5/6: 10-15.

斯特·卡西尔（Ernst Cassirer）[①]、爱弥尔·梅耶逊（Emile Meyerson）[②]、维果茨基、瓦龙·亨利有着共性。这四位都认为在主体与客体相互作用中形成媒介系统，依靠这样的系统，个人将物理性的宇宙转换为有意义的宇宙（人的世界）。而这种媒介系统分为象征性形式（恩斯特·卡西尔）、作品（爱弥尔·梅耶逊）、心理工具与工具性行为（维果茨基、瓦龙·亨利），这些要素各不相同；而维果茨基与瓦龙·亨利同样将心理工具与工具性行为作为一种媒介系统，两者有何不同呢？

内齐努-杰本认为维果茨基的心理工具是人工构成物，比如语言、计算体系、记忆方法、艺术作品、文字、图式、地图、设计以及其他所有种类的符号，其中最重要的心理工具就是语言。而使用这样的心理工具的人的活动样式就是工具性行为。以这样的心理工具与工具性行为作为媒介的主体与客体的相互作用中，主体与客体合为一体，创造了有意义的宇宙（人的世界）。

佐伯胖在《身体是什么》一文中进一步指出，瓦龙·亨利的心理工具是指儿童在获得语言以前，即感知运动阶段开始作用的所有智能，或构成整体的智能的所有要素。例如，感知运动阶段的儿童要抓东西的所有努力就是心理工具，这时其往往

以姿势、手势的调节来表达。这里出现了"作为工具的身体"[③]的观点。

其实，这一思路，维果茨基也早有感悟，在维果茨基的《艺术心理学》（1928年）的扉页上就有巴鲁赫·德·斯宾诺莎（Baruch de Spinoza）《伦理学》中的"……身体究竟能做什么事……"的一段格言，这里含有"包括身体的表达是精神形成的基本手段"的思想，进而在维果茨基关于艺术心理的论文《关于演员创造的心理学问题》（1932年）[④]中，从"行为论"发展为"表现行为论"，提出使用身体性行为来表现的情感，与语言性行为相辅相成，是形成人的精神的过程中不可或缺的要素。

（五）基于维果茨基理论的教育形态——"参与文化性实践"

前文中探讨的在深化维果茨基研究的过程中提出的"社会性语言""文化心理学""身体的工具性"等，为在社会—文化层面上拓展认识与实践提供了更多的线索。人们在研究中发现以往心理学中比较确定的逻辑性认知，在各种不同的文化中其表现很不相同。文化人类学研究所描绘的不同文化中的人群的认知，更多的与工具、习惯、共同体等要素关联。依据情境的学习，更多的是共同体中的相互学习，包括儿童学习在内的现实社会中的学习，

---

① 恩斯特·卡西尔（1874—1945年），德国犹太裔哲学家、文化哲学创始人，汉堡大学教授，后遭纳粹迫害而出走。1941年前往美国，担任耶鲁大学、哥伦比亚大学教授，以研究"符号""象征"等问题而闻名。主要著述有《实体概念与功能概念》（1910年）、《象征形式的哲学》（3卷，1923—1929年）、《启蒙主义哲学》（1932年）、《人论》（1944年）等。

② 爱弥尔·梅耶逊（1859—1933年），波兰裔法国哲学家。他以丰富的科学史知识为基础，展开了被称为"知性哲学"的认识论研究。主要著作有《同一性与现实》（1908年）、《科学中的说明》（1921年）等。

③ 佐伯胖「からだとは何か」岩波講座『教育の方法』第8巻所収、1987年。

④ Vygotsky, L.S. 1932 "On the Problem of the Psychology of the Actor's Creative Work." In *The collected works of L.S. Vygotsky.* Vol.6. translated by M.J. Hall. 1999. Kluwer Acdemic/Plenum Publishers.

在某种社会制度安排（比如师徒制等）中，就着现实社会的状况，在某种"场"的作用下展开。这样的学习在今后的文化传承中将持续，而现代化过程中创造的"学校"貌似平等地把儿童安排在一种标准化的构架中，仅运用人的认知的某些部分（比如记忆），企图再现人类文化传承的全部。但这样的结构已不断出现破绽，儿童群体在人际关系上的扭曲（过度竞争意识带来的紧张），以及学习状态的偏颇带来了儿童精神成长的各种问题。因而，超越"学校教育"成为新世纪人类发展所面临的课题，导入社会学习［比如通过工业参观学习把握产业社会的现状；通过博物馆、科技馆的活动发展各种文化学习；通过读报教育（newspaper in education）的学习方式，把握接受与创造媒体信息的方法；等等］，创造一种新的城市社会中的学习方式，这样的新文化的构建的儿童学习方式被佐伯胖称为"参与文化性实践"，成为维果茨基研究的一种新的指向。

佐伯胖将教育看作"参与文化性实践"的活动。[①] 儿童与生俱来希望参与文化性实践，这种参与的方式是依据儿童与成人间的对等／平等的关系而决定的。教育是介于对话和相互理解的活动，是与其他儿童共感而学习的活动。另外，在回应成人的呼唤，在儿童参与文化性实践活动时，自身会感受到自己能力之所及，由此儿童的认知能力得以促进，这样的部分，佐伯胖认为就是维果茨基的"最近发展区"。佐伯胖的"参与文化性实践"的概念与沃茨奇所说的"语言共同体"、米哈伊尔·巴赫金的"投入社会性语言或语言类型领域"等概念可以互换。作为共同体的一员，儿童需要承担共同体必须且不可分的责任。通过设定这样的状况，接近沃茨奇的指向心灵的社会—文化性就有可能。从这种意义上说，佐伯胖的"参与文化性实践"的观点打开了超越维果茨基的一条可能的道路。

进而，佐伯胖关于"最近发展区"的理解方式、教育不是教师垂直地向儿童传递知识，而是包含教师和儿童的水平性相互认知的观点，与维果茨基的重视个人积极性、学习能动性的思想一致。从这样的层面来考虑，维果茨基关于活动为中心、交往只起到辅助作用的思想是非常重要的。面对环境的儿童首先是学习的主体，教师最终都是帮助者和协作者。这里我们可以感觉到维果茨基的理论与茨莱斯坦·弗雷奈（Celestin Freinet）[②]的教育

---

① 佐伯胖『「わかる」ということの意味：学ぶ意欲の発見』岩波書店、1983 年。

② 茨莱斯坦·弗雷奈（1896—1966 年），法国教育家，"现代学校运动"（弗雷奈教育运动）发起者。他在教育培训学校毕业后，赴地中海地区乡村小学任教，思考、实践了与以教科书为中心的教学不同的"散步教室"教学，将儿童的作文作为"自由教科书"。其后，组织非宗教教育协会，收集儿童作品，发行杂志、文库，使用电影放映机、录音等作为教学手段。由于与当局对立，受到右翼思想的攻击，不得不退职。1935 年设立与儿童共同生活的"弗雷奈学校"，其以学校间通讯、个别化教育、发表会、工作室方式等为特征的教育方法，逐渐被公立学校所吸收，第二次世界大战后，作为"现代学校运动"得到普及。

由法国教育家茨莱斯坦·弗雷奈主导的、20 世纪 30 年代开始的公立学校改革运动，批判学校主导型的传统教育，提出：（1）组织由学生自身进行学校运营的学校协会；（2）依据协会决定的学校活动，由每个学生自主地制订学习计划；（3）采用以儿童作文为教科书的自由教材方式；（4）自由选择准备好的学习素材，推进个别化学习；（5）保障儿童自由活动等原则，使儿童教育不仅在学习活动部分，而且整个学校生活全部在儿童的兴趣和关注基础上组织。

实践十分接近，其包含参与文化实践的儿童、进行文化创造的儿童、由教师与学生的水平性关系所支持的共同体，尊重自治的理论，等等。

Major Issues and Methods of Current Vygotsky Studies

Fang Mingsheng

Abstract: Since the 1980s, there has been a worldwide research movement on development and education called "Vygotsky Renaissance". The issues studied and discussed by this movement are very comprehensive, and its impact continues to today. The key issues of Vygotsky's theoretical research is still the "activity", "communication" and "media" emphasized by the Soviet Union researchers in the 1980s. Based on the activity theory, the research in the "Vygotsky Renaissance" movement further deepened in the ways of language communication, the role of culture and body theory, and widely expanded the depth and vision of development and educational research.

Keywords: Vygotsky Renaissance; activity theory; body theory; participatory cultural practice

童年缺陷论的反思及其超越[*]

◎ 罗 瑶^①

摘 要： 童年缺陷论是当代童年研究中反思较多的一种童年理论，因其对当下儿童的童年生活仍然有着非常大的影响。它强调的是从缺陷、未发展等视角来解读童年，认为儿童缺少成人所具备的某些重要的特质，童年期主要是为成年期做准备。这种童年理论有着长久的历史渊源，可以追溯到柏拉图、亚里士多德和斯多葛学派等，在当代仍然有其回响，比如儿童发展阶段论、复演论、社会化理论等。尽管童年缺陷论在不同历史时期的表现形态不尽相同，但是它背后所体现出来的对童年本质、童年价值以及童年与成年的关系的理解等都是极其相似的。因此，想要寻求超越童年缺陷论的路径，关键在于对童年本质、童年价值以及童年与成年的关系等问题展开深入反思。

关键词： 童年缺陷论　童年本质　童年价值　童年与成年

童年缺陷论（Childhood as Deficiency）作为一种童年理论有着长久的历史渊源，当代童年研究领域将这个概念明确提出来，并对其进行深入反思，再由此提出对童年的新理解。譬如在童年社会学领域中，研究者的出发点在于对发展论和社会化理论中的童年缺陷论进行批判，进而提出童年的社会建构和社会结构论等。当代童年哲学研究者也一直致力于对童年缺陷论的批判性反思，有不少研究者发现这种理论对于理解童年的历史曾起着主导作用，并仍然是当代许多童年理论的潜台词。可以说，童年缺陷论是当代童年研究中关注的一种核心理论，对该理论的反思并寻求对该理论的超越成为童年研究者着力探讨的重要问题。

此外，在教育实践场域中，"为成年生活做准备"仍然是当代儿童生活的一个主基调。童年中的孩子每天都在忙碌着，学习各种未来成人后用得上的知识与能力，为着那个未来在做各种各样的准备。虽然在儿童的发现、儿童中心等理念的影响下，当代儿童的地位与权利已有了很大的提升，但是儿童的这种生活形态似乎没有太大的改善。究其原因，还是因为这种童年缺陷论的传统儿童观仍然在深深地影响着人们对于童年的理解，即人们认为儿童缺少成人所具备的某些重要的特质，童年期主要是为成年期做准备，等等。那么，反思这一理论以及由此带来的对童年

* 本文系全国教育科学规划教育部青年专项课题"童年哲学的当代发展及其对学前教育改革的意义研究"（项目编号：EHA200405）研究成果。

① 罗瑶，湖南省湘潭市人，教育学博士，湖南师范大学教育科学学院讲师，主要从事学前教育基本理论研究和儿童哲学研究。

本质与童年价值理解上的单一性，和由此所导致的儿童生活的异化，将重塑我们对童年本质与童年价值的新的理论建构，也将唤起我们对新的童年生活及成人和童年关系的想象，进而有利于改善儿童教育的实践形态。

一、童年缺陷论的内涵

加雷斯·B.马修斯在《超越童年缺陷论：与儿童一起进行哲学思考》一文中明确提出了"童年缺陷论"这一概念，他对让·皮亚杰的儿童发展阶段论进行了分析，并将让·皮亚杰式的"童年"概念视为一种"童年的缺陷"概念，意指儿童被主要视为缺乏，即缺少某些他们成人以后将会获得的特定能力，因而，儿童所拥有的是不完整的、有待发展的能力，儿童是不完全的人。[1] 加雷斯·B.马修斯认为，这种童年缺陷论在当代有着很大的影响力，比如儿童发展阶段论、复演论等都持有这种童年理论，人们也往往不自觉地拥护着这样一种观点，此外，童年缺陷论的历史也很悠久，可追溯到柏拉图、亚里士多德、斯多葛学派等。[2] 正因为这种童年理论的影响力如此之大，加雷斯·B.马修斯将其概括为童年缺陷论，并从儿童哲学的视角对其进行深入反思，以促进我们形成对"童年"概念的新理解。

除了加雷斯·B.马修斯之外，还有一些研究者也采用了这一解读童年的理论概念，并对其进行了分析。大卫·肯尼迪在对柏拉图和亚里士多德的儿童观进行分析时，提到他们的儿童观中将儿童视为"缺陷与危险"的，这种童年理论可以被称作"缺陷理论"。[3] 安卡·盖厄斯指出，童年作为一种缺乏状态是理解童年的一种哲学传统，亚里士多德的观点是其历史根源，当代的发展心理学也持有这种观点。[4] 约翰·沃尔（John Wall）则提到，目前"儿童尚不是发展了的成人"的童年理论仍是理解童年的一种主要视角，在这种视角下，儿童最重要的目的在于成人，即成为更为完整的人，童年期则被理解为一个过渡性的阶段而非童年本身。[5]

童年社会学研究者也较为普遍地使用了"童年缺陷论"这一概念。如迈克尔·韦恩尼斯（Michael Wyness）提到，童年缺陷模式是西方社会相当流行的核心构成，其重点在于儿童和具有完整本体论的成人之间的比较；儿童比起成人既娇小又柔弱，生理发展也不够成熟；成人是儿童的标准模式，童年期是其必经的历程。[6]

[1] Matthews，G.B. "Getting Beyond the Deficit Conception of Childhood：Thinking Philosophically with Children." In Hand，M. & Win Stanley，C.（eds），*Philosophy in Schools.* London：Continuum，2008，pp.27-40.

[2] Matthews，G.B. & Mullin，A. "The Philosophy of Childhood." In Ialta，E.N.（ed）. *The Stanford Encyclopedia of Philosophy*（Nov.2018 Edition）.

[3] Kennedy，D. *Changing Conceptions of the Child from the Renaissance to Post-modernity：A Philosophy of Childhood.* Lewiston，New York：The Edwin Mellen Press，2006，pp.20-21.

[4] Gheaus，A. "Unfinished Adults and Defective Children：On the Nature and Value of Childhood." *Journal of Ethics & Social Philosophy*，2015，9（1），pp.1-21.

[5] Wall，J. *Ethics in Light of Childhood.* Washington，D.C.：Georgetown University Press，2010，p.29.

[6] Wyness，M.：《童年与社会：儿童社会学导论》，王瑞贤等译，台北：心理出版社股份有限公司，2009年，第49页、第131页、第135页。

艾莉森·詹姆斯（Allison James）和艾伦·普劳特认为童年研究有三个关键词："理性""自然性""普遍性"，这些关键词中都蕴含着一种"儿童是有缺陷的成人"的观念，儿童代表的是不成熟、依赖、缺乏理性、无能力的、前社会的、前文化的等，而成人则是成熟、独立、理性、有能力的、社会的、文化的象征；因此，童年在现代观念中所产生的也是一种童年与成年的二元对立，童年被看作人的一种独立于成人阶段之外的不同状态、一个成长为成人的阶段。①

综合童年研究者的观点，我们可以发现童年缺陷论的核心词在于"缺陷"或"缺乏"（deficiency），它强调的是从缺陷、未发展、未实现、缺失等视角即童年缺少什么的维度来解读童年。在这种视角下，儿童通常被视为较正常成人而言缺失某些重要特质，而童年主要被视为一条通向成人的道路，其核心价值在于实现成熟。通过梳理"童年缺陷论"这个概念的内涵，我们也可以发现，这种理论在当下儿童教育领域仍然起着主导作用，它也是人们不自觉持有的一种对童年的普遍性理解。那么，深入反思这一理论的历史渊源及其在当代的巨大影响力，并探究是否还有新的理解童年的可能、寻求对童年缺陷论的超越，将有助于我们更恰当地去解读童年本质与童年价值。

二、童年缺陷论的历史根源

从"缺陷"的视角来解读童年可以说是由来已久，在很长一段历史时间内它都是理解童年的主要视角，对人们童年观的形成有着巨大的影响力。因此，要想更为深入地剖析童年缺陷论，我们不能够停留在对现代儿童观中所体现的童年缺陷论的反思与批判之上，还应回到历史当中去追溯其形成的历史根源。

西方童年研究者往往将童年缺陷论的历史源头追溯到柏拉图、亚里士多德和斯多葛学派等。首先来看看柏拉图的童年观。柏拉图将人的灵魂分为三个部分：欲望、激情和理性，而在柏拉图看来，儿童灵魂中所拥有的是欲望和激情部分，理性尚未在儿童身上发展起来，因此，儿童并不是理性的。在《理想国》中，苏格拉底提到："各种各样的欲望、快乐和苦恼都是在小孩、女人、奴隶和那些名义上叫作自由人的为数众多的下等人身上出现的"②。格劳孔在与苏格拉底的对话中也提到："人们在小孩身上也可以看到：他们差不多一出世就充满了激情，但是有些孩子我们从未看到他们使用理智，而大多数孩子他们能使用理智则都是很迟很迟以后的事情。"而苏格拉底表示非常认同格劳孔的观点，并以兽类来进行类比。③柏拉图主要是从"缺乏理性"的视角来解读儿童，因而童年阶段作为一个可塑性很强的阶段，其目的主要在于为未来理性的来

---

① James，A. & Prout，A. *Constructing and Reconstructing Childhood.* London：UK Falmer Press，1997，p.10.
　　［英］艾莉森·詹姆斯等：《童年论》，何芳译，上海：上海社会科学院出版社，2014年，第6页。
　　［英］艾伦·普劳特：《童年的未来：对儿童的跨学科研究》，华桦译，上海：上海社会科学院出版社，2014年，第35页。
② ［古希腊］柏拉图：《理想国：权威全译本》（第4卷），郭斌和、张竹明译，北京：商务印书馆，2019年，第153页。
③ 同上，第170页。

临做好心灵的准备，"等到长大成人，理智来临，他会似曾相识，向前欢迎，因为他所受的教养，使他同气相求，这是很自然的嘛"①，而这种准备需要成人的教育才能够得以完成。在儿童阶段，通过成人理性的外在权威来防止儿童心灵受到外在环境的坏的影响是最为关键的，"直到我们已经靠我们自己心灵里的最善部分帮助，在他们心灵里培养出了最善部分来，并使之成为儿童心灵的护卫者和统治者时，我们才让它自由"②。这样一种对于儿童的理解造成了童年与成年之间的巨大鸿沟，童年因而成为成年的准备阶段、一个需要被超越的阶段。

关于对儿童的理解，亚里士多德也与柏拉图持有类似的观点。在《尼各马可伦理学》中，亚里士多德认为儿童不能说是幸福的，儿童是不能够选择的，欲望是其最主要的本性，而非理性或经验。"由于这一理由，小孩也不能说是幸福的，因为他们由于年纪的原因还不能做出高尚［高贵］的行为。"③ "儿童和低等动物能够出于意愿地行动，但不能够选择。"④ "青年人受感情左右……他们的缺点不在于少经历了岁月，而在于他们的生活与欲求受感情宰制。"⑤ "因为儿童就像放纵者那样受欲望驱遣，而在儿童身上，对于快乐的欲求又是最强烈的。"⑥ 在亚里士多德看来，儿童相较于成人的完善这一目的来说，处在一种"未完成"的状态。从生理上看，儿童在他的身体生长上尚未完成；从伦理上看，儿童的伦理训练也处于未完成状态；从政治上看，儿童成为未来负责任的公民这一任务也尚未完成。但是，亚里士多德与柏拉图的儿童观中的不同之处在于，在亚里士多德的"未完成"状态中隐含的是，儿童一开始就具备人的这些天性，只是处于未完成状态而已，因此教育的目的就在于为儿童提供这些天性发展的条件，使其有秩序地、健康地发展起来。⑦ 但是，这种观点体现的仍然是一种成人本位的思想，儿童较成人而言所拥有的都是未完成的能力，童年处于人类发展的低级阶段，其核心意义在于向将来的完成状态过渡。

斯多葛学派的观点与柏拉图和亚里士多德的童年观有相似之处，又有所不同。斯多葛学派并不认同柏拉图的灵魂三分论，他们持的是一种人生发展阶段论的观点。比如卢修斯·阿奈乌斯·塞内卡提到："每个阶段有其独特的构成，婴儿、儿童、青年、老年都有其独特的结构。"⑧

① ［古希腊］柏拉图：《理想国：权威全译本》（第3卷），郭斌和、张竹明译，北京：商务印书馆，2019年，第110页。

② ［古希腊］柏拉图：《理想国：权威全译本》（第9卷），郭斌和、张竹明译，北京：商务印书馆，2019年，第387页。

③ ［古希腊］亚里士多德：《尼各马可伦理学》（第1卷），廖申白译注，北京：商务印书馆，2003年，第26页。

④ ［古希腊］亚里士多德：《尼各马可伦理学》（第3卷），廖申白译注，北京：商务印书馆，2003年，第65页。

⑤ ［古希腊］亚里士多德：《尼各马可伦理学》（第1卷），廖申白译注，北京：商务印书馆，2003年，第7—8页。

⑥ ［古希腊］亚里士多德：《尼各马可伦理学》（第3卷），廖申白译注，北京：商务印书馆，2003年，第94页。

⑦ Tress，D.M. "Aristotle's Children." In Matthews，G.B. & Turner，S.M.（eds）. *The Philosopher's Child: Critical Perspectives in the Western Tradition*. NY：University of Rochester Press，1998，pp.19-44.

⑧ Long，A.A. & Sedley，D.N. *The Hellenistic Philosophers*（*Vol.1*）. Cambridge：Cambridge University Press，1987，pp.347，371.

在这种观点下，童年与成年的区别在于它们的"自然状态"并不相同。儿童处于人生的第一个自然状态中，依照的是自然生活的本体基础，即自我保存。之后，儿童的心理发展是以一种可预期的方式来实现自我转变。首先是自我保存，然后借助"oikeiōsis"（翻译为"亲近"[①]或"视为己有"[②]等）机制将有用的外在事物内化为自身的，进而希望保存那些有用的外在事物。成年后，对于有用事物的情感进而通过"oikeiōsis"机制又转变成对于正确信念、正确行为和规则的爱[③]，对成人而言，依照自然生活意味着依照理性生活。而人性实现的第三个阶段，即"oikeiōsis"的最高峰是爱人如己。由此可以看出，斯多葛学派对于人生发展阶段论的解读可以被视为当代儿童发展阶段论的一种雏形。他们非常强调人生发展的阶段性，并提出儿童与成人的天性不同，童年阶段的自然天性在于自我保存，而斯多葛学派与柏拉图和亚里士多德思想的不同之处在于将儿童自我保存的欲望合理化、自然化，不再将其视为人性中需要被制服的部分或者是未完成的部分。与此同时，自我保存的这种心理机制也并非一种恒定的状态，随着儿童心理的发展，它必然朝向一种更高的自然状态发展，即理性。斯多葛学派虽然主张童年与成年的不同，但是他们也同时指出："由于植物和动物缺乏理性，它们

只能够实现自身天性的完善，而这种完善非真正的完善。最终的完善指的是普遍天性而实现的完善，这种普遍天性一定是理性的"[④]。也就是说，童年阶段因其缺乏理性，儿童所能够实现的并非真正的完善，童年最终发展的目的仍是朝向普遍天性即理性的完善。归根结底，这也是另外一种层面的童年缺陷论，只不过更加隐蔽而已。

通过对西方历史上有影响力的思想进行简要分析，我们可以发现"童年缺陷论"确实并非一个现代概念，也不仅仅是现代童年观的代名词。它在历史上有着深刻的烙印，也是当时人们理解童年的一种主要路径。熊秉真曾概括道："中西历史上对儿童、童年乃至人的一生，一向持有非常强的'作用性'与'终极导向'的气质。对儿童的关怀，不但是以成人的立场和眼光做界定，不常考虑到儿童本身的感受，或从一个成长者为出发点来做规划；而且假设的背后，是认为人生均有其明确目的，有固定的功能。儿童既只是每个个体作为成人的一个准备阶段，童年的本身遂无须具有任何特定的意义。"[⑤]从历史来看现在，虽然现代儿童观已发生巨大的变革，但不可否认的是，童年缺陷论的影响力一直延续下来，成为一些流行的童年理论的潜台词。剖析这些理论背后所蕴含的童年缺陷观念，将帮助我们更深入地反

[①] 于江霞：《自爱与他爱是一：论斯多亚学派 oikeiōsis 观念的内在一致性》，见《清华西方哲学研究》，2018年第2期，第189—208页。

[②] 丁福宁：《斯多葛学派的视为己有（Oikeiōsis）》，见《台湾大学哲学论评》，2013年第46期，第1—52页。

[③] Becker, L.C. "Stoic Children." In Matthews, G.B. & Turner, S.M.（eds）. *The Philosopher's Child: Critical Perspectives in the Western Tradition.* NY: University of Rochester Press，1998，pp.45-61.

[④] Long, A.A. & Sedley, D.N. *The Hellenistic Philosophers（Vol.1）.* Cambridge: Cambridge University Press，1987，p.371.

[⑤] 熊秉真：《童年忆往：中国孩子的历史》，桂林：广西师范大学出版社，2008年，第39页。

思当下童年观在发展中所存在的问题，并为我们探寻理解童年的一些新的可能性奠定基础。

三、童年缺陷论的当代发展

儿童发展阶段论作为目前解读儿童发展的最为流行的范式，可以说是形塑了人们对于儿童天性和童年本质的主要理解，而复演论、预成论等也有一定的影响。此外，社会学领域中也有一种理解儿童的影响较大的学说，即社会化理论。这些理论在当代童年研究中受到了很多关注，同时也遭到了不少童年研究者的批判，而其最关键的理由在于它们背后所体现出来的童年缺陷观念。作为理解童年的一些主要范式，这些理论所认同的仍是这样一些观点，比如儿童较成人而言缺失某些关键特质，童年与成年之间呈现出对立关系、低级与高级的关系，童年的目的是朝向成年，等等。这些即是童年缺陷论的主要观点。

（一）儿童发展阶段论中的童年缺陷观念

从儿童发展阶段论的角度去解读儿童发展是儿童心理学的一种流行的路径，其核心观点在于儿童的发展需经历一系列的阶段，发展是一个成熟的过程。以让·皮亚杰对儿童公正感的发展阶段的描述为例："第一个时期一直持续到七八岁，在这段时间内，公正服从于成人的权威；第二个时期大致在八至十岁，这是平等主义逐渐发展的一个时期；最后，从十一二岁

开始，则开始进入第三个时期，纯粹平等主义的公正由于考虑到公道而有所减轻。"[①] 这种理论，有几种显著特征：一是儿童发展呈现出阶段式的成长；二是后面的阶段都要优于前面的阶段；三是儿童发展似乎可以随着年龄的发展而自然地朝向更高的阶段。这种阶段论的表达也体现在让·皮亚杰的认知发展阶段论和劳伦斯·科尔伯格（Lawrence Kohlberg）的道德发展阶段论等理论当中。尽管后来不少儿童发展心理学的研究者对他们的观点进行了批判性的修正，但是，其分析童年的框架是很少脱离"阶段"的，区别主要在于阶段的时期或内容有所不同。也就是说，上述例子中所展现出来的让·皮亚杰理论中的显著特征在儿童发展阶段论的发展历程中并没有发生本质性的改变。

为何说儿童发展阶段论本质上还是一种童年缺陷论呢？首先，这种理论所证明的是儿童能力的缺乏，即缺少正常成人所具备的某些能力。[②] 儿童需要经过一系列与年龄相关的连续性的认知或道德发展阶段才能够发展到成人的成熟阶段，而后面的阶段都比先前的阶段更为优越。"发展总是意味着从低级到高级。高级对低级说：'我是你的将来，你别无选择'。"[③] 成人所代表的是发展的理想模式，儿童只有成长到成年阶段才能够客观真实地把握世界。其次，这种理论暗含着强烈的成人导向。儿童作为一种边缘化的存在，他们通过认知技巧的获得，等待着进入成人世界中。[④] 儿童发展的过程被标

---

① ［瑞士］让·皮亚杰：《儿童的道德判断》，傅统先、陆有铨译，济南：山东教育出版社，1984年，第388页。
② ［英］艾莉森·詹姆斯等：《童年论》，何芳译，上海：上海社会科学院出版社，2014年，第16页。
③ ［加］佩里·诺德曼等：《儿童文学的乐趣》，陈中美译，上海：少年儿童出版社，2008年，第144页。
④ James，A. & Prout，A. *Constructing and Reconstructing Childhood*. London：UK Falmer Press，1997，p.11.

准化，所有的儿童都需要经过这样一些发展阶段，儿童发展的方向也被固定化，只能往一个相同方向前行。那么，在掌握了发展阶段的规律之后，成人即可自视为儿童发展的专家，引导儿童根据阶段论发展出一系列的能力，最终指向成年。由此，成人所产生的是一种对儿童的距离感与优越性，从而导致成人对儿童的歧视。① 故有研究者也提到，发展心理学的核心问题在于它提升的是儿童将来要成为的成人的幸福，而非儿童自身的幸福。② 也就是说，在儿童发展阶段论中所体现出来的更多的是童年作为一种生命的过渡形式，而非童年本身，这也进一步强化了童年作为人类发展不充分的初级阶段的认识。

（二）复演论中的童年缺陷观念

在复演论理论中，同样潜藏着这样一种童年缺陷的观念。复演论目前最为人所知的观点认为个体发展复演种系发展的过程，而在恩斯特·海克尔（Ernst Haeckel）明确提出复演论之前，已有不少思想家尝试从历史发展的维度去解读童年，并深深地影响着当时人们对儿童和儿童教育的理解。比如让-雅克·卢梭回到人类发展的最初阶段去探究人之天性，并将其与儿童阶段进行类比，由此发现儿童天性中之自爱部分的内容，并主张教育需要依循儿童之天性即人类的初级阶段中的天性；教育学家裴斯泰洛齐和福禄培尔等人都继承了这一思路，从人类的发展进程或生物进化

过程等来分析儿童的天性。这种思想在儿童研究运动的代表人物格兰维尔·斯坦利·霍尔那里得到了充分的发展。比如格兰维尔·斯坦利·霍尔提到，胎儿期复演了动物进化史；4 岁前的幼儿期复演了由动物到人的进化；4—8 岁的儿童期复演了人类从蒙昧向文明过渡的农耕时代。虽然复演论的影响力后来并未像儿童发展阶段论那样广泛，但是将儿童与人类的初级阶段进行类比也成为理解童年的一种基础性的视角。

这样一些对于复演观念的表达拓宽了我们理解儿童的思路，即回到生物发展的历史或人类发展的历史中去探究童年本质，并让我们看到由于个体在不同生命阶段所复演的种系发展阶段不一样、儿童与成人之间的特质有着许多不同之处。但是，复演论同样暗含着这样两个观点：一是儿童接近自然或者人类的原始阶段，而进化又体现的是一种人类进步的过程，这意味着"儿童次于成人，因为他们与人类的早期阶段类似"③；甚至有研究者直接指出，复演论发明了儿童，创造了一个儿童的世界，但是将儿童、将儿童世界放在"野蛮"、未开化的位置上，很大意义上又形成了对儿童的殖民。④ 二是由于儿童处于进化的初始阶段，他们在某些能力的发展方面必然是缺失的，比如格兰维尔·斯坦利·霍尔依据复演论推演出前青春期儿童"他们的推理能力、真正的道德感、宗教认知、同情心、爱心及对美的欣赏能力

---

① ［美］加雷斯·B.马修斯：《童年哲学》，刘晓东译，北京：生活·读书·新知三联书店，2015 年，第 12 页。

② Gheaus，A. "Introduction: Symposium on the Nature and Value of Childhood." *Journal of Applied Philosophy*，2018，35（1），pp.1-10.

③ Miller，R. "Neoteny and the Virtues of Childhood." *Metaphilosophy*，1989，20（3&4），pp.319-331.

④ 吴其南：《"复演说"和成人对儿童的殖民》，见《阴山学刊》，2012 年第 2 期，第 50—54 页。

却无甚发展"①。由此可见，复演论在发现儿童特质的不同之时，虽然极力赞扬儿童的自然、纯朴等，但是其仍主张与即将到来的成熟相比，童年终究是一个暂时的阶段，或者说有待被更替的阶段，而且相对于成熟中的各种特质而言，儿童身上仍然存在着各种发展的缺陷。

（三）社会化理论中的童年缺陷观念

社会化理论的影响力虽然不及儿童发展阶段论那么普遍，但是它对于家庭和学校等的教育基本理念的形成有着重要的作用。与此同时，社会化理论也是当前社会学家所着重反思的一种儿童学理论，其原因在于这一理论在某种程度上导致了社会学对于儿童和童年的普遍忽视，也就是说，研究者看到了社会化理论背后所体现出来的童年观中存在的问题。社会化理论的最早提出者爱弥尔·涂尔干（Emile Durkheim）曾说道："教育是年长的一代对尚未为社会生活做好准备的一代所施加的影响。教育的目的就是在儿童身上唤起和培养一定数量的身体、智识和道德状态，以便适应整个政治社会的要求，以及他将来注定所处的特定环境的要求。……教育是年轻一代系统地社会化的过程。"② 爱弥尔·涂尔干的这一社会化理论是建立在他对儿童 / 童年的理解之上的，爱弥尔·涂尔干儿童观的思想源泉主要是复演论，他常以儿童和原始人进行类比，认为儿童身上的某些特性是重现了人类早期的诸多特征。在爱弥尔·涂尔干看来，童年是一个生理上和道德上个体都尚未形成的时期，儿童的主要特征在于脆弱性、不稳定性、受习惯支配、易受暗示影响、无政府主义等。正因为儿童身上的这些特征，儿童的社会化过程才是如此不可或缺，这一过程即是通过教育的手段将不具有社会性的儿童纳入社会当中并使其习得社会规则的过程。后来的许多社会学家也持有与爱弥尔·涂尔干类似的社会化观念，比如巴索·伯恩斯坦（Basil Bernstein）提到："什么是社会化？我认为它指的是儿童获得一种特殊的文化认同并对此做出回应的过程，即儿童这一生物体转化成一种特定的文化体的过程。社会化是一种复杂的控制过程，在这个过程中，儿童的道德、认知和情感觉知被唤醒，并被赋予了特有的形式和内容"③。

在这些典型的社会化理论中，童年缺陷论的影迹是非常明显的。第一，社会化理论中的儿童形象都是从缺陷的视角来认识的。譬如，儿童将来才会具有社会性，在当下则不具社会性；儿童是脆弱的、不稳定的；儿童是未完成的；儿童作为一个生物体；等等。它着重从"儿童缺乏什么"的视角来考察儿童的特性，也未看到儿童作为具有主体性的个体、儿童作为积极的社会参与者、儿童在社会生活中发挥的能动作用等。第二，社会化理论中的成人和儿童的关系是一个主体与客体的二元对立关系，或者说是自身与他者的关系。在社会化的过程中，其强调的是成人对儿

---

① ［美］格兰维尔·斯坦利·霍尔：《青春期：青少年的教育、养成和健康》，凌春秀译，北京：人民邮电出版社，2015 年，第 1 页。

② ［法］爱弥尔·涂尔干：《道德教育》，陈光金等译，上海：上海人民出版社，2001 年，第 309 页。

③ Bernstein, B. *Class*, *Codes and Control*: *Theoretical Studies Towards a Sociology of Language*. London: Routledge, 2003, p.135.

童单方面所施加的控制或影响，儿童是等待转换的客体与被动接受者的角色。此外，儿童作为成人的他者而存在，也就是说我们所设想的儿童的天性是跟成人所看重的特性相对立的，比如依赖与独立、前社会与社会、不成熟与成熟、非理性与理性等。第三，社会化理论中的童年仅作为一个过渡性的阶段。社会化理论强调童年是一种转化的状态，儿童是一种暂时性的"存在"，童年期的主要任务在于适应社会或发展出未来在社会中生存所需要的社会性。在这样一种儿童与成人的相互对照下，成人是儿童的标准模式，童年期则是其必经的历程。

四、超越童年缺陷论的路径思考

通过对童年缺陷论的历史根源和当代发展进行梳理，我们可以发现这一童年观念在不同时期以不同的理论形态呈现出来。尽管它的表现形态不尽相同，但是它背后所体现出来的对于童年本质、童年价值以及童年与成年关系等问题的理解是极其相似的。因此，要想实现对童年缺陷论的超越，关键在于对其背后的儿童观以及童年与成年的关系展开反思。纵观历史与当代，已有不少童年理论针对童年缺陷论提出了自己的疑问，比如浪漫主义儿童观、童年社会学、后现代童年理论等。这些理论为实现童年缺陷论的超越做出了巨大的努力，也为我们提供了有关童年本质、童年价值以及童年与成年关系的不同理解。因此，如何综合借鉴这些童年理

论，并对其展开反思，将成为超越童年缺陷论的关键路径。

（一）对童年本质的反思

要想实现对童年缺陷论的超越，首先要做的是对童年缺陷论中所蕴含的童年本质观进行深入的反思。在童年缺陷论中，儿童的本质主要是以成人为参照来进行界定的，比如不成熟、依赖、缺乏理性、缺乏能力、尚未完全发展等。这种童年本质观的问题在于将童年自然而然地视为一个低于成年的阶段，关注的仅是儿童缺乏哪些成人身上需要有的能力而非儿童身上有什么，类似于戴着一副成人的滤镜去看儿童，进而看到的都是成人所希望的儿童应该有的样子。因此，要想超越这种童年本质观，唯有形成一种不单纯以成人为坐标的关于童年本质的新理解，实现从发现"童年缺少什么"到"童年有什么"的跨越。而在历史上和当代一些不同于童年缺陷论的童年理论中，已然实现了有关儿童/童年本质的几种不同的"发现"：发现了儿童的能力远超过成人的想象；发现了童年作为人性的自然即成年的最终指向；发现了儿童在社会发展中的能动作用；发现了儿童是现代性主体变革的关键性力量；等等。

当代不同领域的童年研究者都在共同致力于发现儿童所具备的能力，比如儿童在哲学探究、认知、道德、艺术等方面的能力，以此来证明一种更为积极而非缺乏的儿童形象。在哲学领域，加雷斯·B.马修斯认为开展哲学思考是儿童的一种本能[①]，正是基于儿童有着做哲学的能力，

---

① ［美］加雷斯·B.马修斯：《哲学与幼童》，陈国容译，北京：生活·读书·新知三联书店，2015 年，第 51 页。

加雷斯·B.马修斯主张用一种童年的"镜像"概念来替代童年缺陷论，即不将儿童视为缺乏某些成人所具备的知识或技能的存在，而是认为儿童既拥有一些成人并不具备的能力，与此同时也缺乏成人所具备的一些能力。① 法布里斯·克莱门特（Fabrice Clement）和梅利莎·凯尼格（Melissa Koenig）则通过对认识论概念的更新，发现儿童在早期发展中就能够运用他们的认识概念。② 艾莉森·高普尼克发现儿童拥有强大的认知能力、做出改变的能力、幻想的能力、共情的能力等。③ 卡罗尔·吉利根（Carol Gilligan）和马丁·霍夫曼（Martin Hoffman）等认为儿童有着强大的道德能力等；乔纳森·法恩伯格（Jonathan Fineberg）等认为儿童有着创造真正的艺术的能力。④

此外，浪漫主义思潮影响下的童年理论仍然对童年本质的理解发挥着较大的影响，其核心意旨在于发现童年作为人性的自然即成年的最终指向，而非将童年视为成年的预备期。从童年缺陷论的视角看，童年的本质在于缺陷、为成年做准备，而浪漫主义童年观在此发生了转变，以童年作为人性的最初阶段，也是最终要回归的阶段，童年的本质在于为人性提供了自然的蓝图，所代表的是人的自然状态。"童年的本质是什么？它是进化史的产物，是一种自然意志、自然设计、自然趋向、自然目的的体现。"⑤ 可以说，这种童年理论与童年缺陷论中对童年本质的理解形成了极大的张力。

童年社会学领域中提出的"儿童是积极的社会行动者""童年作为异质性集合"等观念也在很大程度上冲击着童年缺陷论中的童年本质观。童年社会学着力批判的是发展心理学和社会化理论中所体现出来的童年观，反对仅仅将儿童视为"私人的、自然的、非理性的、依赖的、被动的、缺乏能力的、游戏的"这样一些与成人对立的形象，而是主张看到儿童作为社会行动者的角色，看到儿童身上两者兼有的"自然文化性"。⑥ 当童年不仅仅被视为一种自然性的存在、当儿童有着更多的权利参与到社会建构与自身文化建构的过程中，儿童世界就不会仅仅被视为未完成的或有缺点的，儿童自身的能力也将会被更多地看到。

此外，童年作为现代性主体变革的关键性力量被当代一些后现代思想家发现。在现代性背景下，人自身的理性构成了现代性的自我确证原则。而在这一现代性主

---

① Matthews，G.B. "Getting Beyond the Deficit Conception of Childhood：Thinking Philosophically with Children." In Hand，M. & Win Stanley，C.（eds），*Philosophy in Schools.* London：Continuum，2008，pp.27-40.

② Fabrice，C. & Melissa，K. "Epistemology Knowledge in Childhood." In Anca Gheaus，Anca & Calder，Gideon & Wispelaere，Jurgen（eds）. *The Routledge Handbook of the Philosophy of Childhood and Children.* New York：Routledge，2019，pp.13-22.

③ ［加］艾莉森·高普尼克：《孩子如何思考》，杨彦捷译，杭州：浙江人民出版社，2019年。

④ Fineberg，J. "Art and Creativity." In Anca Gheaus，Anca & Calder，Gideon & Wispelaere，Jurgen（eds）. *The Routledge Handbook of the Philosophy of Childhood and Children.* New York：Routledge，2019，pp.45-52.

⑤ 刘晓东：《童年哲学论纲》，见《江苏教育》，2019年第3期，第13—22页。

⑥ ［英］艾伦·普劳特：《童年的未来：对儿童的跨学科研究》，华桦译，上海：上海社会科学院出版社，2014年，第35页、第144页。

体思想的影响下，作为非理性的、依赖于他人的儿童自然成为非主体性的、缺陷性的存在。但随着后现代思想中对于固定的单一理性主体形象的破除，作为非理性的、变化的、与他人之间有着相互影响的后现代儿童形象被视为消解现代性主体的一种重要手段。如让·弗朗索瓦·利奥塔（Jean Francois Lyotard）对 infantia（常译为"童年"）一词进行了重新解读，以此来挑战现代的独立个体式的主体形式。Infant 来自拉丁语，由 in-（not，不会）和 fant-（speaking，言语）组成，infant 的意思是一个还不会说话的小孩。从定义上来看，年幼儿童被认为是缺乏某种知识的。但是让·弗朗索瓦·利奥塔认为，童年不能够被视为缺乏，而应被视为一种包含了各种言语的潜在状态。"只要人还是诞生自童年，童年就是一件永远不会被击败的东西（比如西方的'解放''启蒙'或'理性'），童年使我们始终拥有一个内在的谜团，一种不那么容易交流的非透明物。童年始终在我们当中，我们必须见证它的存在。"①

虽然这几种童年理论之间也有相互矛盾之处，但是它们对于童年本质的理解都致力于让我们看到儿童/童年拥有什么、而不是缺乏什么。也就是说，童年缺陷论只是理解儿童/童年本质的一种视角，不是全部。唯有破除仅仅从"缺陷""未完成""未成熟"等维度出发来理解童年本质的思维，我们才能够看到不一样的关于儿童/童年的理想设定，认识到童年存在的多重价值。

（二）对童年价值的反思

持有童年缺陷论的童年理论主要是从童年的工具性价值出发来理解童年，最典型的表达是，童年是成年的预备期，童年是为成年做准备。因此，在这一思想的影响下，儿童作为未来成人所应具备的品质的重要性远远超过儿童自身所拥有的品质。那么，童年除了工具性价值之外，是否还存在一些其他方面的价值？童年是否有其内在价值，又该如何去理解童年的内在价值？童年的外在价值又可以进行怎样的扩展性理解？这些有关童年价值的探讨将帮助我们去反思童年缺陷论中的童年仅具有为成年做准备的工具性价值的观念，从而实现对童年价值的新理解。

童年的内在价值问题一直备受质疑。在受现代主体性思想影响较大的价值论观念中，"内在价值"概念往往与"主体""自主性"等概念紧密相连，主体的内在价值主要根植于主体的自主性。作为依赖于成人的形象，儿童的主体性地位并未得到彰显，因此，童年作为未完成的主体并不具备内在价值。然而，随着后现代思想等对于"主体的自主性"思想的质疑，这种对"内在价值"的阐释也受到了挑战，也产生了对童年内在价值的新的理解。约翰·奥尼尔（John O'Neill）认为内在价值有三层含义：一是指非工具价值，即一个事物具有内在价值，基于它是它自身的目的；二是指事物凭借其"内在属性"而具有的价值；三是指客观价值，即一个事物具有的独立于评价者的评价之外的价值。②从约翰·奥尼尔对于内在价值的阐述来看，童年因其是自身的目的，有其丰富的内在属性和并不依赖于评价者赋

---

① Lyotard，J.F. "That Which Resists，After All." *Philosophy Today*，1992，36（4），pp.402-417.

② John O'Neill，"The Varieties of Intrinsic Value." In *Monist*，1992，75（27），pp.119-137.

予其价值等特性，童年是具有内在价值的。安卡·盖厄斯就曾明确提出，童年的内在善包括儿童的好奇心、新奇感、丰富的想象力、学习的能力、享受游戏的能力、变化的能力、道德共情的能力等，童年的这些内在善即是童年的内在价值的体现。正因为童年具有内在价值，所以我们需要考虑的主要是对于一个好的童年来说哪些是必要的、重要的特质，而不是哪些特质对于成年来说有工具性价值。①

对童年内在价值的确立有利于将童年的重要性与独特性凸显出来，但并非将童年的内在价值与外在价值变成一种二元对立的关系。如帕特里克·汤姆林（Patrick Tomlin）就认为，童年内在价值与外在价值很难完全地分开，他将童年的工具性价值划分为外在的工具价值和内在的工具价值，外在的工具价值主要是指"一个好的童年生活将为成人和其他儿童带去更好的生活"，内在的工具价值则指成年与童年之间的相互影响，即有丰富童年经历的成人将比没有童年的人生活得更好。②因此，工具性价值也是一种非常重要的童年价值，对童年的工具性价值的深入理解也将帮助我们更好地解读童年的价值。

（三）对童年与成年关系的反思

艾伦·普劳特在描述童年缺陷论时就提到了童年与成年的二元对立现象。基于现代性的二元对立思维，儿童被构建为成年的另一种文化形式，"童年"概念是由与"成年"这一概念的对立而形成的。③也就是说，在童年缺陷论中，儿童往往被视为成人的他者，成人是施予者与影响者的角色，而儿童是接受者与受影响者的角色，童年与成年的关系处于低级与高级、未完成与完成、准备期与成熟期这样一种等级秩序与二元对立的状态中。这种童年与成年的关系限制了我们对于童年与成年关系构建的无限可能性，因此，重构有关童年与成年的关系将帮助我们更好地反思童年缺陷论存在的问题。

为了破除童年与成年之间的等级秩序，有一种研究思路强调儿童与成人分别是两种完全不同的存在。比如艾莉森·高普尼克采用了毛毛虫和蝴蝶的隐喻来形容儿童与成人："孩子不仅仅是不完美的成人，也不仅仅是复杂的、尚未成熟的、日臻完美的人。相反，孩子与成人是两种不同形态的人类。他们的思维、大脑和知觉形式虽然都很复杂有力，却完全不同，服务于不同的进化机能。"④帕特里克·汤姆林在比较成人与儿童的幸福时也采用了毛毛虫的隐喻，他强调儿童和成人是不同种类的存在，他们对于幸福有着根本不同的理解，因此，没有一个最终的幸福标准来评价是儿童的生活还是成人的生活更好。⑤但与此同时，也有研究者对这种过分强调儿童与成人间不同的思想表达了隐

① Gheaus, A. "The 'Intrinsic Goods of Childhood' and the Just Society." In Bagattini, A. & Macleod, C.（eds）. *The Nature of Children's Well-being: Theory and Practice.* Dordrecht: Springer, 2015, pp.35-52.

② Tomlin, P. "Saplings or Caterpillars? Trying to Understand Children's Wellbeing." *Journal of Applied Philosophy*, 2018, 35（1）, pp.29-46.

③ Prout, A. *The Future of Childhood.* London and New York: Routledge Falmer, 2005, p.10.

④ ［加］艾莉森·高普尼克：《孩子如何思考》，杨彦捷译，杭州：浙江人民出版社，2019年，第22页。

⑤ Tomlin, P. "Saplings or Caterpillars? Trying to Understand Children's Wellbeing." *Journal of Applied Philosophy*, 2018, 35（1）, pp.29-46.

忧，认为除此以外，还有其他的思考儿童与成人关系的可能性。比如加雷斯·B.马修斯提到："有这样两种观点，一种是将儿童等同于成人、应知晓成人所知道的知识、与成人有着同样的应得；另一种是将儿童视为在存在、知识和应得方面的成人的否定形式或相反形式。在这两种观点之间仍然存在着许多值得探索和勾勒的复杂的可能性。"①

不管强调儿童与成人相比是有缺陷的，还是强调儿童与成人的不同，在一些研究者看来，这还是在二元对立的思维方式中思考儿童与成人的关系，因此，有必要探索消解儿童与成人二元对立关系的新方式。如沃尔特·奥马尔·科恩通过对时间的重新阐释，使我们不再仅仅从线性的维度去思考童年与成年的关系，而是看到童年与成年的彼此交融。②此外，后现代思想也为童年研究者提供了探索成人与儿童关系的理论资源，比如吉尔·德勒兹提出"生成—儿童"概念。沃尔特·奥马尔·科恩提到："'生成—儿童'并不是与年龄相关的事物，而是一种流动的、有强度的事物。它意味着一种变化的革新空间。它并不意味着一个特定的主体变为孩子、将自己转变成孩子，或者过一种孩子般的生活；而是说，他拥有着变化的空

间。"③"生成—儿童"概念形成了一种不以年龄来界定的"童年"概念，使得童年成功地摆脱了依靠成年来界定自身的命运，从而实现了对童年与成年之间二元对立关系的解构。

除了解构童年与成年的二元对立，如何实现童年与成年之间的彼此融合也是我们需要去反思的。理查德·米勒（Richard Miller）在研究幼态持续理论时发现："幼态持续理论所揭示的是，人类优异的范本是童年品质与成年品质的结合。"④大卫·肯尼迪也提到："童年的解释学阐释的第一原则在于认识到'成年'和'童年'概念的相互需要……任何一种童年哲学都是成年哲学。"⑤也就是说，童年与成年并不仅仅是人生中相继性展现的两个阶段，而是一种相互影响、彼此成就的关系，而其中，成人对儿童的主动诠释与靠近是必不可少的。比如安卡·盖厄斯主张通过把童年的良好品质引入成人生活中，从而努力使儿童和成人的生活更为相似而非强调两个阶段的不同，为儿童般的成年创造空间。⑥这样，实现儿童与成人的对话与共同成长将成为重塑童年与成年关系的最好方式。

最后，引用艾克哈特·托勒（Eckhart Tolle）的一个关于小树苗和大树的隐喻

① Matthews G.B. & Turner, S.M. *The Philosopher's Child: Critical Perspectives in the Western Tradition*. NY: University of Rochester Press, 1998, p.6.

② Kohan, W.O. "What Can Philosophy and Children Offer Each Other?" *Thinking: The Journal of Philosophy for Children*, 1999, 14（4）, pp.2-8.

③ Kohan, W.O. "Childhood, Education and Philosophy: Notes on Deterritorialisation." *Journal of Philosophy of Education*. 2011, 45（2）, pp.339-357.

④ Miller, R.B. "Neoteny and the Virtues of Childhood." *Metaphilosophy*, 1989, 20（3/4）, pp.319-331.

⑤ Kennedy, D. "The Hermeneutics of Childhood." *Philosophy Today*, 1992, 36（1）, pp.44-59.

⑥ Gheaus, A. "The 'Intrinsic Goods of Childhood' and the Just Society." In Bagattini, A. Macleod, C.（eds）. *The Nature of Children's Well-being: Theory and Practice*. Dordrecht: Springer, 2015, pp.35-52.

来作为结尾，我们通常认为一棵从土壤中钻出来的小树苗的目标是要长成一棵大树。然而，这棵小树苗并不视它自己与整体是分离的，因此它自己什么都不需要。① 借此隐喻可以看到，童年缺陷论专注的是小树苗成长为大树的目标，看到的是小树苗与大树相比弱不禁风。然而，如何看待这棵在风中摇摆但依然挺立的小树苗？如何关注小树苗成长的当下？它真正需要的又是什么？这是此隐喻留给我们的疑问，也是我们在反思童年缺陷论的过程中值得去思考的重要问题。

Reflecting and Getting Beyond the Theory of Childhood as Deficiency

Luo Yao

Abstract: As a popular theory of childhood Study, "Childhood as Deficiency" still has a very large impact on children's life, so it is often reflected in contemporary childhood research. It emphasizes the interpretation of childhood from the perspective of defection and underdevelopment, holds that children lack some important traits that adults have, and believes that the purpose of childhood is mainly to prepare for adulthood. "Childhood as Deficiency" has its origin in history, which can be traced back to Plato, Aristotle and Stoics, etc. It still has its development in contemporary times, such as the theory of child development stages, recapitulation theory, and socialization theory. Although this theory has different manifestations in different historical times, their understandings about the nature of childhood, the value of childhood, and the relationship between childhood and adulthood are extremely similar. Therefore, in order to achieve the transcendence of the "Childhood as Deficiency", we must have deep reflections on the nature of childhood, the value of childhood, and the relationship between childhood and adulthood.

Keywords: Childhood as Deficiency; the nature of childhood; the value of childhood; the relationship between childhood and adulthood

---

① ［德］艾克哈特·托尔:《新世界:灵性的觉醒》,张德芬译,海口:南方出版社,2008 年,第 232—233 页。

学习在何处：儿童地理学的思考[*]

◎ 郑素华[①]

摘 要：在儿童的生活中，学习是司空见惯的；然而，它的含义、价值以及它如何与其他方面相互联系，却因不同的地理位置而变得复杂。我们通常视"学习"是通过阅读、听讲、思考、研究、实践等途径获得知识和技能的过程，侧重强调理性的、精神的、认知的方面，而不太重视物理的、地理的、感性的方面。当前儿童地理学的研究，揭示了地理在塑造学习经验、学习结构以及学习空间等方面的重要性，其中所产生的一系列想法和见解有助于我们以更全面或新的方式思考学习是如何发生的。

关键词：学习 空间 儿童地理学

在儿童的生活中，学习是司空见惯的。我们通常视"学习"是通过阅读、听讲、思考、研究、实践等途径获得知识和技能的过程。在心理学中，学习被解释为个体通过练习或经验而导致行为有较持久改变的过程或结果。[②]绝大多数发展心理学家认为，学习指的是达到以下三个要求的行为（潜行为）变化：

（1）个体开始以新的方式思考、知觉周围环境，以及对其做出反应；

（2）这种变化很明显是源于个体的经验——也就是说，可以归因于个体所做的重复学习、操作或者观察，而不是由于遗传和成熟过程或意外伤害造成的生理损伤；

（3）这种变化是相对持久的。那些获得后会很快消失的事实、思想和行为，个体并没有真正学习到，由于疲劳、疾病或者药物造成的短时间的变化也不是学习到的反应。[③]

更近的研究表明了这样的观点：

儿童的学习是一种本质上包含变异性、选择、变化的过程。……在学习的所有阶段和分析的每一种水平上都呈现本质的儿童内的变异性：联想、概念、规则、策略等。……学习趋向于通过一个固定程序的知识状态而发展，和那些与教育无关的发展特征是一样的。……学习通常是在几乎没有的尝试错误下进行；概念的理解有助于儿童在没有尝试的情况下就能拒绝不合适的策略。……[④]

---

[*] 本文系浙江省哲学社会科学规划课题"西方儿童地理学发展史研究"（项目编号：20NDJC059YB）研究成果。

[①] 郑素华，浙江师范大学杭州幼儿师范学院副研究员。

[②] 林崇德、杨治良、黄希庭：《心理学大辞典》，上海：上海教育出版社，2003年，第1481页。

[③] ［美］David R. Shaffer & Katherine Kipp：《发展心理学：儿童与青少年》（第8版），邹泓等译，北京：中国轻工业出版社，2009年，第171页。

[④] ［美］William Damon & Richard M. Lerner：《儿童心理学手册》（第2卷上），林崇德、李其维、董奇等译，上海：华东师范大学出版社，2009年，第537页。

学习一直是心理学中的重要问题。事实上，自 20 世纪 30 年代起，儿童的学习便是发展心理学中非常繁荣的研究领域。很多理论家对"学习"进行探讨，形成众多流派，提出不同的学习观点，诸如联结派学习理论、认知派学习理论、联结—认知派学习理论、人本主义学习理论等。①

总的看来，心理学的研究，侧重强调学习的心理、精神、认知的层面，而不太重视学习的外部因素以及更广泛的社会关系的研究，通常只是将外部因素理解为环境、背景或情境；而这些因素对学习尤其是儿童学习行为的发生，其实是相当重要的。学习总是在与一定的"地方""空间""场所"的牵连下发生的，它们以复杂的方式参与学习的整个进程。近年，旨在探索儿童与地方、空间关系的儿童地理学，或可增进我们对学习的更全面的理解。

一、从学习到学习空间

过去三十年，儿童地理学已经成为英美地理学界一个充满活力的研究领域。来自不同学术背景的众多人文地理学家认为，儿童和年轻人的经验是新的理论的宝贵资源，他们倡导建立一种聚焦儿童生活空间性的儿童地理学。其中很多学者论及儿童和年轻人的学习问题。

一般来说，儿童的学习发生在学校，学习的内容由学校的课程规范。在童年社会学家艾莉森·詹姆斯、克里斯·简克斯（Chris Jenks）和艾伦·普劳特看来，课程不仅是内容的描述，还是有关认知发展和身体发展的空间理论。它们从来不是偶然的，也不是武断的，相反它们包含了挑选、选择、规则和规范，它们代表了社会结构和政治结构，含有关于人们（主要是儿童）应该是什么样子的假设。②

地理学家赞同童年社会学家的这一认识，譬如斯图尔特·C. 艾特肯（Stuart C. Aitken）认为，无论是在新型学校还是在传统学校，好公民是符合社会规范和被官方定义为适当的群体行为的孩子。③ 在地理学中，这些宽泛意义上的教育机构往往被理解为代表社会期望儿童按照成人规范进行社会化的空间，其将儿童的学习理解为与更广泛的社会进程有关。

萨拉·L. 霍洛韦（Sarah L. Holloway）与海克·琼斯（Heike Jöns）指出，教育和学习的地理学考虑到空间性在从学前教育到高等教育的正规教育系统以及家庭、邻里、社区组织和工作场所等非正式学习环境的生产、消费和影响中的重要性。在其中，这些地理位置预示着更广泛的政治、经济、社会和文化进程（这些进程通过全球各地的正式和非正式教育空间形成和被重塑），以及教育工作者和各种教育主体包括儿童、青年、父母和工人（明显不是相互排斥的主体位置）的体验、接受和争夺这些进程的方式。④ 她们

---

① 林崇德、杨治良、黄希庭：《心理学大辞典》，上海：上海教育出版社，2003 年，第 1481 页。

② Allison James，Chris Jenks and Alan Prout. *Theorizing Chilhood*，London：Polity Press，1998，p.42.

③ Aitken，S.C. *Putting Chlidren in Their Place.* Washington，D.C.：Association of American Geographers，1994，p.89.

④ Sarah L. Holloway and Heike Jöns. "Geographies of Education and Learning." *Transactions of the Institute of British Geographers*，2012，37（4），pp.482-488.

提出要研究不同的教育和学习空间，并在不同的（和相互关联的）地方、国家和跨国背景下研究其与生活的其他方面之间的联系。①

罗伯特·西格勒（Robert Siegler）倡导用微观发生法来研究学习，微观发生法的核心是回答学习如何发生的问题。② 但对儿童地理学来说，"学习如何发生"的问题，不是从学习的个体心理、认知层面来回答，而是追问学习的空间性，可以说，学习空间更是儿童地理学关注的重点。

这些学习空间，除了包括正式的学习环境外，还包括非正式学习环境。抓住学习的多种方式——正式的和非正式的、制度化的、自发的、在位置的和移动的（in place and on the move）③，探讨它们在形成社会空间身份和网络中的作用，以及观察不同的家庭、学前教育、大学和非正式的学习空间在塑造个人生活方面的结合方式，等等，成为儿童地理学的目标。

因此，他们将研究目光更多地投向各种日常学习空间、非正式学习空间或正式学习环境中的其他学习方式。伊丽莎白·A.加根（Elizabeth A. Gagen）使用朱迪斯·巴特勒（Judith Butler）的性别理论来探索异性恋的性别规范是如何通过游乐场——这一被内隐的性别规范所包

围的学习环境——的空间实践生产或习得的。通过采用对可能的表现施加规范限制的学习实践，保守的性别政策得到重现。④

菲奥娜·史密斯（Fiona Smith）与约翰·巴克（John Barker）关注学校之外的照料机构（俱乐部）——这是 20 世纪以来童年制度化趋势的一部分。她们发现，性别和年龄是影响儿童成功竞争空间结构和其使用方式的能力的关键社会变量。不同年龄的男孩和女孩试图用不同的方式重新定义他们俱乐部的社交空间。儿童不是校外照料的被动接受者，而是积极的行动者，他们会挑战成人关于适当行为和空间使用的概念。⑤ 这向我们展示了儿童积极参与、构建他们自己的学校之外的环境的不同方式。

在儿童地理学的这些探索中，学习通常等同于最广泛意义上的教育。它整合了义务教育的观点：教育在有制度限制的空间中进行，包括获得"公认的"（认可的）学术证书和创造特定类型的公民，但它也让我们看到非正式学习类型的作用。

二、儿童地理学有关学习的关注点

儿童地理学对学习的探讨，其理论来源复杂，加之儿童地理学视学习与教育

---

① Sarah L. Holloway and Heike Jöns. "Geographies of Education and Learning." *Transactions of the Institute of British Geographers*，2012，37（4），pp.482-488.

② ［美］William Damon & Richard M. Lerner：《儿童心理学手册》（第 2 卷上），林崇德、李其维、董奇等译，上海：华东师范大学出版社，2009 年，第 534 页。

③ Tracey Skelton. *Laboring and Learning*. Singapore：Springer，2017，p.2.

④ Elizabeth A. Gagen. "Playing the Part：Performing Gender in America's Playgrounds." In Sarah L. Holloway and Gill Valentine. *Children's Geographies*. London：Routledge，2000，pp.213-229.

⑤ Fiona Smith and John Barker. "'Out of School'，In School：A Social Geography of 'Out of School' Childcare." In Sarah L. Holloway and Gill Valentine. *Children's Geographies*. London：Routledge，2000，pp.245-256.

是孪生的概念，它们并不加以严格区分，因此，不易辨析发展的线索。在为《瑞士地理学》(*Geographica Helvetica*)期刊撰写的《年轻人与新"学习与教育地理学"》(Young People and New Geographies of Learning and Education)的介绍中，瑞士苏黎世大学地理学者伊塔·鲍尔(Itta Bauer)与萨拉·兰多尔特(Sara Landolt)聚焦于三个主题：(1)移动与过渡(movement and transition)；(2)空间与身份(spaces and identities)；(3)教育与集合(education and assemblages)。[①]

结合其他学者的研究，这里我们择取三个关键词来呈现儿童地理学如何探索学习。

(一)空间性(spatialities)

传统的理解是，教育主要与特定的机构和空间安排有关。[②]学习主要发生在学校、教室、图书馆等场所——这些一直代表着原型教育空间(archetypal educational spaces)。然而，儿童地理学使我们越来越认识到，学习的空间性比迄今公认的更为复杂，学习是在不同的地理环境中进行的。除了专门的教育机构外，学习发生在更多样化的地方：家庭、在线(在虚拟空间中)以及在汽车、火车上，在街道、步行途中，等等。

他们认识到将主流教育呈现为一个整体的危险，而主张关注主流教育的替代方案，这些包括施泰纳学校、家庭教育、蒙台梭利学校、森林学校、非正式学习等。

彼得·卡夫特(Peter Kraftl)主张另类教育地理学，把重点放在那些明确提供非主流、非国家认可的学习形式的教育上，认为对其他教育模式的考虑，提供了对普遍存在于主流教育系统中的学习假设进行批判性反思的机会。他探索了家庭教育的空间性是如何与儿童在日常家庭生活中学习的方式交织在一起的，强调了学习的平庸以及物质和杂乱空间的内在性，也就是说，日常环境中平凡的物质和无序的混乱充斥着学习潜力。[③]亨利·列斐伏尔(Henri Lefebvre)强调空间既通过社会关系构成，又构成社会关系。[④]

受此影响，儿童地理学视空间与场所为充满权力的社会关系。学习的空间由此也可以看作由人与事物之间的临时遭遇构成的持续过程，这一过程涉及不同形式的权力发挥作用的特定方式。他们关注学习和教育空间与(国家)身份及其相互关联的各种矛盾的叙述、实践、政策和教育论述。例如桑查纳·拉凯塔(Sunčana Laketa)和迪利亚拉·苏莱曼诺娃(Dilyara Suleymanova)分析了在鞑靼斯坦共和国和波斯尼亚—黑塞哥维那的两种多民族背景下，教育空间中政治分裂的历史叙事的展开和实施，探索了有争议的过去如何在官方学校课程中呈现，以及如

① Itta Bauer，Sara Landolt. "Introduction to the Special Issue 'Young People and New Geographies of Learning and Education'." *Geographica Helvetica*，2018，73(1)，pp.43-48.

② Cook，V.A.，Hemming，P.J. "Education Spaces: Embodied Dimensions and Dynamics." *Social and Cultural Geography*，2011，12(1)，pp.1-8.

③ Peter Kraftl. "Towards Geographies of 'Alternative' Education: A Case Study of UK Home Schooling Families." *Transactions of the Institute of British Geographers*，2013，38(3)，pp.436-450.

④ [法]亨利·列斐伏尔:《空间与政治》(第2版)，李春译，上海：上海人民出版社，2015年，第17—33页。

何在具体的学校环境中展开。她们认为，对暴力过去的叙述，不仅通过相关群体对历史事件的不同观点和解释，而且通过对这些叙述的强烈情感依恋，形成并分裂了民族社区。她们呼吁在教育环境中持续关注情感，将其作为一种体现，以协商和积极地重新构建自上而下的教育叙事，特别是在考虑通过学校空间建立身份认同的过程时。① 亦如拉塞尔·金（Russell King）和鲁伊斯·赫利塞斯（Ruiz-Gelices）指出，学校、大学和终身学习课程可以影响未来公民工作者的区域、国家和跨国身份的发展。②

不仅如此，学校的建筑和"物理空间"也代表了关于学习的特定意识形态，反映了权力的等级制度和其体现的社会价值区别。③

（二）流动性（mobility）

教育学长期以来一直从特定空间和场所的角度来对学习、教育进行概念化，视学校为"在地理空间上是有界限的，是特定规则适用和特定活动发生的空间"④。这导致我们对学习的理解，形成两个成见：一是制度性成见，认为只有制度系统下的教育和学习才是正规的教育和学习，不太重视非正式、非正规的教育和学习；

二是场所性成见，认为教育和学习发生在特定的场所，因此，我们研究教育或学习的时候，特别关注学校环境下的学习，而忽视其他场所和地点的学习。

有别于此，儿童地理学家试图将"流动性"概念化为教育和学习的一个基本方面，试图消除教育研究中的制度性、场所性成见，并鼓励对教育和学习理解的其他（更具空间偶然性的）方式。

他们注意到教育机构是由复杂的网络组成的，这些网络是由学生和工作人员的进出流动以及知识、信息、资本和资源的多样化流动所创造和维持的。萨拉·L.霍洛韦与海克·琼斯从两个角度审视了这一问题。一个角度是不同教育机构对地方和区域发展的影响，例如大学通过大学毕业生和可转化为地区商业机会的知识审查对创新和经济发展做出贡献。另一个角度是学生的流动性，这些流动包括短期学分流动和长期学校或学位流动。⑤ 后者受到越来越多的关注。例如，苏珊娜·比奇（Suzanne Beech）探索了学生如何选择他们的教育以及"经济"考虑在这方面发挥的作用的问题。虽然国际流动的决策包括经济因素（比如工作前景的改善），但这些因素与海外学习的社会文化方面（比如跨

---

① Laketa, S. and Suleymanova, D. "Enacting the Contested Past: Conflict Narratives in Educational Spaces," *Geographica Helvetica*, 2017, 72（1）, pp.5-16.

② King, R. and Ruiz-Gelices, E. "International Student Migration and the European 'Year Abroad': Effects on European Identity and Subsequent Migration Behaviour." *International Journal of Population Geography*, 2003, 9（3）, pp.229-252.

③ See Gordon, T., Holland, J. and Lahelma, E. *Making Spaces: Citizenship and Difference in Schools.* Basingstoke: Macmillan, 2000.

④ Collins, D. and Coleman, T. "Social Geographies of Education: Looking Within, and Beyond School Boundaries." *Geography Compass*, 2008, 2（1）, pp.281-299.

⑤ Sarah L. Holloway and Heike Jöns. "Geographies of Education and Learning." *Transactions of the Institute of British Geographers*, 2012, 37（4）, pp.482-488.

文化交际技能的提高）是密切相关的。①这是维护文化资本优势的努力的一部分。

约翰娜·L. 沃特斯（Johanna L. Waters）将国际学生的流动性问题，纳入对"流动性如何增强我们对教育 / 学习的理解"这一问题的思考中。她认为，流动性的视角激活了理解教育和学习的新方法。第一，在有关教育的学术文献中，有一种倾向即优先考虑各种结构（比如阶级或国家结构）或（过度）强调学生能动性（个性化）。"流动性"的概念强调关系性，即全面看待教育的必要性。在这种观点之下，教育 / 学习空间既是关系性的——与地方、地区、国际有关，也是流动的。第二，流动性视角通常会引入一定程度的地理敏感性，并确保教育的外向型视野，考虑其各种连锁反应。这补充了心理学层面的学习理解。第三，流动性强调学生身份的空间偶然性。②也就是说学习不再发生在一个有界的、静态的地方，进而可以把教育理解为一种关系和空间上的动态实践，这挑战了"有限的教育 / 学习"的观点。也就是说学习随时随地都可以进行，这也正是儿童的学习方式。相比成人，儿童的学习发生在更多样的环境中：在餐桌旁、在睡觉前、在上学途中、在飞机上等。

（三）集合（assemblages）

除了从流动性的角度——学校受到各种流动的影响，尤其是（最直接的）每天教职员工和学生的流入和流出——看待教育与学习外，儿童地理学还将教室和学校理解为一种网络、一种集合，主张需要考虑学校所代表的各种事物（书籍和其他学习材料、建筑物、家具、技术等）的集合，事物如何在学校空间内外结合、统一和分离，以及它们如何构成"学校"这一统一的概念。

在儿童地理学看来，学习是根植于、安置于和依赖于各种物质上嵌入的人（身体）和物的集合。③

戴安·马尔卡希（Dianne Mulcahy）就使用了一种集合的视角来阐述她的学习"阈限空间"（liminal spaces）的概念。阈限在人类学中是指人生历程中两个阶段间的临界点，是从一个人生阶段跨入另一个人生阶段的一种过渡状态。她用这个概念来描述学习的中间（in-between）性质，把学习视为事件、行动和身体之间的相遇，而不是具有简单的实体和主体属性。基于对 40 个学生在参观澳大利亚维多利亚博物馆过程中参与学习的视频案例研究的数据，她认为博物馆教育实践空间，就是一个典型的学习阈限空间。博物馆的学习空间是开放的，具有突出的特殊性。它们有可能"启动"学习者走出一个舒适的状态，进入一个生产不确定性的状态。它们还可以作为潜在批评的场所。更广泛地说，这些分析直接关注物质实践和能动性在学习阈限空间的中心地位。④将博物

---

① Suzanne Beech. "International Student Mobility: A Critical Overview." In Tracey Skelton. *Laboring and Learning*. Singapore: Springer, 2017, pp.285-304.

② Waters, J. L. "Education Unbound? Enlivening Debates with a Mobilities Perspective on Learning." *Progress in Human Geography*, 2016, 41 (3), pp.1-20.

③ Ibid.

④ Dianne Mulcahy. "The Salience of Liminal Spaces of Learning: Assembling Affects, Bodies and Objects at the Museum." *Geographica Helvetica*, 2017, 72 (1), pp.109-118.

馆的学习空间视为身体、情感、物质的集合，这种视角激发了儿童地理探讨的新想象。

马特·芬恩（Matt Finn）从数据集合的角度，探讨了学校的数据景观（datascapes）。在她看来，学校不是考试工厂而是数据工厂／数据中心，各种数据的生产、管理、分析、解释和维护已经构成各类学习机构日常实践的一部分。在以数据为基础的学校，课程、评估模式以及教师和学生的角色正在显著改变。教师不再是信息的传播者，而是数据的生产者和分析者，学生成为自己的学习能力、成就和生活轨迹的社会科学家。①借助数据，马特·芬恩探讨了学校学习空间的一个新特征：使用数据来创建和维持一种"进步"的氛围，一种对知识和技能不断掌握的积极感觉。

这些观点为我们探索机构学习、户外学习这些正式和非正式学习的联系以及学习的中间（in-between）空间提供了思路。

三、学习在何处：旧问题，新提问

在《变化的教育空间：学习本质的新视角》（*Changing Spaces of Education: New Perspectives on the Nature of Learning*）一书中，雷切尔·布鲁克斯（Rachel Brooks）、艾莉森·富勒（Alison Fuller）和约翰娜·L.沃特斯指出了当前对教育理解的变化：既关注"何时"（when）学习（终身学习和继续教育），也关注在"何处"（where）学习（学习不限于教室，还

包括工作空间、家庭空间、在线空间等）。前者已经有大量的讨论。后者，事实上也并不是一个全新的问题，在教育学、心理学有关发展与学习环境的探讨中已有涉及，其强调的重点是学习环境如何能够帮助学习者成功地实现学习目标。不过，儿童地理学对这一问题进行了重新提问，可能会激发一些新思考，引发一些新问题。

（一）不同地方、不同空间的学习方式是否具有本质上的一致性

儿童地理学注意到学习在不同规模上和世界不同地区发生，既在学校之中，也在更广泛的学校之外，例如现实中的工厂、街道及虚拟空间等，并且探讨了地理空间因素与社会、文化空间之间的相互交织对学习空间的塑造。

新近的探讨将学习与劳动联系在一起，关注到学习和工作的多种方式——正式的、非正式的、制度化的、自发的和流动的，将学习放到更广泛的工作空间中，有些论者进而提出工作即教育的观点。②另一些论者受到后人类主义思想的影响，将学习重新安置在一个比我们（人类）更大、比我们（人类）关注得更多的世界里。让我们重新思考儿童在这个非人类的世界中是如何构成和学习的。③

然而，儿童地理学本身似乎并没有回答这些不同地方、不同空间的学习方式是否具有本质上的一致性，也就是说，学习究竟是什么，对儿童地理学而言，仍然是一个悬而未决的问题，其忽视了"什么"

---

① Matt Finn. "Atmospheres of Progress in a Data-based School." *Cultral Geographies*，2016，23（1），pp.29-49.

② Tracey Skelton. *Laboring and Learning*. Singapore：Springer，2017，pp.91-111.

③ Affrica Taylor，Mindy Blaise & Miriam Giugni. "Haraway's 'Bag Lady Story-telling'：Relocating Childhood and Learning Within a 'Post-human Landscape'." *Discourse：Studies in the Cultural Politics of Education*，2013，34（1），pp.48-62.

（what）维度的学习研究。

（二）作为集合的学习空间，其内部因素之间存在何种关系

受法国哲学家吉尔·德勒兹和费利克斯·瓜塔里（Felix Guattari）的影响，儿童地理学用"集合"的概念来理解学习空间，认为学习空间是一个物质、身体、情感等相缠绕的空间。换言之，学习空间可能并不是一个单一的空间，而是一种由特定的关系（文化的、社会的、政治的、经济的、物质的）构建起来，在一个特定的焦点上链接在一起的空间。

那么，这些不同的因素在构建学习空间中究竟各自处于什么样的位置，或者说这些因素之间存在何种关系？

有些论者注意到意识形态因素在构建学校物质空间中的主导位置。例如，通过探讨英国政府推行的"为未来建设学校"项目，奥尔加·德·本斯特（Olga den Besten）等展示了重建或翻新英格兰3 500所公立中学的计划是如何利用"童年""教育"和"学校教育"等意识形态概念的。他们揭示了学校空间的设计与人类情感的管理密切相关，精神/文化空间和物质空间在走廊等新空间的设计中投射，是为了更好地管理学生的身体和帮助他们发展为有秩序的公民。①

然而，这些因素究竟如何嵌入这一学习空间的使用者即儿童的学习过程，例如情感、物质客体和建筑如何被安排以促进儿童的某种学习，还需要进一步探讨。

（三）从学习在何处到无处不学习，意味着学习空间的无界限

儿童地理学吸收了空间理论，对"学习在何处"的问题进行了大量的探索，将对学习的探讨延伸到更广阔的社会空间，确立起一种学习网络的概念，打破了正式学习与非正式学习的二元结构。

事实上，儿童地理学参与教育与学习空间的研究，在一定程度上就是由于对持续依赖于本质主义分类和二元结构（儿童—成人、主体—客体、全球—本地、正式—非正式学习）的日益增多的不安，不仅试图在正式教育比如小学、中学和高等教育中，而且在更普遍的非正式或另类学习环境中，批判性地审视已建立的各种二元论和结构。②

在批判之后，儿童地理学对"学习在何处"的问题做出自己的回答即指出学习无处不在，这显示在当前学习的跨国流动趋势和蓬勃发展的另类教育模式中。

当儿童地理学视学习无处不在时，这固然可部分化解正式学习与非正式学习的二元结构，不过，这是否也意味着学习空间——尤其是学习发生的物理空间——不再有界限？③ 这意味着（物理）学校的消

---

① Olga den Besten, John Horton, Peter Adey & Peter Kraftl. "Claiming Events of School（Re）design: Materialising the Promise of Building Schools for the Future." *Social & Cultural Geography*, 2011, 12（1）, pp.9-26.

② Itta Bauer, Sara Landolt. "Introduction to the Special Issue 'Young People and New Geographies of Learning and Education'." *Geographica Helvetica*, 2018, 73（1）, pp.43-48.

③ Sabine Reh, Kerstin Rabenstein & Bettina Fritzsche 在 "Learning Spaces Without Boundaries? Territories, Power and How Schools Regulate Learning"［载 *Social & Cultural Geography*, 2011, 12（1）, pp.83-98.］一文中，亦质疑学习空间的无界性，认识到空间、权力与教育实践之间的联系，认为这些联系打开或限制了个人获得教育的机会和自由选择的机会。

亡吗？这可能需要我们考虑教育与学习地理位置的价值和政治维度——新的学习空间不应自动假定为解放的。

四、结语

"人们在哪儿学习重要吗？"（Do it matter where people learn?）雷切尔·布鲁克斯等人提出这样的问题。他们的答案是，这一问题非常重要，因为它提出了理解学习空间维度的新方式。[①] 对儿童地理学而言，这同样是一个非常重要的问题。

我们可以说，儿童地理学不仅为理解学习提供了新的视角，而且提出了一些新的观点。它在突出学习空间的多样化时，也突出了不同地理、物理空间的重要差异，这为探索学习的网络结构以及学习过程在不同尺度上的相互作用提供了一个有效的手段；它有助于探究一些关于教育与学习的理所当然的假设；它强调学习空间的关系特征的重要性，可以帮助我们采取更全面的方法来理解人们在哪里学习和如何学习；它有助于我们更细致地理解学习的微观空间与学习所嵌入的宏观空间之间的相互作用；等等。

尽管儿童地理学的视角，只是一个有限的视角，但它在帮助我们理解当前教育中的动态学习空间上[②]，有其独特的意义和价值。

Where to Learn: Reflections from Children's Geography

Zheng Suhua

Abstract: Learning is common in children's life. However, its meaning, value and how it is related to other aspects become complex due to different geographical locations. We usually regard "learning" as a process of acquiring knowledge and skills through reading, listening, thinking, research and practice, focusing on rational, spiritual and cognitive aspects rather than physical, geographical and perceptual aspects. The current research on Children's Geography reveals the importance of place and location in shaping learning experience, learning structure and learning space. A series of ideas and opinions from Children's Geography can help us think more comprehensively or in new ways about how learning happens.

Keywords: learning; space; Children's Geography

---

① Rachel Brooks，Alison Fuller and Johanna L. Waters. *Changing Spaces of Education：New Perspectives on the Nature of Learning*. Abingdon and New York：Routledge，2012，p.261.

② Veena Kapur，Sudipta Ghose. *Dynamic Learning Spaces in Education*. Singapore：Springer，2018.

裴斯泰洛齐的儿童观探析[*]

◎ 刘黎明　王梓霖[①]

摘　要：裴斯泰洛齐的儿童观在西方儿童观史上占有重要的地位。从儿童观的内容来看，它包括儿童的本性值得信赖、儿童的身上蕴藏着巨大的发展潜能、儿童是感觉印象的中心、儿童是自由的存在、儿童是自我教育者、儿童拥有爱的情感与能力、儿童是整体性的存在。从儿童观的特色来看，它包括自然性、发展性、自由性和自我性。从儿童观的成因来看，它包括自然教育的影响、教育心理学化的诉求、要素教育和爱的教育的制约、对传统教育的批判的需要。裴斯泰洛齐的儿童观为推动西方儿童观的发展，做出了重要的历史贡献，是儿童观宝库的重要遗产，值得我们继承和发扬光大。

关键词：裴斯泰洛齐　儿童观　特色

裴斯泰洛齐是西方教育史上重要的教育理论家和改革家。理论界对他的教育思想如教育心理学化思想、要素教育思想、教学法思想、和谐教育思想、教师教育思想等进行过非常详尽的研究，但对他的儿童观研究得非常少。本文就他的儿童观的内容、特色、成因做一些学理上的探讨。

一、儿童观之阐释

（一）儿童的本性值得信赖

裴斯泰洛齐对儿童的本性持乐观肯定的态度，认为儿童的本性值得信赖。第一，儿童的本性是善的，因为人心都是向善的，儿童也乐于接受善的东西。不过儿童向善是为他自己，而非为了教师和教育者。如果教育者要引导儿童向善，那么这种引导必须是善的。儿童的认同也必须是善的，不能是教育者随心所欲的情绪和激情的发泄。裴斯泰洛齐强调，儿童是善良的，他的愿望也是善良的。一旦他不为善而为恶，那原因就是他的爱受到了蔑视，信念受到了讥笑，他所寻求的善良之路被阻塞了。第二，儿童的本性是我们依靠的对象。"这个信念是站得住脚的，因为它是基于古代的信念，这种信念认为发展来自内心，心灵本身含有充分和完美发展的一切必要因素，正像种子本身包含了未来的大树一样：正确的教育犹如一棵种在水边沃土中的树。……人就好像是一棵大树，在新出生的孩子身上隐藏着在其整个一生中所要展现的本领。"[②] 儿童的天性对我们是有益的，它能引导我们不动摇

* 本文系湖南省哲学社会科学基金重点项目"西方自然主义教育人学思想的历史演变研究"（项目编号：18ZDB029）研究成果。

① 刘黎明，湖南师范大学教育科学学院副教授。
　 王梓霖，湖南外国语职业学院讲师。

② ［英］伊丽莎白·劳伦斯：《现代教育的起源和发展》，纪晓琳译，北京：北京语言学院出版社，1992年，第165—166页。

地追求真理和智慧，不能堕落。教育家所要重视的是不让不当的影响去打扰儿童本性的发展。第三，儿童的本性是施加人为影响的基础。裴斯泰洛齐认为儿童是通过人为的影响得到发展的。对于儿童的发展而言，人为的影响非常重要。不过施加人为的影响要与人的本性的发展相契合。本性永远是施加人为影响最重要的基础，两者的关系是紧密的，犹如一座房子和岩石地基之间的关系。"只要这座房子同岩石地基结合成一体，还可盖几间厢房；但是一旦这座房子同岩石地基结合部出现了裂缝，这座房子终有一天会倒塌，变成断墙残垣。"[1] 如果施加人为影响与人性的发展规律相悖，那么，人就会重新回到野蛮状态。因此，长久以来，裴斯泰洛齐力图探索每一门课中应该施加人为影响的心理根源，因为他深信，只有如此才能使教育方案的确是建立在本性的基础之上的。第四，教育艺术的运用必须服从人的本性的发展规律。教育从本质上说就是有助于本性发展的艺术，因此，教师要研究儿童，理解儿童的本性，要留心不让外在力量残害或干扰儿童本性的发展，只关心那些符合儿童自身规律的发展进程。"教育艺术对于人的各种力量的干预，必须服从人的本性在发展这些力量时所遵循的规律，服从连接着三种力量的神圣纽带。在发展这三种力量时，教育艺术应同发展这种力量的趋向相结合，并以此为基础。教育艺术的参与是为了根据人的本性及其规律发展这些力量。"[2] 第五，教育的目的在于发展人性。在裴斯泰洛齐看来，人不仅能不断完善自己，使之完成自身的崇高使命，而且能履行自己的职责。其原因在于人性使他向往崇高的目标，这些目标以爱为源泉，以活动为基础，以自由为联盟。[3] 裴斯泰洛齐一生都在追求的目标，就是阐明学校教育应该发展和培养人性的各种能力的自然进程及其规律。

（二）儿童的身上蕴藏着巨大的发展潜能

早在18世纪，裴斯泰洛齐就意识到儿童的身上蕴藏着巨大的发展潜能，它们都渴望发展，依赖教育去唤醒。首先，儿童的发展潜能存在于儿童内部。儿童具有人的自然天性的一切资质，不过它们还没有得到发展而已，如同没有绽开的蓓蕾，蓓蕾一旦绽开，所有的花瓣都会舒展开来。"一个孩子，所有能使他在他人那里得到爱的一切，他都向往；所有给他带来赞赏的一切，他都向往；所有在他身上激起期望的一切，他都向往；所有在他身上产生力量和使他感到能有所作为的一切，他都向往。"[4] 这些发展潜能是从儿童的内部产生的，都渴望得到发展。正如"眼睛要去看，耳朵要去听，双脚要去行走，

① ［瑞士］阿图尔·布律迈尔等：《裴斯泰洛齐选集》（第1卷），尹德新组译，北京：教育科学出版社，1994年，第340页。

② ［瑞士］阿图尔·布律迈尔等：《裴斯泰洛齐选集》（第2卷），尹德新组译，北京：教育科学出版社，1994年，第328页。

③ ［瑞士］裴斯泰洛齐：《裴斯泰洛齐教育论著选》，夏之莲等译，北京：人民教育出版社，2001年，第300页。

④ ［瑞士］阿图尔·布律迈尔等：《裴斯泰洛齐选集》（第1卷），尹德新组译，北京：教育科学出版社，1994年，第313—314页。

手要去抓握。同理，心灵要去信任、去爱，智力要去思考"①。每个儿童的觉醒不是由个体以外的意志和外来的奋发力促发的，而是由自身的意志和各种力量中的奋发力促发的，其结果是儿童的"心灵觉醒产生感觉，精神的觉醒产生思考，眼睛的觉醒产生看，耳朵的觉醒产生听，脚的觉醒产生走，手的觉醒产生拿"②。其次，教育艺术的基础根植于儿童内在的本性之中。教育艺术的实施离不开儿童内在的本性，必须尊重蕴含在儿童内在本性中的自然法则。如果不尊重这种法则，就不可能有真正的培育人性的艺术。一切教育手段如果丧失了这种基础，"恰如一座假的艺术宫殿中那些无用的点缀。这种假艺术只会干扰和破坏人的本性力量"③。这些法则的基础来自每个儿童的天资。尽管它们之间是有区别的，但它们也同自身固有的各种力量一样，是从人性中产生出来的。它们协调一致，在儿童身上是平衡的、顺乎自然的，也是有教育意义的。再次，合乎自然的方法和手段是儿童人性发展的最佳途径。由于自然的方法是非强制性的，因而它能深入到人性的深处，促进儿童各种内在力量的发展。当儿童的心智追求某个目标带有控制性时，儿童就会依照强制程度的不同而丧失能力的平衡，丧失智慧力量的平衡。最后，教育的终极目标就是促进儿童天赋的内在力量的发展。儿童的各种力量根源于人性的深处，既是儿童幸福的基础，也是教育的内在动力。那么，促进人的内在力量的发展，就构成教育的终极目标。

（三）儿童是感觉印象的中心

裴斯泰洛齐认为，儿童与感觉印象的关系是紧密的。首先，儿童是感觉印象的中心。儿童作为一个活生生的自然体，拥有五个感官，他的概念的清晰与否取决于所有外部对象接触五官的远近。由于在他身上汇聚了自身的概念，因而他自身就是其感觉印象的中心。与身外的事物相比，他对自己内在一切的了解更清晰、更明了。他对自身内在的一切感觉都是确定的，而外在事物形成感觉印象则有可能混乱不堪。由此可见，儿童个体对真理的认知和把握，来自他关于自身的认知。其次，儿童的感觉印象是教学的唯一真实的基础，因为它是人类知识的唯一真实的基础。儿童通过感觉印象获得的一切都是感觉印象的结果，都是对之加以抽象的过程。"因此，哪儿的感觉印象不完善，哪儿的结果就既不会明确、可靠，也不会有把握；在任何情况下，只要感觉印象不精确，虚假和错误就随之而来。"④教学的旨趣就在于使感觉印象本身上升为一种艺术，并通过形状、数目和词句这三个所有知识的基本要素，引导儿童全面意识到所有的感觉印象，后者更明确的概念就会成

---

① ［瑞士］裴斯泰洛齐:《裴斯泰洛齐教育论著选》，夏之莲等译，北京：人民教育出版社，2001 年，第 427 页。

② ［瑞士］阿图尔·布律迈尔等:《裴斯泰洛齐选集》(第 2 卷)，尹德新组译，北京：教育科学出版社，1994 年，第 327 页。

③ 同上，第 215 页。

④ ［瑞士］裴斯泰洛齐:《裴斯泰洛齐教育论著选》，夏之莲等译，北京：人民教育出版社，2001 年，第 200 页。

为儿童学习后续知识的基础。教育者的首要原则是：要经常地用物体而非词语进行教学。根据名称和词句描述的事物无法与摆在儿童眼前的事物相比，因为后者能更加强烈而持久地引起他们的兴趣，这是一个古老的真理。最后，培养儿童的直观能力是初级教育的重要使命。裴斯泰洛齐指出："初级教育对于发展孩子直观能力的作用，在于从摇篮时代起把家庭生活中的直观对象诱人地、生动地和感人地送到孩子的感官前，对孩子施加有益的影响。"① 初级教育的使命，就是帮助儿童接触更多的直观事物，不断加强其感觉印象，通过更好地对它加以理解，使其更富教育意义。对儿童而言，从感觉印象得来的知识是轻松愉快的，也是赏心悦目的。

（四）儿童是自由的存在

裴斯泰洛齐认为，儿童是自由的存在，他和成人一样拥有自由意志。从本性上来说，儿童有一种强烈的倾向，总是希望自己能独立自主地支配和享受生活。这种自由是由造物主赋予的。人类本性拥有的高级力量是自由的，人性的产生依赖于人的各种力量的外部机制的结合。人的意志存在于人的天性之中，它既能吸收善也能吸收恶，其精神是自由的。人的自由意志不同于物。人身上拥有的高尚的精神可以让他的感性世界和环境为他带来突破性影响，人也可以与之斗争并战胜它们。人

的自由意志是人类能力体系的中心。这种自由意志是受下列因素的影响得以形成的。首先，道德力量的影响。人既是他的永恒不变法则的产物，又是偶然境遇和交往的结果。"根据人的教育的观点，人是道德力量影响的结果，道德力量影响着人的自由和净化。……使人受到锻炼的影响就其本质来说是感觉的和环境的东西。教育的影响从本质上来说是偶然的、自由的。"② 人的意志自由更多是信仰和仁爱影响的结果。通过这种自由，人们可以获得知和行的全部能力的发展，使人的内在本性充分地得以揭示，使肉欲服从信仰、仁爱和正义的要求。其次，高级天性的影响。因为"人的高级天性——它使人的多种活动具有统一性和单一的目的性——却是自由的"③。最后，教学艺术的影响。当教学艺术拥有丰富魅力和加以多样化的自由运用时，就可以使自然的必然性表现出自由和独享的特点。因此，教学艺术必须模仿大自然的进程，把艺术和独享建立在自然规律的基础之上，借助丰富的魅力和多样化的自由运用，努力使教学艺术的结果带有自由与独立的印记。

儿童的自由意志与教育有着密切的关系，教育的影响从本质上来说是自由的。"只要意志自由能够显示力量和才能，教育就是人类意志自由的产物。"④ 培养儿童的自由意志，可以从三个方面入手。首

---

① ［瑞士］阿图尔·布律迈尔等：《裴斯泰洛齐选集》（第 2 卷），尹德新组译，北京：教育科学出版社，1994年，第 361 页。

② ［瑞士］裴斯泰洛齐：《裴斯泰洛齐教育论著选》，夏之莲等译，北京：人民教育出版社，2001 年，第 334 页。

③ 同上，第 332—333 页。

④ 同上，第 333 页。

先，要通过教育引导儿童的自由发展，让儿童拥有自由、安宁、平稳和快乐，必须以智慧引导自由的发展，而不是让自由受制于人们的专断。其次，反对强制，倡导自然的方法。教育不应含有强制，因为强制压抑了儿童心智的自由发展。而顺应儿童本性的自然方法能使儿童获得身体和心智的自由。因此，要通过体育锻炼身体，通过与事物的接触和学习来促进儿童心智的发展。千万不要压抑儿童出于自由本性的愿望，而要对其加以引导。最后，给予儿童自由活动的机会。教育者要意识到，儿童的自由活动是由他自发的冲动引发的。要抓住一切机会，给予儿童自由、沉着和冷静，让他参与活动、通过活动去学习，而不是采用语言来教育他。

（五）儿童是自我教育者

裴斯泰洛齐十分倡导儿童的自我教育，提出了一个著名的命题，即"儿童是他自己的教育者"①。这个命题可以从多个方面进行解读。第一，儿童能够自己教育自己。正如裴斯泰洛齐所说："儿童自己教自己。……（而且他们常常也能自己从多方面找到完成这些活动的方法。这样的自我能动性，在儿童学习的初始阶段从多方面发展起来，强有力地促进了我的自信心的确立和发展，我深信一切真理、一切教育指令都应该来自学生自身，在他们身上产生出来）。"②这就告诉我们，儿童具有自我能动性，能够从多个方面寻找方法完成教育活动，这种自我活动的能力在儿童学习的最初阶段就从多个方面发展

起来了。无论一切真理的获得，还是一切教育指令的下达，都离不开儿童的自我活动，都应该来自儿童自身。不仅如此，儿童的精神的发展也是通过印象和经验，通过自我活动来实现的。因为儿童不仅具有对某些概念或事实的记忆能力，而且还有不受他人思想支配的独立思考能力。与前者相比，后者更为重要。第二，儿童自身是促进自我个性发展的主要因素。儿童的头脑具有很强的可塑性，从出生的那一天起就能接受大自然的印象和教育。新的生命不是别的，它意味着自己在接受大自然的印象和教育中被唤醒了，它"意味着完美的自然萌芽的觉醒……才可能也必然能成为一个人"③。第三，通过自我教育培养儿童独立思考的习惯，发展儿童的心智。尽管让儿童读书、写字、学习、复习很好，但培养儿童独立思考的习惯更为重要。要做到这一点，就不能滔滔不绝地对儿童讲话，而应采取谈话的方式与儿童交流；不能对儿童灌输很多，而应该让儿童对某一件事做出自己的表达；不能详尽无遗地讲完某个题目，而应向儿童提出相关的问题，让儿童自己去寻求问题的答案。独立思考的习惯能让人克服无知的自满，谦虚地承认自己知道得太少，懂得不多。早期教育的重要使命就是让儿童养成经常性的、自觉的思考习惯，这对儿童一生的发展至关重要。在裴斯泰洛齐看来，儿童知识的获得不是来自别人的讲述，而是来自自己的心智活动，真正的教师在自己的内心。教给儿童获取知识的方法比获取知

---

① ［瑞士］裴斯泰洛齐：《裴斯泰洛齐教育论著选》，夏之莲等译，北京：人民教育出版社，2001年，第400页。
② 同上，第21页。
③ 同上，第29—30页。

识本身更为重要，要让儿童通过独立的思维活动，去发展自己的潜能。第四，按照永恒不变的法则，发展自身的本性及各种力量。按照裴斯泰洛齐的理解，儿童顺乎自然地发展所依据的法则，其在本质上是各不相同的，无论是儿童精神的发展，还是官能和肢体的发展，所遵循的法则都是不相同的。只有当儿童本性的基本力量能够顺乎自然地得到发展时，各种力量的发展才能平衡。"各种力量按照永恒不变的法则发展，才是顺乎自然的。各种力量的发展同这些法则发生矛盾时，就不会顺乎自然，而是反自然的。"① 因此，为了实现儿童的各种力量同本性的协调发展，教育者"应该深入研究人的本性如何按照自己的法则发展各种力量，本性如何按照更高的法则把各种个别的力量同各种力量的整体配合起来"②。总之，对人的所有的教育都是一种艺术，一种能帮助其自然本性沿着自己的道路发展的艺术。

（六）儿童拥有爱的情感与能力

裴斯泰洛齐认为，每个人都有爱的能力和"爱的本质"，儿童也不例外。如果儿童经常受到美好生活的熏陶，那么，他在生活中对爱的反应能力就会不断提高，会变得更加成熟。一个有爱的儿童，他的内心和外部活动都会表现出爱，爱是他不遗余力追求的目标。在这一过程中，思维与活动协调一致的智慧也会应运而生。受爱的驱使，他会将智力和良心贯穿到一切行动中，并不断追求自己的目标，最终能

增长见识、播撒仁爱。反之，如果儿童不友爱，缺乏朝气与活力，则表明他的爱的能力没有在他的心中完全形成。这需要正面的扶持与引导，以培养儿童的爱和信任。

在裴斯泰洛齐看来，儿童身上的神圣因素——爱、信任和感激根植于他生命的深处。像世界上最娇嫩的植物一样，他需要温暖、养料、保护、宽容和耐心，父母的保护和慈爱可以满足儿童的这种需要。受父母的影响，儿童会成长和成熟起来，成为爱和力量的充分体现，并作为父母本身的爱和力量的反映站在父母面前。就儿童的教育而言，只要有教育者的合适的引导和教导，那么儿童的信仰和爱的能力就会得到健康发展。正如树根对于树的生长的作用一样，有了温暖的阳光，树根就会促进树木生长，树木最终会成为一个杰作和典范。

儿童的爱具有促进自身发展，令儿童愉快的功能。裴斯泰洛齐把爱看作认识、能力、知识和行为集中的神圣的中心。通过这个中心，它们才真正成为人性的力量。对儿童来说，"心灵的力量，即信仰和爱，如同支持树木生长的根，它有从土壤里吸收营养供给各基本部分的力量"③。儿童的爱和爱的活动是在受到了强有力的和适当的激励后产生的，它会给儿童带来无限的乐趣。"不可设想，除了在孩子身上积极地培养仁爱和开展全面的智力活动，并最终使两者统一和谐外，还有别的办法能将孩子培养成他应该成为的人。……人类没有找到比爱和活动的统一

---

① ［瑞士］阿图尔·布律迈尔等：《裴斯泰洛齐选集》（第2卷），尹德新组译，北京：教育科学出版社，1994年，第344页。

② 同上，第219—220页。

③ 同上，第206页。

更好的其他手段来完成自身的使命。"①为了培养儿童爱的情感和能力，裴斯泰洛齐提出了以下两种措施：（1）发挥父母的爱的作用。父母的爱是唤醒儿童爱的情感，培养儿童爱的能力的重要手段。唯有用父母对儿童的爱及各种社会关系，才能有效地唤醒儿童的爱的情感。这种爱的作用不是单一的，而是双向的。"看到孩子生命和灵魂中充满喜悦，父母脸上就会洋溢着爱的温暖，眼睛里就会放出兴奋的光芒；看到自己怀里的孩子安详的表情，父母就会心情舒缓，得到极大程度的满足，并充满对生活的希望；看到孩子眼中对自己的感激之情和幼稚的依赖之情，感受到孩子对自己的依赖无人能及时，父母的欣喜之情溢于言表。这些场景，都会激发出父母好好爱孩子、好好教育孩子的动力。"②母爱的力量尤其巨大。母爱不同于一切自私自利的情感，它同造物者给母亲培植的本能的爱一样，永远根植于儿童的心中，使儿童萌生出感激、信任和亲密的情感，以及发展与这些情感息息相关的内部的和外部的活动。由母爱所产生的欢乐，会引发儿童心理的共鸣，使儿童产生不可磨灭的、更高级的内心世界。（2）营造爱的氛围与环境。在爱的环境中，儿童每时每刻都会受到爱的熏陶，对爱的反应能力和自爱的能力都会不断提高。在有爱和有爱的能力的家庭环境中，儿童爱的能力能够成功地得到培育。可以肯定的是，如果儿童不友爱、没有朝气、不活泼，那是因为在家里没有人帮助和指导他发挥应

有的爱心，这导致儿童爱的能力的缺失。

（七）儿童是整体性的存在

在裴斯泰洛齐看来，儿童的存在具有整体性。天赋之爱激发人的内在精神，并把统一性赋予个体的生命。个体的道德、智力的均衡，或者说，人的脑、心、手的能力的相互统一性，构成了个体的本性统一性的证据。儿童各种能力的协同工作，其共同的目标就是达到人格的塑造。"人的本性的统一性的核心——人所独具的、显示人的特性的力量是他的信仰和他的爱。信仰和爱使人的知、行、智慧和行动的力量达到神圣的统一，使人成为真正的人。"③换言之，儿童内部所有能力的相互作用，而不是每一种单独的能力的影响，导致了儿童人格的完善。儿童的整体性是教育的基础和前提。第一，着眼于儿童的整体性是多种多样的培养计划的旨趣。尽管儿童的培养计划多种多样，比如发展感官能力、说话和思考的能力以及我们的实践经验，但它们共同的旨趣是满足儿童的本性作为一个整体的需要。"我们必须牢记我们的一切工作都是设计来影响各种能力处于统一的人的整个本性的。它依靠我们各种能力的和谐——这种和谐一旦建立起来，就将影响我们整个的实际生活。"④第二，培养人的整体性是儿童教育目标的要求。真正的、合乎自然的教育，就其本质而言，是为了追求人的整体性的发展，追求儿童的各种力量的完善。教育只是孤立地发展一种才能（头脑的或心灵的或手的），其天性的均衡就会遭受

---

① ［瑞士］裴斯泰洛齐：《裴斯泰洛齐教育论著选》，夏之莲等译，北京：人民教育出版社，2001年，第300页。

② ［瑞士］裴斯泰洛齐：《母爱教育》，李娟编译，北京：中国妇女出版社，2015年，第8页。

③ ［瑞士］裴斯泰洛齐：《裴斯泰洛齐教育论著选》，夏之莲等译，北京：人民教育出版社，2001年，第330页。

④ 同上，第475页。

到损害和毁坏。"它意味着使用非自然的训练方法产生片面发展的人。仅仅注重道德与宗教教育，或仅仅注重智力教育，都是错误的。"① 孤立地发展儿童的某种力量，是一种假的教育，而不是合乎自然的教育。总之，教育的最高目标是促进儿童的全部才能朝着完善人的一切方向发展。着眼于儿童整体性是使得教育成功的前提和条件。教育者应坚守这一原则，协调各种力量和能力的发展，在教育实践中不能漠视它，否则，无论用什么方法，都不可能取得满意的教育效果，只能培养出不完全的、分裂的人。

二、儿童观之特色

（一）自然性

自然性指向的是儿童的本性（天性）。儿童的本性在教育中有极其重要的价值，它是我们教育依靠的对象，能引导我们追求真理和智慧，它是人为影响的基础。如果人为影响与儿童本性发展相悖，它就不能发挥积极的作用，还会导致人们重新回到野蛮状态；教育艺术只有与儿童本性发展规律相契合，服从于人类天性发展规律，才能促进儿童天性的发展。裴斯泰洛齐一生执着追求的就是这个目标：初级学校教育应遵循发展和培养人性各种能力的自然进程。不自然的教学的缺陷，就是没有希望的心智的衰退和彻头彻尾的心智的

摧残。因此，促进儿童的自然天性按照它固有的方式发展的艺术，就构成了儿童的全部教育的实质。信仰和爱的能力的培养和发展，同样要依靠儿童高级天性的滋养，因为"如果原始能力仅停留在低级天性素质阶段，原始信仰和爱的能力就不能永久保持，它的成长必须受到人的高级天性的滋养，必须得到纯洁无邪和信仰真理这一神圣力量的支持。孩子必须在这种环境中生活"②。因此，人的天性，尤其高级天性及其运作是值得信赖的。不过，不能过分夸大儿童的天性，要意识到天性的不足：它既有必然性，又有偶然性；既有积极性，又有消极性。"在你漫不经心地将土地丢给自然的地方，土地就生出杂草和蓟。只要你把人类的教育丢给自然，它就只停留在感官的混乱印象上，如此而已。这种混乱的印象不适合人的理解能力，也不适合用最好的教育所需的方法来教育你的孩子。"③

（二）发展性

儿童的身上蕴藏着巨大的发展潜能，它们都渴望得到发展。正"如眼要看、耳要听、脚要走、手要握，而心要信任和爱，脑要思索。人的本性中有一种强烈的欲望，即要求摆脱没有生气的，不灵活的状态，发展成一种经过培养的力量，没有经过培养的力量只是力量的萌芽，并不是我们身上的力量"④。这种发展潜能就是

---

① ［瑞士］裴斯泰洛齐：《裴斯泰洛齐教育论著选》，夏之莲等译，北京：人民教育出版社，2001年，第426页。

② ［瑞士］阿图尔·布律迈尔等：《裴斯泰洛齐选集》（第2卷），尹德新组译，北京：教育科学出版社，1994年，第239页。

③ ［瑞士］裴斯泰洛齐：《裴斯泰洛齐教育论著选》，夏之莲等译，北京：人民教育出版社，2001年，第161页。

④ ［瑞士］阿图尔·布律迈尔等：《裴斯泰洛齐选集》（第2卷），尹德新组译，北京：教育科学出版社，1994年，第344页。

我们的教育依赖的对象。首先，它奠立了教育艺术的基础。因为儿童内在本性和潜在力量中蕴含着自然法则，教育艺术只有尊重它，才能成为促进人性力量发展的真正的艺术，否则只能是假的艺术，只能干扰和破坏人性的力量。其次，它奠定了自然教育的基础，自然教育要取得成功，必须深入儿童内在本性的深处，必须充分地激发儿童的内在潜能。再次，教育的终极目标就是促进儿童内在力量的发展。既然儿童的各种内在力量都渴望得到发展，那么教育的使命就是激发人的内在力量，促进它的充分的和谐的发展。裴斯泰洛齐儿童观的这一思想和特色，得到了现代教育家的认可。德国文化教育家爱德华·斯普朗格（Edward Spranger）认为，教育的本质和核心绝非是文化的传递，而是儿童人格心灵的"唤醒"，这才是教育之为教育之所在。教育的最终目的不是对已有东西的传授，而是诱导出人的创造力量，"唤醒"儿童的生命感和价值感，直到精神运动的根。"人文主义因素就是教育的根，而对教育之根和文化之根的寻求，只能通过人的灵魂的唤醒才能实现。"[①]德国教育家卡尔·西奥多·雅斯贝尔斯认为，教育不能改变人与生俱来的本质，只能根据人的天分和可能性来促进人的内部力量的发展。"没有一个人能认识到自己天分中沉睡的可能性，因此需要教育来唤醒人所未能意识到的一切。"[②]总之，儿童的内部力量的培养和发展，离不开教育的"唤醒"作用。从本质上来说，教育就是主体

与主体间灵和肉相互融合、彼此交流的过程。

（三）自由性

裴斯泰洛齐所论述的自由性，指向的是儿童的自由意志。它是造物主赋予的，蕴藏在人的天性之中，反映了儿童的强烈的倾向，即希望自己能自主地支配自己的行为，享受自己的生活。由于它的精神是自由的，因而它既能吸收善，也能吸收恶；它是人类的能力体系的中心。通过这种自由，儿童不仅可以展现他的内在本性，而且可以获得各种力量和才能的充分发展。它体现了儿童的独立意识、自主精神和责任能力。这种自由影响儿童不受任何强制和外在权威的束缚，释放了自己的身心，使所有的思想和活动都能自我决定、自我选择和自我控制。自由的根本意义就是能听从自己的内在声音，做自己的主人，儿童摆脱了各种外在强制和外在权威的压制，彰显自己的独立人格和自我负责的精神。

教育只有尊重儿童的这种自由意志，才能获得成功。教育的影响从本质上讲是自由的，只要儿童的力量和才能是由意志自由显示的，教育就是自由意志的产物；自由的教育不仅能使儿童快乐地学习和获知，而且能使儿童的各种力量和能力全面发展，它追求的是内在价值目标的实现。为此，首先要对儿童的自由意志给予尊重。正如《学会生存：教育世界的今天和明天》中所说："我们应使学习者成为教育活动的中心；随着他的成熟程度允许他

---

① 邹进：《现代德国文化教育学》，太原：山西教育出版社，1992年，第73页。

② ［德］卡尔·西奥多·雅斯贝尔斯：《什么是教育》，邹进译，北京：生活·读书·新知三联书店，1991年，第65页。

有越来越大的自由；由他自己决定他要学习什么，他要如何学习以及在什么地方学习与受训。这应成为一条原则。即使学习者对教材和方法必须承担某些教育学上的和社会文化上的义务，这种教材和方法仍应更多地根据自由选择、学习者的心理倾向和他的内在动力来确定。"① 其次实施自然教育。教育艺术应模仿大自然，借助多样化和自由的运用，努力使教育艺术的结果带有自由与独立的印记，反对束缚和强制，因为它们破坏了儿童的自由发展。

（四）自我性

自我性是指儿童通过自我教育自己成就自己的特性。在这里，裴斯泰洛齐主要强调了三点：其一，儿童的自我能动性在人生的初始阶段就已经发展起来了，它使儿童有了自己教育自己的自信心，能够引导儿童去获取知识和真理。无论真理的获得，还是教育指令的执行，抑或是儿童精神的发展，都离不开自我教育，都是通过自我活动来达到的。其二，它强调了独立思考习惯的重要性。尽管让儿童读书、写字、学习、复习很重要，但使其养成独立思考的习惯更为重要。为此，要使儿童学会独立表达，学会自己去寻求问题的答案。因为儿童知识的获得，主要来自自己的心智活动，而非教师的讲解，真正的教师是自己，而非别人。其三，教育艺术是一种帮助儿童的自然本性沿着自己的道路发展的艺术。教育者必须遵循儿童本性力量发展的不同法则，深入研究儿童本性如何按自身的法则发展各种力量，要合乎自然地因材施教。

裴斯泰洛齐关于儿童观的自我性和自我教育的观点得到了现代自我教育原理的肯定。现代自我教育原理认为，自我教育是教育的最高境界，没有自我教育的教育不是真正的教育，只能是一种违反儿童本性的精神的摧残、野蛮的灌输。有了自我教育，儿童就能听从自己内心的声音，服从自己内心的指令，自己认识自己，要求自己，对自我进行调控和评价，从而实现自身各种力量和才能的发展。自我教育能为儿童的认知和发展提供一种强大的动力，推动儿童去实现教育的目的，促进自身身心的和谐发展。儿童的成长和发展虽然离不开家庭教育、学校教育和社会教育的影响，但自我教育才是根本因素和关键因素。因为前三种因素强调的是外在的影响，固然很重要，但离开了自我教育，它们只能使儿童被动地受教。只有自我教育才是内在的影响，蕴含着儿童主动的内在的探索，儿童的各种力量和才能来源于它。外在的影响只是儿童发展的外因，只有自我教育才是儿童发展的内因，外因只能通过内因发挥作用。只有充分发挥自我教育的作用，才能使儿童从家庭教育、学校教育和社会教育的影响中汲取合理内核，来促进自己的成长和发展，最终成就自己——成为一个自我价值感高、人格健全的人。

三、儿童观之成因

（一）自然教育的影响

自然教育主要从三个方面影响儿童观的建构。首先，大自然及其规律能唤起儿

① 联合国教育、科学及文化组织国际教育发展委员会：《学会生存：教育世界的今天和明天》，北京：教育科学出版社，1996年，第263页。

童爱的情感和幸福感，使儿童更加文雅、高尚。"大自然给他的每一个印象，上帝杰作的景象，天空和地球，这些都使他更加文雅。看到夕阳和朝霞，月亮和星星这些壮观景象他无不感到欢乐。鲜艳的花朵和硕果累累的果树都使他高兴。一个人越高尚，他曾经享受过的母爱和人类的仁慈就越使他温情脉脉，高尚纯洁，他为大自然的各种美景和幸福所唤起的爱和活动也就更加丰富。"① 无论是教科书，还是教学艺术，都必须与大自然相适应。教科书本身都应将一切学科的教学与大自然为人类的发展所做的一切巧妙地结合起来，为人们所需的能力做巧妙的准备。大自然是教学艺术永恒而不可动摇的基础。对儿童来说，大自然是最可靠的，它是指引儿童获得真理和智慧的明灯。教学要成其为艺术，必须依赖于自身的工作和结果与大自然的基本活动方式两者的协调一致。它的整个活动与大自然的活动密不可分。因此，教学艺术应模仿大自然的活动，把它建立在自然规律的基础上。其次，大自然及其规律影响儿童的自然本性的发展。通常自然赖以发挥力量的规律决定着儿童的自然本性的发展。"根据这些规律，所有的教学都应当把本科目的最基本部分坚决地、牢固地移植到人的心智的实体中去；然后，把不大基本的内容逐渐地、不断地联系到最基本的内容上去；并且，使学科

的所有部分，甚至最外围的部分也保持在一个有生命力的均衡体中。"② 最后，教育必须与儿童的本性相契合。人为的教育要取得实效，必须与儿童的自然本性相适应。"如果施加人为影响时，违反了本性发展的规律，人就会重新回到野蛮状态……施加人为影响的规律是从研究本性发展过程中推演出来的。本性永远是施加人为影响最重要的基础。"③ 因此，要教育好儿童，我们必须研究儿童及其本性。人的全部教育就是促进儿童的天性遵循它固有的方式发展的艺术。

（二）教育心理学化的诉求

儿童观的构建深受教育心理学化的影响。首先，儿童本性的研究离不开教育心理学化。儿童的智力发展就其真正本性而言所必须服从的那些规律，与物质自然的规律有相通之处，从中可以找到普通的心理学化教学方法的一条可靠线路。裴斯泰洛齐力图解决的问题是：如何把一切教学艺术的要素与儿童心中的自然本性和谐地结合在一起，即通过心理机制的规律使它们和谐起来，从而促使儿童的心智从自然的感觉印象发展成清晰的概念。因此，他说："我长期探寻一切教学艺术的共同心理根源，因为我确信只有通过这个共同的心理根源，才可能发现一种形式，在这个形式中，人类的教养是经由大自然自身的绝对规律来决定的。"④ 其次，儿童的潜

---

① ［瑞士］裴斯泰洛齐：《裴斯泰洛齐教育论著选》，夏之莲等译，北京：人民教育出版社，2001 年，第 313 页。

② 同上，第 203—204 页。

③ ［瑞士］阿图尔·布律迈尔等：《裴斯泰洛齐选集》（第 1 卷），尹德新组译，北京：教育科学出版社，1994 年，第 339—340 页。

④ ［瑞士］裴斯泰洛齐：《裴斯泰洛齐教育论著选》，夏之莲等译，北京：人民教育出版社，2001 年，第 87 页。

能和技能的培养，取决于一个基础牢固的符合心理学规律的教学艺术的机制。很显然，教育者应该十分注意通过心理学的训练来培养和发展儿童的行为能力和认识能力。具体地说，"教学艺术首先要用来培养基本的计算能力、测量能力和说话能力，这些能力是一切精确认识物体意义的基础。我们应当用最严格的心理学的艺术来培养它们，努力强化它们，使之强而有力，并且作为发展和教养的手段，使它们达到最简单、最牢固、最和谐的程度"①。最后，作为感觉印象的中心，儿童的感觉活动能力的研究，也需要通过心理学的训练来实现。裴斯泰洛齐认为，他的教育实验证明"民众教育可以建立在心理学的基础之上，可以根据它的基本原则建立起通过感觉印象获得的真正的知识"②。他深信，儿童的感觉印象从混乱、不清晰走向完全清晰，离不开对儿童进行心理学的训练。人所有致力于感觉印象研究的教学艺术，实质上都是心理的自然机制的规律作用的结果。

（三）要素教育

要素教育从多个方面影响儿童观的建构。首先，它影响儿童作为感觉印象中心的确立。但感觉印象中心的确立不是从复杂的感觉印象开始的，而是从最简单的要素开始的。因为"最复杂的感觉印象是建立在简单要素的基础上的。你对简单的要素完全弄清楚了，那么，最复杂的感觉

印象也就变得简单了"③。其次，它影响着儿童内在潜能和力量的发展。要素教育的方法简单地产生于人去补充自然过程的努力，儿童借助于明智的爱、有教养的才智和实际的洞察力，来实现性情和才能的发展。"要素方法"的问题，就是如何使儿童的才能和能力的培养与大自然的顺序相一致。因此，它与自然教育密切相关。要素教育的旨趣就是追求人的各种才能的均衡，使人的所有能力都得到充分发展。每种情况的自然过程，都遵循着不变的规律而发生，反对它就意味着对大自然人为地进行干预。要素教育的自然过程总是有诚挚的目的和集中的意图，影响着儿童精神本性的发展。具体地说，教学艺术就是用严格的心理学的训练来发展儿童的计算能力、测量能力和说话能力，努力强化它们，使之强而有力，并使它们作为一种教养和发展的手段，朝着最简单、最牢固、最和谐的方向发展。裴斯泰洛齐"特别希望母亲通过简易的教学法教孩子说话和阅读，以便使儿童的早期教育成为令人愉快而又十分重要的事情"④。再次，它影响着儿童的自我发展。伴随人类的发展进程，儿童自然会显示出一种自我能动性，不过自我发展的能动性的增强离不开要素教育。我们"必须把所有教育和发展的方法简化为反映它们内在本质的最简单的形式，以及简化为既符合心理学又和谐的语言教学的形式"⑤。"训练感官经验

---

① ［瑞士］裴斯泰洛齐：《裴斯泰洛齐教育论著选》，夏之莲等译，北京：人民教育出版社，2001年，第90页。

② 同上，第22页。

③ 同上，第83页。

④ 同上，第42页。

⑤ 同上，第61页。

的要素方法简言之就是心理学方案，为的是激励先天的自我发展。"① 最后，它影响着儿童爱的情感和能力的发展。爱的教育最简单的要素是儿童对母亲的爱。儿童的爱从爱母亲开始，逐渐扩大至爱父亲，爱兄弟姐妹，爱周围的邻居，最后爱国家和全人类。儿童爱和忠诚的开端往往来源于母亲的影响，它为家庭的快乐氛围的营造奠定了基础。随之，"爱和忠诚的感情扩展到整个家庭生活范围，儿童在感觉上对母亲的依恋和信任提高到了真正人类之爱和人类忠诚的水平。它首先推及父亲、兄弟和姐妹，但范围不断扩展。母亲爱谁，他也爱谁；母亲信任谁，他就信任谁。……使用这种方法，儿童对母亲纯朴的爱很自然地扩展到了爱他身边所有的人"②。

（四）爱的教育

儿童观的建构离不开爱的教育的滋润。首先，不同于动物的本能，爱的教育能促使人追求更高的目的，动物的本能是一种除了自己本身以外不知道任何崇高目的的原始力量，追求的更多是感受，其最高目标是保存自己，因为自我是动物一切活动的中心。不同于动物的本能，爱的教育能促使人理解别人，用心去爱，为他人的事务放弃自己的舒适和快乐，使个人的愿望服从于更高尚的目的，因而它最能表达人的精神天性的事实。这种力量无疑能使儿童的全部天性得到保持，纯洁高尚的

元素得到延续。其次，爱的教育能升华人的道德天性。母亲通过自己的爱意，可以使孩子爱和信任的倾向与性情得到发挥。教育不是一成不变的机械过程，更不是一蹴而就的简单的任务，而是一个灵活多样、需要爱心的巨大的工程。因此，母亲应一直追求内心世界的进步，并通过追求爱、进行爱的活动不断提高自身。正如裴斯泰洛齐所说："我的教育实验的确是对符合人的所有素质进行教育的基础。此外，这一检验还应证明，发挥所有的爱和力量，是使人的天性变得高尚所必需的，这是我的教育方法和手段的本质的必然后果。"③ 再次，爱的教育能唤醒儿童爱的情感。儿童在成长过程中，是渴望得到父母的爱，这样他才能形成最初的爱的印象并给予别人爱。儿童只有获得这种爱，才会对他人产生感谢之情和信任之情，才能激发出天性中高尚的情感，并将其化为实际的行动。因为"心灵是最好的法官，理智在学校里必然起决定作用，在这种情况下，母亲要对孩子的心灵讲话，打动孩子的心灵，要以爱来获得教师的权威永远无法得到的东西"④。换言之，教育者应以情换情，以爱唤醒爱。一旦儿童心中爱的情感被唤醒，这种爱将引导他们做出爱的行动，过一种道德的生活，并获得道德上的安宁。当父母在孩子身上看到这种神圣的迹象——爱的欢乐，对获得幸福的感激和安静的信心时，他们的内心受到了非

---

① ［瑞士］裴斯泰洛齐：《裴斯泰洛齐教育论著选》，夏之莲等译，北京：人民教育出版社，2001 年，第 449 页。

② 同上，第 431 页。

③ ［瑞士］阿图尔·布律迈尔等：《裴斯泰洛齐选集》（第 2 卷），尹德新组译，北京：教育科学出版社，1994 年，第 174 页。

④ 同上，第 275 页。

常深刻的触动，受到这种感情的鼓舞，父母就会全心全意地对待他们的孩子，果断地采取一切必要措施，使孩子身上的神圣因素保持纯洁，使孩子获得最充分的成长和蓬勃的发展。最后，爱的教育有助于促进儿童各种天赋能力的发展。神圣的心灵的力量，爱的信仰的力量对于儿童内部各种才能的力量的发展至关重要。通过这种力量，其内部的联系更加紧密，产生各种力量和谐与协调的效果，即培养成人性。"没有信仰和爱的智慧、实践或职业能力，乃是动乱的无尽的源泉，这种动乱致命地影响着人类才能的自然发展。"①

（五）对传统教育的批判

裴斯泰洛齐儿童观的建构还与对传统教育的批判相关。在裴斯泰洛齐看来，传统教育的弊端在于：首先，注重空洞词语的教学，阻碍了儿童心智本性的发展。他认为，在当时低劣的学校里，教育者始终只注重教空洞的词语，不仅压制了对自然印象的注意力，扼杀了儿童内心尚存的一点炽热风格的最后痕迹，而且毁掉了儿童感受自然印象的敏感性。在儿童享受了五年的幸福生活之后，教师就将他们与大自然分开，让周遭的自然事物在儿童眼前消失，蛮横地终止了他们无拘无束的令人愉快的发展进程；把他们像绵羊一样整群地囚禁在充满恶罪的屋子里，长年累月地逼他们去注视乏味而又单调的字母，逼他们走令人发疯的生活道路。这些有悖于心理学的做法，从本质上说是违反自然和令人窒息的，其意图在于摧毁自然赋予其

活力的能力和经验所产生的全部结果。其次，远离自然的教学破坏了儿童的能力和智慧力量的平衡。自然的方法是不含一丝生硬和强制的因素。否则，"人的心智如果强制地追求某个目标，他就会依其强制程度而丧失能力的平衡，丧失智慧的力量的平衡"②。由此，片面就随之产生，真理既不会降临得轻松而自在，也不会深入人性的深处，引发儿童的共鸣。最后，脱离自然的教学，破坏了人的精神生活的完整性。在裴斯泰洛齐那个时代，成千上万的教师仅仅由于无能而找不到受人尊敬的谋生职业，才屈尊于教师这个职业——求得温饱而不至于饿死的职业。这种认识导致把教书看作苦差事，在教学中使用脱离儿童实际情况和所处环境的方法，因而，无论是精神训练，还是智力训练，抑或是体力训练，都会损害和破坏其内在本质。这无疑阻碍了儿童的才能和力量合乎自然的发展，破坏了儿童的精神生活的完整性。没有对这种传统教育的"破"，就不会有新教育、新儿童观的"立"；而没有新儿童观的建构，那么传统教育的"破"，也就难有深度的批判。两者是辩证统一的。

四、结语

综上所述，裴斯泰洛齐的儿童观包含十分丰富的内容，即儿童的本性值得信赖，儿童的身上蕴藏着巨大的发展潜能，儿童是感觉印象的中心，儿童是自由的存在，儿童是自我教育者，儿童拥有爱的情感与能力，儿童是整体性的存在。这些内

---

① ［瑞士］裴斯泰洛齐：《裴斯泰洛齐教育论著选》，夏之莲等译，北京：人民教育出版社，2001年，第439页。
② 同上，第249页。

容展现了裴斯泰洛齐对儿童本性和潜能的信任，折射出裴斯泰洛齐对儿童的关爱，也彰显了其以儿童为中心的思想。如果说，儿童的本性值得信赖和儿童的身上蕴藏着巨大的发展潜能，反映的是裴斯泰洛齐对儿童本性和潜能发展持乐观、信任的态度。那么，儿童是自由的存在、儿童是感觉印象的中心和儿童是自我教育者，则是对儿童中心地位的彰显。它是对让-雅克·卢梭儿童观的继承和发展。裴斯泰洛齐儿童观的特色是自然性、发展性、自由性和自我性。它的形成因素有自然教育的影响、教育心理学化的诉求、要素教育和爱的教育的制约，以及对传统教育批判的需要。

裴斯泰洛齐的儿童观对西方儿童观的发展做出了重要的历史贡献。首先，裴斯泰洛齐对儿童本性和潜能的乐观态度和充分信任，激励着阿道尔夫·第斯多惠（F.A.W. Diesterweg）、福禄培尔、约翰·杜威、卡尔·R.罗杰斯（Carl R. Rogers）等教育家对儿童本性和潜能发展的探索，使他们对儿童本性和潜能的发展也持积极的乐观的态度。阿道尔夫·第斯多惠认为，天资"就是一个人本身能力和活动可能性的基础。也可以说天资是发展能力和力量的胚胎——天资是一种起因……是一种最初最深的活动或动因的基础……天资是造物主安排给人的。这就是基础、可能性、条件、根基与胚胎等"①。

天资构成了教育活动开展的前提条件。福禄培尔强调："如果我们不希望在精神和肉体上毁灭我们的孩子，如果我们不希望损害他们当前的童年生活和他们随后的青少年生活，如果我们不希望损害他们未来作为公民的生活，他们未来的家庭生活和他们作为全人类一员的整个生活，那么，我们在儿童的教育和训练中就必须符合他们个体本性的需要。"②约翰·杜威强调无论是学问研究，还是教育训练，都要以儿童天然生成的本能为基础和动力，引导儿童本能的训练，这就是教育的宗旨。卡尔·R.罗杰斯对儿童的潜能发展更是充满信心。他断言："人的本性，当它自由运行时，是建设性的和值得信任的。"③教育的目的是制造轻松的、安全的环境，促进儿童本性的自我实现。

其次，裴斯泰洛齐的儿童观对"儿童中心"的论述，引发了后世教育家对儿童地位和价值的思考和探索。约翰·杜威明确提出了"儿童中心主义"的主张："现在我们的教育中正在发生的一种变革是重心的转移。这是一种变革，一场革命，一场和哥白尼把天体的中心从地球转到太阳那样的革命。在这种情况下，儿童变成了太阳，教育的各种措施围绕着这个中心旋转，儿童是中心，教育的各种措施围绕着他们而组织起来。"④这是迄今为止教育史上对儿童地位和价值的最深刻、最系统的表述。20世纪60年代美国人本主义

---

① ［德］阿道尔夫·第斯多惠：《德国教师培养指南》，袁一安译，北京：人民教育出版社，2001年，第76页。

② ［德］福禄培尔：《福禄培尔幼儿教育著作精选》，单中惠等译，上海：华东师范大学出版社，2009年，第74页。

③ 钟启泉、黄志成：《美国教学论流派》，西安：陕西人民教育出版社，1993年，第238页。

④ 吕达、刘立德、邹海燕：《杜威教育文集》（第1卷），北京：人民教育出版社，2008年，第42页。

心理学家卡尔·R.罗杰斯提出了"以学生为中心"的经验学习理论。其基本内涵是："以学生的经验生长为中心，以学生的自发性和主动性为学习动力，把学习与学生的愿望、兴趣和需要有机地结合起来，因而是一种趣味盎然的、有意义的学习。"① 由上可知，现代教育理论的发展，特别是儿童观的发展都与裴斯泰洛齐的理论尤其是其儿童观有千丝万缕的联系，都能从裴斯泰洛齐的思想中找到影子。正如英国教育史家伊丽莎白·劳伦斯（E.S. Lawrence）所说："在现代教育的精华中，可以清楚地看到裴斯泰洛齐的影响。他对儿童的态度，他关于儿童各方面均衡发展的呼吁，他关于人人均可受到正常教育的信念，这一切都已成为广为接受的教育思想的一部分。从他开始，教育家开始认真地思考儿童是教育的中心，教育的过程不可分割地与他的自然发展交织在一起。"② 可见，裴斯泰洛齐儿童观的作用和价值是不容忽视的，值得我们继承和发扬光大。

An Analysis of Pestalozzi's View on Children

Liu Liming

Abstract: Pestalozzi's view of children occupies an important position in the history of western view of children. From the content of the children's view, it concludes that children's nature is trustworthy, children contain huge development potential, children are the center of feeling impression, children are free existence, children are self-educators, children have the emotion and ability of love, children are integral existence. From the characteristics of children's view, it includes nature, development, freedom and self. From the origin of children's view, it includes the influence of natural education, the appeal of educational psychology, the constraints of element education and the education of love, and the need for criticism of traditional education. Pestalozzi's concept of children promoted the development of western concept of children, made an important historical contribution, is an important heritage of the treasure house of children's concept, worthy of our inheritance and development.

Keywords: Pestalozzi; Children's View; features

---

① 钟启泉、黄志成：《美国教学论流派》，西安：陕西人民教育出版社，1993年，第257页。

② ［英］伊丽莎白·劳伦斯：《现代教育的起源和发展》，纪晓琳译，北京：北京语言学院出版社，1992年，第168—169页。

幻想、成长与抗拒的童心世界：
《彼得·潘》导读

◎刘 莘①

《彼得·潘》是世界儿童文学名著，具有跨越时代和超越年龄的经典地位。儿童阅读《彼得·潘》，很容易被作者杜撰的故事情节吸引，而成人阅读《彼得·潘》则能够琢磨出更多的意味。大抵优秀的儿童文学作品都能开启两个世界：一个是无须成人参与的童趣世界，另一个是儿童无法识别的纵横交错的意义世界。两个世界看似不同，实则彼此关联，并随着读者阅读视野的变化融为一个整体。

《彼得·潘》的作者詹姆斯·马修·巴利（James Matthew Barrie，1860—1937年）是一位文学大师，曾担任有七百多年历史的圣安德鲁斯大学的校长，当选过英国作家协会主席，还以自己在文学领域的杰出贡献获得了英国皇家授予的"爵士"称号。不过，那些职位和荣誉都是暂时的，后世大多数人只知道詹姆斯·马修·巴利是《彼得·潘》的作者，他因自己创造的小飞人彼得·潘而获得了儿童文学史上的不朽地位。

《彼得·潘》的情节可用一句话来概括——小飞人彼得·潘带着一群会飞的孩子在乌有岛上大战海盗并取得了最终的胜利。这个看起来简单的故事，却有一句不简单的开头语："所有孩子都会长大，只有一个例外"。这个例外就是彼得·潘，

一个长着两排乳牙的会飞的小精灵。有些中译本将彼得·潘称为"小飞侠"，用"侠"这个字是为了凸显这个小精灵的侠义。"侠"在汉语中有特殊的含义，容易使人想到《史记》中的《游侠列传》或金庸小说中的武林侠士。"小飞侠"这个称谓使彼得·潘看起来好像总能站在正义与邪恶对立的正确的一面。然而，"侠"这个称谓赋予了彼得·潘不恰当的道德属性，不仅遮蔽了这个小精灵的顽童天性，还无法传递作者詹姆斯·马修·巴利的幽默感和捕捉童心的巧妙智慧。

《彼得·潘》前两章有一些文化差异性的东西，但它相比《爱丽丝漫游奇境》的文字游戏为中文读者制造的阅读障碍，简直可以忽略不计。《彼得·潘》的前面两章铺垫了整个故事的背景，读者只要耐心看完并适应了作者的英式幽默之后，就再也停不下来。小姑娘温迪和两个弟弟生活在一个不富裕的家庭，爸爸妈妈都是邻居眼中的正常人。每天晚上孩子熟睡之后，妈妈总会去整理他们的脑筋，翻出他们的想法，然后把那些淘气的念头和坏主意叠得小小的，再重新放到脑筋的最下面。这样，孩子醒来后，他们又是爸爸妈妈心中的乖孩子了。可以想象，要是所有的妈妈都有温迪妈妈这样的本领，这个世

① 刘莘，四川大学哲学系教授，四川省哲学学会副会长。

界上就不会有调皮的孩子了。那天晚上，当温迪妈妈整理孩子的脑筋时却发现，他们的头脑中都有一座神奇的小岛，上面有各种奇怪的动物和有趣的事情，而且它们总是与"彼得·潘"这个名字联系在一起。

有一天晚上，温迪妈妈守候在孩子的房间，她在半梦半醒间看见真有一个男孩从窗外飞了进来。这个男孩就是彼得·潘，他穿着树叶做的衣服，他根本没有想到三个孩子熟睡的房间里居然还有一个成人。彼得·潘不喜欢成人，所以他一见到温迪的妈妈，"便冲着她咬紧了两排细珍珠般的牙齿"。彼得·潘没有想到，温迪妈妈见到他后尖叫了一声，立刻把家里照顾孩子的名叫"娜娜"的狗呼唤进来。娜娜立刻咆哮着扑向彼得·潘，它慢了半步，让那个小精灵飞走了，但它也快了半步，嘴里衔住了小精灵的影子。温迪妈妈将彼得·潘的影子卷了起来，顺手放到了抽屉里。

如果说温迪姐弟有一个正常的妈妈，他们的爸爸就只比正常多了一点东西。爸爸与孩子一样不喜欢喝药，却要拿出父亲的威严来要求生病的儿子喝药。为了公平起见，温迪当起了裁判，她数着"一二三"，要求弟弟和爸爸同时喝药。弟弟的药喝光了，可是爸爸把药藏到了背后，还对孩子说，"我是想喝来着，可我……一失手，没喝着"。爸爸公然耍赖让孩子目瞪口呆，他们用异样的眼光看着他，这让爸爸感到有些尴尬。不过爸爸马上想到了一个好主意，他把自己的药倒进了娜娜的碗里，要求娜娜像喝牛奶一样喝下去。"这多好玩啊，不是吗?"爸爸问孩子。孩子不理他，而娜娜喝了一口药后，

强忍着在眼睛里打转的眼泪，这条狗显得既委屈又高贵。正当爸爸不知所措时，妈妈跑过来安慰温迪和两个弟弟，这下可坏事了。爸爸的自尊心受到了伤害。他开始大叫大嚷："我这样做不就是为了逗一家人开心吗? 哼，我就是个挣钱养家的工具，没人宠我就算了，算了!"就在那天晚上，爸爸妈妈要去参加一个聚会，必须把三个孩子留在家里睡觉。爸爸这样一闹，他们走得晚也回来得晚，而回来的时候，彼得·潘已经找到自己的影子，并带着三个孩子跳到窗外飞走了。

这本书最能吸引儿童读者的内容，无疑是温迪姐弟跟随彼得·潘飞往乌有岛的历险部分。这是《彼得·潘》的幻想主题，最能满足儿童的天性。书中有设定的危险和死亡的威胁，有很多刺激的内容来烘托孩子离家出走后的惊心动魄的遭遇。成人常常幻想儿童是纯洁无瑕的，但儿童自己知道，他们喜欢"打打杀杀"，有时还渴望有点"残忍"的事，只要"受害者"不是自己。《彼得·潘》的作者詹姆斯·马修·巴利知道童心的这个秘密，因此一开始就不回避童心的另一面——"狡黠"、情绪化和以自我为中心。詹姆斯·马修·巴利将童心的这些特质贯穿在整个故事中，自然能得到儿童读者的共鸣。

温迪姐弟过去从来没有飞行的经验，他们一开始飞就不顺利，而彼得·潘则是一个顽童，根本无意像老师那样耐心地教他们。一切都要靠自己，这是温迪姐弟飞出家之后的真切感受。温迪的麻烦在于，她一开始就惹恼了一个追随彼得·潘来到她家里的小仙子。这个小仙子只有温迪的拇指那么小，但嫉妒心很大，她无法

忍受彼得·潘对温迪的喜欢。受嫉妒心的影响，这个小仙子对温迪很坏，但她后来的表现也有好极了的时候，她总是走极端。对此，书中的解释是："小仙子总是非此即彼，因为很可惜，她太小了，在一个时间段里只容得下一种情感"。或者可以说，作者是在借用小仙子的角色为儿童读者构造一个参照对象，将童心极端化之后摆在儿童面前，使他们不由自主地与之拉开距离。确实，在《彼得·潘》的幻想主题中，作者巧妙而自然地埋伏了成长的主题。

当温迪飞到乌有岛的上空时，那个嫉妒的小仙子以彼得·潘的名义命令岛上的男孩向空中射箭，结果温迪胸口中箭，从天上掉了下来。温迪肯定是不会死的，胸口的项链替她挡住了箭。至于为何温迪从空中掉下来没有摔死，则不需要多做交代，因为是童话，作者和读者都可以任性一点。岛上第一次有了一个女孩，男孩都很高兴。孩子住在树洞里，他们乐意玩"过家家"的游戏，由温迪扮演大家的妈妈。温迪很喜欢自己的角色，这也是最初彼得·潘吸引她带着两个弟弟飞出家时，给予她的最具吸引力的理由。然而，彼得·潘自己却不喜欢妈妈，他像极了一个永远不想回家的野孩子。彼得·潘是乌有岛为数不多的男孩的总头目，他为男孩定的规矩是不准长大。谁要是吃得较胖看起来要长大的时候，彼得·潘就会把他们饿瘦。彼得·潘俨然男孩的专制君主，唯独对温迪另眼相看，愿意配合温迪在游戏中扮演男孩的爸爸的角色。

当温迪姐弟在乌有岛上玩够了，也经历了刺激的历险活动后，他们开始想家了，这让彼得·潘特别难过。彼得·潘曾向温迪透露过自己的秘密，他一生下来就从家里逃了出来，等他玩了不知多久以后飞回家中一看，妈妈又生了一个男孩，早就把他忘记了。所以彼得·潘从来不想家，似乎无家可恋。当彼得·潘发现温迪姐弟去意已决的时候，他气得诅咒世界上的每一个成人。《彼得·潘》里的这些描写看起来有些可怕，却能受到儿童的青睐，因为成人代表着一种妨碍儿童天性的力量。

尽管彼得·潘抗拒成长为大人，但故事巧妙结合了他的顽童天性，使他承担起了唯有成长的人才可能理解的责任。温迪和所有男孩都被海盗绑架了，彼得·潘与海盗头目进行了殊死搏斗。儿童读者容易受到彼得·潘的英雄气概的感染，在不知不觉中渴望成长为类似的英雄。但对彼得·潘而言，就算是去死，也"只是一次大得要命的历险"。所以彼得·潘勇斗海盗的故事既可以看作英雄事迹，也可以看作一次特别刺激的历险游戏。作者詹姆斯·马修·巴利的文字有一种特殊的魅力，将海盗的凶恶、彼得·潘的机智、孩子的心愿与自己的幽默有机地融合在一起。读者仿佛置身于一个周围景色不断变幻的秋千上，总会在过于刺激或过于诙谐的两端之间摆向另一端。有一次，一个凶残而无知的海盗居然不知道妈妈是什么，这让身处险境的温迪震惊不已。从此温迪有一个了不起的心愿，如果她能够挑选海盗当宠物的话，她一定会选这个海盗！

就算读者事先知道彼得·潘肯定会战胜海盗，也无法想象故事的内容有多么刺激。孩子、小仙子、美人鱼、印第安人、乌有岛、肚子里吞了一只闹钟的鳄鱼、其他鱼类和动植物，以及各种光怪陆离的自然现象，它们交织在一起，围绕着彼得·潘与海盗生死决战的主轴，在作者詹姆斯·马修·巴利的笔下生成了一幅好像永远也不会消逝的立体彩色画。我们不去剧透那些精彩的情节，直接跳到多年以后……那时，彼得·潘飞回来寻找温迪，而温迪已经长大，并且有了自己的女儿。温迪的孩子也听说过彼得·潘的故事，希望妈妈飞给她看。温迪不得不坦诚地告诉自己的孩子，"人一长大，就忘了飞的方法啦"。当看到彼得·潘回来找自己，温迪感觉很内疚。彼得·潘发现了长大的温迪，既痛苦又恐惧。他埋怨温迪说："你可是答应过不长大的啊！"好在温迪的女儿出现了，彼得·潘又有了新的玩伴。就这样，一个个孩子长大了，一个个孩子又诞生了，只有彼得·潘永远不会长大。沉迷于《彼得·潘》的儿童有可能觉得，那个古怪的小精灵男孩是真实存在的。但只有童心未泯的成人才知道，彼得·潘是心中的另一个自己，一个承载了时间记忆的美好生命的影子。

《彼得·潘》是典型的老少咸宜的儿童文学名著。儿童阅读这本书，不仅能够激发想象力，丰富童心，而且可以通过彼得·潘和温迪等人勇敢的行为、有趣的言语，找到现实世界难以觅得的知音。成人阅读这本书，可以读到更多的意义，常常会在作者的幽默、智慧中开怀大笑。至于彼得·潘这个角色，本来只是宝贵童心的典范，后来居然变成了"抗拒成长"的消极代名词，甚至有了"彼得·潘综合征"的说法。患上"彼得·潘综合征"的人是身体长大了而心智却很不成熟的"巨婴"，他们不懂得什么是责任心，也缺乏与他人共情或换位思考的能力。但我们阅读《彼得·潘》，却看不到彼得·潘具有"彼得·潘综合征"的特点，他聪明、诙谐、勇敢、富有正义感，而且还很懂得宽容朋友。毫无疑问，无论是彼得·潘还是《彼得·潘》的作者詹姆斯·马修·巴利，都无须为"彼得·潘综合征"这个词的由来负责，我们权且将之当作对这部经典名著的一种错位或"颠倒"。

投稿指南

1. 来稿内容： 立意新颖，观点明确，内容充实，论证严密，语言精练，资料可靠，能及时反映国内外儿童研究领域的最新理论与实践成果。本辑刊特别欢迎表达儿童研究新观点、新方法、新视角的稿件。

2. 撰写篇幅： 一般原创论文、儿童研究名人访谈、儿童研究专家演讲报告、国内儿童研究政策或调研报告等以1—2万字为宜（可根据质量酌情增减）；研究动态和书评文章则以3 000—5 000字为宜；本辑刊接受外文译文（须同时提供外文原文和授权出版证明）。同时，欢迎学者组织儿童研究专题（3—4篇稿件），须向本辑刊提交专题方案，内容包括专题概要、每篇文章题目及摘要、作者及所在单位等信息。

3. 本刊长期组织的专栏包括： 儿童学学科建设及原理研究、儿童哲学（童年哲学）、儿童史学、儿童社会学、儿童心理学、儿童文学、国外儿童学研究动态、国内儿童研究政策或调研报告等。海内外的学人可主要根据这些专栏投稿，也可根据自己的研究兴趣撰写其他儿童学热点话题文章，以开拓中国儿童研究的学术空间，推动中国的新儿童运动。

4. 来稿结构： 标题、作者、单位、中文摘要、中文关键词、正文、注释或参考文献、英文摘要、英文关键词。

5. 注释和参考文献格式： 注释与参考文献都放在当页，采用脚注形式处理，可参考《北京大学学报》（哲学社会科学版）格式。例如：

吕庆广：《60年代美国学生运动》，南京：江苏人民出版社，2005年，第22页。

Matthew Lipman, Philosophy Goes to School. Philadelphia：Temple University Press，1988, p.36.

［英］特纳：《身体与社会》，马海良译，沈阳：春风文艺出版社，2000年，第124页。

白倩：《马修斯儿童哲学的要旨与用境》，见《全球教育展望》，2017年第46卷第12期，第3页。

Laura Fingerson. Agency and the Body in Adolescent Menstrual Talk. *Childhood*, 2005，12（1），p.15.

叶圣陶：《杂谈我的写作》，见《叶圣陶论创作》，上海：上海文艺出版社，1982年，第151页。

汤才伯：《廖世承：重视教育实验的哲学博士》，见《中国教师报》，2015年7月1日第013版。

6. 通讯署名： 请在来稿末尾附上作者详细资料，方便稿费发放及辑刊邮寄，包括：姓名、籍贯、单位、主要研究方向、基金项目（如有）、通讯地址、联系电话、邮箱地址等。

7. 审稿录用： 本辑刊坚持"公平、公正、公开、客观"的审稿原则，来稿由编委会及出版社共同实行"三审三校"制度，一经录用即发用稿通知。

8. 学术规范： 来稿作品须按学术研究规范，充分尊重他人知识产权，无任何违法、违纪和违反学术道德的内容，确保引文、注释和相关资料准确无误，如使用转引资料，应实事求是注明转引出处。

9. 联系我们：

地　　址：浙江省杭州市余杭区余杭塘路2318号　　　　邮　　编：311121

联 系 人：刘美文　　　　　　　　　　　　　　　　　联系电话：021-61406769

投稿邮箱：childstudies@163.com

三个月未获通知，作者可另行处理稿件。

《新儿童研究》编辑部
广西师范大学出版社
二〇二二年八月